Folgende Hilfen bietet dir *Praxis Sprache*:

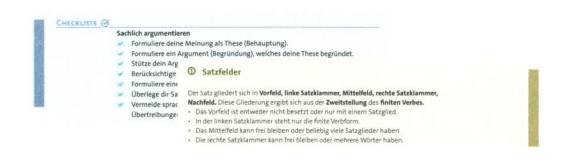

Kompetenzkästen helfen dir an passenden Stellen beim Lösen von Aufgaben.

Postillon
altes Wort für Kutscher

Die **Hinweise** erklären dir kurz einzelne Wörter oder Begriffe, die für das Verständnis der Seite wichtig sind.

Tipp
Im Internet kannst du viel über die griechischen Götter und ihre Aufgaben finden.

Hier gibt es **Tipps**, die helfen, oder Ideen, die weiterführen.

Folie

Wenn du in Aufgaben aufgefordert wirst, etwas zu markieren oder zu unterstreichen, kannst du eine Folienhülle verwenden. Lege sie über die Seite und befestige sie mit einer Büroklammer. Beschreibe die Folie mit einem abwaschbaren Stift.

Arbeite mit einem **Partner** oder eine **Gruppe**, wenn diese Symbole vor den Aufgaben auftauchen.

M → S. 293
Einen Notizzettel anlegen

Über Seitenverweise wirst du an passenden Stellen in das **Methoden**- und **Arbeitstechniken**-Kapitel verwiesen. Dort wird die jeweilige Kompetenz erarbeitet.

S. 298
Gedichte auswendig lernen und vortragen

An geeigneter Stelle wird in das **Basiswissen** am Ende des Bandes verwiesen, sodass du Begriffe und Vorgehensweisen nachschlagen kannst.

→ S. 212 ff.
Wortarten

Auch **Kapitel** sind miteinander **verknüpft**, sodass du teilweise von einem Kapitel in das andere Kapitel gehen kannst, um dort Themen noch einmal genauer nachzuarbeiten.

www
Du findest eine Vorlage für die Figurine im Internetportal.

Internetportal http://www.westermann.de/ps6-bw
Unter der Internetadresse http://www.westermann.de/ps6-bw findest du Grafiken, Texte, Hörbeispiele etc. aus dem Schülerband zum Ausdrucken und Anhören. So kannst du einige Aufgaben noch intensiver bearbeiten.

Differenzierung
- G = Grundlegendes Niveau
- M = Mittleres Niveau
- E = Erweitertes Niveau

In jedem Kapitel findest du vor den Aufgaben die Kennzeichnung von drei Niveaustufen: G, M und E.
So kannst du den Schwierigkeitsgrad einer Aufgabe einschätzen und dich daran orientieren. Natürlich solltest du auch versuchen, die schwierigen Aufgaben zu lösen.

Praxis Sprache 6

Baden-Württemberg Differenzierende Ausgabe

Herausgegeben von   Wolfgang Menzel

Erarbeitet von   Anna von Busse
Franziska Flügler
Jennifer Ganzenmüller
Ann-Kristin Kuch
Christine Preißing
Katharina Regehl
Angelika Rieger
Carola Schmidt

westermann

LEARNscape: Kompetenzbasierte Lernlandschaften gestalten – mit System

Für individualisiertes Lernen mit Kompetenzrastern stehen für *Praxis Sprache* alle Lernwegelisten und Lernjobs niveaudifferenziert in LEARNscape bereit. Das Lernmanagement-System für alle: Schüler, Lehrer und Eltern.

www.learnscape.de

Fördert individuell – passt zum Schulbuch

Optimal für den Einsatz im Unterricht mit *Praxis Sprache:* Stärken erkennen, Defizite ausgleichen. Online-Lernstandsdiagnose und Auswertung auf Basis der aktuellen Bildungsstandards. Individuell zusammengestellte Fördermaterialien.

www.westermann.de/diagnose

© 2015 Bildungshaus Schulbuchverlage
Westermann Schroedel Diesterweg Schöningh Winklers GmbH, Braunschweig
www.westermann.de

Das Werk und seine Teile sind urheberrechtlich geschützt. Jede Nutzung in anderen als den gesetzlich zugelassenen Fällen bedarf der vorherigen schriftlichen Einwilligung des Verlages. Hinweis zu § 52a UrhG: Weder das Werk noch seine Teile dürfen ohne eine solche Einwilligung gescannt und in ein Netzwerk eingestellt werden. Das gilt auch für Intranets von Schulen und sonstigen Bildungseinrichtungen.
Auf verschiedenen Seiten dieses Buches befinden sich Verweise (Links) auf Internet-Adressen. Haftungshinweis: Trotz sorgfältiger inhaltlicher Kontrolle wird die Haftung für die Inhalte der externen Seiten ausgeschlossen. Für den Inhalt dieser externen Seiten sind ausschließlich deren Betreiber verantwortlich. Sollten Sie bei dem angegebenen Inhalt des Anbieters dieser Seite auf kostenpflichtige, illegale oder anstößige Inhalte treffen, so bedauern wir dies ausdrücklich und bitten Sie, uns umgehend per E-Mail davon in Kenntnis zu setzen, damit beim Nachdruck der Verweis gelöscht wird.

Druck A[1] / Jahr 2015
Alle Drucke der Serie A sind im Unterricht parallel verwendbar.

Redaktion: Rebecca Plankl
Illustration: Konrad Eyferth, Hans-Jürgen Feldhaus, Joachim Knappe, Andrea Naumann
Typographisches Konzept: Janssen Kahlert Design & Kommunikation GmbH
Satz: KCS GmbH · Verlagsservice & Medienproduktion, Stelle/Hamburg
Umschlaggestaltung: Janssen Kahlert Design & Kommunikation GmbH
Druck und Bindung: westermann druck GmbH, Braunschweig

ISBN 978-3-14-**123086**-4

INHALT 3

Sprechen und Zuhören

8	**Kommunikation**
10	Sich über Rechte und Pflichten austauschen
11	Gesprächsregeln einhalten
13	Gespräche beobachten
15	Eine Argumentation führen
17	Der Dialekt und die Sprache verraten die Herkunft
20	Überprüfe dein Wissen und Können
22	**Vortragstechniken**
	Christian Morgenstern: Gespräch einer Hausschnecke mit sich selbst
	Christa Reinig: Kriegslied des Dakotahäuptlings Regengesicht
23	Das Vorlesen zeigt, ob man richtig verstanden hat
	nach Äsop: Der Fuchs und der Storch
24	Gestaltendes Vorlesen und Vortragen
	Wilhelm Busch: Fink und Frosch
	Joachim Ringelnatz: Heimatlose
25	Aufmerksam zuhören und richtig antworten
27	Beim Vorlesen aufmerksam zuhören
28	Theaterszenen zu einem Märchen ausgestalten
	Martin Waddell, Patrick Benson: Rosamund, die Starke
33	Überprüfe dein Wissen und Können

Schreiben

34	**Vorgänge und Personen beschreiben**
36	Vorgänge beschreiben und nachmachen
38	Vorgangsbeschreibungen bearbeiten
39	Eine Vorgangsbeschreibung ordnen und schreiben
40	Eine Vorgangsbeschreibung mit Fachwörtern ergänzen
41	Selbstständig einen Vorgang beschreiben
42	Personen Schritt für Schritt beschreiben
44	Anschaulich beschreiben
45	Eine eigene Personenbeschreibung verfassen
46	Überprüfe dein Wissen und Können
50	**Informierend schreiben**
52	Zeugenaussagen aufnehmen
55	Einen Unfallbericht schreiben
56	Einen Bericht überarbeiten
58	Überprüfe dein Wissen und Können
60	**Spannend schreiben**
61	Eine spannende Erzählung untersuchen
	Wolfgang Menzel - nacherzählt nach Bruno Brehm: Der Sprung ins Ungewisse
65	Spannende Überschriften und Anfänge kennenlernen
66	Eine Erzählung zu Ende schreiben

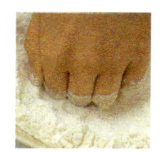

67	Spannende Sätze in eine Erzählung einfügen
	nach Wilhelm Busch: Eine Nachtgeschichte
68	Mit Gedankenreden Spannung erzeugen
69	Eine Erzählung durch spannende Sätze ergänzen
70	Eine Erzählung schreiben
71	**Überprüfe dein Wissen und Können**

Lesen – Umgang mit Texten und Medien

72	**Fabeln**
74	Den Inhalt einer Fabel erschließen
	Äsop: Der Löwe und die Maus
75	Den Aufbau einer Fabel untersuchen
	Äsop: Die beiden Frösche
76	Einen Dialog in einer Fabel untersuchen
	nach Äsop: Der Fuchs und der Ziegenbock
78	Direkte Rede in eine Fabel einfügen
	nach Äsop: Der Löwe, der Esel und der Fuchs
79	Eine Fabel zu Ende schreiben
	aus Korea: Der Affe als Schiedsrichter
80	Eine alte Fabel in die heutige Zeit übersetzen
	Martin Luther: Vom hunde
81	Kreativ mit einer Fabel arbeiten
	aus Afrika: Die Schlange
84	**Überprüfe dein Wissen und Können**
	nach Äsop: Der Wolf und der Kranich

86	**Sagen**
	unb. Verf.: Das Käthchenhaus
	unb. Verf.: Das Käthchen von Heilbronn
88	Merkmale einer Sage erkennen
	unb. Verf.: Die Kinder zu Hameln
90	Wie eine Sage entsteht
	nacherzählt von Harald Herzog: Der Binger Mäuseturm
92	Eine Sage erschließen und schriftlich nacherzählen
	nacherzählt von Harald Herzog: Dädalus und Ikarus
95	Eine Nacherzählung überarbeiten
97	Eine eigene Sage erzählen
99	**Überprüfe dein Wissen und Können**
	unb. Verf.: Die Weiber von Weinsberg

100	**Gedichte**
	Wilhelm Busch: Bewaffneter Friede
101	Reimformen in Gedichten erkennen und anwenden
	Christine Busta: Haferschluck, der fromme Löwe
	James Krüss: Das Wasser
103	Rhythmus und Metrum in Gedichten erkennen
	Heinrich Heine: Eingehüllt in graue Wolken
	Barbara Rhenius: Kleine Wanderung
105	Sprachliche Bilder in Gedichten erkennen und deuten
	Max Dauthendey: Drinnen im Strauß
	Georg Britting: Feuerwoge jeder Hügel
107	Kreativ mit Gedichten umgehen
	Friedrich Hebbel: Herbstbild
	Arno Holz: Schönes, grünes, weiches Gras
	Reinhard Döhl: Apfel

Eugen Gomringer: schweigen, Löwenzahnsamen
Timm Ulrichs: ordnung – unordnung

111 **Überprüfe dein Wissen und Können**
Wolf Harranth: Drei Finken
Nikolaus Lenau: Winternacht
Heinrich Seidel: Am Abend
Peter Huchel: Wintersee

114 **Kinder- und Jugendliteratur**

Joseph von Eichendorff: Wunder über Wunder
115 Ein Buch über ein Cover kennenlernen
116 Eine Autorin kennenlernen
117 Ein Buch kennenlernen
Raquel J. Palacio: Auszug aus „Wunder"
118 Figuren beschreiben und ihre Beziehungen verstehen
Raquel J. Palacio: Auszug aus „Wunder"
122 Eine Romanfigur genauer kennenlernen
Raquel J. Palacio: Auszug aus „Wunder"
124 **Überprüfe dein Wissen und Können**

126 **Erzählung**

Ursula Scheffler: Üxe, der Fischstäbchentroll
128 Einen literarischen Text erschließen
Franz Hohler: Tschipo
132 Den Aufbau einer Erzählung untersuchen
Benno Pludra: Ein Mädchen fand einen Stein
134 Eine Nacherzählung schreiben
Gina Ruck-Pauquèt: Ein Fisch sein
136 Produktiv mit Texten umgehen
Franz Hohler: Eine wilde Nacht
140 Handlungen literarischer Figuren beschreiben
Cordula Tollmien: Nur die, die keine Angst haben

142 **Überprüfe dein Wissen und Können**
Gina Ruck-Pauquèt: Der Löwe, der Mäuschen hieß

144 **Sachtexte**

146 Einem Text Informationen entnehmen
147 Überschriften verstehen und erstellen
150 Fremdwörter aus dem Textzusammenhang verstehen
151 Einen Werbetext erkennen
152 Ein Schaubild verstehen
154 Informationen aus Tabellen entnehmen
155 Einen Text selbstständig erarbeiten
156 **Überprüfe dein Wissen und Können**

158 **Medien**

160 Wie ein Film entsteht
162 Kameraeinstellungen erkennen
164 Kameraperspektiven erfassen
166 Einen Film vorstellen: Filmkritik
168 **Überprüfe dein Wissen und Können**

Rechtschreibung und Zeichensetzung

170 Aufbau und Schreibung der Wörter

- 171 Silben schwingen
  Wörter mit z/tz – k/ck
- 172 Wörter verlängern
  Wörter mit b/p, d/t, g/k im Auslaut
- 173 Wörter mit ss oder ß
- 174 Der stimmhafte und der stimmlose s-Laut
- 176 Die Suffixe -lich, -ig und -isch
- 177 Wörter ableiten
  Die Umlaute ä und äu
- 178 Wörter mit dem Wortstamm End-/end- und Wörter mit dem Präfix Ent-/ent-
- 179 Merkwörter
  Wörter mit langem i
- 181 Wörter mit Doppelvokal
- 182 **Überprüfe dein Wissen und Können**

184 Die Großschreibung von Nomen

- 185 Aus Verben können Nomen werden
- 187 Aus Adjektiven können Nomen werden
- 189 Eigen-, Orts- und Ländernamen schreiben
- 191 Die Groß- und Kleinschreibung von Zeitangaben
- 194 **Überprüfe dein Wissen und Können**

196 Zeichensetzung

- 197 Satzschlusszeichen
- 199 Zeichen der direkten Rede
- 201 Kommasetzung bei Aufzählungen
- 203 Das Komma zwischen Haupt- und Nebensatz
- 206 Nebensätze mit der Konjunktion *dass*
- 208 Zeichensetzung bei Anreden und Ausrufen
- 209 Zeichensetzung bei der Apposition
- 210 **Überprüfe dein Wissen und Können**

Sprachgebrauch und Sprachreflexion

212 Wortarten

- 214 Nomen
- 220 Der bestimmte und unbestimmte Artikel
- 222 Personalpronomen und Possessivpronomen
- 224 Anredepronomen in Briefen
- 225 Verben
- 226 Das Partizip II
- 228 Die Stammformen von Verben
- 229 Die Tempusformen
- 238 Modalverben
- 239 Aktiv und Passiv
- 240 Adjektive
- 243 Adverbien
- 245 Präpositionen
- 249 **Überprüfe dein Wissen und Können**

INHALT

252	**Wortkunde**	**284**	**In einer Redekette erzählen**
253	Wortbildung: Komposita	**285**	**Wissen im Expertenteam erwerben**
255	Wortbildung: Präfixe und Suffixe		*Barbara Rhenius:* Wie der Christbaum zum Weihnachtsfest kam
258	Wortfamilien		*Wolfgang Menzel:* Weihnachten in anderen Ländern
260	Wortfelder: Synonyme		
262	Wörter mit gegensätzlicher Bedeutung: Antonyme	**289**	**Ein Präsentationsplakat erstellen**
264	Oberbegriffe und Unterbegriffe		*unb. Verf.:* Sonnenfinsternis: Im Schatten des Mondes
266	Überprüfe dein Wissen und Können	**292**	**Literarische Figuren mihilfe der Figurine darstellen**
268	**Satzglieder**		*Joseph Roth:* Der Vorzugsschüler
269	Subjekt und Prädikat	**294**	**Gestaltendes Vorlesen und Vortragen**
270	Die Satzklammer		*Wilhelm Busch:* Humor
271	Den Satz in Felder einteilen	**296**	**Eine Diskussion führen**
272	Die Umstellprobe		
274	Objekte		
276	Adverbiale		
277	Der Nebensatz als Satzglied		
278	Das Attribut – die nähere Bestimmung des Nomens		
	Christian Morgenstern: Das Nasobēm		
280	Sätze miteinander verknüpfen		
281	Überprüfe dein Wissen und Können		

Basiswissen

- **298** Sprechen und Zuhören
- **300** Schreiben
- **302** Lesen – Umgang mit Texten und Medien
- **308** Rechtschreibung & Zeichensetzung Sprachgebrauch & Sprachreflexion
- 318 Quellen

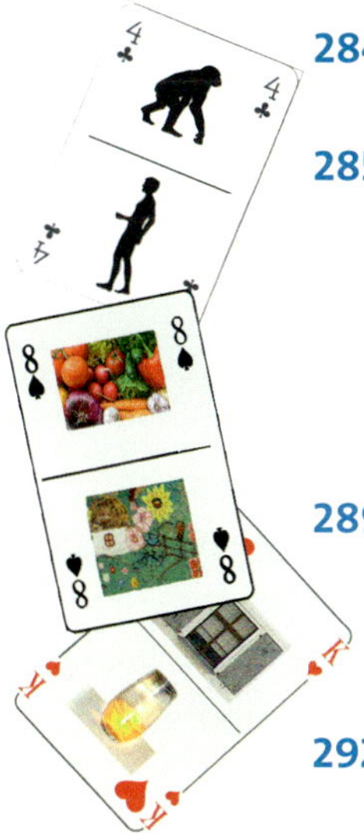

Methoden und Arbeitstechniken

- **282** Einen Notizzettel anlegen
- **283** Gedanken mit dem Placemat strukturieren

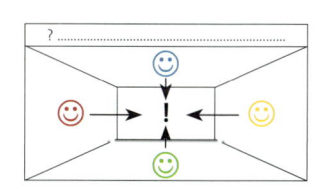

Sprechen und Zuhören

Kommunikation

Die Schülerinnen und Schüler der Klasse 6a sitzen an Gruppentischen und sammeln Stichwörter zum Thema „Welche Rechte haben die Schüler in der Klasse?"

Tobias *(erklärt):* Wir sollen also Stichwörter aufschreiben.
Lily *(noch immer ratlos):* Und Stichwörter worüber?
Lisa *(kopfschüttelnd):* Was Schüler für Rechte haben.
Tobias *(bestimmt):* Ich schreibe! Ihr sagt was!
5 **Lily** *(vorwurfsvoll):* Damit du selbst nichts sagen musst!
Tobias *(lacht):* Nein, weil ich am schnellsten schreiben kann!
Ben *(schlägt vor):* Also, da müsste drinstehen: Schüler dürfen nicht angeschrien werden.
Lily *(regt sich auf):* Ich habe doch gar nicht geschrien!
Ben *(entschuldigt sich):* Habe ich doch auch nicht gemeint.
10 **Tobias** *(schreibt):* Also, ich schreibe: dürfen nicht angeschrien werden.
Lisa *(schlägt vor):* Und dass sie nicht ausgelacht werden dürfen.
Tobias *(schreibt auf):* Ja, gut: nicht ausgelacht werden.
Lily *(ruft dazwischen):* Darf man denn nicht mal lachen?
Tobias *(betont):* Auslachen habe ich gesagt!
15 **Lisa** *(schlägt vor):* Streitet euch doch nicht! Wer hat noch einen Vorschlag?
Ben *(schlägt vor):* Dass man ungestört lernen kann, das muss auch hinein.
Tobias *(schreibt und fragt):* Ungestört lernen. Wie schreibt man denn *ungestört*?
Ben *(erklärt):* Ohne h.
Lisa *(schlägt vor):* Ich schlage vor: Jeder soll fair behandelt werden.
20 **Tobias** *(schreibt):* Ich schreibe: fair behandelt werden.
Tobias *(schlägt vor):* Jeder soll seine Meinung sagen können. Kann ich das auch aufschreiben?
Lily *(etwas böse):* Ich dachte, du darfst nichts sagen, du schreibst nur!
Lisa *(bestätigt):* Schreib es auf! Niemand hat gesagt, dass Tobias nur schreiben soll.
25 **Lily** *(hebt die Hände):* Woher soll ich das denn wissen?
Lisa *(bestimmt):* Machen wir weiter! Wer hat noch was?
Ben *(schlägt vor):* Dass man immer glücklich und zufrieden ist.
Tobias *(wehrt ab):* Das schreibe ich nicht auf!
Lisa *(bestätigt ihn):* Ich glaube auch: Darauf hat man kein Recht!
30 **Lily** *(dazwischen):* Ich bin dafür!
Lisa *(fragt):* Wofür?
Lily *(laut):* Ich möchte immer glücklich sein!
Tobias *(leise):* Lassen wir das! Ich glaube, das war doch kein guter Vorschlag.
Lily *(laut):* Immer wenn ich etwas sage, dann schreibst du es nicht auf!
35 **Ben** *(kopfschüttelnd):* Der Vorschlag war doch gar nicht von dir!
Lisa *(sachlich):* Hört auf zu streiten! Machen wir weiter! …

NEUES ENTDECKEN – EINSICHTEN GEWINNEN

1 Beschreibe, wo hier das Problem im Gespräch liegt und was schiefgelaufen ist.

Tipp
Beachte die Regieanweisungen in den Klammern.

2 Beschreibt und bewertet das Verhalten der einzelnen Gesprächsteilnehmer.
- Wer hört gut zu? Wer nicht?
- Wer geht auf andere ein? Wer nicht?
- Wer macht gute Vorschläge?
- Wer schreibt mit?
- Wer führt das Gespräch weiter? Wer hält es auf?

Tobias: Er schreibt. Er ist ruhig. Ich finde, dass …
Lisa: Sie spielt eine besondere Rolle. Sie …
Lily: …
Ben: …

3 Stellt diese Situation szenisch dar. Teilt euch hierfür in zwei Gruppen auf, die eine präsentiert das szenische Spiel, die andere beobachtet und bewertet dieses.

Tipp
Verwendet für die Aufgabe 3 den Feedbackbogen im Internetportal.

4 Ben schlägt vor, dass alle Schülerinnen und Schüler das Recht haben sollen, glücklich und zufrieden zu sein. Bewertet Bens Vorschlag und Lisas Reaktion.

In diesem Kapitel lernst du, …
- *wie du im Gespräch auf andere eingehst.*
- *wie du Gesprächsregeln einhältst.*
- *wie du einen Streit schnell beenden kannst.*
- *wie du Gespräche beobachtest.*
- *wie du Argumente formulierst.*
- *dass es neben der Standardsprache auch Dialekte gibt.*

Sprechen und Zuhören

Kommunikation

Sich über Rechte und Pflichten austauschen

In Deutschland sind die Rechte und Pflichten aller Bürger im Grundgesetz festgehalten. Es gilt für alle in Deutschland lebenden Menschen. Beispielsweise hat jeder Mensch das Recht auf das Briefgeheimnis (Niemand darf fremde Briefe öffnen und lesen.) und auf Meinungsfreiheit (Jeder darf seine Meinung sagen, ohne dafür bestraft zu werden.).

Tipp
Das Grundgesetz ist an manchen Stellen nicht ganz einfach zu verstehen. Im Internet kannst du aber auch eine verständlichere Version finden: www.grundrechtfibel.de

1 Rechte und Pflichten gehören zusammen. Benenne, welche Formulierung du besser findest, und begründe dies.

Jeder hat das Recht, ... (zum Beispiel) fair behandelt zu werden.
Jeder hat die Pflicht, ... (zum Beispiel) andere fair zu behandeln.

Hier sind Rechte und Pflichten formuliert:
Briefe anderer Personen dürfen nicht geöffnet oder gelesen werden.
Wir wollen das Briefgeheimnis einhalten.
Jeder darf seine eigene Meinung aussprechen.
Wir lassen andere ihre Meinung sagen.

2 Wenn es um das Festlegen von Verhaltensregeln geht, fallen manchmal Begriffe, die nicht allen klar sind. Diskutiert, was ihr euch unter den folgenden Begriffen vorstellt.

| *faire / unfaire Behandlung* | *friedliches Verhalten* | *andere respektieren* | *ungestörtes Lernen* |

S. 299
Plakate gestalten

3 Informiert euch, welche Rechte und Pflichten ihr an eurer Schule habt. Gestaltet dazu ein Plakat.
Beispiel: *Jeder muss ungestört im Unterricht lernen können. Wir verhalten uns so, dass jeder im Unterricht ungestört lernen kann. ...*

- a) Formuliert Rechte und Pflichten mithilfe des Wortmaterials. Nutzt auch das Wortmaterial aus Aufgabe 2.
  Gesprächsregeln – Kaugummi kauen – Mittagspause – Ordnungsdienst

- b) Formuliert Rechte und Pflichten an der Schule und schreibt diese in eigenen Worten auf.

- c) Legt euer Plakat als Tabelle an. In die linke Spalte tragt ihr die Rechte, die an eurer Schule gelten, ein, in der rechten Spalte die Pflichten.

Die eigene Wahl von Worten, Sprachebene und Umgangsform prüfen und begründen

KOMPETENZEN AUFBAUEN, ÜBEN UND ANWENDEN

Kommunikation
Gesprächsregeln einhalten

Wasserschaden

Während des Kunstunterrichts geht Alex zum Waschbecken, um sich frisches Wasser zu holen. Ohne es zu merken, streift er dabei mit seinem Ärmel Leons Wasserbecher und kippt ihn über sein Bild. Die Wasserfarben verschwimmen und Leons Hose ist mit der dunklen Brühe verschmutzt.

WWW
Du findest den Text zum Anhören auch im Internetportal.

Leon: Eh, du Blödmann, kannst du nicht aufpassen?
Alex: Selber Blödmann! Pech gehabt!
Leon: Du spinnst wohl! Siehst du nicht, was du angerichtet hast?
Alex: Immer soll *ich* schuld sein!
5 **Leon:** Mann! Du hast mein Bild ruiniert und meine Hose nass gemacht!
Alex: Ich habe doch gar nichts getan!
Leon: Nichts getan? Siehst du nicht, dass hier alles nass und voller Farbe ist?
Alex: Dann wisch das doch wieder auf.
Leon: Das lasse ich mir nicht gefallen. Das gibt Rache!
10 **Alex:** Stell dich doch nicht so an!
Leon: Das machst du *immer* so!
Alex: Wieso *immer*?
Leon: *Immer* suchst du Streit!
Alex: Wer hat denn mit dem Streit angefangen? *Du* doch!
15 **Leon:** Jetzt willst du mir das wohl auch noch in die Schuhe schieben.
Alex: Jedenfalls habe ich das nicht absichtlich getan.
Leon: …

1 Tragt den Streit zwischen Leon und Alex szenisch vor. Überlegt, wie ihr die kursiv gedruckten Wörter dabei am besten betont, um den Streit darzustellen.

2 Notiert, was Alex und was Leon erreichen möchten.

3 Einer von euch versetzt sich in die Situation von Alex, der andere in die von Leon. Schreibt nun gemeinsam den Streit einmal so weiter, dass die beiden Jungen im Streit auseinandergehen, und einmal so, dass eine friedliche Lösung gefunden wird.
   a) Nutzt hierfür das Wortmaterial.
   Mach mich nicht an! – Tut mir leid! – Ja, ja, du bist das ewige Unschuldslamm! – Komm, ich helfe dir, deine Sachen trocken zu machen. – Ständig beschimpfst du mich! – Wer hat denn mit dem Streit angefangen? Ich vielleicht? – Entschuldige! Soll nicht wieder vorkommen. – Das habe ich doch nicht mit Absicht getan! – Das mache ich mit dir auch mal so! …
   b) Findet Formulierungen, die ihr in eurer Klasse bereits gehört habt. Beachtet, dass ihr euch dabei nicht beleidigt.

Die eigene Wahl von Worten, Sprachebene und Umgangsform prüfen und begründen

Sprechen und Zuhören

4 Lest euch eure Ausarbeitungen aus Aufgabe 3 gegenseitig vor. Notiert in einer Tabelle, welche Aussagen dafür verantwortlich sind, dass der Streit gelöst wird und welche den Streit verschlimmern.

Aussagen, die den Streit lösen	Aussagen, die den Streit verschlimmern
– *Tut mir leid!*	– *Mach mich nicht an!*
– …	– …

5 Durch entsprechende Wortwahl hätte der Streit verhindert werden können. Benenne die Stelle, an der der Streit bereits hätte beendet werden können. Formuliere die entsprechende Aussage mithilfe des Wortmaterials um.

So ein Mist – Guck dir mal an, was passiert ist. – Hast du eine Idee, wie wir das wieder in Ordnung bringen können? – Das tut mir wirklich leid. – Da war ich wohl unaufmerksam …

6 Begründe, weshalb es zu einem Streit gekommen ist. Beachte dabei nicht nur *was*, sondern auch *wie* es möglicherweise gesagt wurde.

7 Erzählt euch gegenseitig, welche Erfahrungen ihr beim Streiten gemacht habt. Legt anschließend einen Notizzettel an und notiert Antworten auf folgende Fragen:

a) Welche Gründe hatte der Streit?
b) Wie fing der Streit an? Wie ist er ausgegangen?
c) Welche Gefühle hattet ihr beim Streiten? Im Anschluss?
d) Wie hätte man den Streit schlichten können?

M → S. 282
Einen Notizzettel anlegen

8 Richtige Verhaltensweisen und Aussagen können wahre „Streitstopper" sein.

möglichst ruhig bleiben – den anderen zur Ruhe auffordern – überhaupt nicht streiten – dem anderen immer recht geben – über den anderen lachen – zeigen, dass man beleidigt ist – nicht aufbrausen – seine Gefühle unterdrücken – cool bleiben – sich entschuldigen – zugeben, dass man unrecht hatte – die Schuld auf andere schieben – den anderen ernst nehmen – sich alles gefallen lassen – die eigene Schuld zugeben – niemals sagen, dass der andere angefangen hat – dem anderen drohen – einem Streit aus dem Weg gehen …

Streitstopper
Dies sind Verhaltensweisen oder Aussagen, die einen Streit beenden können.

Streitverschlimmerer
Dies sind Verhaltensweisen oder Aussagen, die einen Streit verschlechtern.

a) Füge das Wortmaterial in eine Tabelle ein. Trage links die „Streitstopper" und rechts „Streitverschlimmerer" ein.
b) Notiere „Streitstopper" und „Streitverschlimmerer" in einer Tabelle. Formuliere passende Sätze, wie du die „Streitstopper" nutzen kannst. Verwende auch das Wortmaterial.
Beispiel: *Lass uns in Ruhe darüber reden.*

Gelingende und misslingende Kommunikation unterscheiden, Gespräche als Mittel der Problemlösung erkennen

KOMPETENZEN AUFBAUEN, ÜBEN UND ANWENDEN

Kommunikation

Gespräche beobachten

Der Klassenrat bespricht den nächsten Schulausflug
Die Klasse diskutiert, ob es auf den Bauernhof, in den Erlebnis- und Abenteuerpark oder ins Urzeitmuseum nach Blaubeuren gehen soll.

Blaubeuren
Stadt im Osten von Baden-Württemberg

Fabienne: Wir haben den Klassenrat einberufen, um uns auf ein gemeinsames Ziel für den nächsten Ausflug zu einigen. Denkt bitte daran, dass jeder seine Meinung sagen darf.
Lisa: Ich habe richtig Lust auf einen Tag im Erlebnis- und Abenteuerpark, weil wir
5 zum Klettern und Abseilen sonst nie die Gelegenheit haben. Außerdem tobe ich gerne herum.
Ben: Das könntest du auch auf dem Bauernhof. Und da kannst du gleich üben, den Schweinestall auszumisten.
Fabienne: Moment mal, das bringt uns nicht weiter! Sag uns lieber, wohin du fahren
10 möchtest. Du bist noch einmal dran.
Ben: Entschuldigung! Ich würde gerne ins Urzeitliche Museum nach Blaubeuren, dort kann man nämlich lernen, wie man Schwirrhölzer bastelt. Ein paar Musikinstrumente kann ich schon spielen wie Flöte, Gitarre ...
Tobias: Mann! Schwirrhölzer herstellen ist ja ganz ok, aber alte Museumsstücke
15 anzugucken, ist doch langweilig. Blaubeuren ist auch ziemlich weit weg.
Angie: In Blaubeuren wohnt meine Oma.
Lisa: Das gehört doch jetzt nicht zum Thema.
Christian: Ich würde gern in den Erlebnis- und Abenteuerpark. Dort lernen wir, wie wir uns in der Natur alleine zurechtfinden. Außerdem würde ich gern mal eine
20 Forelle fangen.
Lily: Das ist doch nur was für Jungs! Aber die angebotene Nachtwanderung stelle ich mir spannend vor. Wir können dort auch in Indianerzelten schlafen.
Lara: Der Bauernhof bietet auch noch ein interessantes Programm über Landwirtschaft. Das brauchen wir für Bio. Da würde unser Klassenlehrer auch sofort
25 zustimmen.
Alex: Wenn du nicht mit dem Schleimen aufhörst, dann ...
Fabienne: So kommen wir nicht weiter! Formuliert eure Meinung bitte alle schriftlich und gebt sie dann ab. Denkt daran, sie vernünftig zu begründen.

1 Lest die Diskussion in verteilten Rollen laut vor.

2 Sieh dir die Diskussion nochmals genau an.
  a) Erschließe aus den Äußerungen, wer die Diskussion leitet.
  b) Markiere, mit welchen Begründungen die Schülerinnen und Schüler ihre Meinung stützen.
  c) Bewerte, welche Begründung nachvollziehbar ist.

Folie

Gespräche beobachten und reflektieren und dabei Merkmale unangemessener Kommunikation erkennen und darauf hinweisen

Sprechen und Zuhören

Folie

M → S. 296
Eine Diskussion führen

Tipp
Verwendet den Feedbackbogen vom Internetportal.

3 Ihr seid Beobachter dieser Diskussion. Markiert mit unterschiedlichen Farben, welche Aussagen die Diskussion verzögern und welche die Diskussion voranbringen. Beachtet hierfür den Merkkasten.

4 Setzt euch in einen Sitzkreis und diskutiert über ein aktuelles Thema in eurer Klasse. Verwendet Gesprächsförderer, um eine schnelle Einigung zu finden.

5 Eine Beobachtergruppe gibt euch im Anschluss Rückmeldung.

ⓘ Gesprächsblocker und Gesprächsförderer

1. **Gesprächsblocker** erschweren ein Gespräch. Das geschieht, wenn du
   - die Beiträge der anderen nicht abwartest.
   - den anderen ins Wort fällst.
   - nicht auf die Redebeiträge eingehst.
   - andere beleidigst.
   - anderen drohst.

2. **Gesprächsförderer** tragen dazu bei, dass gemeinsam eine Lösung gefunden wird. Das geschieht, wenn du
   - einen anderen in seiner Meinung unterstützt.
   - andere ausreden lässt.
   - auf Redebeiträge eingehst und diese ergänzt.
   - höflich mit anderen umgehst.
   - den anderen Mut machst.

Gespräche beobachten und reflektieren und dabei Merkmale unangemessener Kommunikation erkennen und darauf hinweisen

KOMPETENZEN AUFBAUEN, ÜBEN UND ANWENDEN

Kommunikation

Eine Argumentation führen

Rettungsschwimmer: Ich habe schon viele Nichtschwimmer aus dem See gerettet.

Telekommunikationstechniker: Ohne Telefon kein Internet und keine schnelle Nachrichtenverbreitung.

Politiker: Ohne Politik herrscht Chaos.

Bäcker: Jeder braucht Brot zum Überleben.

Kfz-Mechaniker: Wer soll denn sonst kaputte Autos reparieren?

Landwirt: Äpfel halten gesund.

Schauspielerin: Film und Kino sind eine beliebte Freizeitbeschäftigung.

Geordnetes Argumentieren
– Achte auf die richtige Anrede.
– Lass andere ausreden.
– Melde dich und warte, bis du an der Reihe bist.
– Bleibe beim Thema und gehe auf die Beiträge der anderen ein.
– Bleibe höflich. Du kannst die Aussagen oder das Verhalten deiner Gesprächspartner kritisieren, nicht aber die Person selbst.
– Akzeptiere, dass nicht alle deine Meinung teilen.

Stellt euch folgende Situation vor: Ihr seid gemeinsam mit einem Ballon unterwegs. Dieser hat ein Loch und verliert plötzlich an Luft und Höhe. Der Ballon droht abzustürzen. Alle Mitfahrer – bis auf einen – müssen rausspringen. Nur eine Person kann im Ballon bleiben. Jeder entscheidet sich für eine Person, die er darstellt. Wählt entweder eine der abgebildeten Figuren oder eine andere Person, die jeder von euch kennt. Dies kann auch ein Politiker, ein Filmstar, oder eine historische Person sein.

1 Die von dir gewählte Person hat bereits eine Behauptung (These) aufgestellt, weshalb sie im Ballon bleiben muss. Finde nun Gründe (Argumente), die diese Behauptung stützen.
Beispiel (Schauspielerin): *Ich muss im Ballon bleiben, weil sich weltweit Millionen von Menschen an meinen Filmen erfreuen.*

2 Notiere nun Beispiele für die von dir angegebenen Gründe aus Aufgabe 1.
Beispiel: *Meine Filme sind immer ausverkauft. Es gibt schon lange vorher keine Karten mehr. Alleine in Deutschland sahen 500 000 Menschen meine Filme. Das ist jeder 160. der Bevölkerung!*

Argumentieren und situationsangemessen auf verbale Äußerungen des Gegenübers eingehen

Sprechen und Zuhören

3. Sobald du deine Argumente notiert hast, überlegst du dir, wie du die Argumente deiner Diskussionspartner entkräften kannst. Verwende folgendes Wortmaterial:

*Obwohl ich weiß, dass ..., glaube ich ...
Natürlich stimmt es, dass ..., aber
Sicherlich hast du damit recht, dennoch ...*

Appell
Aufruf oder Aufforderung an andere, etwas zu tun oder sich deiner Meinung anzuschließen

4. Formuliere abschließend einen Appell, wie sich die Zuhörer zu dem Thema verhalten oder über die Frage entscheiden sollen. Bringe hier noch einmal deine Meinung deutlich auf den Punkt.

Ich möchte nochmals darauf hinweisen, dass ... – Aufgrund ... ist ... besonders wichtig ... – Zusammenfassend möchte ich verdeutlichen ... – und dazu auffordern, dass...

5. Setzt euch in einen großen Kreis. Sechs von euch diskutieren, wer im Ballon bleiben darf. Alle anderen sind Beobachter.

6. Nach der Diskussion stimmt ihr ab, wer im Ballon verbleiben darf. Jeder hat zwei Stimmen, ihr dürft euch auch selbst eine der beiden Stimmen geben.

Tipp
Verwendet Namensschilder mit eurer Berufsbezeichnung, damit ihr wisst, wer gerade spricht.

CHECKLISTE

Sachlich argumentieren
- ✓ Formuliere deine Meinung als These (Behauptung).
- ✓ Formuliere ein Argument (Begründung), welches deine These begründet.
- ✓ Stütze dein Argument mit Beispielen.
- ✓ Berücksichtige den Adressaten.
- ✓ Formuliere einen überzeugenden Schlussapell.
- ✓ Überlege dir Satzanfänge, die Gegenargumente entkräften können.
- ✓ Vermeide sprachliche Ungenauigkeiten wie beispielsweise Umgangssprache, Übertreibungen oder Verallgemeinerungen.

Argumentieren und situationsangemessen auf verbale Äußerungen des Gegenübers eingehen

KOMPETENZEN AUFBAUEN, ÜBEN UND ANWENDEN

Kommunikation
Der Dialekt und die Sprache verraten die Herkunft

Der Dialekt
Viele Menschen sprechen Dialekt, auch Mundart genannt. Alleine in Baden-Württemberg werden viele verschiedene Dialekte gesprochen (zum Beispiel der badische oder der schwäbische Dialekt).

1 Lies den Dialog zunächst leise durch und versuche, ihn zu verstehen.

2 Der Dialog hört sich merkwürdig an. Beschreibe, weshalb dies so ist.

www
Du findest den Dialog auch zum Anhören im Internetportal.

Montagmorgens beim Metzger

Verkäuferin: Jetzt guata Morga, was darfs sei?
Kunde: Schönen guten Morgen! *(Zeigt auf das Fleischkäsebrötchen.)* Ich hätte gern das da vorne in der Theke.
5 **Verkäuferin:** Moinet se den Elkawee?
Kunde: Bitte was?
Verkäuferin: Ha den Elkawee! Des Leberkäsweckle!
Kunde: Tut mir leid, ich meinte eigentlich das Fleischkäsebrötchen.
10 **Verkäuferin:** Des hanne doch gmoint! *(Packt das Brötchen ein.)* Hend se sonscht no en Wunsch?
Kunde: Nein, vielen Dank.
Verkäuferin: Sie kommet net von dahanna, oder?
Kunde: Ääähm ... Ach so, nein nein, ich bin nur zu
15 Besuch hier und komme aus Niedersachsen.
Verkäuferin: Des isch beschtimmt au schee. Au wenns do koin Elkawee gibt.
Kunde: *(leicht verwirrt)* Ja, ich denke, so wird es sein. Schönen Tag noch!
20 **Verkäuferin:** Genau, Dange ond Tschüssle!

3 Schreibt den Dialog in verständlicher Standardsprache auf.

4 Sammelt, welche Dialekte ihr kennt. Notiert zu jedem Dialekt zwei typische Wörter und ihre Bedeutung in der Standardsprache.

5 Sammelt Probleme, auf die Dialektsprecher stoßen könnten.

6 Notiert, welche positiven Seiten das Dialektsprechen hat. Ihr könnt hierfür das Wortmaterial verwenden.
für andere oft schwer verständlich – Zusammengehörigkeitsgefühl durch die Sprache – manche können nicht zwischen Dialekt und Standardsprache unterscheiden, es kommt zu Fehlern in geschriebenen Texten – Dialekt hört sich für andere oft komisch an – man kann an der Sprache erkennen, wo jemand herkommt

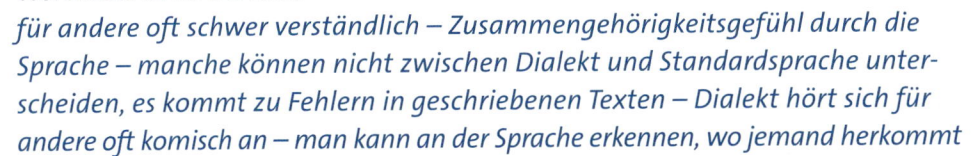

7 Notiere, weshalb man bei Dialektsprechern recht schnell ihre Herkunft erkennen kann.

8 Verfasst selbst einen Dialog in einem für euch bekannten Dialekt und tragt diesen szenisch vor.

Merkmale von Sprachvarianten unterscheiden und benennen, Standard- und Umgangssprache, Dialekt

Sprechen und Zuhören

Die Muttersprache

Ähnlich wie mit der Mundart verhält es sich mit den verschiedenen Muttersprachen. Für fast alle Menschen ist die Muttersprache ein wesentlicher Bestandteil ihrer Identität. Wenn man beispielsweise im Ausland in seiner eigenen Sprache begrüßt wird, fühlt man sich gleich heimisch.

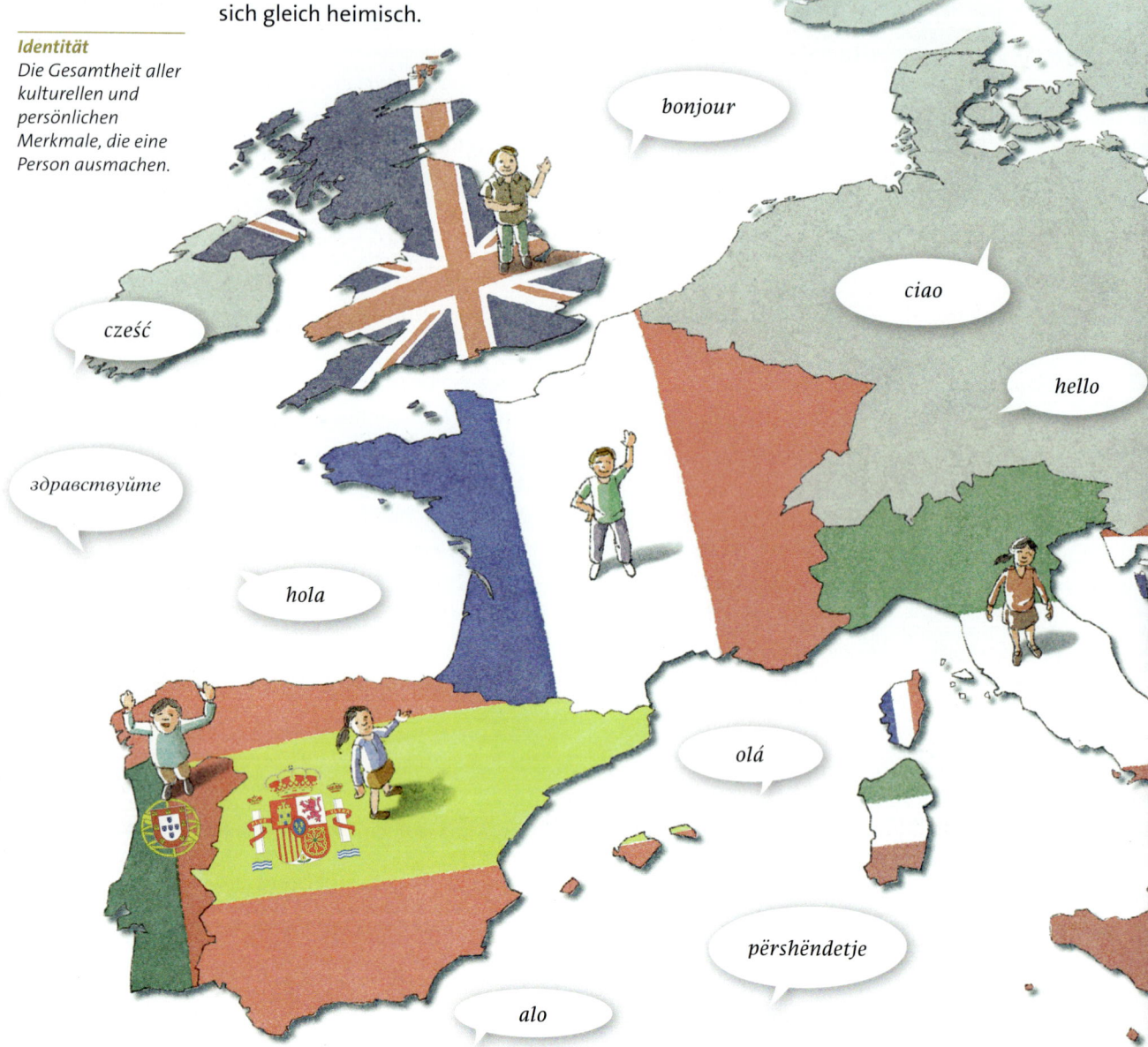

Identität
Die Gesamtheit aller kulturellen und persönlichen Merkmale, die eine Person ausmachen.

- bonjour
- ciao
- cześć
- hello
- здравствуйте
- hola
- olá
- përshëndetje
- alo

Tipp
Ihr könnt auch im Internet recherchieren.

1 In der Abbildung siehst du Kinder aus verschiedenen Ländern. Alle begrüßen sich in ihrer Sprache. Arbeite zunächst alleine. Ordne die Grußworte in den Sprechblasen den verschiedenen Flaggen zu. Wenn du keine weiteren Zuordnungen mehr findest, arbeite mit einem Partner weiter. Vergrößert euer Team so lange, bis ihr für jede Begrüßung das richtige Land gefunden habt.

Die Muttersprache und individuelle Sprechweisen als Ausdruck der Identität erkennen, punktuell Vergleiche zu anderen Sprachen anstellen und dazu in der Klasse vorhandene Sprachkompetenzen nutzen

KOMPETENZEN AUFBAUEN, ÜBEN UND ANWENDEN

bok

γεια σας

merhaba

2 Sicherlich kennt ihr Kinder aus anderen Ländern.
  a) Sammelt so viele fremdsprachige Begrüßungsworte wie möglich.
  b) Findet heraus, wie man in anderen Ländern „Wie geht es dir?" sagt.

Tipp
Gestaltet eine internationale Woche in eurer Klasse und begrüßt euch jeden Tag in einer anderen Sprache.

Die Muttersprache und individuelle Sprechweisen als Ausdruck der Identität erkennen, punktuell Vergleiche zu anderen Sprachen anstellen und dazu in der Klasse vorhandene Sprachkompetenzen nutzen

GELERNTES ÜBERPRÜFEN

Sprechen und Zuhören

Kommunikation

Überprüfe dein Wissen und Können

„fair"
Das Wort fair kommt aus dem Englischen und bedeutet, dass man sich an die Regeln des Zusammenlebens hält und im Verhalten gegenüber anderen gerecht ist.

Projekt: Sich mit der Bedeutung des Wortes *fair* auseinandersetzen

Es gibt einige englische Wörter, die im Deutschen verwendet werden.
Beispielsweise *fair* und *cool*.

Was ist eigentlich *fair*?
Zur Bedeutung des Wortes *fair* gibt es verschiedene Meinungen.
In den Sprechblasen findet ihr einige Aussagen.

- *Wenn ein Spieler einem anderen einen Haken stellt, das ist unfair.*
- *Weil das nach den Fußballregeln nicht erlaubt ist.*
- *Wenn einer sein Ehrenwort gibt und es dann nicht hält, das ist auch unfair.*
- *Man muss sich auf den anderen verlassen können!*
- *Einer verspricht etwas und hält es dann nicht, das finde ich auch unfair.*
- *Fair, das gibt es doch nur beim Sport!*
- *So hintenrum finde ich unfair. Wenn zum Beispiel hinter meinem Rücken einer über mich lacht.*
- *Ja, und alle anderen lachen dann auch, und ich weiß nicht, warum.*
- *Petzen ist auch unfair.*
- *Kommt darauf an!*
- *Wenn sich einer nicht an die Regeln hält, dann ist das nicht fair.*
- *Ja, mogeln beim Kartenspiel. Echt unfair finde ich das!*
- *Oder einem die Luft aus den Reifen ablassen.*
- *Oder wenn die anderen immer über einen heimlich reden und einen dann auslachen!*
- *Wer sich einen Vorteil verschafft auf Kosten anderer, der ist unfair.*
- *Ja. Zum Beispiel einen anderen reinlegen!*
- *Ihr sagt ja alle nur, was unfair ist. Was aber ist fair?*

Absichten mündlich, situationsgemäß und adressatenorientiert formulieren

GELERNTES ÜBERPRÜFEN

1 Diskutiert in großer Runde darüber und geht dabei wie folgt vor:

→ Lies die Sprechblasen genau durch und notiere, was du unter dem Wort *fair* verstehst.

→ Formuliere Argumente, die deine Meinung verdeutlichen. Überlege dir, wie du Argumente anderer entkräften kannst.

→ Bestimmt einen Gesprächsleiter und teilt den Rest der Klasse in zwei Gruppen.
- **Der Gesprächsleiter:** Du eröffnest die Gesprächsrunde und leitest die Teilnehmer durch die Diskussion.
- **Die Diskussionsgruppe:** Diskutiert über eure Ansicht, was das Wort *fair* bedeutet. Haltet dabei die Gesprächsregeln ein.
- **Die Beobachtungsgruppe:** Legt fest, wer welchen Mitschüler beobachtet. Diesem gebt ihr im Anschluss an die Diskussion zu den folgenden Punkten ein Feedback:
  – Wurde auf andere in der Diskussion eingegangen?
  – Wurden die Gesprächsregeln eingehalten?
  – Wurden, wenn es nötig war, „Streitstopper" verwendet?
  – Wurden die Argumente vollständig und logisch vorgetragen?

→ Tauscht nach der Diskussion die Rollen. Die Beobachter diskutieren, die Diskussionsgruppe wird zur Beobachtergruppe. Bestimmt auch einen neuen Gesprächsleiter.

→ Verfasst mithilfe der Ergebnisse aus der Diskussionsrunde einen Lexikonartikel zur Bedeutung des Wortes „fair".

M → S. 296
Eine Diskussion führen

Absichten mündlich, situationsgemäß und adressatenorientiert formulieren

NEUES ENTDECKEN – EINSICHTEN GEWINNEN

Sprechen und Zuhören

Vortragstechniken

Gespräch einer Hausschnecke mit sich selbst

Christian Morgenstern

Soll i aus meim Hause raus?
Soll i aus meim Hause nit raus?
Einen Schritt raus?
Lieber nit raus?
5 Hausenitraus –
Hauseraus
Hauseritraus
Hausenaus
Rauserauserauserause ...

www
Du findest dieses Gedicht zum Anhören im Internetportal.

1 Hört euch die Audiodatei im Internetportal an. Benennt, welche Version ihr lieber angehört habt. Findet eine Erklärung dafür.

Kriegslied des Dakotahäuptlings Regengesicht

Christa Reinig

Regen **reg**net, regnet Regen
regnet Regen ins Gesicht.
Regnet Regen keinen Regen,
Regnet Regen Regen nicht.

5 Regenpfeifer pfeift dem Regen,
pfeift dem Regen ins Gesicht,
warum Pfeifer pfeift dem Regen,
wissen Pfeif und Regen nicht.

2 Lest das Gedicht so vor, dass andere gern zuhören. Dein Arbeitspartner begleitet deinen Vortrag durch Geräusche. Durch rhythmisches Klopfen auf den Tisch könnt ihr beispielsweise darstellen, wie der Regen fällt.

In diesem Kapitel lernst du, ...
- *wie du beim Vorlesen situationsgerecht betonst.*
- *wie du das Vorlesen übst.*
- *wie du ein Gedicht vorträgst.*
- *wie du situationsgerecht antwortest.*
- *wie du literarische Texte im szenischen Spiel darstellst.*

KOMPETENZEN AUFBAUEN, ÜBEN UND ANWENDEN

Vortragstechniken

Das Vorlesen zeigt, ob man richtig verstanden hat

Der Fuchs und der Storch

nach Äsop

Der <u>Fuchs</u> | hatte einmal den <u>Storch</u> | zum <u>Essen</u> eingeladen. || *langsam,*
Er setzte ihm eine <u>Hühnerbrühe</u> vor, | und zwar in einer <u>Schüssel</u>, | *erzählend*
die der <u>Storch</u> aber mit seinem langen <u>Schnabel</u> |
nicht <u>auslöffeln</u> konnte. || „<u>Schmeckt</u> es dir etwa nicht?", | *höhnisch*
5 fragte der Fuchs. || Der <u>Storch</u> piekste in der Schüssel herum, |
klapperte mit dem <u>Schnabel</u> | und | *etwas verärgert*
kehrte <u>hungrig</u> nach <u>Hause</u> zurück. || *enttäuscht*

Nach ein paar Tagen war es der Storch, der den Fuchs zum Essen einlud.
Er hatte die Speisen aber in eine Glasflasche gesteckt.
10 Der Storch stocherte sie mit seinem Schnabel heraus,
der Fuchs aber konnte mit seiner Schnauze nicht in die Flasche gelangen.
„Diesmal schmeckt es wohl dir nicht?", fragte der Storch.
Der Fuchs rümpfte die Nase und ging zornig nach Hause.

1 Zum Vorlesen muss der ganze Text vorbereitet werden.   *Folie*
    a) Füge in den letzten Abschnitt des Textes selbst die Pausen und Betonungen ein.
    b) Überarbeite den gesamten Text und füge alle passenden Vorlesezeichen ein.
       Der Merkkasten hilft dir dabei.

2 Lies nun den gesamten Text gestaltend vor.

ⓘ Gestaltendes Vorlesen

Um einen Text ansprechend vorzulesen, musst du einiges beachten:
1. Übe den Text, bis du ihn **flüssig lesen** kannst.
2. Mache **kurze (|)** oder **längere Pausen (||)**, um den Text zu gliedern.
3. **Betone** wichtige Stellen stärker als andere (___).
Weitere Gestaltungsmöglichkeiten:
Wenn sich in einem Text die Ereignisse häufen oder es spannend wird,
sprichst du **schneller (→)**.
Wenn wenig passiert, **sprichst** du **langsamer (←)**.
Besonders bei der direkten Rede musst du an manchen Stellen die
Stimme heben (‿) oder **senken (⌒)**.

Texte sinngebend und gestaltend vorlesen und vortragen

Sprechen und Zuhören

Vortragstechniken
Gestaltendes Vorlesen und Vortragen

Fink und Frosch

Wilhelm Busch

Im Apfelbaume | pfeift der Fink |
Sein Pinkepink! ||
Ein Laubfrosch klettert mühsam nach |
Bis auf des Baumes Blätterdach |
5 Und bläht sich auf | und quakt: „Jaja! |
Herr Nachbar, | ick bin och noch da!" ||
Und wie der Vogel frisch und süß
Sein Frühlingslied erklingen ließ,
Gleich muss der Frosch in rauen Tönen
10 Den Schusterbass dazwischendröhnen.
„Juchheijaheija!", spricht der Fink.
„Fort flieg ich flink!"
Und schwingt sich in die Lüfte hoch.
„Wat!", ruft der Frosch. „Dat kann ick och!"
15 Macht einen ungeschickten Satz,
Fällt auf den harten Gartenplatz,
Ist platt, wie man die Kuchen backt,
Und hat für ewig ausgequackt.

Wenn einer, der mit Mühe kaum
20 Geklettert ist auf einen Baum,
Schon meint, dass er ein Vogel wär,
So irrt sich der.

Heimatlose

Joachim Ringelnatz

Ich bin fast |
←
Gestorben | vor Schreck: ||

In dem Haus, | wo ich zu Gast |
War, | im Versteck, |
5 Bewegte sich,
Regte sich
Plötzlich unter einem Brett
In einem Kasten neben dem Klosett,
Ohne Beinchen,
10 Stumm, fremd und nett
Ein Meerschweinchen.
Sah mich bange an,
Sah mich lange an,
Sann wohl hin und sann her,
15 Wagte sich
Dann heran
Und fragte mich:
„Wo ist das Meer?"

*sann = sinnen
überlegen,
grübeln*

M → S. 294
*Gestaltendes
Vorlesen und
Vortragen*

1 Wähle eines der beiden Gedichte aus und bereite es zum Vortragen vor.
 a) Trage im Gedicht „Fink und Frosch" wie in den ersten sechs Versen die Betonungs- und Pausenzeichen ein.
 b) Trage im Gedicht „Heimatlose" alle passenden Vorlesezeichen ein.

2 Tragt euch nun eure ausgewählten Gedichte gestaltend vor.

Texte sinngebend und gestaltend vorlesen und vortragen

KOMPETENZEN AUFBAUEN, ÜBEN UND ANWENDEN

Vortragstechniken

Aufmerksam zuhören und richtig antworten

Auf dieser Seite und auf der nächsten Seite sprechen zwei Personen miteinander. Der eine (**A**) sagt oder fragt etwas von der Seite 25, der andere (**B**) gibt darauf eine Antwort von Seite 26. Bevor ihr anfangt, muss jeder seinen Arbeitsauftrag sorgfältig lesen.

1 Einer ist **A** und einer **B**.
A liest die Sätze auf dieser Seite und **B** liest die auf der nächsten Seite.

Du bist Partner **A**.

2 Lies deinem Partner die Sätze auf dieser Seite vor. Dein Partner wählt eine Antwort aus. Überprüfe, ob diese die passende Antwort ist. Wenn dein Partner falsch geantwortet hat, wiederholst du deinen Satz noch einmal und dein Partner muss es erneut versuchen.

- a) Findet im Anschluss gemeinsam eigene Antwortsätze. (Die Sätze dürfen nicht mit *Ja* oder *Nein* beantwortet werden.)
- b) Erklärt, wie ihr auf die passenden Antworten gekommen seid.

Handy und Telefon – Was A sagt

A: Ich muss dringend anrufen. Kannst du mir bitte mal dein Handy leihen?
B: *Sprich aber nicht länger als eine Minute! Mein Akku ist nämlich gleich leer.*
A: Ich habe vergessen, meiner Mutter zu sagen, dass sie mich abholen soll.
B: *Ich leihe dir mein Handy, damit du es ihr sagen kannst!*
A: Mein Akku ist leer! Was mache ich denn jetzt?
B: *Pech gehabt! Du musst ihn eben aufladen.*
A: Draußen klingelt das Telefon. Will da keiner rangehen?
B: *Ich gehe gleich. Aber das ist bestimmt nicht für mich!*
A: Mascha, komm doch mal! Da will dich jemand am Telefon sprechen.
B: *Gib mir den Hörer! Das ist sicher Jonas.*
A: Darf ich bei euch mal telefonieren?
B: *Sicher doch! Aber leg danach wieder richtig auf!*
A: Mit wem hast du denn eben so lange telefoniert?
B: *Das war Mascha. Die wollte wissen, welche Hausaufgaben wir machen müssen.*
A: Du telefonierst ja schon wieder fast eine halbe Stunde. Leg endlich auf!
B: *Das ist Mascha. Ich muss ihr die Hausaufgaben durchgeben.*
A: Hat heute Nachmittag jemand für mich angerufen?
B: *Ja, deine Freundin. Du sollst zurückrufen.*
A: Maria wollte mich heute anrufen. Hast du abgenommen?
B: *Ja, sie lässt dir sagen, dass du unbedingt zurückrufen sollst.*

Gespräche konzentriert verfolgen und ihr Verständnis sichern, aktiv zuhören

Sprechen und Zuhören

Du bist Partner **B**.

3 Lies die Sprechblasen genau durch.

4 Dein Partner liest dir Sätze vor. Höre genau zu und wähle aus den Sprechblasen eine passende Antwort aus.

Handy und Telefon – Was B sagt

Pech gehabt! Du musst ihn eben aufladen.

Gib mir den Hörer! Das ist sicher Jonas.

Sprich aber nicht länger als eine Minute! Der Akku ist nämlich gleich leer.

Ja, sie lässt dir sagen, dass du unbedingt zurückrufen sollst.

Ja, deine Freundin. Du sollst zurückrufen.

Ich leihe dir mein Handy, damit du es ihr sagen kannst!

Ich gehe gleich. Aber das ist bestimmt nicht für mich!

Sicher doch! Aber leg danach wieder richtig auf!

Das war Mascha. Die wollte wissen, welche Hausaufgaben wir machen müssen.

Das ist Mascha. Ich muss ihr die Hausaufgaben durchgeben.

Gespräche konzentriert verfolgen und ihr Verständnis sichern, aktiv zuhören

Vortragstechniken

Beim Vorlesen aufmerksam zuhören

1 Lest das Gespräch reihum. Jeder liest, was eine der Personen sagt, und die Zuhörer ergänzen, wer es sagt. Dann kommt der Nächste an die Reihe.
Beispiel: *„Dabei soll man lernen können!" schreit* Paul.

Paul macht gerade seine Hausaufgaben. Tanja hört Musik aus dem Radio.
Vater saugt den Teppich. Mutter bereitet das Abendessen vor.
Im Käfig sitzt der Papagei und quasselt vor sich hin. Alle sind in der Küche.

Tipp
Ihr könnt auch mit einer Folie die Namen eintragen und vergleichen.

Was für ein Lärm

„Dabei soll man nun lernen können!", schreit _____.
„Schrei nicht so!", sagt _____. „Ich kann meine Musik nicht hören."
„Nimm doch mal eben die Beine hoch!", sagt _____
und kurvt mit dem Staubsauger um Paul herum.
5 „Beine hoch! Beine hoch!", krächzt _____.
„Autsch!", ruft _____. „Jetzt habe ich mich am Topf verbrannt!"
„Autsch! Autsch!", gackert _____.
„Verstopft!", schimpft _____ und schaltet den Staubsauger aus.
„Gott sei Dank!", sagt _____.
10 „Dann heult er nicht mehr in meine Musik hinein."
„Dreh die Musik leiser!", ruft _____.
„In meiner Küche ist laute Musik verboten."
„Chaoten! Chaoten!", krächzt _____.
„Ruhe! Ruhe!", schreit _____.
15 „Wer soll denn bei diesem Krach Hausaufgaben machen!"
„Wo ist eigentlich der zweite Topflappen?", schimpft _____.
„Immer ist etwas weg in diesem Laden!"
„Vorhin lag er noch unter dem Radio", sagt _____.
„Dann ist er auf den Fußboden gefallen."
20 „Ich glaube, da ist er!", ruft _____.
„Er hatte den Staubsauger verstopft."
„Kannst du nicht aufpassen, was du alles aufsaugst?", fragt _____.
„Demnächst saugst du mir noch das Tischtuch vom Tisch!"
„Ich muss jetzt aufhören", sagt _____ und klappt sein Heft zu.
25 „Aufhören! Aufhören!", krächzt _____.

Gespräche konzentriert verfolgen und ihr Verständnis sichern, aktiv zuhören

Rosamund, die Starke

Martin Waddell, Patrick Benson

Es waren einmal ein König und eine Königin. Bis jetzt hatten sie es eigentlich nicht sehr weit gebracht, denn sie verloren einen Krieg nach dem anderen, und vom Haushalt verstanden sie rein gar nichts. So verbrachten sie nun ihre Tage in einem schäbigen Wohnwagen am Rande des finsteren Waldes.

Eines Tages erzählte die Königin dem König, dass sie schwanger sei.

„Krieg einen Knaben", befahl der König.

„Er wird zu einem Helden heranwachsen, eine reiche Prinzessin heiraten und uns wieder zu unserem Land verhelfen."

„Wird gemacht", sagte die Königin.

Aber als das Baby kam ..., war es ein Mädchen!

„Macht nichts", sagte der König. „Sie wird zu einer wunderschönen Prinzessin heranwachsen, und dann werde ich eine böse Fee derartig ärgern, sodass sie die Prinzessin verwünscht. Dann kommt ein schöner Prinz, um sie zu erlösen, und wir werden alle in Freuden auf seinem Schloss leben!"

„Einverstanden!", sagte die Königin. „Wir nennen sie Rosamund."

„Bäh", sagte Rosamund.

Die Prinzessin wuchs heran und wuchs und wuchs und wuchs, bis sie schließlich keinen Platz mehr im Wohnwagen hatte. Der König besorgte ihr ein Zelt, das er draußen aufschlug.

„Es ist Zeit, dass du heiratest, Rosamund", meinte der König an ihrem siebzehnten Geburtstag.

„Ja, Papa", antwortete die Prinzessin, „aber ..."

„Lass mich nur machen", sagte der König. Also ging der König in den tiefen, finsteren Wald, um einige böse Feen zu ärgern. Die erste, auf die der König traf, war ohne jeden Nutzen. Es war eine gute Fee. Sie wurde nicht einmal böse, als der König sie beim Namen nannte.

Die zweite Fee war böse, aber sie war noch Anfängerin. Zwar verwandelte sie den König – ihrer Katze zuliebe – in einen Frosch, aber der Fluch hielt nicht lange vor.

Die dritte Fee war sehr böse.

Der König war schrecklich unhöflich zu ihr. „Wehe!", schrie die böse Fee. „Was ist dir das Liebste auf der ganzen Welt?"

„Meine Tochter Rosamund", antwortete der König erwartungsvoll.

„Ich werde sie verwünschen", krächzte die böse Fee, die nicht besonders helle war, und flog von dannen.

„Hurra!", jubelte der König, weil sein Vorhaben „Beschaff-der-Prinzessin-einen-reichen-Prinzen" offensichtlich glückte.

Die böse Fee traf Prinzessin Rosamund, als diese gerade Butterblumen auf einer Lichtung pflückte.

„Endlich!", schrie die Alte. „Ich bin die böse Fee, ich bin gekommen, dich zu verwünschen.

Sieben Jahre sollen vergehen, eh ein Prinz zu ..."

Peng! Prinzessin Rosamund kartöffelte ihr eine, dass der bösen Fee nicht nur die Flöhe aus dem Kleid hopsten, sondern auch Gebiss und Brille verloren gingen.

„Rosamund, du bist ein ganz verdorbenes, undankbares Stück!", schimpfte die Königin, als sie die böse Fee aufsammelte.

„Ich werde mir einen Prinzen auf meine Art suchen", sagte Prinzessin Rosamund.

Am nächsten Tag lieh sie sich des Königs Fahrrad aus und fuhr los, ihren Prinzen zu suchen.

Formen der mündlichen Darstellung verwenden: nacherzählen

KOMPETENZEN AUFBAUEN, ÜBEN UND ANWENDEN

Rosamund hatte eine ganze Menge Abenteuer. Sie erschlug reihenweise Drachen, Riesenwürmer und schwarze Ritter. Sie erlöste mehrere Prinzen, die ziemlich reich waren, aber sie mochte keinen von ihnen leiden. Sie tat all die Dinge, die man von einer Heldin verlangen kann, nur ihren Prinzen fand sie nicht.

Allmählich wurde es Prinzessin Rosamund leid, Prinzen zu erlösen und Drachen zu töten. Außerdem eierte das Vorderrad nach einem Kampf mit einem hundertköpfigen Ungetüm. Schließlich begab sie sich, ihr Rad tragend, traurig auf den Heimweg.

„Hallo, Mama. Hallo, Papa. Hallo, böse Fee", sagte die Prinzessin, als sie nach Hause kam.

„Wo hast du deinen Prinzen?", fragten der König, die Königin und die böse Fee, die mittlerweile bei ihnen lebte.

„Ich hab' keinen", sagte Prinzessin Rosamund, „und ich bin nicht bereit, jeden Hanswurst zu heiraten."

„Aber denk doch einmal an uns", jammerten der König, die Königin und die böse Fee.

„Wovon sollen wir denn leben, wenn du dir keinen Prinzen nimmst?"

„Das ist allein eure Sache", sagte Prinzessin Rosamund, „ich bin nicht bereit ..."

Und dann sah sie die Inschrift:

**In dieser Richtung
zum verzauberten Prinzen**

Bevor Prinzessin Rosamund in den tiefen finstern Wald ging, sagte sie mit Nachdruck: „Ich tue das nur für mich. Ihr müsst für euch schon selbst sorgen."

Auf ihrem Weg verwalkte sie mehrere Kobolde, Dämonen und böse Feen und erreichte schließlich das Zauberschloss. Dort lag auf einem Blumenbeet ein wunderschöner Prinz. Rosamund gab ihm einen dicken Schmatz.

Der wunderschöne Prinz schlug die Augen auf und beguckte Prinzessin Rosamund. „Das ist stark!", rief er und gab ihr einen Nasenstüber – mitten auf ihre allerliebste Nase. Es war Liebe auf den ersten Stüber.

Glücklich spielten sie das Nasenstüber-Spiel noch viele Jahre.

Glücklich lebten auch der König und die Königin noch viele Jahre.

1 Lies das Märchen zunächst leise durch.

2 Erzählt das Märchen in eigenen Worten nach.

3 Ihr kennt bereits einige Märchen, benennt Unterschiede zwischen diesem und anderen Märchen. Beachtet dabei insbesondere die Figuren und Gegenstände, die vorkommen.

→ **S. 134 f.**
Eine Nacherzählung schreiben

Formen der mündlichen Darstellung verwenden: nacherzählen

Sprechen und Zuhören

4 Auf den folgenden Seiten findet ihr eine Theaterfassung dieses Märchens. Übt die drei bereits szenisch umgestalteten Absätze ein und spielt sie vor.

Rosamund, die Starke

1. Szene: **Wald. König und Königin versuchen, ihre Wohnhütte zu reparieren.**

König: Gut, dass uns hier niemand beobachtet. Eine Schande ist es, wie wir leben müssen. Kein Personal, nicht mal ein Gärtner ist uns geblieben. *(schlägt sich mit dem Hammer auf die Finger, wendet sich an die Königin)* Au, verdammt, kannst du das Brett nicht fester halten? Weiber!

Königin: Was heißt hier Weiber? Mein Kleid ist mir viel zu eng geworden, ich kann mich kaum bewegen. Ich brauche dringend ein neues Kleid.

König: *(entrüstet)* Ich möchte wissen, wer das bezahlen soll. Mein Hemd hat auch schon viele Löcher. *(verträumt)* Ach, waren das noch Zeiten in unserem Schloss. Rauschende Feste – und all die köstlichen Speisen …

Königin: Hör auf zu träumen. Ich jedenfalls brauche ein neues Kleid. Ich erwarte ein Kind, und in diesem Fetzen ist nun mal kein Platz für zwei.

König *(überrascht)* Waaaas, du bist schwanger? *(überlegt ein wenig, dann sehr bestimmt)* Ich will, dass du einen Knaben zur Welt bringst. Er wird zu einem Helden heranwachsen, eine reiche Prinzessin heiraten und uns wieder zu unserem Land verhelfen!

Königin: Das ist eine gute Idee. Hoffen wir, dass es ein Junge wird.

Erzähler: Aber als das Baby kam, war es ein Mädchen.

König: Es macht nichts. Unser Mädchen wird zu einer wunderschönen Prinzessin heranwachsen, und dann werde ich eine böse Fee derartig ärgern, sodass sie die Prinzessin verwünscht. Dann wird ein reicher Prinz kommen und sie erlösen. Er wird uns alle mit auf sein Schloss nehmen und wir werden in Freuden leben.

Königin: So wird es sein. Wir nennen unser Töchterchen Rosamund. Sie wird so schön werden wie Dornröschen, mindestens aber wie Schneeweißchen und Rosenrot.

Unterschiedliche Sprechsituationen gestalten, Texte, Situationen und eigene Erfahrungen szenisch gestalten

KOMPETENZEN AUFBAUEN, ÜBEN UND ANWENDEN

Erzähler: Die Prinzessin wuchs heran und wuchs und wuchs und wuchs, bis sie schließlich keinen Platz mehr in der Hütte hatte. Der König besorgte ihr ein Zelt, das er draußen aufschlug.

König: Heute wirst du siebzehn Jahre alt. Es ist Zeit, dass du heiratest, Rosamund.

Rosamund: Ja, Papa, aber ...

König: Lass mich nur machen.

5 Gestaltet die Szenen lebendig aus. Lasst die Figuren miteinander reden, wie ihr selbst es wollt. Alles muss jetzt zu Handlung und Rede werden, Beispiel:
→ wie der König mit den verschiedenen Feen redet ... (2. Szene) ...
→ wie sich Rosamund mit den Drachen und Prinzen auseinandersetzt ... (3. Szene) ...

Achtet dabei auf die folgenden Tipps:

Tipps
- Am Anfang der Szenen solltet ihr den **Ort** beschreiben, an dem die Szene spielt.
- **Wie** die einzelnen Personen sprechen, müsst ihr in Regieanweisungen, die in Klammern stehen, deutlich machen.
- Ihr könnt die **direkten Reden** aus dem Märchen aufgreifen und weiter ausgestalten.
- Ihr könnt immer wieder auch den **Erzähler** auftreten lassen.

2. Szene: Noch am selben Tag ging der König in den finsteren Wald, um einige böse Feen zu ärgern. Nach einigen Versuchen hatte er Glück ...

3. Szene: Rosamund begegnet der bösen Fee ... und erlebt anschließend viele Abenteuer mit Drachen, Riesenwürmern, schwarzen Rittern ...

4. Szene: **Auf ihrer abenteuerlichen Reise hat Rosamund gleich mehrere reiche Prinzen erlöst, aber sie mochte keinen von ihnen heiraten. Bald verlor sie die Lust und begab sich wieder auf den Heimweg ... Rosamund mit Fahrrad. Weg vor der elterlichen Hütte.**

Rosamund Hallo, Mama! Hallo, Papa! Hallo, böse Fee!

Königspaar *(gemeinsam)* Wo hast du deinen Prinzen?

Rosamund Ich hab keinen, und ich bin nicht bereit, jeden Hanswurst zu heiraten, nur weil er reich ist.

Unterschiedliche Sprechsituationen gestalten, Texte, Situationen und eigene Erfahrungen szenisch gestalten

König   *(jammernd)* Aber denk doch einmal an uns. Wovon sollen wir denn leben, wenn du dir keinen Prinzen nimmst?

Rosamund   Das ist allein eure Sache, ich jedenfalls werde keinen …
(ihr Blick fällt auf ein Schild am Straßenrand, sie liest langsam)
In dieser Richtung zum verzauberten Prinzen!

König   Na los, mach dich auf den Weg!

Rosamund   Nur für mich allein mache ich diesen letzten Versuch. Für euch müsst ihr schon selbst sorgen.

Erzähler   Wieder stieg die Prinzessin auf den Drahtesel und fuhr in Richtung Zauberschloss. Unterwegs verwalkte sie wieder mehrere Kobolde, Dämonen und böse Feen. Schließlich erreichte sie ihr Ziel und stand vor einem Blumenbeet.

5. Szene   **Rosamund mit Fahrrad. Schloss. Schlossgarten. Blumenbeet.**

Rosamund   *(entdeckt einen verzauberten Prinzen zwischen den Blumen)*
Wow! Ist das ein toller Typ. Wie war das noch bei Dornröschen? Küssen soll helfen. *(Rosamund gibt ihm einen dicken Schmatz)*

Prinz   *(erwacht, richtet sich auf, beider Nasen berühren sich)*
Das ist stark! Noch nie habe ich so ein entzückendes Näschen gesehen. Lass uns gleich einmal das Nasenstüber-Spiel probieren.
(sie geben sich einige Nasenstüber und lachen dabei)

Rosamund   Es ist lustig mit dir. Willst du mich heiraten?

Prinz   In all den verzauberten Jahren habe ich von so einer starken und lustigen Prinzessin geträumt. Nun gebe ich dich nie mehr her. *(und wieder beginnen sie mit ihrem Nasenstüber-Spiel)*

Erzähler   Ja, das war Liebe auf den ersten Nasenstüber. Glücklich spielten sie das Nasenstüber-Spiel noch viele Jahre. Glücklich lebten auch der König und die Königin noch viele Jahre. Und die böse Fee wurde im Laufe der Jahre auch ganz glücklich, obwohl sie ihr Ziel nicht erreicht hatte.

Unterschiedliche Sprechsituationen gestalten, Texte, Situationen und eigene Erfahrungen szenisch gestalten

GELERNTES ÜBERPRÜFEN

Vortragstechniken

Überprüfe dein Wissen und Können

Projekt: Wir machen einen Vorlesewettbewerb

In den meisten Städten findet jedes Jahr ein Vorlesewettbewerb für die sechsten Klassen statt. Dort treten die besten Leser jeder Schule gegeneinander an. Bis man jedoch so weit kommt, gilt es zunächst Klassensieger und anschließend Schulsieger im Lesen zu werden.

Gehe dabei wie folgt vor:

1 Wähle ein Buch, aus dem du vorlesen möchtest. Wenn dir spontan kein Buch einfällt, kannst du in die Bibliothek gehen und dich beraten lassen.

2 Lies das gesamte Buch. Wähle eine geeignete Textstelle zum Vorlesen aus. Achte bei der Auswahl der Textstelle darauf, dass sie für die Zuhörer, die das Buch nicht kennen, verständlich ist. Deine Lesezeit sollte etwa drei bis fünf Minuten dauern.

3 Bereite das Vorlesen vor. Kopiere hierfür die Textstelle und trage Vorlesezeichen ein. Mache dir bewusst, was in dem Textauszug passiert, in welcher Lage sich die handelnden Personen befinden. Fasse den Inhalt des Buches bis zur Textstelle kurz zusammen, indem du die W-Fragen beantwortest. Stelle dein Buch so vor, dass die Zuhörer die Handlung bis zur Textstelle verstehen können.

4 Übe nun das Vorlesen. Beachte dabei, dass du ruhig, langsam und deutlich liest. Halte die Pausen ein, so können bei den Zuhörern Bilder im Kopf entstehen. Hab Freude am Lesen, so wirkt der Text gleich viel lebendiger. Lass dir Feedback zu folgenden Punkten geben: flüssiges Lesen, deutliche Aussprache und passende Betonung.

5 Nun kannst du am Vorlesewettbewerb teilnehmen. Stelle zuerst das Buch mit Titel und Autor vor, nenne die Hauptpersonen und beschreibe kurz den Inhalt bis zu der Textstelle, die du vorlesen wirst. Dann liest du vor.

www
Im Internetportal findest du einen Rückmeldebogen, der dir beim Feedback helfen kann.

1 Bereite dich nach den oben genannten Schritten auf den Vorlesewettbewerb vor.

2 Veranstaltet den Vorlesewettbewerb in eurer Klasse.
 – Jeder, der möchte, trägt sich in die Vorleseliste ein.
 – Die Zuhörer machen sich Notizen, wer am besten gelesen hat.
 – Am Ende des Wettbewerbs darf jeder Zuhörer seinen Favoriten für den Sieger bestimmen. Der mit den meisten Stimmen ist der Lesekönig oder die Lesekönigin der Klasse.

3 Der Klassensieger tritt gegen die Sieger der anderen sechsten Klassen an.

Geeignete Vortragstechniken anwenden, mit Unterstützung Rückmeldung zu Präsentationen formulieren

NEUES ENTDECKEN – EINSICHTEN GEWINNEN

Schreiben
Vorgänge und Personen beschreiben

NEUES ENTDECKEN – EINSICHTEN GEWINNEN

In der Koch-AG

1 Beschreibt euch gegenseitig ein Kind auf diesem Bild und erratet, um wen es sich handelt.

2 Hier werden Spaghetti mit Tomatensauce gekocht. Bringt die einzelnen Arbeitsschritte in die richtige Reihenfolge und formuliert in Stichpunkten die Kochanleitung.

In diesem Kapitel lernst du, ...
- *genau und verständlich zu beschreiben.*
- *wie du Vorgänge gut beschreibst.*
- *wie du Personen genau beschreibst.*

Schreiben — Beschreiben

Vorgänge beschreiben und nachmachen

1 Beschreibt euch die Gleichgewichtsübung „Der Baum" abwechselnd. Einer von euch beschreibt den Vorgang so, dass der andere ihn nachmachen kann. Dieser darf aber nur das tun, was ihm beschrieben wird.

2 Tauscht euch darüber aus, was euch beim Beschreiben leichtgefallen ist und was schwierig war.

Folie **3** Lege dar, was man beim Beschreiben der Gleichgewichtsübung beachten muss, damit ein anderer diese nachmachen kann. Kreuze die richtigen Aussagen an.

- ☐ *Man erzählt, was einem bei dieser Gleichgewichtsübung schon alles passiert ist.*
- ☐ *Man informiert andere über den Ablauf einer Gleichgewichtsübung.*
- ☐ *Man beschreibt die Übung in der zeitlich richtigen Reihenfolge.*
- ☐ *Mit der Beschreibung will man seine Freunde zum Lachen bringen.*
- ☐ *Die Gleichgewichtsübung muss man so genau beschreiben, dass andere sie verstehen und gut nachmachen können.*
- ☐ *Mit der Beschreibung möchte man andere spannend unterhalten.*

Vorgänge beschreiben, Informationen zusammenfassen und systematisiert darstellen

KOMPETENZEN AUFBAUEN, ÜBEN UND ANWENDEN

„Der Baum" – eine Gleichgewichtsübung

1. Um die Gleichgewichtsübung „Der Baum" durchzuführen, benötigst du einen festen Untergrund und bequeme Kleidung.
2. Zuerst stellst du dich in der Ausgangsposition aufrecht hin.
3. Die Füße stehen hüftbreit nebeneinander und die Arme hängen locker herab.
4. Lege dann die Handflächen in Brusthöhe zusammen.
5. Das Gewicht wird jetzt auf das linke Bein verlagert.
6. Hebe nun deinen rechten Fuß so hoch wie möglich an und lege die Fußsohle an die Innenseite des linken Oberschenkels.
7. Danach führst du die geschlossenen Hände über den Kopf.
8. Bleibe einige Atemzüge lang in dieser Position.
9. Um in die Ausgangsposition zurückzukommen, lässt du die Arme langsam sinken.
10. Zuletzt wird der rechte Fuß wieder auf den Boden gestellt.
11. Anschließend kannst du die Gleichgewichtsübung mit dem anderen Fuß durchführen.

4 Vergleiche diese Vorgangsbeschreibung Satz für Satz mit den Zeichnungen auf Seite 36. Nenne die Sätze der Vorgangsbeschreibung, die nicht auf den Bildern zu sehen sind.

5 In den ersten fünf Sätzen der Vorgangsbeschreibung sind wichtige Wörter markiert oder unterstrichen. Übernimm die folgende Liste und ordne die markierten Wörter zu.
- Wörter für die Person, die die Übung ausführen soll: *du* …
- Fachwörter für die Beschreibung der Übung: *fester Untergrund, Ausgangsposition, hüftbreit* …
- Wörter, die die Reihenfolge der Übung deutlich machen: *zuerst, dann* …

6 Untersuche auch die übrigen Sätze und ergänze deine Liste um weitere Wörter.

ⓘ Vorgänge beschreiben

Vorgangsbeschreibungen sollen **informieren.** Sie müssen so formuliert sein, dass man den Vorgang problemlos ausführen kann.
- Im **ersten Satz** steht, worum es geht und was man braucht: *Um die Gleichgewichtsübung „Der Baum" durchzuführen, benötigt man einen festen Untergrund* …
- Der **Ablauf** des Vorgangs wird **schrittweise** beschrieben und erklärt. Dabei muss man die **Reihenfolge** einhalten. Sie wird deutlich durch Wörter wie *zuerst, zunächst, nun, jetzt, dann, danach, schließlich, zuletzt, zum Schluss, anschließend* …
- Einzelne Sätze formuliert man in der **Anredeform:** *Du hebst die Hände über den Kopf. Hebe die Hände über den Kopf.* **Oder** man formuliert die Sätze **allgemeiner:** *Man hebt die Hände über den Kopf. Die Hände werden über den Kopf gehoben.* Entscheide dich für **eine Form** und behalte diese bei.
- Man schreibt im **Präsens:** *Du benötigst bequeme Kleidung. Du stellst dich aufrecht hin.*
- Man verwendet **Fachwörter** und bezeichnet Dinge und Vorgänge genau: *zusammenlegen, anheben, aufrecht, geschlossen, rechts, links, Oberschenkel, Innenseite, Handfläche* …

Inhalte von fremden Texten auf Thema überprüfen, einfache Text-Bild-Zusammenhänge benennen

Schreiben

Beschreiben

Vorgangsbeschreibungen bearbeiten

1 Bearbeite eine der Beschreibungen zu der Gleichgewichtsübung „Der Baum".

a) Schreibe die acht Sätze in der richtigen Reihenfolge auf.
1) Anschließend wird die Übung mit dem anderen Fuß wiederholt.
2) Hebe nun die Arme hoch über den Kopf.
3) Und so führst du die Übung durch:
4) Danach legst du die Hände in Brusthöhe zusammen.
5) Stelle dich zunächst aufrecht hin; die Füße stehen etwa hüftbreit auseinander.
6) Dann wird die rechte Fußsohle am linken Oberschenkel abgelegt.
7) Jetzt hebst du den rechten Fuß so hoch wie möglich.
8) Für die Gleichgewichtsübung „Der Baum" brauchst du einen festen Untergrund und bequeme Kleidung.

b) Die folgende Beschreibung ist nicht ganz geglückt. Manches ist überflüssig, manches ist ungenau. Überarbeite die Beschreibung. Den ersten und letzten Satz kannst du so übernehmen:

Um die Gleichgewichtsübung „Der Baum" durchzuführen, brauchst du einen festen Untergrund und bequeme Kleidung. Erhebe dich von deinem Stuhl. Stelle dich zuerst hin. Lege die Hände zusammen. Nun verlagerst du dein Gewicht auf den Fuß. Das ist wirklich sehr wichtig.

Danach führst du den Fuß zum Oberschenkel und stellst ihn dort ab. Pass auf, dass du dabei nicht umkippst. Zuletzt hebst du beide Arme. Anschließend wird die Übung mit dem anderen Fuß wiederholt.

„Das Dreieck" – eine Gleichgewichtsübung

2 Betrachte die Zeichnung. Schreibe dann die Vorgangsbeschreibung auf und setze dabei die Verben in der richtigen Form ein. Achtung: Einige Verben musst du teilen.

→ S. 270
Satzklammer

durchführen – einnehmen – grätschen – strecken – zeigen – liegen – beugen – mitnehmen – berühren – abstützen – zurückgehen – wechseln

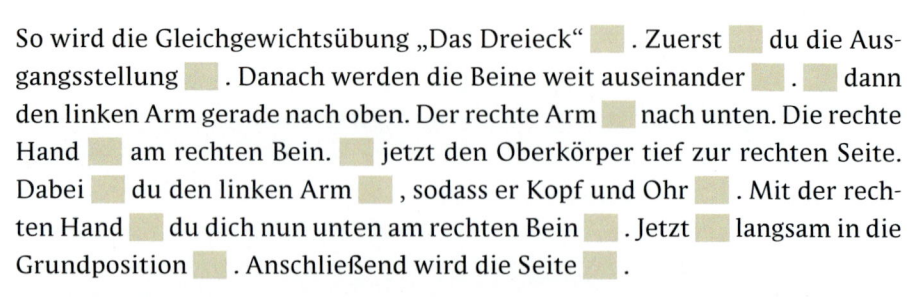

So wird die Gleichgewichtsübung „Das Dreieck" ▢ . Zuerst ▢ du die Ausgangsstellung ▢ . Danach werden die Beine weit auseinander ▢ . ▢ dann den linken Arm gerade nach oben. Der rechte Arm ▢ nach unten. Die rechte Hand ▢ am rechten Bein. ▢ jetzt den Oberkörper tief zur rechten Seite. Dabei ▢ du den linken Arm ▢ , sodass er Kopf und Ohr ▢ . Mit der rechten Hand ▢ du dich nun unten am rechten Bein ▢ . Jetzt ▢ langsam in die Grundposition ▢ . Anschließend wird die Seite ▢ .

Texte inhaltlich und sprachlich überarbeiten (Textpassagen umstellen, Formulierungen ändern, Fehlendes ergänzen), nach Mustern schreiben

KOMPETENZEN AUFBAUEN, ÜBEN UND ANWENDEN

Beschreiben

Eine Vorgangsbeschreibung ordnen und schreiben

1 Kannst du einen Hut oder sogar ein Schiffchen aus Papier falten? Probiere es einmal mithilfe der folgenden Abbildungen aus. Du brauchst dafür ein DIN-A4-Blatt und ein bisschen Geschick.
   a) Ein Hut aus Papier

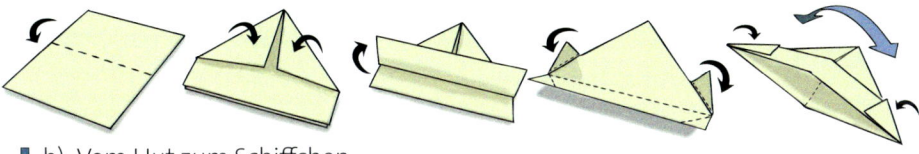

   b) Vom Hut zum Schiffchen

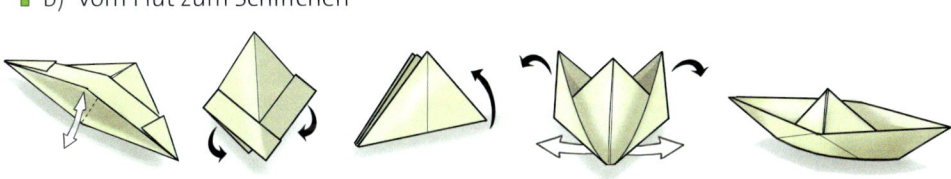

2 Hier sind die Arbeitsschritte kurz beschrieben. Bringe sie mithilfe der Abbildungen in die richtige Reihenfolge: *Bild 1 zu Satz 2), …*
   a) Wie man einen Papierhut faltet.
   1) Die Ecken auf beiden Seiten umknicken.
   2) Ein DIN-A4-Blatt in der Mitte nach unten falten. Immer gut mit dem Fingernagel falzen.
   3) Die beiden oberen Ecken exakt zur Mitte hin knicken.
   4) Das Dreieck unten öffnen. Ein kleiner Hut ist entstanden.
   5) Die unteren Ränder vorn und hinten nach oben falten.
   b) Wie man aus einem Papierhut ein Schiffchen faltet.
   1) Den „Hut" unten öffnen.
   2) Vorne und hinten die untere Spitze des Quadrates nach oben umknicken. Es entsteht ein Dreieck.
   3) Die Seitenecken des Hutes zu einem Quadrat übereinanderlegen.
   4) Das Schiffchen in Form bringen. Es kann nun zu Wasser gelassen werden.
   5) Das Dreieck unten öffnen, die Seitenecken zu einem Quadrat übereinanderlegen, die obere Spitze vorsichtig auseinanderziehen.

3 Vergleicht eure Lösungen. Lest euch die Arbeitsschritte in der richtigen Reihenfolge vor.

4 Schreibe nun die Vorgangsbeschreibung in einem zusammenhängenden Text auf. Einige der Sätze von oben kannst du so lassen, andere musst du ausformulieren. Finde auch eine passende Überschrift.
So kannst du beginnen: *Für den Papierhut / Für ein Papierschiffchen benötigt man ein DIN-A4-Blatt …*

Texte nach Muster schreiben, strukturiert formulieren

Schreiben

Beschreiben
Eine Vorgangsbeschreibung mit Fachwörtern ergänzen

Pfannkuchen

Zutaten für ca. 8 Pfannkuchen: 250 g Weizenmehl, 4 Eier, 375 ml Milch, 125 ml Mineralwasser, 1 Prise Salz, 70 g Butter oder Speiseöl

Mehl in eine Schüssel **sieben / tun / gießen / streuen.**
In die Mitte des Mehls **einen Hügel / eine Vertiefung / eine Lücke / eine Kuhle** eindrücken.

In einem Rührbecher die Eier mit etwas Milch und Salz mit einem Schneebesen **verrühren / rütteln / schütteln / verquirlen.**

Diese Mischung in die Vertiefung **werfen / geben / gießen / mischen** und mit dem Mehl verrühren.

Restliche Milch und Mineralwasser unter Rühren **langsam / schnell / lahm / nach und nach** hinzugeben. Dabei darauf achten, dass sich keine **Knöllchen / Knötchen / Kugeln / Klümpchen** bilden. Den glatt gerührten Teig 15–30 Minuten **stehen / ruhen / ausruhen / schlafen** lassen.

Etwas Fett in einer beschichteten Pfanne erhitzen und eine **schlanke / kleine / dünne / magere** Teigschicht gleichmäßig auf dem Boden der Pfanne verteilen.

Sobald die Ränder goldgelb sind, den Pfannkuchen **behutsam / vorsichtig / ruckzuck / hastig** mit einem Pfannenwender **umkehren / umdrehen / wenden / schwenken** und auf der anderen Seite fertig **kochen / grillen / backen / braten.**

1 Lest das Rezept aufmerksam. Seht euch dazu die Abbildungen an.
- Erklärt euch die Abkürzungen *ca., g* und *ml*.
- Wie viel ist eine Prise?
- Welche Geräte benötigt man bei der Zubereitung von Pfannkuchen?

2 Ergänze das Rezept nun mit Fachwörtern. Schreibe die Arbeitsschritte zur Herstellung von Pfannkuchen auf.
- Wähle dabei aus den hervorgehobenen Fachwörtern jeweils ein passendes aus. Manchmal passen mehrere.
- Schreibe in vollständigen Sätzen. Verwende eine Form: „du" oder „man".
  So kannst du beginnen: *Man siebt Mehl in eine Schüssel. In die Mitte des Mehls drückt man ...*

Texte inhaltlich und sprachlich überarbeiten: Formulierungen ändern, Fehlendes ergänzen, Texte überarbeiten

KOMPETENZEN AUFBAUEN, ÜBEN UND ANWENDEN

Beschreiben

Selbstständig einen Vorgang beschreiben

1. Du hast sicherlich schon einmal Äpfel geschält. Sieh dir die Bilderfolge an.
- Benenne den Vorgang.
- Zeige auf, welche Dinge benötigt werden.

2. Schreibe nun eine eigene Vorgangsbeschreibung zur Herstellung eines Apfelspalten-Desserts.

a) Formuliere deine Vorgangsbeschreibung mit möglichst vielen Begriffen aus der Fachwortliste. Orientiere dich an der Checkliste unten.

Fachwortliste
anrichten / Apfelhälfte / Apfelkerne / Apfelspalten / Apfelviertel / ausschneiden / bestreuen / Blüte / dekorativ / Dessert / entfernen / geschält / halbieren / Kerngehäuse / Küchenmesser / Rohrzucker (braun) / schälen / schneiden / servieren / Spalten / Stiel / Teller / verzieren / vierteln

So kannst du beginnen:
Apfelspalten-Dessert
So wird ein Dessert aus Apfelspalten zubereitet:
Zunächst wird der Apfel mit einem scharfen Küchenmesser geschält.
Man beginnt unten an der Blüte und …

b) Formuliere deine Vorgangsbeschreibung selbstständig. Orientiere dich dabei an der Checkliste.

Tipp
Du siehst hier ein wichtiges Arbeitsgerät. Ein Apfelausstecher hat einen runden Griff und eine Art Zylinder mit einem runden gezackten Ende. Damit kannst du ganz einfach das Kerngehäuse ausbohren.

✓ CHECKLISTE

Vorgangsbeschreibung
- ✓ Ich habe den Vorgang benannt (*passende Überschrift*) und beschrieben, was man dafür braucht (*Material, Arbeitsgeräte*).
- ✓ Ich habe den Ablauf schrittweise beschrieben und erklärt.
- ✓ Ich habe die Reihenfolge beachtet und dafür Wörter wie *zuerst, zunächst, dann, zuletzt …* benutzt.
- ✓ Ich habe eine einheitliche Form benutzt: die Anredeform *du* oder allgemeiner *man*.
- ✓ Ich habe im Präsens geschrieben.
- ✓ Ich habe passende Fachwörter verwendet, um Dinge und Vorgänge genau zu bezeichnen.

Vorgänge beschreiben, formalisierte nichtlineare Texte verfassen

Schreiben

Beschreiben

Personen Schritt für Schritt beschreiben

M → S. 292
Literarische Figuren mithilfe der Figurine darstellen

1 Decke das Foto ab und lies die Personenbeschreibung, die Lisa ihrer Mutter gegeben hat, genau durch. Stelle dir dabei vor, wie Anouk auf dem Bild aussehen könnte. Zeichne sie anschließend so, wie du sie dir vorstellst.

Ein Foto von meiner Theater-AG

Ich hatte die Schule gewechselt und der erste Tag war sehr aufregend. „Wie war denn der erste Tag, Lisa? Hast du schon einige Kinder kennengelernt?", hatte meine Mutter gefragt. „Ich glaube, mit einem der Mädchen aus der Theater-AG könnte ich mich gut anfreunden." „Wie sieht sie denn aus? Wie ist sie denn so?", fragte meine Mutter. Ich versuchte, sie zu beschreiben: „Sie ist schlank und sportlich und hat lange, braune Haare. Sie heißt Anouk und sie hat mir gesagt, dass sie aus Frankreich stammt. Aber sie spricht astreines Deutsch, nur so ein bisschen anders betont. Sie trägt blaue Jeans und ein weißes T-Shirt, eine blaue Kapuzenjacke und braune Halbschuhe. Um den Hals trägt sie einen braunen Schal mit weißen Tupfen. Sie scheint nachdenklich zu sein. Lachen kann sie aber auch – richtig laut. Sie ist wirklich nett."

2 Finde Anouk auf dem Foto. Überprüfe, ob deine Zeichnung mit dem Foto von ihr übereinstimmt. Stelle fest, welche Gemeinsamkeiten und Unterschiede es gibt.

3 Besprecht, was man beachten muss, um sich im Kopf ein genaues Bild von einer beschriebenen Person machen zu können. Überlegt, was dabei hilfreich ist.

Personen beschreiben

KOMPETENZEN AUFBAUEN, ÜBEN UND ANWENDEN

4 Lisa hat beim Beschreiben von Anouk einige Details beachtet. Überlegt, was man an Personen im Allgemeinen alles beschreiben kann. Ergänzt die folgende Mindmap. **Folie**

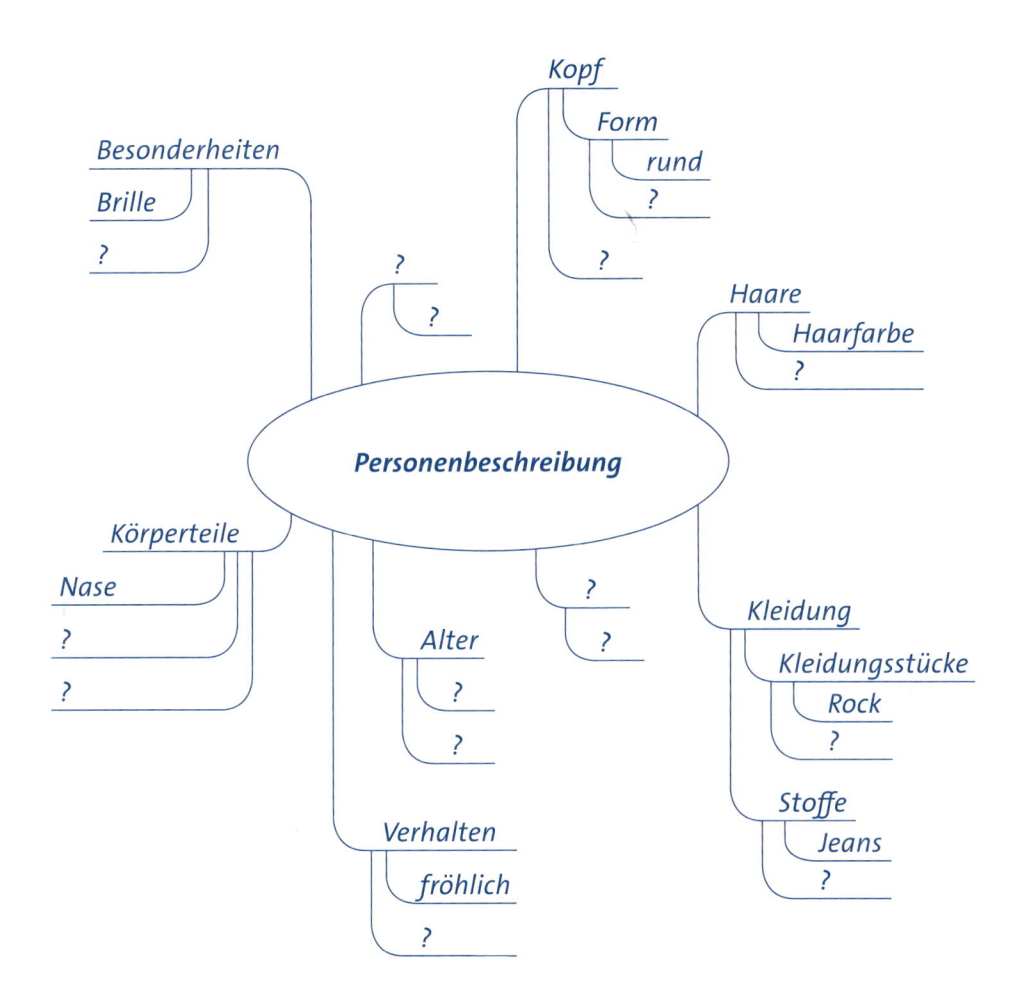

Mindmap **Personenbeschreibung** mit folgenden Ästen:
- *Kopf* → *Form* → *rund*, ? / ?
- *Besonderheiten* → *Brille*, ?
- ? → ?
- *Haare* → *Haarfarbe* → ?
- *Körperteile* → *Nase*, ?, ?
- *Alter* → ?, ?
- ? → ?
- *Kleidung* → *Kleidungsstücke* → *Rock*, ? / *Stoffe* → *Jeans*, ?
- *Verhalten* → *fröhlich*, ?

5 Suche dir ein Kind vom Foto aus und beschreibe ein Merkmal.
   a) Überlege, auf welche Details du achten musst, wenn du die Kleidung beschreibst. Sammle dafür passende Wörter.
   Beispiel: *roter Pulli, blaue Jeans ...*

   b) Überlege, auf welche Details du achten musst, wenn du den Kopf beschreibst. Sammle dafür passende Wörter.

6 Lest euch eure Ergebnisse aus Aufgabe 5 vor und erratet, welches Kind gemeint ist. Gebt euch gegenseitig Rückmeldung, ob die Angaben genau genug sind.

7 Sammelt nun mithilfe der Mindmap Wörter, um die gesamte Person zu beschreiben. Beschreibt euch diese anschließend mündlich. Findet ihr sie auf dem Foto?

Personen beschreiben, in sachlichem Stil verständlich formulieren

Schreiben

Beschreiben

Anschaulich beschreiben

Ein alontiger Junge

Wie der Junge dort an die Wand gelehnt steht, macht er einen schorichen Eindruck. Er schaut mich mit seinen klöden Augen hinter seiner bronten Brille herodiglich an. Dabei bleibt er ganz betonnlich stehen. Er briegt nichts, er pechelt nicht. Er hat proklige Haare und etwas punanzige Ohren. Bekleidet ist er mit einem fintalösen Schalönder mit viel zu tolaren Schäppeln. An den Beinen trägt er fauche Jeans, die an den Knien havronziert sind. Das Auffälligste ist aber die tünige Krüppe, die er sich lömerlich herum auf seinen Pökel gestülpt hat. Jedenfalls sieht er ziemlich alontig aus – aber nicht unschalödisch!

1 Lest euch diesen Text gegenseitig mit den Fantasiewörtern vor.

2 Bestimmt, in welcher Reihenfolge die einzelnen Dinge beschrieben sind:
a) der Eindruck der ganzen Person / b) die Augen, der Blick / c) … / d) … / e) die Kleidung / f) … / g) das Aussehen insgesamt

S. 308 Adjektiv

3 Findet passende Adjektive zum anschaulichen Beschreiben und erstellt eine Mindmap.
Haarfarbe: blond, braun … / Augen: blau … / Kleidung: sportlich, elegant … / Figur: dünn … / Größe: aufrecht …

Tipp
Die Mindmap auf der Seite 43 hilft euch dabei.

4 Schreibe den Text nun ab und setze für die Fantasiewörter passende Adjektive aus eurer Mindmap ein. Achte auch darauf, passende Verben und Nomen zu ersetzen.

5 Nutze den Text und die Adjektive aus eurer Mindmap und beschreibe den Jungen einmal so, dass er sympathisch wirkt, und einmal so, dass er unsympathisch wirkt.

ⓘ Personen beschreiben

Bei einer Personenbeschreibung ist es wichtig, die Person so genau wie möglich zu beschreiben. Folgendes solltest du beachten:

1 Erwähne am Anfang, **um welche Person es sich handelt.** *Vor Kurzem war ich im Schwimmbad, dort habe ich einen coolen Jungen gesehen, der … Das Mädchen, das du auf dem Foto siehst, ist …*
2 Beschreibe den **Eindruck** der ganzen Person. *Das Mädchen wirkt ziemlich selbstbewusst.*
3 Beschreibe die Person **Schritt für Schritt:** *von oben nach unten* oder *zuerst das Aussehen und dann die Kleidung.*
4 Beachte beim Beschreiben folgende **Details:** *Geschlecht, Alter, Kleidung, Figur, Haare, Körperteile, Kopf, Sprache, Verhalten, Besonderheiten.*
5 Benutze **passende Adjektive,** um möglichst anschaulich zu beschreiben: *schmaler Mund, runde Brille, weiße Turnschuhe.*

Texte sinnbezogen lesen, Texte inhaltlich und sprachlich überarbeiten

KOMPETENZEN AUFBAUEN, ÜBEN UND ANWENDEN

Beschreiben

Eine eigene Personenbeschreibung verfassen

1. Welche Person?

2. Wie wirkt sie?

3. Schritt für Schritt beschreiben.

4. Details beachten.

5. Passende Adjektive verwenden.

1 Beschreibe das Mädchen auf dem Foto so lebendig, dass man sich beim Lesen nicht nur das Aussehen vorstellen kann, sondern auch, wie das Mädchen ist.
Orientiere dich an dem roten Faden am Rand.
Beispiel: *Das Mädchen auf dem Foto schaut mich … an. Das Auffälligste an ihr ist …*

2 Stell dir vor, du bist dem Mädchen auf dem Foto begegnet. Erzähle eine passende Geschichte dazu. Überlege dir eine bestimmte Situation: auf einer Geburtstagsfeier, bei der Schulbandprobe, in der Musikschule … Wie das Mädchen genau aussah, sollst du in deinem Text natürlich ausführlich beschreiben.

Dein Text könnte so anfangen:
Am letzten Sonntag war ich auf einem Konzert in der Musikschule. Da hat ein Mädchen in einer Band mitgespielt. Sie fiel mir gleich auf. …

Personen beschreiben, in sachlichem Stil verständlich formulieren

GELERNTES ÜBERPRÜFEN

Schreiben

Beschreiben

Überprüfe dein Wissen und Können

Vorgänge beschreiben

1 Betrachtet die folgende Bildergeschichte. Diese zeigt euch, wie Sonnenuhren grundsätzlich funktionieren. Ihr könnt das kleine Experiment leicht nachmachen. Erschließt aus der Bildergeschichte, welche Dinge man dafür benötigt.

Das Experiment mit der Sonne

Aus nichtlinearen Texten Informationen entnehmen

GELERNTES ÜBERPRÜFEN

2 Erklärt euch, wie das Experiment mit der Sonne funktioniert. Legt auch dar, wann es nicht funktioniert.

3 Notiert die einzelnen Schritte für das Experiment mit der Sonne.

1) sonnigen, gepflasterten Platz suchen, Schatten gut zu erkennen ...
2) Umrisse der Füße ...
3) ...

4 Schreibe nun eine Anleitung für das Experiment mit der Sonne.
Für das Experiment braucht man vor allem Sonnenschein, Kreide und einen Partner. Zuerst sucht man sich einen gepflasterten Platz, wo die Schatten gut zu erkennen sind. Der eine stellt sich ... Der andere ...

5 Seht euch die Sanduhr an. Sie ist praktisch, um kurze Zeitabschnitte zu messen. Früher war sie vor allem als Stundenglas weit verbreitet. Erklärt euch, wie eine Sanduhr funktioniert.

6 Hier ist eine gezeichnete Bauanleitung für eine Sanduhr. Erklärt sie euch.

Eine Sanduhr zum Selberbauen
Was du brauchst:
2 Gläser mit Schraubdeckel, z. B. Honiggläser
1 Tube Alleskleber
1 Nagel
1 Hammer
etwas fein gesiebten Sand, am besten Vogelsand

Tipp
Zum Schluss mit einer normalen Uhr messen, wie viel Zeit der Sand braucht, um in der Sanduhr durchzulaufen. Die Sandmenge für eine bestimmte Zeitspanne anpassen: zum Beispiel für fünf Minuten.

7 Schreibe nun eine vollständige Bauanleitung für die Sanduhr.
Zum Bauen einer Sanduhr benötigt man ...
Die Deckel der beiden Gläser nimmst du ab und ...

Vorgänge beschreiben, in sachlichem Stil verständlich formulieren

Personen beschreiben

Nach der Koch-AG begeben sich alle Schülerinnen und Schüler schnell auf den Heimweg. Alle rennen aus der Schule hinaus zum Bus. Jonas und Lukas bemerken, dass einem Mädchen auf der Treppe der Geldbeutel aus der Tasche fällt. Sie rufen dem Mädchen und ihrer Freundin noch hinterher, doch diese hören sie nicht. Die Jungen heben den Geldbeutel auf.

Einfache Text-Bild-Zusammenhänge benennen

GELERNTES ÜBERPRÜFEN 49

Zu Hause machen sich Jonas und Lukas Notizen, wie die beiden Mädchen aussahen. Es fällt ihnen aber nicht mehr alles genau ein. Am nächsten Schultag geben sie den Geldbeutel zusammen mit ihren Beschreibungen beim Hausmeister ab.

Fundort: Treppenhaus
Zeit: nachmittags
Gegenstand: Geldbeutel eines Mädchens
Aussehen des Mädchens:
– Figur: groß
– Kleidung: schwarze Leggins, blaues Shirt
– Gesicht: ?
– Haarfarbe: braun
– Frisur: schulterlanges Haar
– Augenfarbe: ?
– Verhalten: ?
– Besonderheiten: schwarze Tasche mit Schrift

Fundort: Treppenhaus
Zeit: nachmittags
Gegenstand: Geldbeutel eines Mädchens
Aussehen des Mädchens:
– Figur: sehr klein
– Kleidung: rote Leggins, weißer Pulli
– Gesicht: ?
– Haarfarbe: dunkelbraun bis blond
– Frisur: schulterlange Haare
– Augenfarbe: ?
– Verhalten: ?
– Besonderheiten: ?

---

1 Lies die Beschreibungen der Mädchen auf den Notizzetteln. Überprüfe, ob die Notizen mit dem Aussehen der Mädchen auf dem Foto übereinstimmen. Ergänze, was vergessen wurde, und verbessere auch die Fehler.

2 Erstelle eine ausführliche Beschreibung von einem der beiden Mädchen. Sieh dir dazu das Bild und deinen überarbeiteten Notizzettel noch einmal genau an.

3 Überarbeite deine Beschreibung anschließend und überprüfe, ob du die Merkmale einer Personenbeschreibung beachtet und beispielsweise passende Adjektive verwendet hast.

Personen beschreiben, in sachlichem Stil verständlich formulieren

NEUES ENTDECKEN – EINSICHTEN GEWINNEN

Schreiben

Informierend schreiben

Jeden Tag steht in der Zeitung, was alles passiert ist. Bei dem folgenden Zeitungsartikel ist dem Reporter vor lauter Aufregung in der Nacht der Artikel durcheinandergeraten.

1 Lies die folgenden Textschnipsel und ordne sie der Reihe nach.

Doch das war aussichtslos, denn beim Eintreffen der Feuerwehr war der Dachstuhl bereits zusammengestürzt. Das Feuer drohte auf die benachbarten Gebäude überzugreifen. Durch ständiges Bestrahlen mit Wasser blieb das Wohnhaus vom Feuer verschont. Auch an den Stallgebäuden konnten größere Brandschäden verhindert werden. Mit schwerem Atemschutzgerät mussten die Helfer in den völlig verqualmten Kuhstall eindringen und das verängstigte Vieh befreien: 23 Milchkühe und 12 Kälber.

Gengenbach. Nachdem in der Nacht zum Dienstag ein Blitzeinschlag eine Scheune in Gengenbach in Brand gesetzt hatte, erwartete die Männer und Frauen der freiwilligen Feuerwehr ein harter Einsatz. Als um Viertel vor drei die Sirenen auf dem Feuerwehrhaus anliefen, rückten zwei Löschzüge sofort aus, um die Scheune des Eichenhofes in Gengenbach zu retten.

Am Morgen zog dann Ortsbrandmeister Thiele Bilanz: „Die Scheune mitsamt den Futter- und Getreidevorräten ist zwar bis auf die Grundmauern niedergebrannt. Aber es ist uns gelungen, Stall- und Wohngebäude vor größeren Schäden zu bewahren. Doch wichtig ist vor allem, dass es keine Menschenleben zu beklagen gibt. Auch alle Tiere konnten geborgen werden, von der besten Milchkuh bis zum jüngsten Kälbchen."

Löscheinsatz auf dem Eichenhof

Hoher Sachschaden – Feuerwehr kann alle Tiere retten

NEUES ENTDECKEN – EINSICHTEN GEWINNEN

2 Gebt das Geschehen mit eigenen Worten wieder.

3 Der Reporter beantwortet in seinem Zeitungsbericht die W-Fragen. Lies noch einmal ganz genau in dem Zeitungsbericht nach und markiere die richtigen Antworten.

Folie

4 Betrachte die Verben und benenne die Zeitform. Begründe, warum sie verwendet wurde.

In diesem Kapitel lernst du, ...
- *gezielt Informationen zu entnehmen.*
- *Aussagen zeitlich zu ordnen und für einen Bericht zu nutzen.*
- *Zeugenaussagen aufzunehmen und W-Fragen zu beantworten.*
- *über Ereignisse zu berichten.*

KOMPETENZEN AUFBAUEN, ÜBEN UND ANWENDEN

Schreiben

Informierend schreiben

Zeugenaussagen aufnehmen

1 Seht euch die Bilder an und beschreibt, was hier passiert ist.

Hund ausgesetzt

Texte erschließen und nutzen: Aus linearen und nichtlinearen Texten Informationen entnehmen

KOMPETENZEN AUFBAUEN, ÜBEN UND ANWENDEN

Die Kinder haben das zuständige Polizeirevier benachrichtigt. Eine Viertelstunde später ist eine Polizistin vor Ort. Die Kinder informieren sie:

> *Es war gegen halb drei. Der Mann hat den Hund einfach im Wald ausgesetzt und dann auch noch angebunden! So eine Gemeinheit!*

> *Der arme Hund hat jämmerlich gejault. Wir haben ihn losgebunden und gestreichelt.*

> *Der Mann hat den Hund an einer Leine aus dem Auto gezerrt. Es war ein grauer Kombi.*

> *Der Fahrer ist mit Vollgas abgehauen. Uns hat der gar nicht gesehen. Aber ich habe mir die Nummer gemerkt: R LV 4312.*

2 Unterstreicht in den Aussagen der Kinder, welche wichtigen Informationen sie den Bildern hinzufügen. **Folie**

3 Entnehmt aus den Bildern und den Aussagen der Kinder die wichtigsten Informationen zu dem Vorfall, indem ihr die folgenden W-Fragen beantwortet.

- *Was ist passiert?*
- *Wann ist es geschehen?*
- *Wo ist es geschehen?*
- *Wer hat etwas getan?*
- *Wem ist etwas passiert?*
- *Warum ist es geschehen?*
- *Wie ist das Ganze ausgegangen?*

Texte erschließen und nutzen: einfache Methoden der Texterschließung, aus linearen und nichtlinearen Texten Informationen entnehmen

Schreiben

Die Polizeibeamtin muss später einen Bericht über den Vorfall schreiben, deshalb macht sie sich vor Ort genaue Notizen.

- Mittwoch, 25.6. – ca. 14.30 Uhr
- Landesstraße 231 – Lahrer Stadtwald
- ?
- ?
- ?
- junger Mischlingsrüde, mittelgroß, braunes Fell, keine Hundemarke
- Zeugen: Anna Müller …?
- Hund ins städtische Tierheim gebracht

4 Einige Angaben sind schon vorhanden, andere fehlen noch. Ergänze die Notizen der Polizeibeamtin.

5 Zurück auf dem Polizeirevier informiert die Polizeibeamtin ihren Kollegen über diesen Vorfall.

  a) Stelle dir vor, du bist die Polizeibeamtin. Erzähle den Vorfall mit eigenen Worten, indem du deine Notizen aus Aufgabe 4 nutzt.

Stell dir vor, also ich hatte heute Nachmittag einen Einsatz im Lahrer Stadtwald. Vier Kinder hatten auf dem Polizeirevier angerufen und gemeldet, dass ein Mann seinen Hund angeleint im Wald ausgesetzt hat. Als ich vor Ort ankam, habe ich zuerst einmal …

Tipp
Achte beim Verfassen des Berichts auf abwechslungsreiche Satzanfänge.

  b) Die Polizeibeamtin setzte sich an ihren Schreibtisch und schreibt einen vollständigen Bericht über diesen Vorfall.
  - Verfasse den Bericht und achte auf die Angaben im Merkkasten. Den folgenden Textanfang kannst du übernehmen.

Mittwoch, 25. Juni: Um 14.30 Uhr beobachteten vier Kinder einen Vorfall im Lahrer Stadtwald. Auf der Landesstraße 231 setzte der Fahrer eines grauen Kombis …

6 Tauscht eure Berichte untereinander aus und prüft diese. Beachtet dabei, ob die Merkmale aus dem Merkkasten umgesetzt wurden.

⚠ Einen sachlichen Bericht schreiben

- Schreibe einen Bericht, um andere zu **informieren**.
- Gib die Ereignisse in der richtigen **Reihenfolge** wieder.
- Beantworte die **W-Fragen**: *Was ist passiert? / Wann ist es geschehen? / Wo ist es geschehen? / Wer ist beteiligt? / Warum ist es geschehen? / Wie ist das Ganze ausgegangen?*
- Schreibe im **Präteritum** (Vergangenheit).
- Bleibe **sachlich**. Gib keine Gefühle oder Gedanken wieder.
- Verwende **keine direkte Rede**.

Aus Texten entnommene Informationen selbstständig und systematisiert darstellen, von Ereignissen erzählen und berichten

KOMPETENZEN AUFBAUEN, ÜBEN UND ANWENDEN

Informierend schreiben

Einen Unfallbericht schreiben

Mia unternimmt mit ihren beiden Freunden Jasmin und Markus einen Fahrradausflug in das Naturschutzgebiet „Taubergießen".

Taubergießen
ist eines der größten Naturschutzgebiete des Landes Baden-Württemberg.

1 Seht euch die Bilder an. Beschreibt, was hier passiert ist.

2 Finde anhand der Bilder heraus, wie der Fahrradunfall genau passiert ist.
- a) Beantworte die folgenden W-Fragen. Einige Angaben musst du dir zusätzlich ausdenken: Uhrzeit, Fahrradtyp ...
    1) Was ist passiert?
    2) Wann ist es geschehen?
    3) Wo ist es geschehen?
    4) Wer hat etwas getan?
    5) Wem ist etwas passiert?
    6) Warum ist es geschehen?
    7) Wie ist das Ganze ausgegangen?
    8) Wer war Zeuge?
- b) Formuliere die W-Fragen in der richtigen Reihenfolge und beantworte sie. Einige Angaben musst du dir zusätzlich ausdenken: Uhrzeit, Fahrradtyp ...

Unfallbericht
Er beschreibt den Vorgang eines Unfalls genau. Den Unfall meldet man bei der Versicherung. Dazu benötigt man ein spezielles Formular.

3 Zum Glück hat Mia bei dem Sturz nur kleine Schrammen davongetragen. Aber ihr Fahrrad hat einen Totalschaden.
- a) Mia informiert ihre Mutter darüber, wie der Fahrradunfall genau passiert ist. Versetze dich in Mias Lage und erzähle mithilfe der Antworten aus Aufgabe 2a) von diesem Vorfall.
- b) Mias Mutter meldet nun den Schaden bei der Versicherung und schreibt einen kurzen Unfallbericht.
  Verfasse den Unfallbericht. Den folgenden Textanfang kannst du übernehmen.
  Am Sonntag, dem 13. Juli, war meine Tochter Mia mit ihrem ▓ Rad der Marke ▓ unterwegs. Gegen ▓ Uhr fuhr sie mit ihrem Fahrrad vom Naturschutzgebiet Taubergießen in Richtung Rust ...

www
Du findest das Formular für die Unfallmeldung zum Ausfüllen im Internetportal.

4 Tauscht eure Berichte untereinander aus und prüft diese. Beachtet dabei die Merkmale, die ein Bericht haben muss.

Texte erschließen und nutzen: aus linearen und nichtlinearen Texten Informationen entnehmen, von Ereignissen erzählen und berichten

Schreiben

Informierend schreiben

Einen Bericht überarbeiten

Im Chemieunterricht bei Herrn Müller haben die Schülerinnen und Schüler der Klasse 6 einen Versuch durchgeführt. Dabei ist ein Unfall passiert. Herr Müller muss der Versicherung den Unfall melden.

1 Herr Müller hat einen ersten Entwurf für die Unfallversicherung geschrieben. Lies diesen Entwurf.

Die Schülerinnen und Schüler bauten in Kleingruppen im Chemieunterricht einen Versuch auf. Sie sollten eine kleine Meerwasserentsalzungsanlage bauen.

Zuerst rührte jede Gruppe in einer Schüssel Salzwasser an. Pro Liter schütteten sie 30 g Speisesalz hinein, welches ich von zu Hause mitgebracht hatte. Die Schüler rührten, bis
5 alles aufgelöst war. Das nahm ziemlich viel Zeit in Anspruch. Dann füllte jeweils ein Schüler aus der Gruppe ein kleines Glasschälchen mit dem Salzwasser. Einige Schüler haben das Salzwasser danebengeschüttet. Ich half diesen Schülern beim Wegwischen des Salzwassers.

Danach stellt jede Gruppe sein Schälchen in einen Plastikbeutel und verschließt ihn mit
10 einem Gummiband. Der Schüler Jonas hat diesen Arbeitsschritt nicht mitbekommen, weil er nicht hingesehen hatte. In diesem Moment will ich ihn darauf aufmerksam machen, dass er sich wieder der Gruppenarbeit widmen soll, als ich sehe, wie er mit seiner Hand ausholt und auf den Plastikbeutel schlägt. Es gibt einen großen Knall.

Jonas erschrak, weil ihm nicht bewusst war, dass sich in dem Plastikbeutel eine kleine
15 Schüssel befand. Er schrie auf. Er hatte von der Glasschale eine tiefe Schnittwunde an der Hand. Er musste erst einmal von mir verarztet werden.

Mutter anrufen – mit Jonas ins Krankenhaus fahren – Wunde reinigen und nähen – Verband tragen

Texte erschließen und nutzen

2 Markiert in Herrn Müllers Entwurf die Antworten auf die W-Fragen.   Folie

3 Der Unfallbericht für die Versicherung ist noch nicht fertig, einiges muss noch verändert werden. Tauscht euch über Herrn Müllers Entwurf aus. Markiert in den einzelnen Abschnitten, was noch verändert werden muss.   Folie

4 Überarbeite Herrn Müllers Bericht und beachte,
- dass du alle W-Fragen beantwortest.
- dass du unwichtige und unsachliche Stellen weglässt.
- dass die Verben überwiegend in der Zeitform Präteritum stehen.
- dass du abwechslungsreiche Satzanfänge verwendest.

5 Tauscht eure Unfallberichte untereinander aus und überprüft diese mithilfe der Checkliste.

✓ CHECKLISTE

Einen Bericht prüfen
- ✓ Gibt der Bericht Antworten auf die wichtigen W-Fragen (*Was? Wann? Wo? Wer? Warum? Wie?*)?
- ✓ Informiert der Bericht nur über die reinen Fakten?
- ✓ Ist das Geschehen verständlich und in der richtigen Reihenfolge dargestellt?
- ✓ Stehen die Verben überwiegend in der Zeitform Präteritum?
- ✓ Wurden keine Gefühle und Gedanken von Personen wiedergegeben?
- ✓ Wurde keine direkte Rede verwendet?

Methoden der Texterschließung anwenden, Texte verstehen und kontextualisieren: Textverständnis formulieren und Verstehensschwierigkeiten benennen, Berichte überarbeiten

Schreiben

Informierend schreiben

Überprüfe dein Wissen und Können

Fakten ermitteln – über einen Unfall informieren – einen Unfallbericht schreiben

Verena hat den Schuh nicht fest genug gebunden.

Sie hat sich bestimmt den Fuß gebrochen.

Wer ruft den Krankenwagen an?

Ich habe nur gesehen, wie ihr Fuß beim Aufkommen im Sand weggeknickt ist.

Der Fuß ist ganz schön geschwollen.

1 Sieh dir das Bild an und schreibe in Stichpunkten auf, was hier passiert ist.

2 Untersuche, welche Fakten sich mithilfe der Bilder beantworten lassen. Einige Fakten musst du dir zusätzlich ausdenken.

- *Was ist geschehen?* → Unfall im Sportunterricht
- *Wann ist es geschehen?* → …
- *Wo ist es geschehen?* → …
- *Wer hat sich etwas getan?* → …
- *Warum ist es geschehen?* → …
- *Wer ist Zeuge?* → …
- *Wie ist das Ganze ausgegangen?* → …

Texte erschließen und nutzen: einfache Methoden der Texterschließung, aus linearen und nichtlinearen Texten Informationen entnehmen

GELERNTES ÜBERPRÜFEN

Im Krankenhaus wurde festgestellt, dass sich Verena beim Weitsprung einen Bänderriss am Sprunggelenk zugezogen hatte. Sie muss nun für einige Wochen eine Gehschiene tragen. Da der Unfall sich beim Sportunterricht in der Schule ereignet hatte, ist Verena unfallversichert. Ihre Mutter erhält von der Schule ein Formular, um den Unfall bei der Versicherung zu melden.

3 Die Mutter bittet Verena, sie darüber zu informieren, wie sich der Sportunfall ereignet hat.
- a) Versetze dich in Verenas Lage und erzähle mithilfe der Antworten aus Aufgabe 2 von diesem Vorfall.
- b) Gemeinsam mit ihrer Mutter füllt Verena das Formular aus. Sie muss auch einen kurzen Unfallbericht schreiben. Fülle zunächst das Formular aus und verfasse anschließend den Unfallbericht.

Folie

WWW
Du findest das Formular zum Ausfüllen auch im Internetportal.

Bericht über den Hergang des Unfalls

Texte erschließen und nutzen: einfache Methoden der Texterschließung, aus linearen und nichtlinearen Texten Informationen entnehmen, von Ereignissen erzählen und berichten

Spannend schreiben

NEUES ENTDECKEN – EINSICHTEN GEWINNEN

Ein Schüleraufsatz von Paul Martens

Vorige Woche waren wir mit unserer Klasse im Harz auf einem abgelegenen Zeltplatz im Wald. Gleich in der ersten Nacht ist etwas passiert, was uns alle furchtbar erschreckt hat. Wir lagen in unseren Zelten. Lukas neben mir schlief schon, aber ich war noch wach. Ich konnte einfach nicht einschlafen, weil ich noch an die Nachtwanderung denken musste. Auf einmal hörte ich so ein merkwürdiges Geräusch, wie ich es noch nie gehört hatte. Erst war es ein Kratzen, dann ein Schnorcheln und Hecheln, wie wenn jemand ganz schnell atmet. Ich dachte: Da hat sich jemand auf unseren Zeltplatz geschlichen! Ich horchte. Durch den Schlitz des Zeltes konnte ich nichts sehen. Jetzt brummte es auch noch ganz unheimlich und kam immer näher. Was war das nur? Ich stieß Lukas an die Schulter und flüsterte: „Du, da draußen ist jemand!" Lukas murmelte: „Du spinnst doch!" Doch da war das Geräusch schon wieder. Lukas sagte: „Ich seh mal nach!" Er machte das Zelt auf und kroch raus. Dass der sich das traut! Draußen war es stockfinster. Ich kriegte eine richtige Gänsehaut. Plötzlich hörte ich ein lautes Getrampel und überall Schreie: „Haut ab! Haut bloß ab!" Das war unser Lehrer Herr Harms. Und dann schrie Lukas: „Da laufen sie!" In diesem Augenblick hörten wir schon überall Schreie und Rufe. Ich kroch auch aus dem Zelt. Das war vielleicht ein Durcheinander! Herr Harms sagte: „Beruhigt euch! Jetzt sind sie ja wieder weg." Und Lukas sagte: „Das waren Wildschweine!" Ich konnte die halbe Nacht vor Aufregung nicht schlafen.

1 Lies die Erzählung von Paul.

2 Tauscht euch darüber aus, was an der Erzählung von Paul spannend ist, und erklärt, wie Paul es geschafft hat, seine Erzählung für den Leser bis zum Ende spannend zu gestalten. Markiert dazu passende Stellen und Ausdrücke im Text.

3 Paul hat für seine Erzählung noch keine passende Überschrift gefunden. Formuliere eine Überschrift, die den Leser neugierig macht, aber gleichzeitig nicht zu viel verrät.

In diesem Kapitel lernst du (,) ...
- spannende Erzählungen, Überschriften und Anfänge kennen.
- Erzählungen zu untersuchen.
- Erzählungen durch Spannungsmacher zu ergänzen.
- Erzählungen spannend zu schreiben.

KOMPETENZEN AUFBAUEN, ÜBEN UND ANWENDEN

Spannend schreiben

Eine spannende Erzählung untersuchen

1 Lies die Erzählung.

Der Sprung ins Ungewisse

Wolfgang Menzel – nacherzählt nach Bruno Brehm

www
Du findest den Text auch zum Anhören im Internetportal.

Natürlich hätte das Ganze schiefgehen können! Aber ich will nicht zu viel verraten! Wir hatten uns auf unseren Ausflug etwas zu essen und zu trinken mitgenommen. Pitt trank einige Schlucke O-Saft; Mary wickelte ein Brötchen aus einem Stück Zeitungspapier aus, das sie nachher schön glatt strich und beisei-
5 telegte; und ich hatte drei saftige Birnen mit. Wir schauten von hoch oben hinunter in die Landschaft. Ganz hinten lag das Dorf und direkt unter unserem Felsen wuchsen Büsche und Bäumchen. Ich war zum ersten Mal hier oben und genoss die tolle Aussicht. Aber nicht allzu lange. Denn plötzlich deutete Mary auf die fettige Zeitung, mit der ihr Brötchen eingepackt war, und wir konnten
10 es alle mit eigenen Augen lesen. Da stand: **Der Sprung ins Ungewisse** – Eine Schlagzeile nur, unter der dann etwas dünner stand: ... **hat schon manchem Glück gebracht.** Mary zeigte mit einem Finger in die Tiefe unter unserem Felsen.
„Traut ihr euch?", fragte Mary.
„Wie? Was?", fragte Pitt.
15 „Na, da runterspringen!", sagte sie.
Ich reckte den Kopf über den Felsen. Sehr tief nach unten ging es eigentlich nicht. „Ungewiss" aber sah es schon aus. Und ob ein Sprung dort hinunter „Glück" bringt ... Kann man das vorher wissen?
„Das meinst du nicht ernst!", sagte ich.
20 „Angst?", fragte sie.
„Nö, nur vorsichtig!", erwiderte ich. „Man müsste wissen, wie es da unten aussieht."
„Dann ist es kein Sprung ins Ungewisse mehr!", sagte Mary. „Und wie soll es schon aussehen? Da unter den Büschen ist bestimmt weiches Gras oder Moos."
25 „Bestimmt!", bestätigte ich. „Und je mehr Zweige darüber, desto größer der Widerstand und desto geringer der Aufprall."
„Genau!", sagte Mary.
„Wenn du zuerst springst!", sagte Pitt, „und dann sagst, wie es ist ..."
„Na klar", sagte Mary. „Mädchen sind immer mutiger als Jungen!"

*Wird Mary als Erste springen?
Springt überhaupt jemand, von den dreien?*

*Texte erschließen und untersuchen: erstes Textverständnis erläutern und begründen,
Aufbau und Spannungsbogen von Erzählungen bestimmen und analysieren*

Schreiben

„Stimmt doch gar nicht!", sagte Pitt. Aber er wollte wohl nur nicht zugeben, dass er selbst keinen Mut hatte.

Und ich sagte: „Dann los! Beweis, dass du kein Angsthase bist!"

„Wollen wir nicht erst noch ein Lied singen?", fragte Pitt vorsichtig.

Der kann doch gar nicht singen, dachte ich. Wahrscheinlich wollte er nur ablenken und das Ganze hinauszögern.

„Ich muss mir keinen Mut ansingen", rief Mary.

Im nächsten Moment war sie schon nicht mehr da. Wo war sie? Jedenfalls sahen wir sie weder hier oben noch da unten. Unter uns wackelten nur ein paar Zweige der Büsche. Pitt und ich sahen uns an.

„Ob sie schon unten ist, Nicky?", fragte mich Pitt etwas blöde.

„Na, woandershin ist sie wohl nicht geflogen", erwiderte ich.

„Mary! Mary!", rief Pitt in die Tiefe hinab. Keine Antwort. Dann rief ich selbst: „Mary! Hattest du eine gute Reise?"

Auf einmal kam eine Stimme wie aus weiter Ferne von unten aus dem Ungewissen herauf:

„Toll!" Aber es klang sehr dünn und sehr leise.

„Wie ist es dort?", fragte Pitt.

Warum klingt die Stimme von Mary so verzerrt? Wie sieht es da unten wohl aus?

„Weich wie ein Bett!", klang es herauf.

„Brennnesseln?", fragte Pitt, „Dornen? Steine?"

„Kaum", hörten wir es murmeln. „Eigentlich nicht ... Nein, überhaupt nicht."

„Warum klingt ihre Stimme so verzerrt?", fragte Pitt.

„Wahrscheinlich wird sie durch die Blätter abgedämpft", sagte ich. Aber ich glaube, Pitt dachte etwas anderes.

Doch dann wurde die Stimme deutlicher: „Na, macht schon! Ich will hier nicht lange alleine bleiben!"

Da gab ich mir einen Ruck. Todesmut ist zwar nicht meine Sache. Aber wenn diesen Sprung ein Mädchen lebendig übersteht, dachte ich, dann werde ich das wohl auch.

„Erlaubst du mir, dass ich vor dir springe?", fragte ich Pitt.

„Eigentlich wollte ich ja zuerst", sagte Pitt. „Aber bitte, wenn du es unbedingt willst!"

Ich hörte richtig, wie ihm ein Stein vom Herzen fiel.

Als ich unten angekommen war, hätte ich Mary am liebsten ermordet. Doch sie hielt mir sofort die Hand auf den Mund und flüsterte: „Kein Wort!" Als sie die Hand wieder wegnahm, sah ich, dass sie rot war. Vom Blut ihrer Nase! Und überhaupt: Von weichem Bett konnte keine Rede sein. Im Gegenteil, es war unheimlich hart. Mein linker Ärmel war von den Brombeerranken zerfetzt worden, mein Ellenbogen war aufgeschürft, mein Knie tat weh, und mein Gesicht hatte ich an den Brennnesseln übel verbrannt. Gerade wollte ich sie anbrüllen, da sah ich, dass auch sie ganz schön zerschunden aussah. Aber ihre Augen lachten mich an. Mary sah trotz ihrer blutigen Nase auf einmal sehr schön aus. Da hörten wir von oben Pitts Stimme:

„Nicky! Alles okay?"

„Ja", rief Mary hinauf, „alles bestens!"

„Ich will Nickys Stimme hören!", rief Pitt.

Texte erschließen und untersuchen: erstes Textverständnis erläutern und begründen, Aufbau und Spannungsbogen von Erzählungen bestimmen und analysieren

Und da rief ich, so gut es ging: „Du kannst jetzt kommen!"
„Geht es euch gut?"
75 „Ganz gut!", rief ich.
„Wirklich gut? Echt?", fragte Pitt.
„Herrlich!", rief Mary. „Ehrlich! Aber mach jetzt endlich!"
„Habt ihr euch die Kleider auch nicht zerrissen? Meine Mutter schimpft immer, wenn ..."
80 „Binde dir den Gürtel fest zu, damit du die Hose nicht verlierst!", rief ich, so laut es ging.

Wird Pitt ebenfalls springen? Oder macht er etwas anderes?

„Geht beiseite, damit ich nicht auf euch draufspringe!", hörten wir Pitt noch rufen. Das war eine gute Idee.
Gerade waren wir beiseitegerutscht, als es wie ein nasser Sack neben uns einschlug.
85 Pitt wollte gerade aufschreien, als Mary sagte:
„Jetzt kannst du dein Lied singen!"
„Ihr seid ja so gemein!", heulte Pitt. Er sah wirklich nicht gut aus. Bei ihm war es der rechte Ärmel, der traurig an seinem Arm schlotterte. Und das Hinterteil seiner Hose ... Na, was dazu wohl seine Mutter sagt?
90 „Wahrscheinlich bist du zu steil gesprungen", sagte Mary.
„Und ihr mit euren verbeulten Nasen", stöhnte Pitt, „ihr seid wohl ins weiche Gras gefallen!"
„Geheult haben wir jedenfalls nicht!", sagte Mary.
„Aber nur, weil ihr fiese Typen mich runterlocken wolltet!", schniefte Pitt – und es
95 rannen ihm tatsächlich einige Tränen aus seinen Augen, sodass er einem leidtun konnte.
Doch dann kam er zu Mary und mir herangekrochen und fragte:
„Ob Paul und Olli wohl auch hier runterspringen würden?"
„Wenn du es ihnen vormachst", sagte Mary. Und dann fügte sie noch hinzu:
„Guck mal dort, ein bisschen weiter rechts, da ist tatsächlich nur weiches Moos. Du
100 musst dir die Stelle oben nur merken." Es stimmte. Wären wir etwas weiter rechts abgesprungen ... Aber nun war es ja überstanden! Das Letzte, was Pitt noch sagte, war:
„Ich muss noch mal rauf auf den Felsen. Die Zeitung, die hol ich mir." Wir lachten.

105

Warum will Pitt unbedingt die Zeitung haben? Was hat er vor?

Texte erschließen und untersuchen: erstes Textverständnis erläutern und begründen, Aufbau und Spannungsbogen von Erzählungen bestimmen und analysieren

Schreiben

2 Tauscht euch darüber aus, wie sich die Kinder gegenseitig überreden, in den Abgrund zu springen. Äußert euch dazu, ob auch ihr euch dazu hättet überreden lassen.

3 Der Autor der Erzählung hat viele spannende Stellen eingebaut, um den Leser neugierig zu machen.
- Finde die Stellen heraus, an denen etwas angedeutet, wiederholt oder verzögert wird. Die Gedankenblasen neben dem Text helfen dir dabei.
- Nenne Wörter und Ausdrücke, die im Text Unheimliches erwarten lassen.
  Beispiel: *plötzlich, auf einmal, im nächsten Moment*

Folie

4 Die Erzählung wird mithilfe von „Spannungsmachern" für den Leser spannend und lebendig. Finde solche Textstellen und Ausdrücke und markiere sie im Text.

5 Erörtere, an welcher Stelle die Pointe der Erzählung steht.

Tipp
Untersucht, ob die Erzählung von Paul (Seite 60) auch Spannungsmacher besitzt.

6 Am Schluss der Erzählung wird sogar noch einmal eine neue Spannung aufgebaut. Man ahnt, dass es noch eine zweite Erzählung geben könnte.
Erläutere, wodurch diese Spannung zustande kommt, und stelle Vermutungen an, um was es in dieser zweiten Erzählung gehen könnte.

⚠ „Spannungsmacher" einer Erzählung

S. 307
Spannungsbogen

1. Eine spannende **Überschrift** macht den Leser neugierig.

2. Die wichtigsten „Spannungsmacher" in einer Erzählung sind **Wörter und Ausdrücke,** die uns etwas Unheimliches oder Schreckliches erwarten lassen:
   sehr tief nach unten, abgelegener Zeltplatz …

3. **Andeutungen** erzeugen Spannung. Das sind Stellen, an denen zum Beispiel auf etwas vorausgedeutet wird, ohne dass man genau sagt, was daran gefährlich ist:
   etwas passiert …
   Andeutungen kommen oft auch dort vor, wo jemand etwas denkt:
   in **Gedankenreden** oder **Fragen**
   Ich dachte, …

4. Die **direkte Rede** kann eine Erzählung spannend und lebendig machen:
   „Ob sie schon unten ist?"

5. Spannung kann dadurch erzeugt werden, dass der Lauf der Erzählung aufgehalten wird: durch **Verzögerungen, Wiederholungen** oder **Ablenkungen.**

6. Die spannendste Stelle nennt man **Höhepunkt.**
   Und die Stelle, an der etwas Überraschendes geschieht, ist die **Pointe.**
   Eine Erzählung ist besonders spannend, wenn Höhepunkt und Pointe kurz vor Ende der Erzählung stehen.

Texte erschließen und untersuchen: erstes Textverständnis erläutern und begründen, Aufbau und Spannungsbogen von Erzählungen bestimmen und analysieren

Spannend schreiben

Spannende Überschriften und Anfänge kennenlernen

A Als Andrea verschwand, fiel das niemandem auf. Seine Eltern hatten im Flur eine Zwischendecke einziehen lassen, und zwischen der neuen und der alten Decke war über den Köpfen all derer, die durch die Wohnung liefen, ein unsichtbarer Tunnel entstanden. ...
(Giuseppe Pontiggia)

B Wie von der Faust des Feuergottes gestoßen, flog die gewaltige Steinmasse, die den Krater des Vesuvs lange Zeit verschlossen hatte, unter brüllendem Donner hoch in die Luft. Feuer, Qualm, glühende Steine, brennende Schlacke und heiße Asche schossen hinterher. Gespenstisch flammten Blitze aus dem Krater zum Himmel....
(Josef Carl Grund)

C Noch nie war in den französischen Bergen ein so unheimlicher kalter und langer Winter gewesen. Seit Wochen stand die Luft klar, spröde und kalt. Bei Tage lagen die großen, schiefen Schneefelder mattweiß und endlos unter dem grellblauen Himmel, nachts ging klar und klein der Mond über sie hinweg, ...
(Hermann Hesse)

D Ein Fremder kam in einer Stadt an und verlangte eine Kutsche, um weiterreisen zu können. Ein baumstarker Postillon fuhr mit dem Mann auch sogleich ab. Als es Nacht wurde, mussten sie einen dunklen Wald durchqueren. Es war, als ob die Pferde eine Unruhe verspürten. ...
(Berthold Auerbach)

Postillon
altes Wort für Postkutscher

E Am letzten Sonntag machten wir eine Radtour. Es fing alles gut an. Wir wussten noch nicht, dass es ein böses Ende nehmen würde. Das Wetter war schön, und wir hatten keinen Gegenwind, sodass wir gut vorankamen. ...
(aus einem Schüleraufsatz)

Der furchtbare Sprung — Eine furchtbare Begebenheit — **Der Wolf**

Die Geisterhand — Rätselhafter Einbruch — ***Der verzauberte Garten***

1 Ordne die Überschriften den Anfängen zu.

2 Begründet, welche der Überschriften und Anfänge ihr spannend findet und welche nicht.

3 Erläutere, welche Erzählung du gern weiterlesen möchtest.

4 Überarbeite einen weniger spannenden Anfang, damit er zum Weiterlesen motiviert.

Texte erschließen und untersuchen: erstes Textverständnis erläutern und begründen, zentrale Inhalte von Erzählungen herausarbeiten und textbezogen erläutern

Schreiben

Spannend schreiben

Eine Erzählung zu Ende schreiben

1 Lies die Erzählung so vor, dass die spannenden Momente deutlich werden.

Unten klopfte es: Klock! Und nach einiger Zeit wieder: Klock! Robert wachte auf. Sein Herz pochte. Er setzte sich im Bett steil auf. Er horchte angestrengt ins Dunkel hinein. Klock! Er begann, Blut und Wasser zu schwitzen. Es war stockfinstere Nacht. War seine Mutter denn noch nicht zu Hause? Sie musste das Geräusch doch auch gehört haben!
5 Wieder ging es: Klock! Robert sträubten sich die Haare. Man müsste eigentlich nach unten gehen und nachsehen! Aber er traute sich noch nicht einmal, die Nachttischlampe anzuschalten. Er saß aufrecht im Bett und bekam feuchte Hände. Er wandte seinen Blick zum Fenster. Alles schwarz. Regen schlug gegen die Fensterscheiben. Und unten machte es wieder: Klock! Man müsste sich eigentlich zusammennehmen und in Mutters
10 Schlafzimmer rübergehen und nachsehen, ob sie schon da war! Sie wollte ja nur mal für zwei Stunden zu ihrer Freundin. Aber was, wenn sie da sein sollte? Dann würde sie vielleicht wieder sagen: „Du bist ein Angsthase!" Und wenn sie nicht da war? Dann wäre die Angst nur noch schlimmer! Klock! Wie spät mochte es eigentlich sein? Mist! Wenn ich doch nur eine Uhr mit Leuchtziffern hätte, dann wüsste ich jetzt, wie spät es ist! Plötz-
15 lich ging es zweimal hintereinander: Klock! Klock! Robert stockte der Atem. Hatte seine Mutter den Schlüssel vergessen und wollte rein? Das hier hörte sich aber anders an! Waren es Einbrecher, die das Fenster aufbrechen wollten? Robert gab sich einen Ruck. Und plötzlich stand er mit nackten Füßen vor seinem Bett. Die Knie wurden ihm weich. Aber er fasste sich ein Herz. Er tappte durch das dunkle Zimmer, streckte die Hände
20 aus, ertastete die Tür, öffnete sie leise – und war draußen auf dem Flur. Er fühlte, wie er eine Gänsehaut bekam. Vorsichtig schaute er über das Treppengeländer nach unten. Alles undurchsichtig und schwarz. Als er sich an die Dunkelheit gewöhnt hatte, ging er auf Zehenspitzen zum Schlafzimmer seiner Mutter hinüber. Die Tür stand halb offen. Er horchte hinein. Nichts war zu hören. Seine Mutter war offenbar noch nicht da. Klock!
25 Ein kalter Schauer lief ihm über den Rücken. Ein eisiger Luftzug wehte von unten herauf. ...

2 Sprecht über die Art, wie hier erzählt wird:
 a) Wo tauchen Spannungsmacher wie lange oder kurze Sätze, direkte Rede, Gedankenrede oder Wiederholungen auf?
 b) Findet zusätzlich Redensarten heraus, die beschreiben, wie Robert körperlich auf Angst reagiert *(Er begann, Blut und Wasser zu schwitzen ...)*, und die etwas über seinen Mut aussagen.

3 Erzähle die Geschichte zu Ende. Schreibe im gleichen Stil, wie sie anfängt: in kurzen, atemlosen Sätzen – und mit Gedankenrede. Finde auch eine passende Überschrift.

4 Überprüft eure fertigen Erzählungen gegenseitig.

Texte erschließen und untersuchen: Aufbau und Spannungsbogen von Erzählungen bestimmen, analysieren und anwenden, eine Erzählung mithilfe von produktionsorientierten Verfahren weiterschreiben

KOMPETENZEN AUFBAUEN, ÜBEN UND ANWENDEN

Spannend schreiben

Spannende Sätze in eine Erzählung einfügen

Eine Nachtgeschichte

nach Wilhelm Busch

Vor einiger Zeit kehrte spätabends im „Goldenen Löwen" zu Kassel ein vornehm gekleideter Fremder ein, der wahrscheinlich eine längere Wanderung gemacht hatte. **1**
Er aß nur äußerst wenig und ließ sich bald sein Schlafzimmer anweisen. Es mochte wohl eine Viertelstunde später und beinahe Mitternacht sein, als der Kellner am Zimmer Nr. 6, dem Zimmer des Fremden, vorüberkam. Ein lautes Ächzen und Stöhnen drang daraus hervor. **2** Er stürzte also zur Polizei. **3** Man dringt nun sofort in das Zimmer des Fremden ein. **4** Man sah: Der Mann hatte sich mit eigener Hand **5** ...

1 Nenne spannungserzeugende Wörter in dem kurzen Textstück.

2 Die Erzählung hat ein offenes Ende. Ergänze den Schluss.

3 Die Erzählung wird noch spannender, wenn du die fünf Stellen im Text mit passenden Sätzen ergänzt.
   a) Ordne die folgenden Sätze den Textstellen **1** bis **5** zu.
      Schreibe so: *Satz A gehört zu ..., Satz B zu ...*

*Studienrätin
altes Wort
für Lehrerin*

A *Unterdessen hat eine Studienrätin, die in Nr. 7 schläft, dieselbe schreckliche Entdeckung gemacht und bereits das ganze Hotel in Aufregung versetzt, bis der Kellner mit der Polizei zurückkommt.*

B *Er sah verzweifelt aus, er litt wohl unter einem großen Kummer.*

C *Leider kam jede Hilfe zu spät.*

D *Dem erschrockenen Kellner erstarrte das Blut in den Adern. Etwas Furchtbares musste da vorgehen. Schnelle Hilfe war nötig.*

E *und unter lautem Stöhnen und Ächzen seine engen Stiefel von den Füßen gezerrt, die vom langen Wandern geschwollen waren.*

   b) Ergänze die Textstellen **1** bis **5** durch eigene spannende Sätze.

4 Überprüft eure Erzählungen gegenseitig.

Aufbau und Spannungsbogen von Erzählungen bestimmen, analysieren und anwenden, einfache Deutungsansätze entwickeln, eine Erzählung mithilfe von produktionsorientierten Verfahren erweitern und ausgestalten

Schreiben

Spannend schreiben

Mit Gedankenreden Spannung erzeugen

Die Erzählung von Wilhelm Busch hätte noch spannender sein können. Hier ist eine Fassung, in der Spannung mithilfe von Gedankenreden erzeugt wird.

1 Lies die Erzählung aufmerksam.

Vor einiger Zeit kehrte spätabends im „Goldenen Löwen" zu Kassel ein vornehm gekleideter Fremder ein, der wahrscheinlich eine längere Wanderung gemacht hatte. Er sah verzweifelt aus, er litt wohl unter einem großen Kummer. ==Ich saß an einem der Nachbartische und dachte: Was hat der wohl? Wie der auf den Tisch starrt! Er muss ja todun-==
5 ==glücklich sein!== Er aß nur äußerst wenig und ließ sich bald sein Schlafzimmer anweisen. Es mochte wohl eine Viertelstunde später und beinahe Mitternacht sein, als der Kellner am Zimmer Nr. 6, dem Zimmer des Fremden, vorüberkam. Ein lautes Ächzen und Stöhnen drang daraus hervor. Dem erschrockenen Kellner erstarrte das Blut in den Adern. Das ist ja furchtbar!, dachte er. Was geht da hinter der Tür nur vor? Er stürzte also zur
10 Polizei. Unterdessen hat eine Studienrätin, die in Nr. 7 schläft, dieselbe schreckliche Entdeckung gemacht: Das ist ja entsetzlich, wie der Ärmste dort nebenan stöhnt! Sie hat das ganze Hotel in Aufregung versetzt, bis der Kellner mit der Polizei zurückkommt. Man dringt nun sofort in das Zimmer des Fremden ein. Auch ich war unter den Neugierigen, die jetzt durch die offene Tür starrten, und dachte: O Gott! Was erwartet uns
15 jetzt? Leider kam jede Hilfe zu spät. Man sah: Der Mann hatte sich mit eigener Hand und unter lautem Stöhnen und Ächzen seine engen Stiefel von den Füßen gezerrt, die vom langen Wandern geschwollen waren. Ich lächelte in mich hinein: Wie leicht man doch immer gleich das Schlimmste befürchtet! Ich habe schon gedacht ... Was der jetzt wohl von uns denkt!

Folie

2 Markiere die vier Stellen, die hier ergänzt wurden. Eine Stelle ist bereits markiert.

3 Ergänze die Gedankenreden des Kellners und der Studienrätin.

4 Stelle dir vor, du hättest mit deinen Eltern in dem anderen Nebenzimmer, Nr. 5, übernachtet und wärst von dem Lärm nebenan wach geworden. Erzähle schriftlich.

> ⓘ **Gedankenreden**
>
> Ein Satz, der ausdrückt, was jemand **denkt**, nennt man **Gedankenrede**. Er unterscheidet sich von der direkten Rede dadurch, dass bei ihm das, was da steht, nur innerlich gesprochen wird. Deswegen steht er auch nicht in Anführungszeichen.
> Man erkennt eine Gedankenrede oft an Ausdrücken wie *dachte er – sie dachte,* die vor oder nach dem Gedanken stehen. An seinem Ende steht meist ein Frage- oder Ausrufezeichen.

Texte erschließen und untersuchen: Aufbau und Spannungsbogen von Erzählungen bestimmen, analysieren und anwenden, eine Erzählung mithilfe von produktionsorientierten Verfahren erweitern und ausgestalten

KOMPETENZEN AUFBAUEN, ÜBEN UND ANWENDEN

Spannend schreiben

Eine Erzählung durch spannende Sätze ergänzen

Es war schon fast dunkel, als wir ankamen. Wir hatten es uns ziemlich abenteuerlich vorgestellt: Ferien im Wald an einem See – und das in kleinen Blockhütten! Aber dass es in der ersten Nacht gleich so unheimlich zugehen würde, hatte ich nicht gedacht. Meine Eltern waren in eines der winzigen Holzhäuschen eingezogen, ich wollte unbedingt ein eigenes haben. Meine Hütte stand
5 einige Meter entfernt von der meiner Eltern. Es war auch richtig gemütlich darin, nur dass es kein Licht gab, nur Kerzen. Aber ich hatte ja meine Taschenlampe. Ich schlief auch bald ein, denn ich war müde von der langen Fahrt im Auto. – **1** – „Da ist ja die Hütte!", hörte ich eine Männerstimme sagen. „Nicht so laut!", sagte eine andere. „Die schlafen doch schon!" Leise Schritte gingen um das Haus herum. Wieder hörte ich den einen etwas sagen: „Hier ist die Stel-
10 le!" „Bist du sicher?", sagte die andere. – **2** – „Ob ich es drinnen im Haus vergessen habe?", fragte die eine Stimme. „Nein, du hast es doch hier irgendwo noch gehabt. Ich hab es genau gesehen. Es lag auf dem Holztisch." Ich hörte, wie sie auf den Holzplanken hinter dem Haus herumgingen. Einer stieß dabei an die Wand, hinter der mein Bett stand. – **3** – „Da ist es ja! Gott sei Dank!", sagte plötzlich die eine Stimme. „Ich habe es doch gleich gesagt!", sagte
15 die andere. Dann hörte ich vor lauter Herzklopfen nur noch, wie die Autotüren zuschlugen, der Motor angeschaltet wurde und das Auto wieder losfuhr. Es dauerte noch lange, ehe ich wieder einschlafen konnte. Als ich am nächsten Morgen meinen Eltern davon erzählte, sagte meine Mutter: „Das waren die beiden, die vor uns hier gewohnt haben. Der eine hat wohl sein Handy auf der Terrasse liegen lassen. Bist du wach geworden davon?" Na, was ich gefühlt habe, wollte
20 ich meinen Eltern dann doch lieber nicht sagen!

1 Lies die Erzählung aufmerksam.

2 Die Erzählung kann noch spannender werden.
 a) Ergänze die drei Stellen im Text mit passender Gedankenrede.
   Die folgenden Stichwörter und Fragen helfen dir dabei.

   1 *Das Kind wird plötzlich wach. Scheinwerferlicht durch den Türspalt.
     Ein Auto kommt. Der Kies knirscht. Stimmen direkt vor der Blockhütte.
     Horchen. Eltern rufen? Schreien? Will Angst nicht zugeben.*
   2 *Wie fühlt sich das Kind? Was tut es? Was denkt es?*
   3 *Wer mögen die Männer sein? Gauner, Schatzsucher, Räuber? Schwitzen,
     Herzklopfen …*

 b) Ergänze die drei Stellen durch spannende Gedankenrede.

3 Formuliere für deine Erzählung eine passende Überschrift.

4 Lest euch eure fertigen Erzählungen gegenseitig vor. Stellt fest, welche Ergänzungen ihr für besonders spannend haltet.

Texte erschließen und untersuchen: Aufbau und Spannungsbogen von Erzählungen bestimmen, analysieren und anwenden, eine Erzählung mithilfe von produktionsorientierten Verfahren erweitern und ausgestalten

Spannend schreiben
Eine Erzählung schreiben

Aus einem Bild oder mithilfe von Stichwörtern können auch spannende Erzählungen entstehen.

A Ein Bild zur spannenden Erzählung machen

B Aus Stichwörtern eine spannende Erzählung schreiben

Schatzsuche im Wald
unsere Klasse – Schatzsuche im Wald – Zettel gefunden – zwei Kinder auf einen einsamen Weg geraten – durch Gestrüpp – Orientierung verloren – verirrt – immer weiter in den Wald hinein – Angst – niemanden mehr hören – nur noch das Knacken der Äste, das Kreischen eines Eichelhähers – rufen, schreien – keine Antwort – dunkel werden – am Ende die Rettung

1 Entscheide dich für A oder B und schreibe eine spannende Erzählung. Achte dabei auf passende Spannungsmacher.

2 Lest euch eure Erzählungen gegenseitig vor und prüft, welche Erzählung am spannendsten ist.

Texte erschließen und untersuchen: eine Erzählung mithilfe von produktionsorientierten Verfahren schreiben

GELERNTES ÜBERPRÜFEN

Spannend schreiben

Überprüfe dein Wissen und Können

Eine spannende Erzählung schreiben

Kupferzell. In der Nacht zum Freitag stiegen zwei noch unbekannte Männer in die Johannes-May-Gemeinschaftsschule in Kupferzell ein. Zur gleichen Zeit veranstaltete die Klassenstufe 6 ihre Schulhausübernachtung und war während der Tatzeit im Gebäude.
Die beiden dunkel gekleideten und schlanken Männer versuchten durch ein Fenster der Mädchentoilette in das Schulhaus einzusteigen. Sie wurden bei ihrem Versuch durch zwei Schülerinnen gestört und konnten noch vor Eintreffen der Polizei flüchten.

1 Verfasse zu diesem Zeitungsartikel eine spannende Erzählung aus der Sicht einer der beiden Mädchen.

   a) Füge beim Schreiben passende Spannungsmacher wie direkte Rede, Andeutungen und Gedankenreden ein. Den folgenden Anfang kannst du übernehmen:

> Vergangenen Freitag traf ich mich abends gemeinsam mit meinen Klassenkameraden im Schulhaus. Wir hatten zusammen eine Schulhausübernachtung geplant und freuten uns schon alle seit Langem. Aufgeregt suchte ich mir direkt nach der Ankunft in der Schule eine gemütliche Ecke. Natürlich wollte ich bei meiner besten Freundin Nicole liegen. Wir richteten uns die Schlafplätze angenehm und kuschelig her. Meine Güte waren wir aufgeregt! Endlich konnten wir quatschen und uns über unsere neusten Geheimnisse austauschen! Was für eine spannende und aufregende Nacht vor uns lag!
> ...

   b) Achte auf passende Spannungsmacher, die deine Erzählung besonders spannend machen.

Texte unter Berücksichtigung von sprachlichen Eigenschaften schreiben

Lesen – Umgang mit Texten und Medien

Fabeln

1 Auf diesem Bild könnt ihr Tiere entdecken, die in vielen Fabeln die Hauptfiguren spielen. Geht auf Spurensuche und tauscht euch darüber aus, welche Tiere ihr aus Fabeln kennt.

2 Tieren werden in Fabeln menschliche Eigenschaften zugeteilt, die sie von Natur aus gar nicht haben. Lest die folgenden Beschreibungen und findet die passenden Tiere dazu.
  a) Er ist einfältig und wird von klügeren Tieren oft betrogen.
  b) Sie ist zwar klein, hat aber größere Tiere mit ihren spitzen Zähnchen schon oft aus einer Notlage befreit.
  c) Es ist eines der schwächsten und hilflosesten Fabeltiere. Und obwohl es vollkommen unschuldig ist, wird es in vielen Fabeln gefressen.
  d) Er ist sehr listig und stets auf seinen eigenen Vorteil bedacht. Nach außen hin gibt er sich freundlich und unterwürfig. Eigentlich ist er hinterlistig und boshaft.
  e) Er ist der Mächtigste unter den Tieren. Und so verhält er sich auch. Was er sagt, das ist Gesetz.
  f) Er ist eitel und lässt sich gern von anderen schmeicheln.
  g) Er zählt zu den Bösewichten in den Fabeln. Oft sucht er nur den geringsten Vorwand, um unschuldige Tiere umzubringen und aufzufressen.

NEUES ENTDECKEN – EINSICHTEN GEWINNEN

3 Lies dir den Text aufmerksam durch.

Fabeln gibt es schon seit über 2000 Jahren. Sie entstanden vor allem in Zeiten, in denen das einfache Volk von seinen Herrschern unterdrückt und ausgebeutet wurde. Der erste uns bekannte Fabeldichter ist der Grieche Äsop, der im 6. Jahrhundert vor Christus in Nordasien lebte. Weil Äsop als Sklave Angst hatte, den König oder den
5 Staat offen zu kritisieren, verpackte er seine Kritik in harmlose Tierfabeln. Stellte man ihn dann zur Rede, so konnte er sich herausreden und einfach behaupten, er hätte doch nur unterhaltsame Tiergeschichten erzählt. Trotzdem wussten die Zuhörer der Fabeln natürlich genau, dass die Mächtigen in der Fabel kritisiert wurden.
  Fabeldichter mussten also mutige Schriftsteller sein, um einer Bestrafung zu ent-
10 gehen. In ihren Fabeln ließen sie die Tiere wie Menschen handeln und übertrugen ihnen menschliche Verhaltensweisen und Eigenschaften. So gilt der Fuchs in der Fabel als hinterlistig und schlau, der Wolf als gierig und gewalttätig, der Esel als einfältig und dumm und die Ameise als zielstrebig und fleißig.
  Fabeln handeln also einerseits von schlechten menschlichen Eigenschaften wie zum
15 Beispiel Hochmut, Stolz, Feigheit, Geiz, Machtgier, Hinterlist oder Sturheit. Andererseits geht es in Fabeln aber auch um positive menschliche Eigenschaften wie Klugheit, Mut, Fleiß, Durchhaltevermögen, Dankbarkeit oder Hilfsbereitschaft.
  Früher wurden Fabeln meist mündlich erzählt, weil viele Menschen nicht lesen konnten.
20 Fabeln sind kurze Erzählungen oder Erzählgedichte, die ähnlich aufgebaut sind und zumeist im Präteritum erzählt werden. Viele Fabeln enden mit einer Lehre, der sogenannten Moral. Darin steht, was man aus der Fabel lernen kann. Fehlt eine solche Lehre, so sollen die Leser sich selbst überlegen, was sie aus der Fabel lernen können.

4 Tauscht euch über folgende Fragen untereinander aus und unterstreicht die Antworten im Text. **Folie**
  a) Seit wann gibt es Fabeln und warum werden sie erzählt?
  b) Weshalb mussten Fabeldichter mutig sein?
  c) Was haben alle Fabeln gemeinsam?
  d) Welche Eigenschaften und Verhaltensweisen werden den Fabeltieren in diesem Text zugeordnet?
  e) Welche Aufgabe hat die Moral am Ende einer Fabel?

In diesem Kapitel lernst du (,) ...
- *Wissenswertes über Fabeln kennen.*
- *den Inhalt einer Fabel zu erschließen.*
- *die Merkmale und den Aufbau einer Fabel kennen.*
- *eine Fabel zu Ende schreiben.*
- *eine alte Fabel in die heutige Zeit zu übersetzen.*
- *kreativ mit einer Fabel zu arbeiten.*

Fabeln
Den Inhalt einer Fabel erschließen

Die ältesten der heute bekannten Fabeln hat der Grieche Äsop geschrieben. Er soll im 6. Jahrhundert vor Christus als Sklave in Nordasien gelebt haben. Zu seinen bekanntesten Fabeln zählt „Der Löwe und die Maus".

Der Löwe und die Maus

Äsop

Der Löwe lag im Schatten eines Baumes und schlief. Da lief ihm eine Maus über den Leib. Der Löwe schreckte hoch, packte sie mit seinen Pranken und wollte sie
5 fressen. Als sie ihn aber um ihr Leben bat und sagte, sie könne ihm – wenn sie am Leben bliebe – ihre Dankbarkeit beweisen, lachte der Löwe und ließ sie laufen. Nicht viel später kam es tatsächlich dazu,
10 dass der Löwe durch die Dankbarkeit der Maus gerettet wurde. Denn nachdem er von Jägern gefangen und mit einem Strick an einen Baum gebunden worden war, hörte die Maus von Weitem sein Stöhnen. Sie lief herbei, zernagte den Strick, befreite den Löwen und sagte: „Du hast mich damals ausgelacht, weil du nicht glauben wolltest, dass eine Maus dir einmal helfen könnte. Jetzt
15 sollte dir klar sein, dass es auch bei Mäusen Dankbarkeit gibt."

Keiner ist zu gering, dass er nicht auch einem Mächtigen helfen könnte.

1 Tauscht euch über die Fabel „Der Löwe und die Maus" aus.
- Beschreibt, wie es der Maus gelingt, ihr Leben zu retten.
- Beschreibt, wie die kleine Maus den starken Löwen aus seiner Notlage rettet.
- Erklärt, warum der Löwe über die Maus lachen muss.
- Erläutert, in welche gefährliche Situation der Löwe gerät.

2 Erzählt von anderen Situationen, in denen ein Schwacher einem Stärkeren geholfen hat.

3 Das Bild zur Fabel wurde von einem Künstler 1476 erstellt. Beschreibe, welche Szenen er in seinem Kunstwerk dargestellt hat.

4 Am Ende der Fabel steht die Lehre.
a) Erkläre, was Äsop den Lesern mit seiner Fabel klarmachen wollte.
b) Gib die Lehre in eigenen Worten wieder.

Texte beschreiben und untersuchen: zentrale Aussagen und Inhalte von Fabeln in eigenen Worten formulieren, herausarbeiten und textbezogen erläutern, literarische Figuren beschreiben, begründen und bewerten

KOMPETENZEN AUFBAUEN, ÜBEN UND ANWENDEN

Fabeln

Den Aufbau einer Fabel untersuchen

1 Die Teile der folgenden Fabel sind durcheinandergeraten. Lest euch die Fabel zunächst in der hier abgedruckten Reihenfolge vor.

Die beiden Frösche *Äsop*

A Als sie ihren Durst gestillt hatten und wieder ins Freie wollten, konnten sie es nicht. Die glatte Wand der Schüssel war nicht zu bezwingen, und sie rutschten immer wieder in die Milch zurück.
B Da fühlte er den ersten festen Butterbrocken unter seinen Füßen. Er stieß sich mit letzter Kraft ab und war im Freien.
C Gegen Abend kamen sie in die Kammer eines Bauernhofs und fanden dort eine große Schüssel mit fetter Milch vor. Sie hüpften sogleich hinein und ließen es sich schmecken.
D Da quakte der eine Frosch: „Alles Strampeln ist umsonst, das Schicksal ist gegen uns, ich geb's auf!"
E Sein Gefährte aber kämpfte noch Stunden verzweifelt weiter, bis sich die Sahne der Milch in Butter verwandelt hatte.
F Er machte keine Bewegung mehr, glitt auf den Boden des Gefäßes und ertrank.
G Zwei Frösche, deren Tümpel die heiße Sommersonne ausgetrocknet hatte, gingen auf die Wanderschaft.
H Viele Stunden mühten sie sich nun vergeblich ab und ihre Schenkel wurden allmählich immer matter.

2 Ordnet die Fabelteile in die richtige Reihenfolge und schreibt die Fabel anschließend auf.

3 Erläutere die Lehre, die in dieser Fabel steckt.

4 Formuliere die Lehre der Fabel in einem Satz.

ⓘ Der Aufbau einer Fabel

Fabeln sind meist nach dem folgenden einfachen Muster aufgebaut:
1 **Einleitung:** In der kurzen Ausgangssituation werden die Figuren und alles Weitere genannt, was für das Verständnis der Fabel wichtig ist.
2 **Aktion:** Es folgt die Aktion, in der Spieler und Gegenspieler in einem Konflikt aufeinandertreffen.
3 **Reaktion:** In der Reaktion geht der Gegenspieler auf die Handlung des Spielers ein.
4 **Ende:** Am Ende wird mit dem Ausgang der Handlung gezeigt, wer als Sieger und wer als Verlierer hervorgeht.
5 **Lehre:** Aus dem Ende ergibt sich die Lehre der Fabel, die oft auch in einem Satz notiert wird. Manchmal steht sie auch am Anfang oder sie fehlt, weil der Leser sie selbst finden soll.

Texte erschließen und untersuchen:
Fabeln unter Verwendung zentraler Gattungsmerkmale bestimmen und erläutern

Lesen – Umgang mit Texten und Medien

Fabeln

Einen Dialog in einer Fabel untersuchen

Der Fuchs und der Ziegenbock

nach Äsop

Der Fuchs war in einen Brunnen gefallen und musste drinbleiben, da er nicht wusste, wie er wieder hinauskommen sollte. Da kam ein Ziegenbock, der großen Durst hatte, zu dem Brunnen. Als er den Fuchs sah, fragte er ihn: „Schmeckt das Wasser dort unten
5 im Brunnen gut?" Der Fuchs lobte das Brunnenwasser sehr. „Es ist das köstlichste Wasser, das ich je aus einem Brunnen trank", erklärte er dem Ziegenbock. „Spring nur zu mir herunter und koste selbst." Ohne lange zu
10 überlegen, sprang der Ziegenbock in den Brunnen.

Während der Ziegenbock trank, überlegte der Fuchs, wie er es anstellen könnte, aus dem Brunnen wieder hinauszukommen. Da sagte
15 er zum Ziegenbock: „Wenn du deine Vorderbeine an die Wand stemmst und deine Hörner nach oben streckst, kann ich über deinen Rücken nach oben klettern. Bin ich erst einmal oben, dann ziehe ich auch dich heraus."

20 Der Ziegenbock tat, was der Fuchs ihm gesagt hatte. Aber nachdem der Fuchs oben angelangt war, wollte er sich davonmachen. Da schimpfte der Ziegenbock aus dem Brunnen herauf: „Du hast
25 mich betrogen und hältst dein Versprechen nicht!" Der Fuchs aber drehte sich um und rief in den Brunnen hinunter: „Du Dummkopf! Wenn du so viel Verstand hättest wie Haare an deinem Ziegenbart, dann
30 wärest du erst in den Brunnen gestiegen, nachdem du dir einen Rückweg ausgedacht hättest."

1 Beschreibt in eigenen Worten, was in der Fabel „Der Fuchs und der Ziegenbock" passiert.

Texte erschließen und untersuchen: eine Fabel mithilfe eines Dialogs beschreiben

KOMPETENZEN AUFBAUEN, ÜBEN UND ANWENDEN

2 Beschreibe, wie sich der Fuchs in der Geschichte verhält. Nenne Eigenschaften, die du im Verhalten des Fuchses erkennen kannst.

3 Nenne Eigenschaften, die sich dem Ziegenbock zuordnen lassen.

4 Der Fuchs und der Ziegenbock unterhalten sich in der Fabel miteinander. Untersuche diesen Dialog genauer:
   a) Beschreibe, worüber sich die beiden Tiere unterhalten.
   b) Nenne den Sieger des Dialogs und begründe, weshalb dieser als Sieger hervorgeht.
   c) Erkläre, wer das Gespräch führt und bestimmt. Begründe dies.
   d) Erläutere, welches Tier nicht durchschaut, was das andere vorhat.
   e) Erörtere, welche Rückschlüsse sich aus dem Dialog auf die Eigenschaften der beiden Fabeltiere ziehen lassen.

5 Stellt die Fabel szenisch dar. Teilt die Rollen untereinander auf: Fuchs, Ziegenbock und Erzähler.

→ **S. 241**
Wozu man Adjektive braucht

Eigenschaften von Fabeltieren
gemein, nett, freundlich, hinterlistig, betrügerisch ...

ⓘ Direkte Rede in einer Fabel

In den meisten Fabeln treffen zwei Tiere aufeinander und sprechen miteinander. Ein solches **Wechselgespräch** zwischen zwei Gesprächspartnern bezeichnet man als **Dialog**. Ein Dialog besteht also aus abwechselnder **Rede** und **Gegenrede**.
In dem Dialog zwischen zwei Fabeltieren wird oft schon deutlich, welches Tier das andere überlisten, betrügen oder gar töten will. So kann man in einem Dialog **die wesentlichen Eigenschaften** und **das Wesen** der Fabeltiere erkennen.

Texte erschließen und untersuchen: eine Fabel mithilfe eines Dialogs beschreiben, Textverständnis mithilfe von handlungs- und produktionsorientierten Verfahren herausarbeiten: Fabel szenisch umsetzen

Lesen – Umgang mit Texten und Medien

Fabeln

Direkte Rede in eine Fabel einfügen

Der Löwe, der Esel und der Fuchs

nach Äsop

Der Löwe, der Esel und der Fuchs beschlossen, gemeinsam auf die Jagd zu gehen. Die Beute wollten sie dann teilen. Als sie ein Tier erlegt hatten, sagte der Löwe zu dem Esel: 💬

5 Da zerteilte der Esel das Beutetier in drei gleiche Teile. Er wollte dem Löwen den Vortritt lassen und sagte zu ihm: 💬

Der Löwe aber wurde wütend, weil der Esel und der Fuchs einen ebenso großen Anteil an der Beute bekommen sollten wie er. Außer sich vor Zorn brüllte er den Esel an: 💬

Und in seiner Wut zerriss er den Esel vor den Augen des Fuchses. Dann verlangte er vom Fuchs, die Beute zu teilen. Der schob fast alle Beuteteile zu dem Löwen
15 hinüber und behielt für sich nur ein paar kleine Fleischstücke. Dann sagte er: 💬

Der Löwe lächelte zufrieden und wollte vom Fuchs wissen, was ihn veranlasst hatte, so gut zu teilen. Da erwiderte der Fuchs:
20 „Das unglückliche Schicksal des Esels."

→ *Der Löwe befiehlt dem Esel, die Beute zu teilen.*

→ *Der Esel schlägt dem Löwen vor, dass er sich seinen Anteil zuerst aussuchen dürfe.*

→ *Was könnte der wütende Löwe brüllen?*

→ *Was hat der Fuchs wohl zum Löwen gesagt?*

→ S. 199
Zeichen der direkten Rede

1 Auch in der Fabel „Der Löwe, der Esel und der Fuchs" unterhalten sich die Tiere untereinander. Überlege, was die Tiere an den entsprechenden Stellen sagen könnten, und schreibe die Sätze auf. Die Hinweise rechts neben dem Text helfen dir dabei.

2 Formuliere die direkte Rede an den entsprechenden Stellen. Berücksichtige bei deiner Formulierung die Eigenschaften der drei Tiere.

S. 300
Gedankenrede

3 Ergänze die Fabel mit direkter Rede und mit Gedankenrede an den entsprechenden Stellen.

Texte erschließen und untersuchen: Fabeln unter Verwendung von direkter Rede bestimmen und erläutern, literarische Figuren beschreiben, begründen und bewerten

KOMPETENZEN AUFBAUEN, ÜBEN UND ANWENDEN

Fabeln

Eine Fabel zu Ende schreiben

Der Affe als Schiedsrichter

aus Korea

Ein Hund und ein Fuchs erblickten gleichzeitig eine große Wurst, die jemand verloren hatte. Nachdem sie eine Weile unentschieden darum gekämpft hatten, kamen sie überein, mit der Beute zum Affen zu gehen.
5 Dessen Entscheidung sollte gültig sein.
Der Affe hörte die beiden Streitenden aufmerksam an. Dann fällte er das Urteil:
„Die Sachlage ist klar. Jedem von euch gehört genau die halbe Wurst!" Damit zerbrach der Affe die Wurst
10 und legte die beiden Teile auf eine Waage. Das eine Stück aber war schwerer. Also biss er hier einen guten Happen ab. Nun wog er die Stücke von Neuem. Aber jetzt senkte sich die andere Schale der Waage und …

1 Überlege dir, wie die Fabel ausgehen könnte.
  a) Sammle Stichpunkte und schreibe die Fabel zu Ende. Deine Fabel soll einen Sieger und einen Verlierer haben. Formuliere auch die Lehre. Folgendes Wortmaterial kann dir helfen:

  *Gleichgewicht | Affe fing laut an zu lachen
  wieder abbeißen | erneutes Prüfen
  Hälfte der Wurst | Leckerbissen*

  b) Schreibe die Fabel zu Ende und beachte dabei den Aufbau einer Fabel.

2 Tragt euch eure Fabeln gegenseitig vor.

3 Ihr habt in euren Fabeln eine Lehre formuliert. Prüft, ob auch eine der folgenden Lehren zu der Fabel passen würde.

  – *Des einen Freud ist des anderen Leid.*
  – *Wenn zwei sich streiten, freut sich der Dritte.*
  – *Hüte das Deine, lass jedem das Seine.*

Texte erschließen und untersuchen: einfache Deutungsansätze mithilfe einer Fabel formulieren und entwickeln

Fabeln

Eine alte Fabel in die heutige Zeit übersetzen

Die folgende Fabel hat Martin Luther (1483–1546) vor ungefähr 500 Jahren geschrieben. Natürlich sprach Martin Luther auch Deutsch. Aber es gab doch recht große Unterschiede zu unserer heutigen deutschen Sprache: Die Rechtschreibung war damals anders und manche Wörter sind uns heute unbekannt. Außerdem gab es noch keine Punkte oder Kommas; dafür setzte man einfach Schrägstriche.

Vom hunde

Martin Luther

Es lieff ein hund durch ein wasser strom und hatte ein stück fleischs ym maul / Als er aber den schemen vom fleisch ym wasser sihet / wehnet er / es were auch fleisch / und schnappet gyrig darnach / Da er
5 aber das maul auffthet / entfiel ym das stück fleischs und das wasser fürets weg / Also verlor er beyde fleischs und schemen /

1 Lest euch die Fabel von Martin Luther laut vor.

2 Tauscht euch darüber aus, was euch sprachlich auffällt, und klärt Textstellen, die ihr nicht versteht.

3 Arbeite mit der Fabel weiter.
- a) Übersetze die Fabel Satz für Satz in unsere Sprache. Die folgenden Erläuterungen helfen dir dabei.
   wasser strom: *Fluss/reißender Bach*
   fürets weg: *riss es weg/zog es mit sich*
   schemen: *Spiegelbild/Schatten*
   das maul auffthet: *das Maul aufmachte*
   wehnet er: *dachte er/glaubte er*
- b) Übersetze die Fabel von Luther Satz für Satz in unsere Sprache.

→ S. 134 f.
Eine Nacherzählung schreiben

4 Erzähle die Fabel nach und schreibe sie in eigenen Worten auf.

Texte vergleichen und kontextualisieren:
Informationen zur Entstehungszeit und zum Autor berücksichtigen

KOMPETENZEN AUFBAUEN, ÜBEN UND ANWENDEN

81

Fabeln

Kreativ mit einer Fabel arbeiten

A Einen Comic zu einer Fabel zeichnen

Was man aus der Fabel lernen kann: Auch Schwächere können Stärkeren in der Not helfen.

1 Die Fabel „Der Löwe und die Maus" kennst du bereits. Übertrage das 6-Bild-Raster auf ein Zeichenblatt im Querformat. Schreibe dann den Titel der Fabel in großen Druckbuchstaben darüber.

a) Der Inhalt des Comics ist durcheinandergeraten. Ordne die Beschreibungen den sechs Kästen oben zu.
– *Der Löwe ist jetzt frei. Er sieht glücklich aus und bedankt sich bei der Maus.*
– *Der Löwe ist von Jägern an einen Baum gebunden worden. Er sieht traurig aus und brüllt verzweifelt.*
– *Der Löwe ist jetzt wach und hält eine Maus in der Pranke.*
– *Die Maus in der Pranke hat Angst und möchte nicht vom Löwen gefressen werden.*
– *Der Löwe schläft friedlich und entspannt im Schatten eines Baums.*
– *Die Maus nagt eifrig an einem Seil.*

b) Überlege, was in den sechs Kästen passiert, und halte deine Ideen schriftlich fest.

2 Zeichne die Fabel „Der Löwe und die Maus" von Seite 74 nun als ganzen Comic. Gestalte deinen Comic mit …
- **Geräuschwörtern:** *KRACH, ROARR …*
- **Sprechblasen:** *Bitte, lieber Löwe! Töte mich nicht, dann …*
- **Gedankenblasen:** *Hier komme ich nicht mehr raus! Wer soll …*

www
Du findest das 6-Bild-Raster zum Ausdrucken im Internetportal.

Tipp
Legt ein Klassenfabelbuch an: mit Comics zu anderen Fabeln, besonders schön gestalteten Fabeltexten und eigenen Fabeln.

Texte erschließen und untersuchen: Textverständnis mithilfe von handlungs- und produktionsorientierten Verfahren herausarbeiten: Comic zeichnen

B Zu einer Bildergeschichte eine Fabel schreiben

Der Wolf als Arzt

nach Äsop

1 Erzählt euch gegenseitig, was in der Bildergeschichte passiert.

2 Schreibe eine Fabel zu der Bildergeschichte. An manchen Stellen musst du etwas ergänzen, damit der Leser die Handlung besser versteht. Dieser Textanfang kann dir bei deiner Fabel sicher helfen:
Der Esel weidete auf einer Wiese. Da sah er, dass ein Wolf auf ihn zurannte, um ihn zu fressen. Der schlaue Esel tat aber so, als ob sein Bein verletzt sei. Zu dem Wolf sagte er: „Hilf mir! Ich habe einen Dorn im Huf." …

3 Verfasse zu der Bildergeschichte eine Fabel mit einer der folgenden Lehren:

- Man sollte nur das tun, was einem zusteht und was man auch wirklich kann.
- Man sollte immer alles versuchen, auch wenn man es nicht kann.
- Tu nur das, was du wirklich gelernt hast und beherrschst.

Texte erschließen und untersuchen: Textverständnis mithilfe von handlungs- und produktionsorientierten Verfahren herausarbeiten: Bildergeschichte

KOMPETENZEN AUFBAUEN, ÜBEN UND ANWENDEN

C Eine Fabel szenisch umsetzen

Die Schlange

aus Afrika

Es war einmal ein Weißer, so erzählt man, der traf eine Schlange, auf die ein großer Stein gefallen war, sodass sie sich nicht aufrichten konnte. Da hob der Weiße den Stein von der Schlange auf. Als er ihn aber aufgehoben hatte, wollte die Schlange ihn beißen. Der Weiße sagte jedoch: „Halt! Lass uns beide erst zu klugen Leuten gehen!" So gingen
5 sie denn und kamen zur Hyäne. Die fragte der Weiße. „Ist es auch wohl recht, dass die Schlange mich nun beißen will, obwohl ich ihr half, da sie hilflos unter dem Steine lag?" Die Hyäne erwiderte: „Nun, was wäre das denn Großes, wenn du gebissen würdest?" Da wollte ihn die Schlange beißen, aber der Weiße sprach wieder: „Warte erst und lass uns zu andern klugen Leuten gehen, damit ich höre, ob es auch recht ist!"
10 Als sie weitergingen, trafen sie den Schakal. Da redete der Weiße den Schakal an: „Ist's auch wohl recht, dass die Schlange mich beißen will, obschon ich den Stein aufhob, der auf ihr lastete?" Der Schakal erwiderte: „Ich kann es mir gar nicht vorstellen, dass die Schlange so vom Stein bedeckt sein konnte, dass sie nicht imstande war aufzustehen. Nur wenn ich's mit meinen eignen Augen sähe, würde ich's glauben. Kommt,
15 wir wollen uns auf den Weg machen und zusehen, ob's möglich ist."

So machten sie sich denn alle auf und gingen nach der Stelle, wo es geschehen war. Dort angekommen sprach der Schakal: „Schlange, lege dich nieder und lass dich mit deinem Stein bedecken." Da legte der Weiße den Stein auf sie, und, obschon sie sich sehr anstrengte, konnte sie doch nicht aufstehen. Der weiße Mann wollte den Stein
20 wieder aufheben, aber der Schakal sprach: „Lass sie nur liegen, sie wollte dich ja beißen; sie mag allein aufstehen!"

Hyäne
ein afrikanisches Raubtier

Schakal
ein Wildhund

1. Lest die Fabel und macht euch zu den einzelnen Fabelwesen Notizen. Haltet ihre Eigenschaften stichpunktartig fest.

2. Ordnet den gesammelten Eigenschaften Körperhaltungen und Sprechmöglichkeiten zu.
Beispiel: *traurig → geduckte Körperhaltung und leise, schluchzende Stimme*

3. Lest die Fabel nun in verteilten Rollen. Achtet beim Lesen auf die unterschiedlichen Eigenschaften und Sprechmöglichkeiten.

4. Übt das Vorspielen der Fabel und tragt sie anschließend in der Klasse szenisch vor.

M → S. 294
Gestaltendes Vorlesen und Vortragen

Texte erschließen und untersuchen: Textverständnis mithilfe von handlungs- und produktionsorientierten Verfahren herausarbeiten: Fabel szenisch umsetzen

Fabeln

Überprüfe dein Wissen und Können

Der Wolf und der Kranich

nach Äsop

Als ein Wolf eines Tages beim Essen war, blieb ihm ein Knochen im Halse stecken, sodass er fast erstickte. Er keuchte und würgte und heulte über das ganze Land. Er bat alle Tiere verzweifelt, ihm zu helfen, und versprach: „Wer mich rettet, bekommt eine Belohnung!"

5   Ein Kranich, der dieses Versprechen hörte, bot seine Hilfe an. „Öffne deinen Rachen ganz weit, Wolf", sagte er und steckte seinen langen Schnabel tief in den Schlund. Er holte den Knochen heraus und sagte: „Hier ist der Knochen, der dich gequält hat! Nun gib mir die Belohnung!"

Da lachte der Wolf und zeigte mit einem gemeinen Grinsen sein großes Gebiss. „Be-
10 lohnung", sagte er und hatte seinen schmerzenden Hals schon völlig vergessen. „Du kannst froh sein, dass ich dir nicht den Kopf abgebissen habe. Das sollte genug Belohnung für dich sein, du undankbarer Vogel!"

Den Inhalt einer Fabel erschließen

1 Beschreibe, wie es dem Kranich gelingt, dem Wolf das Leben zu retten.

2 Erkläre, warum der Wolf am Ende über den Kranich grinsen muss.

3 Die Fabel enthält eine Lehre.
   a) Erkläre, was Äsop den Lesern mit seiner Fabel klarmachen wollte.
   b) Formuliere zu der Fabel eine passende Lehre.

Einen Dialog in einer Fabel untersuchen

1 Beschreibe, wie sich der Wolf in der Geschichte verhält. Nenne Eigenschaften, die du im Verhalten des Wolfs erkennen kannst.

2 Nenne Eigenschaften, die sich dem Kranich zuordnen lassen.

Das eigene Wissen über Fabeln unter Berücksichtigung von Gattungsmerkmalen anwenden

GELERNTES ÜBERPRÜFEN

3 Der Wolf und der Kranich unterhalten sich in der Fabel miteinander. Untersuche diesen Dialog genauer:
  a) Beschreibe, worüber sich die beiden Tiere unterhalten.
  b) Nenne den Sieger des Dialogs und begründe, weshalb dieser als Sieger hervorgeht.
  c) Begründe, wer das Gespräch führt und bestimmt.
  d) Erläutere, welches Tier nicht durchschaut, was das andere vorhat.
  e) Erörtere, welche Rückschlüsse sich aus dem Dialog auf die Eigenschaften der beiden Fabeltiere ziehen lassen.

Eine Fabel schreiben

1 Betrachte das Bild in Ruhe und verfasse eine passende eigene Fabel.
  a) Halte vorab fest, worum es in deiner Fabel gehen soll und welche Lehre sie haben soll. Die folgenden Fragen helfen dir dabei.
    – *Mit welcher Ausgangssituation beginnt deine Fabel?*
    – *Wer sind Spieler und Gegenspieler? In welchem Konflikt befinden sie sich?*
    – *Wie reagiert der Gegenspieler auf die Handlung des Spielers?*
    – *Wer ist am Ende der Sieger? Wer Verlierer?*
    – *Welche Lehre hat deine Fabel?*

  b) Verfasse eine eigene Fabel. Denke dabei an den Aufbau einer Fabel und beende deinen Text mit der Lehre.

Das eigene Wissen über Fabeln unter Berücksichtigung von Gattungsmerkmalen anwenden

Sagen

Das Käthchenhaus

Das gotische Steinhaus am Marktplatz stammt aus dem 14. Jahrhundert und wurde früher von dem Heilbronner Reformator Johannes Lachmann bewohnt. Dieser ließ auch den berühmten Renaissance-Erker (1534) mit Brustbildern der Propheten Jesaja, Jeremia, Hosea und Habakuk gestalten.

5 Das Käthchen von Heilbronn soll hier mit ihrem Vater, einem Heilbronner Waffenschmied, gewohnt haben. Voller Verzweiflung der unerwiderten Liebe des Grafen Wetter vom Strahl habe sie sich aus dem Fenster des Hauses am Heilbronner Marktplatz geworfen und den Sturz nur beinahe überlebt.

1. Tauscht euch über euer Vorwissen zu Sagen aus. Erzählt euch eine bekannte Sage.

2. Lies den Text oben zum Käthchenhaus.
   - Erkläre, was das Käthchenhaus ist und wo es sich befindet.
   - Nenne Hinweise, die der Text zur Entstehung des Käthchenhauses liefert.

3. Lies die Sage „Das Käthchen von Heilbronn".

4. Tauscht euch über folgende Fragen aus:
   - Wie erklärt die Sage das Käthchenhaus?
   - Worin unterscheiden sich die Inhalte und die Formen der beiden Texte?

Das Käthchen von Heilbronn

Der Waffenschmied von Heilbronn, so erzählt man sich, hatte eine wunderhübsche und sittsame Tochter, das Käthchen. Die träumte eines Nachts von einem wunderbaren Ritter, der um ihre Hand anhielt, und beinahe hatten sie sich im Traum schon vermählt, als sie erwachte.

In derselben Nacht wälzte sich der Graf Wetter vom Strahl in Fieberträumen auf seinem Bett. Da erschien ihm ein Engel, der führte ihn in die Kammer eines schönen Mädchens und sprach, dies sei die Tochter des Kaisers, seine Braut. Der Graf aber hatte das Gesicht bald vergessen.

Eines Tages kam er nach Heilbronn und ließ sich beim Waffenschmied den Harnisch ausbessern. Doch wie erschrak das Käthchen, als sie in Wetter vom Strahl ihren geträumten Bräutigam erblickte! Als dieser sich jedoch nicht um sie kümmerte und wieder abreiste, wurde das schöne Mädchen ganz verzweifelt. Sie stürzte sich aus dem Fenster, lag lange todkrank darnieder, und als sie doch wieder gesund geworden war, verließ sie das Haus ihres Vaters und ging an den Hof des Grafen Wetter.

Dort hielt sie sich immer in seiner Nähe auf, tat die niedersten Dienste, nur um immer bei ihm sein zu können. Dem Grafen wurde das Mädchen schon lästig und er wollte sie wieder zu ihrem Vater schicken. Aber weder freundliche Worte noch Drohungen konnten das Käthchen von seiner Seite vertreiben. Eines Abends fand er sie schlafend unter einem Holderstrauch. Als sein Blick so auf sie fiel, begann sie im Schlaf zu sprechen und erzählte ihr ganzes Geheimnis. Da stieg im Grafen die Erinnerung an jenen Fiebertraum herauf, und als er die Schlafende näher betrachtete, erkannte er jenes holde Antlitz seiner Braut, zu der der Engel ihn einst geführt hatte. Er beschloss, sie auch über die Standesgrenzen hinweg zu heiraten. Aber als die beiden vor Käthchens Vater hintraten, da gestand er, dass das Mädchen nur seine Ziehtochter sei. In Wirklichkeit sei sie die Tochter des Kaisers und der Prinzessin von Schwaben. Nun stand dem Glück des jungen Paares nichts mehr im Wege.

Das Haus, in dem Käthchen mit ihrem Vater gewohnt haben soll und aus dessen Fenster sie sich stürzte, nennt man noch heute das „Käthchenhaus".

In diesem Kapitel lernst du (,) ...

... Merkmale von Sagen kennen.

... eine Sage zu erschließen.

... wie eine Sage entsteht.

... eine Sage nachzuerzählen.

... eine Sage zu überarbeiten.

... eine eigene Sage zu schreiben.

Sagen
Merkmale in einer Sage erkennen

Die folgende Sage stammt aus der Sammlung der Brüder Grimm. Darin wird von einem außergewöhnlichen Ereignis erzählt, das sich angeblich in der Stadt Hameln zugetragen haben soll. Hameln lockt mit seiner weltberühmten Sage jährlich Tausende von Touristen an und bezeichnet sich bis heute als „Rattenfänger-Stadt".

Die Kinder zu Hameln

Im Jahre 1284 ließ sich zu Hameln ein wunderlicher Mann sehen. Er hatte einen Rock von vielfarbigem, buntem Tuch an, weshalben er Buntding soll geheißen haben, und gab sich für einen Rattenfänger aus, indem er versprach, gegen ein gewisses Geld die Stadt von allen Mäusen und Rat-
5 ten zu befreien. Die Bürger wurden mit ihm einig und versicherten ihm einen bestimmten Lohn. Der Rattenfänger zog demnach ein Pfeifchen heraus und pfiff, da kamen alsobald die Ratten und Mäuse aus allen Häusern hervorgekrochen und sammelten sich um ihn herum. Als er nun meinte, es wäre keine zurück, ging er hinaus, und der ganze Haufen folgte ihm, und so führte er sie an die Weser; dort schürzte er seine Kleider und trat
10 in das Wasser, worauf ihm alle die Tiere folgten und hineinstürzend ertranken.

Nachdem die Bürger aber von ihrer Plage befreit waren, reute sie der versprochene Lohn, und sie verweigerten ihn dem Manne unter allerlei Ausflüchten, sodass er zornig und erbittert wegging. Am 24. Juni auf Johannis- und Paulitag, morgens früh sieben Uhr, erschien er wieder, jetzt in Gestalt eines Jägers, erschrecklichen Angesichts, mit
15 einem roten wunderlichen Hut, und ließ seine Pfeife in den Gassen hören. Alsbald kamen diesmal nicht Ratten und Mäuse, sondern Kinder vom vierten Jahr an in großer Anzahl gelaufen. Der ganze Schwarm folgte ihm nach, und er führte sie hinaus in einen Berg, wo er mit ihnen verschwand.

Dies hatte ein Kindermädchen gesehen, welches mit einem Kind auf dem Arm von
20 fern nachgezogen war, danach umkehrte und das Gerücht in die Stadt brachte. Die Eltern liefen haufenweis vor alle Tore und suchten mit betrübtem Herzen ihre Kinder; die Mütter erhoben ein jämmerliches Schreien und Weinen. Von Stund an wurden Boten zu Wasser und Land an alle Orte herumgeschickt, zu erkundigen, ob man die Kinder oder auch nur etliche gesehen, aber alles vergeblich. Es waren im Ganzen hundertund-
25 dreißig verloren. Zwei sollen, wie einige sagten, sich verspätet haben und zurückgekommen sein, wovon aber das eine blind, das andere stumm gewesen, also dass das blinde den Ort nicht hat zeigen können, aber wohl erzählen, wie sie dem Spielmann gefolgt wären; das stumme aber den Ort gewiesen, ob es gleich nichts gehört. Ein Knäblein war im Hemd mitgelaufen und kehrte um, seinen Rock zu holen, wodurch es dem Unglück
30 entgangen; denn als es zurückkam, waren die anderen schon in der Grube eines Hügels, die noch gezeigt wird, verschwunden.

Texte erschließen und untersuchen: Sagen unter Verwendung von zentralen Gattungsmerkmalen bestimmen und erläutern

KOMPETENZEN AUFBAUEN, ÜBEN UND ANWENDEN

1 Tauscht euch über die Sage aus, nachdem ihr sie gelesen habt.
- Erklärt in eigenen Worten, wie es zu der Katastrophe in Hameln kommen konnte.
- Beschreibt Buntdings Kleidung und sein Verhalten bei seinem ersten Besuch in Hameln und vergleicht dieses Auftreten mit seinem zweiten Besuch.
- Nehmt Stellung zu Buntdings Reaktion auf die Verweigerung des Lohns.
- Bewertet das Verhalten der Bürger.

2 Markiere Formulierungen in der Sage, die dir veraltet erscheinen.

Folie

3 Übertrage Textstellen der Sage in die „moderne" deutsche Sprache.

a) Formuliere folgende Textstellen um.
… einen Rock von vielfarbigem, buntem Tuch … (Z. 2–3)
… weshalben … (Z. 3)
… alsobald … (Z. 10)
… dort schürzte er seine Kleider … (Z. 15–16)
b) Finde weitere Textstellen und gib sie in der heutigen Sprache wieder.

4 Finde mithilfe des Merkkastens heraus, welche Merkmale du in der Sage wiederfindest. Übertrage dazu die Tabelle in dein Heft und vervollständige sie.

Name der Sage	typische Formulierungen	Anlass	Zeit	Ort	übernatürliche Wesen
Die Kinder zu Hameln			1284		

Tipp
Untersucht weitere Sagen nach ihren Merkmalen und erweitert die Tabelle.

ⓘ Merkmale von Sagen

Früher versuchten die Menschen außergewöhnliche Ereignisse oder örtliche Besonderheiten, die wir heute noch sehen, zu erklären. Sagen haben meist einen **wahren Kern.** Das kann ein Ereignis sein, das wirklich stattgefunden hat, oder eine Person, die wirklich einmal gelebt hat. Sagen vermischen oft Wahres mit Fantastischem. Die Menschen erzählten dabei von übernatürlichen Mächten, da sie sich die Erscheinungen nicht anders erklären konnten.

Folgende Merkmale kannst du in Sagen finden:
1. **typische Formulierungen:** Sagen wurden früher mündlich erzählt, daher findet man oft Formulierungen wie „In... erzählt man sich ...".
2. **Anlass:** Für die Entstehung der meisten Sagen gibt es einen Anlass: ein besonderes Ereignis, eine seltsame Naturerscheinung …
3. **Orte** und **Zeitpunkte:** In den meisten Sagen wird auf einen bestimmten Ort und/oder eine bestimmte Zeit hingewiesen.
4. **übernatürliche Wesen:** Sie kommen oft in Sagen vor und haben besondere Fähigkeiten: *Hexen, Nixen, Teufel, Geister, Kobolde, Riesen …*

Texte erschließen und untersuchen: Sagen unter Verwendung von zentralen Gattungsmerkmalen bestimmen und erläutern

Lesen – Umgang mit Texten und Medien

Sagen

Wie eine Sage entsteht

1 Lies die Sage vom Binger Mäuseturm.

Der Binger Mäuseturm

nacherzählt von Harald Herzog

Im Jahre 974 herrschte eine große Hungersnot in Deutschland. Es gab kaum Brot, und das wenige Brot, das die Bäcker hatten, war so teuer, dass es sich kaum einer leisten konnte. Die Menschen waren äußerst verzweifelt.

Zu jener Zeit herrschte in Mainz ein Bischof namens Hatto. Bischof Hatto war ein
5 geiziger, alter Mann, dem die Not der hungernden Menschen gleichgültig war. Er dachte an nichts anderes, als immer mehr Geld anzuhäufen. „Was geht mich das jammernde Gesindel an!", dachte er ohne Mitleid. „Von mir kriegen sie nichts zu essen!" Er überlegte sogar, wie er die armen Menschen loswerden könnte. Denn er fürchtete, sie könnten ihn überfallen und ihm seinen Reichtum rauben.

10 So ließ er eines Tages in der ganzen Gegend verbreiten, dass er den Hungernden doch noch zu essen geben wollte. Sie sollten sich nur alle in einer großen Scheune vor der Stadt versammeln. Dann würde er Brot verteilen lassen. Da freuten sich die Leute in Bingen, und wer Kraft hatte, schleppte sich in die Scheune. „Hatto, bitte gib uns Brot! Wir hungern!", riefen sie, als sie den Bischof sahen.

15 Der böse Bischof dachte aber nicht daran, ihnen Nahrung zu geben. Stattdessen ließ er seine Soldaten die Scheunentore verriegeln und Feuer an die Scheune legen, damit alle Menschen jämmerlich darin verbrennen sollten.

Bald merkten die Leute in der Scheune, was der Bischof vorhatte. Panisch versuchten sie, die Scheunentore aufzubrechen, und schrien in den Flammen herzzerreißend um
20 Hilfe. Als Hatto ihre Schreie hörte, verspottete er sie und rief seinen Soldaten zu: „Hört nur, wie die Mäuse pfeifen."

Das hörte Gott, und er wurde so zornig über den sündhaften Bischof, dass er ihn verfluchte. Zur Strafe schickte er ihm eine große Mäuseplage. Tag und Nacht liefen nun Tausende von Mäusen durch Hattos Haus. Sie ließen ihm keine Ruhe mehr und ver-
25 suchten sogar, ihn anzufressen.

Um den Mäusen zu entkommen, ließ Hatto mitten im Rhein auf einer kleinen Insel vor der Stadt Bingen einen Turm bauen. „Auf die Insel werden die Mäuse wohl nicht schwimmen", dachte er, „und den Turm können sie nicht hinaufklettern!"

Aber der Bischof hatte sich geirrt: Nachts schwammen die Mäuse in großer Anzahl zu
30 der Insel hinüber, kletterten die steilen Wände des Turms hinauf und fraßen den hartherzigen Bischof in seinem Bett bei lebendigem Leibe auf. Seine Schreie konnte man über den Rhein hinweg bis zur Stadt Bingen hören. Mit ihrem Bischof aber hatte die Binger Bevölkerung kein Mitleid. Sie waren froh, dass Gott diesen hartherzigen Menschen bestraft hatte. Seit jener Zeit heißt der Turm der Binger Mäuseturm.

Texte vergleichen und kontextualisieren: Zusammenhänge zwischen einer Sage und der Entstehungszeit beschreiben und berücksichtigen

KOMPETENZEN AUFBAUEN, ÜBEN UND ANWENDEN

2 Erzählt euch die Sage mit eigenen Worten und klärt bei Bedarf Verständisfragen.

3 Schreibt jeweils fünf Fragen an den Bischof Hatto auf, die euch interessieren. Schlüpft in die Rolle von Hatto und einem Bingener Bürger, der Antworten auf die Fragen gibt. Tauscht anschließend eure Rollen.
Beispiel: *Wie kannst du nur mit ansehen, dass die Menschen in deiner Stadt an Hunger leiden?*

Gab es den Binger Mäuseturm wirklich?

Doch die Geschichte des wahren Mäuseturms beginnt im 14. Jahrhundert. Der Turm diente in dieser Zeit als Zollwachturm zur Verstärkung des Zollsystems der Burg Ehrenfels und der Burg Klopp. Es dauerte nicht lange, da verbreitete sich eine Sage, die auch den Namen erklären sollte.

5 Der Mainzer Erzbischof Hatto II. lies den Turm im 10. Jahrhundert erbauen. Eine große Dürre brach über das Rheintal herein und die Menschen litten großen Hunger. Doch Hatto war sehr hartherzig und lies die Menschen hungern. Mit dem Vorwand, den hungernden Menschen Essen zu geben, lockte der Erzbischof die Bevölkerung in eine Scheune. Doch anstatt Essen zu bekommen, verbrannten die Menschen in der Scheune.
10 Hatto belächelte dies und war hartherzig wie nie zuvor.

Während seines Abendmahls krochen die Mäuse aus allen Ecken und Ritzen und stürzten sich auf den Erzbischof. Schutzsuchend ritt er im schnellen Galopp zur Burg Ehrenstein. Doch die Mäuse warteten auch bereits dort auf ihn. Er fuhr mit einem Boot auf den Rhein zu seinem Turm. Hier glaubte er sich in absoluter Sicherheit. Doch als
15 der hartherzige sich schlafen legte, schwammen die Mäuse durch den Rhein und kletterten die Wände des Turms nach oben und fraßen den Erzbischof bei lebendigem Leib auf. Hatto hatte seine gerechte Strafe erhalten.

Noch heute soll bei Nacht, wenn der Sturm tobt, der Geist des Erzbischofs in Gestalt einer grauen Wolke um den Mäuseturm schweben, da er wegen seiner schweren Schuld
20 noch immer nicht die ewige Ruhe gefunden haben soll.

4 Lies den Text „Gab es den Binger Mäuseturm wirklich?".

5 Erkläre, wie die Sage vom Binger Mäuseturm entstanden ist.

6 Vergleiche den Text mit der Sage. Notiere Übereinstimmungen und Unterschiede.

7 Stellt Vermutungen an, wie es zu den Unterschieden gekommen sein könnte. Vergleicht eure Überlegungen mit dem Merkkasten.

> ⓘ **Entstehung von Sagen**
>
> Sagen (Althochdeutsch *saga*) wurden zunächst **mündlich** verbreitet und überliefert. Später schrieb man sie auch auf. Sagen veränderten sich im Laufe der Zeit immer wieder, da die Menschen die Ereignisse auf ganz unterschiedliche Art und Weise gehört oder auch empfunden haben. Die tatsächlichen Geschehnisse wurden so leicht mit anderen Begebenheiten vermischt.

Texte vergleichen und kontextualisieren: Zusammenhänge zwischen einer Sage und der Entstehungszeit beschreiben und berücksichtigen

Sagen

Eine Sage erschließen und schriftlich nacherzählen

Dädalus und Ikarus

nacherzählt von Harald Herzog

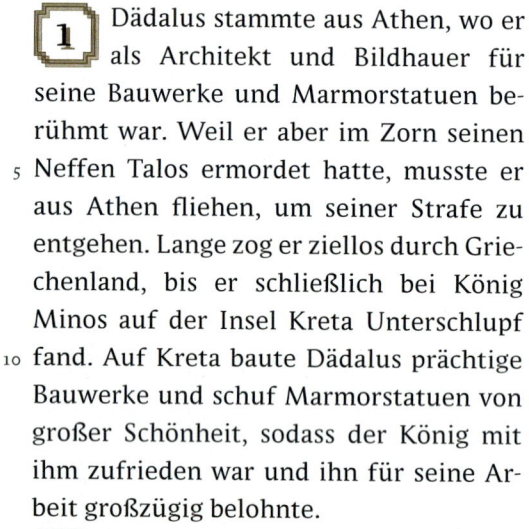

1 Dädalus stammte aus Athen, wo er als Architekt und Bildhauer für seine Bauwerke und Marmorstatuen berühmt war. Weil er aber im Zorn seinen Neffen Talos ermordet hatte, musste er aus Athen fliehen, um seiner Strafe zu entgehen. Lange zog er ziellos durch Griechenland, bis er schließlich bei König Minos auf der Insel Kreta Unterschlupf fand. Auf Kreta baute Dädalus prächtige Bauwerke und schuf Marmorstatuen von großer Schönheit, sodass der König mit ihm zufrieden war und ihn für seine Arbeit großzügig belohnte.

2 Doch schon nach wenigen Jahren konnte Dädalus seine Verbannung nicht mehr ertragen. Er wollte wieder in seine Heimat zurückkehren. Das aber erlaubte König Minos nicht, weil er auf seinen begabtesten Architekten und Bildhauer nicht verzichten wollte.

3 Daher schmiedete Dädalus heimlich einen Plan, um von der Insel zu fliehen. „Wenn König Minos mich auch daran hindern kann, Kreta zu Land und zu Wasser zu verlassen, so ist er doch nicht der Herrscher über die Lüfte. Durch die Luft will ich meine Flucht wagen!" Und sogleich machte er sich an die Arbeit, Vogelfedern zu sammeln und sie mit Wachs zu Flügeln zusammenzufügen. Bei dieser Arbeit half ihm sein Sohn, den er Ikarus genannt hatte. Nachdem Dädalus nun für sich ein Paar Flügel gebaut hatte, fertigte er auch für Ikarus ein kleineres Flügelpaar. Denn ohne seinen Sohn wollte er Kreta nicht verlassen.

4 Als der Tag der Flucht gekommen war, schnallten beide ihre Schwingen um. Dädalus ermahnte Ikarus noch, vorsichtig und mit Bedacht zu fliegen. „Meide die Sonne, mein Sohn", sagte er, „sonst schmilzt das Wachs und du stürzt ins Meer. Flieg aber auch nicht zu dicht über dem Wasser. Denn werden deine Flügel nass und schwer, so ziehen sie dich in die Tiefe." Dann erhoben sich Vater und Sohn in die Lüfte und ließen die Insel Kreta weit unter sich.

5 Dädalus flog mit gleichmäßigen Flügelschlägen voran, und Ikarus folgte ihm in einiger Entfernung. Von Zeit zu Zeit wandte Dädalus sich um und schaute nach seinem Sohn. Anfangs hielt Ikarus sich an die Ratschläge des Vaters und flog nicht zu nah an die Sonne und nicht zu dicht ans Wasser heran. Doch schon bald packte ihn der Übermut und er flog immer höher und höher. Viel zu spät merkte er, dass das Wachs schmolz und seine Flügel auseinanderbrachen. Ikarus stürzte in die Tiefe und ertrank im Meer.

6 Als Dädalus sich wieder einmal nach seinem Sohn umwandte, sah er ihn nicht mehr. Verzweifelt suchte er das Meer ab und rief: „Ikarus, wo bist du, mein Sohn? Wo bist du?" Aber er erhielt keine Antwort. Erst als er Federn auf dem Meer treiben sah, wusste er, dass Ikarus ertrunken war. Dädalus landete auf einer nahe gelegenen Insel, und als das Meer den Leichnam seines Sohnes anspülte, bestattete er ihn unter vielen Tränen.

Texte erschließen und untersuchen: erstes Textverständnis erläutern und begründen, Methoden der Texterschließung anwenden, zentrale Inhalte einer Sage herausarbeiten und erläutern

KOMPETENZEN AUFBAUEN, ÜBEN UND ANWENDEN

1 Lies die Sage und betrachte das Bild. Erkläre, welche Szene hier dargestellt wird.

2 Tauscht euch über die Sage aus.
- Nennt die Stellen, die euch am besten gefallen haben, und erklärt, warum.
- Stellt Vermutungen an, welchen wahren Kern die Sage haben könnte.

3 Die Sage ist in sechs Abschnitte unterteilt. Jedem Abschnitt kann eine passende Zwischenüberschrift zugeordnet werden.

- a) Ordne den Abschnitten folgende Zwischenüberschriften zu.
  *Dädalus' Anweisungen an Ikarus – Dädalus' Trauer –
  Dädalus' geheimer Plan – Dädalus' Flucht nach Kreta –
  Dädalus' Wunsch der Rückkehr – Ikarus' Absturz*

- b) Formuliere zu jedem Abschnitt eine eigene passende Zwischenüberschrift.

Texte erschließen und untersuchen: erstes Textverständnis erläutern und begründen, Methoden der Texterschließung anwenden, zentrale Inhalte einer Sage herausarbeiten und erläutern

Lesen – Umgang mit Texten und Medien

Folie

4 Notiere in Stichwörtern unter die Zwischenüberschriften, was in jedem Abschnitt geschieht.

a) Sammle Stichwörter. Markiere dazu im Text Schlüsselwörter und schreibe sie unter die Zwischenüberschriften.
Beispiel: **1 Dädalus' Flucht nach Kreta**
- Dädalus = Architekt und Bildhauer aus Athen
- tötet seinen Neffen Talos
- flieht aus Athen nach Kreta
- auf Kreta: arbeitet für König Minos

b) Fasse stichpunktartig zusammen, was in den einzelnen Abschnitten passiert.

5 Erzähle die Sage von Dädalus und Ikarus schriftlich nach.

a) Schreibe die Sage von Dädalus und Ikarus in deinen Worten auf. Die Zwischenüberschriften und deine gesammelten Stichwörter helfen dir dabei. Die folgende Einleitung soll dir als Hilfe dienen, in deinen Text einzusteigen.

Nacherzählung der Sage „Dädalus und Ikarus"
In Athen lebte einst ein großartiger Baumeister und Bildhauer. Dädalus war sein Name. Überall war er für seine Marmorfiguren und Bauwerke berühmt. Aber eines Tages ärgerte sich Dädalus so über seinen Neffen Talos, dass er ihn umbrachte. Jetzt musste Dädalus aus Athen fliehen. Zuerst wusste er nicht wohin. Schließlich kam er nach Kreta. König Minos nahm ihn auf, denn er konnte einen Architekten und Bildhauer gut gebrauchen. Aber schon nach ein paar Jahren …

b) Verfasse eine schriftliche Nacherzählung zur Geschichte von Dädalus und Ikarus.

❗ Nacherzählung

Eine Nacherzählung gibt eine Geschichte oder eine Erzählung **wahrheitsgetreu** wieder. Der Verfasser sollte den Inhalt der Geschichte verstehen. Er bleibt beim Nacherzählen nah an der Geschichte und **übernimmt deren Perspektive und Aufbau.**
Die Nacherzählung wird im **Präteritum** geschrieben.
Wörtliche Rede wird in der **direkten Rede** wiedergegeben.
Die Nacherzählung beinhaltet so viel wie möglich von der Originalgeschichte.
Um eine Sage nachzuerzählen, hilft es die Sage, zunächst in **sinnvolle Abschnitte** zu gliedern und anschließend den Abschnitten **Zwischenüberschriften** zu geben. Im nächsten Schritt sammelt man dann **Stichpunkte,** die die einzelnen Abschnitte genauer erklären. Die Zwischenüberschriften mit den gesammelten Stichpunkten bilden so den roten Faden der Nacherzählung.

Texte erschließen und untersuchen: zentrale Inhalte einer Sage herausarbeiten und erläutern, die Sage nacherzählend wiedergeben (Nacherzählung)

KOMPETENZEN AUFBAUEN, ÜBEN UND ANWENDEN

Sagen

Eine Nacherzählung überarbeiten

Das ist der erste Entwurf einer Nacherzählung, wie sie von einer Schülerin zur Sage „Dädalus und Ikarus" geschrieben wurde. Der Text ist schon recht gut gelungen, doch er enthält noch Fehler und sprachliche Mängel. Deswegen sollte der Text überarbeitet werden.

Dädalus war Architekt und Bildhauer. In seiner Heimatstadt Athen war er sehr **berühmt**. Aus Wut ermordete er seinen Neffen Talos und musste deshalb auf die Insel Kreta flüchten.

→ *Warum war er so berühmt?*

5 Der König von Kreta freute sich über die tollen Arbeiten von Dädalus. er belohnte ihn für seine Arbeiten. Nach einiger Zeit wollte Dädalus wieder nach Athen zurückkehren. **Er** wollte
10 den Bildhauer aber nicht gehen lassen.

→ *Wer ist denn hier mit „Er" gemeint?*

Dädalus heckte darum heimlich einen Fluchtplan aus.
Er wollte von der Insel Kreta fliehen und seinen Sohn Ikarus mitnehmen.

→ *Diese Stelle finde ich gut!*

15 Er sagte zu ihm: „Wenn König Minos mich daran hindern kann, Kreta zu Land und zu Wasser zu verlassen, so ist er aber nicht der Herrscher der Lüfte."
Aus Vogelfedern und Wachs baute er mit seinem Sohn zwei Paar Flügel an, eines für sich und
20 eines für Ikarus.
Am nächsten Tag legten sie ihre Flügel an. Sie flogen los und verließen die Insel Kreta. Dädalus flog voraus und sein Sohn folgte ihm. Ikarus blieb zu Beginn noch in der Nähe seines Vaters,
25 doch dann befolgte er die **Ratschläge** Dädalus' nicht mehr und flog immer höher Richtung Sonne. Das Wachs an seinen Flügeln schmolz und die Flügel fielen auseinander. Ikarus ertrank im meer.

→ *Welche Ratschläge sind hier gemeint?*

1 Lest die Nacherzählung gemeinsam durch und tauscht euch darüber aus, was euch gefallen hat und was ihr anders machen würdet.

Texte erschließen und untersuchen: eine Nacherzählung überarbeiten, mit produktionsorientierten Verfahren ihr Textverständnis herausarbeiten (Schreibkonferenz)

Lesen – Umgang mit Texten und Medien

2 Schreibe deine Verbesserungsvorschläge und dein Lob auf kleine Klebezettel und klebe sie an den Rand der Nacherzählung.

3 Achte bei der Überarbeitung der Nacherzählung auf folgende Dinge:
- auf die **Reihenfolge der Sätze**
- auf die **Wortstellung im Satz**
- darauf, ob **richtig und ausführlich** genug nacherzählt wurde
- darauf, ob nicht etwas **Wichtiges ausgelassen** wurde
- auf die **Umgangssprache**
- auf die **Rechtschreibfehler**
- auf die **Kommafehler**
- auf die **Satzanfänge**
- auf die **Wiederholungen**

4 Besprecht die Ergebnisse. Vergleicht, was ihr an Verbesserungsvorschlägen notiert habt.

5 Schreibe diese Nacherzählung jetzt noch einmal neu auf. Berücksichtige beim Überarbeiten auch die Verbesserungsvorschläge deiner Gruppe.

6 Lest euch eure Überarbeitungen nochmals vor, damit ihr erfahrt, ob sie wirklich besser geworden sind.

7 Nehmt euch nun eure eigenen Nacherzählungen vor und überarbeitet eure Texte. Natürlich könnt ihr nicht alle eure Nacherzählungen bearbeiten. Aber ihr könnt einen Text oder zwei Texte für die Gruppe kopieren. Geht genauso vor, wie ihr es vorher gemacht habt.

CHECKLISTE

Eine Nacherzählung überarbeiten

Achtet beim Überarbeiten auf folgende Dinge:
- ✓ Sie sollte gut leserlich geschrieben sein.
- ✓ Sie sollte im Präteritum geschrieben sein.
- ✓ Sie sollte keine Grammatik-, Rechtschreib- oder Zeichenfehler mehr enthalten.
- ✓ Sie sollte ausführlich sein und alles Wichtige enthalten.
- ✓ Sie sollte so geschrieben sein, dass andere sie gern lesen.

Texte erschließen und untersuchen: eine Nacherzählung überarbeiten, mit produktionsorientierten Verfahren ihr Textverständnis herausarbeiten (Schreibkonferenz)

Sagen
Eine eigene Sage erzählen

Eine Sage zu erzählen ist ganz einfach. Die folgenden Anregungen helfen dir dabei.

A Eine eigene Sage zu einer Überschrift erzählen

Die verzweifelte Dame

Das schüchterne Mädchen ohne Namen

Merlin, der Bergsteiger

Das Monster vom Wiesental

Der Stuttgarter Goldbrunnen

Eine Sage hat oft einen Titel, der den Leser neugierig macht.

B Eine eigene Sage zu einem Bild erzählen

Die Neugier der Menschen lässt sich ganz leicht durch auffällige Erscheinungen oder merkwürdige Ereignisse in der Natur wecken. Die Ereignisse und Erscheinungen regen die Fantasie an und lassen vielfältige Spekulationen und Erklärungen über die Entstehung zu.

Texte erschließen und untersuchen: eine eigene Sage unter Verwendung von zentralen Gattungsmerkmalen schriftlich verfassen, mit produktionsorientierten Verfahren ihr Textverständnis herausarbeiten

Lesen – Umgang mit Texten und Medien

C Eine eigene Sage zu einem Ort erzählen

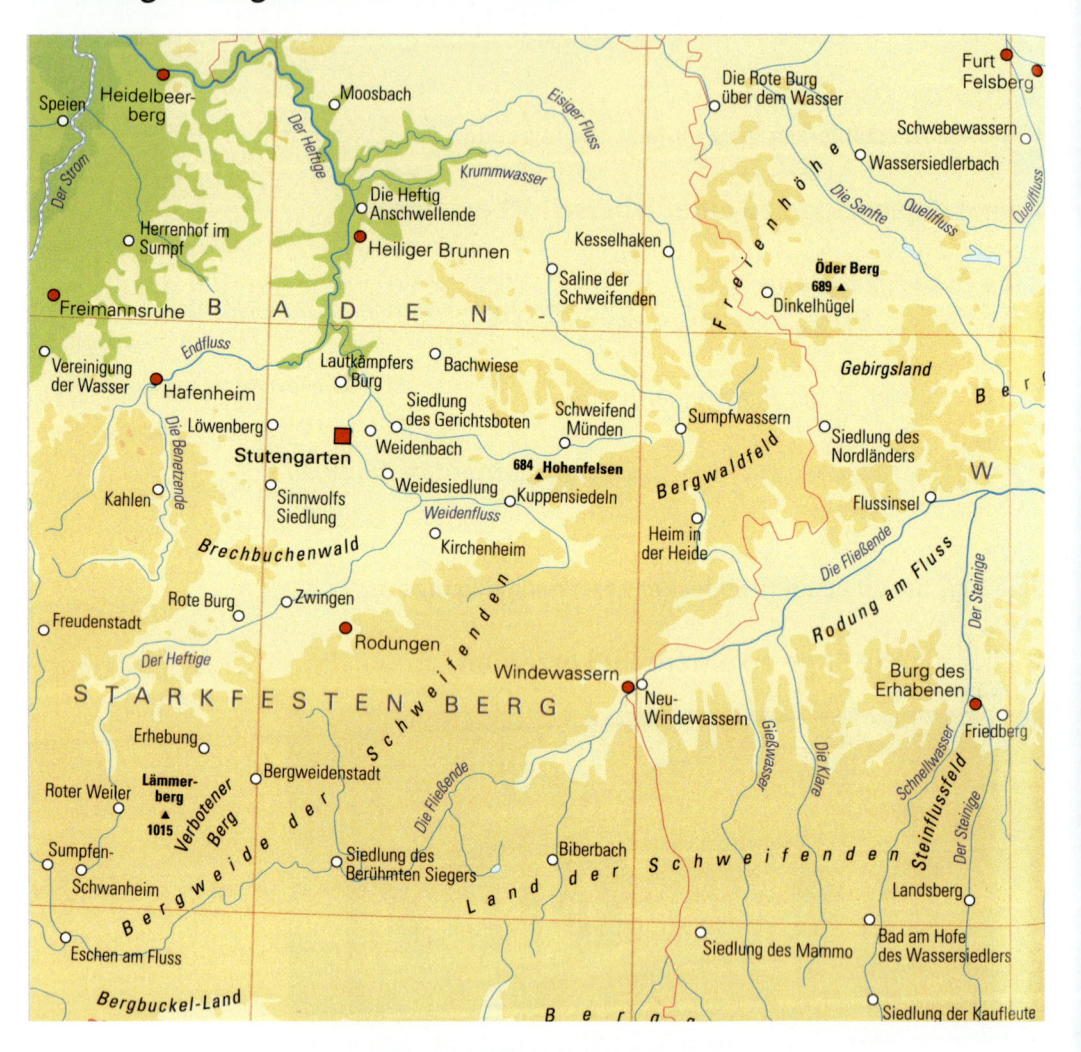

Die Karte zeigt einen Ausschnitt aus dem Raum Baden-Württemberg mit ursprünglichen Bedeutungen einiger Berg-, Orts- und Flussnamen. In einer möglichen Sage kann erklärt werden, welches Ereignis einem der Namen zugrunde liegen könnte.

1 Entscheide dich für **A**, **B** oder **C**.

2 Plane deine eigene Sage und erstelle ein Ideennetz. Folgende Fragen können dir dabei behilflich sein:
- Worüber willst du erzählen?
- Wie willst du den Kern ausgestalten?
- Welche übernatürlichen Ereignisse geschehen?

3 Schreibe deine Sage. Berücksichtige dabei deine Ideen und die Merkmale von Sagen. Verweise in deiner Sage außerdem auf Spuren der Sage in der Gegenwart und denke an eine passende Überschrift.

Texte erschließen und untersuchen: eine eigene Sage unter Verwendung von zentralen Gattungsmerkmalen schriftlich verfassen, mit produktionsorientierten Verfahren ihr Textverständnis herausarbeiten

Sagen

Überprüfe dein Wissen und Können

Die Weiber von Weinsberg

Es war im Jahr 1140, als der Stauferkönig Konrad im Krieg mit dem Bayerischen Herzog Welf lag. Da zog Konrads Heer vor die Burg Weinsberg und belagerte sie. Denn die Weinsberger Bürger waren dem Bayern treu ergeben. Schon nagte der Hunger in den Bäuchen der Belagerten, aber noch immer waren sie nicht bereit aufzugeben.

5 Konrad drohte, am nächsten Morgen die Festung einzunehmen und allesamt zu töten. In der Nacht vor dem Sturm schlich sich eine junge Weinsbergerin ins feindliche Lager, um Konrad um Schonung zu bitten. Weil die junge Frau so hübsch anzusehen war, ließ sich der König gnädig stimmen und gewährte allen Weibern, vor der Eroberung die Burg zu verlassen und dabei mitnehmen zu dürfen, was sie tragen konnten.

10 Am nächsten Morgen staunte Konrad nicht schlecht: Durchs Burgtor den Berg herab kam ein langer Zug von Frauen, und eine jede trug ihren Mann auf dem Rücken. Da musste der König über die List der Frauen lächeln, und als sein Neffe Friedrich Einspruch erheben wollte, sagte er: „Lasst sie in Frieden ziehen. Am Wort des Königs soll man nicht drehen und deuten!"

Merkmale einer Sage kennenlernen

1 Lies die Sage und erkläre, wie es zum Handeln der Weinsberger Frauen kommen konnte.

2 Nenne am Beispiel von „Die Weiber von Weinsberg" die typischen Merkmale einer Sage und halte sie in einer Tabelle fest.

Eine Sage erschließen und schriftlich nacherzählen

3 Teile die Sage in mehrere Abschnitte ein.

- a) Ordne den Abschnitten folgende Zwischenüberschriften zu.
  Eine junge Weinsbergerin – Hungersnot – Die Belagerung der Burg – Die Erlaubnis des Königs – Die Drohung – Die List der Frauen

- b) Formuliere zu jedem Abschnitt eine passende Zwischenüberschrift.

4 Notiere in Stichwörtern unter die Zwischenüberschriften, was in jedem Abschnitt geschieht, und verfasse anschließend eine Nacherzählung.

5 Überarbeite deine Nacherzählung.

Texte erschließen und untersuchen: eine Sage unter Verwendung zentraler Gattungsmerkmale bestimmen und erläutern, Methoden der Texterschließung anwenden, zentrale Aussagen und Inhalte einer Sage herausarbeiten und nacherzählend wiedergeben (Nacherzählung)

NEUES ENTDECKEN – EINSICHTEN GEWINNEN

Lesen – Umgang mit Texten und Medien

Gedichte

Bewaffneter Friede

Wilhelm Busch

des Königs Ordre
der Befehl des Königs

gerüstet gehen
sich bewaffnen

getrost
ganz ruhig und sicher

Ganz unverhofft an einem Hügel sind sich begegnet Fuchs und Igel. Halt!, rief der Fuchs, du Bösewicht! Kennst du des Königs Ordre nicht? Ist nicht der Friede längst verkündigt, und weißt du nicht, dass jeder
5 sündigt, der immer noch gerüstet geht? Im Namen seiner Majestät, geh her und übergib dein Fell. Der Igel sprach: Nur nicht so schnell. Lass dir erst deine Zähne brechen, dann wollen wir uns weiter sprechen! Und allsogleich macht er sich rund, schließt seinen
10 dichten Stachelbund und trotzt getrost der ganzen Welt, bewaffnet, doch als Friedensheld.

Folie

1 Lest den Text. Kennzeichnet, was der Fuchs und was der Igel sagt.

2 Findet heraus,
- welchen Vorwurf der Fuchs dem Igel macht.
- was der Igel von dem Fuchs verlangt.
- worin der Unterschied zwischen den Zähnen des Fuchses und den Stacheln des Igels liegt.
- wieso der Igel als „Friedensheld" bezeichnet wird.

Folie

3 Dieser Text ist eigentlich ein Gedicht.
- Markiert alle Reimwörter.
- Überlegt, woran man am Text erkennen kann, an welchen Stellen die Verse zu Ende sind. Markiert diese Stellen am Text.
- Schreibt den Text nun in Gedichtform auf.
- Findet heraus, wie viele Verse das Gedicht hat.

Tipp
Jeder Vers muss in einer Zeile stehen.

4 Lest euch das Gedicht betont vor.

In diesem Kapitel lernst du (,) ...
- über Gedichte zu sprechen und diese zu verstehen.
- Metrum und Rhythmus eines Gedichtes zu bestimmen.
- sprachliche Bilder in Gedichten zu erkennen und zu deuten.
- verschiedene Gedichtformen kennen.
- mit Gedichten kreativ umzugehen.

KOMPETENZEN AUFBAUEN, ÜBEN UND ANWENDEN

Gedichte

Reimformen in Gedichten erkennen und anwenden

Haferschluck, der fromme Löwe

Christine Busta

Der Kinderfreund, Herr Habakuk, **a**
hat einen Löwen, Haferschluck, **a**
der isst so gerne Brei. **b**
Beim Kochen steht er stets dabei **b**
5 und fragt: „Ist Zucker drin und Ei **b**
und Milch und Butterflocken?" **c**

Er hat ganz gelbe Locken **c**
und Augen, hell wie Honigbrot, **d**
und eine Zunge himbeerrot. **d**
10 Er mag auch weiße Wecken **e**
und schnippt sich flink und honigzart **f**
die Brösel aus dem Schnupperbart. **f**

Nach jedem Tellerlecken **e**
nimmt er den Schwanz als Flederwisch
15 und fegt den Boden und den Tisch,
sagt Habakuk auch artig Dank
und trottet nach der Ofenbank,
ein Stündlein brav zu schlafen.

Am Nachmittag geht er dann froh
20 wie du – spazieren irgendwo,
und seinen Onkel trafen
wir unlängst erst im Zoo.

Wecken
Brötchen

Brösel
Krümel vom Brötchen

ein Flederwisch
ein Staubwedel

unlängst
vor kurzem

1 Lies das Gedicht.

2 In jeder Strophe macht Haferschluck etwas anderes. Zeichne eine passende Bildergeschichte.

3 Untersuche das Gedicht genauer.
- a) Unterstreiche die Wörter, die sich reimen.
- b) Die Reime sind in Strophe 1 und 2 mit Buchstaben (a,b,c ...) gekennzeichnet. Führt nun die Kennzeichnung in Strophe 3 und 4 fort.
- c) In diesem Gedicht gibt es verschiedene Reimformen. Benennt diese.

Folie

4 Überlege, was Haferschluck am Abend macht.
- a) Schreibe eine weitere Strophe in der gleichen Reimform wie in Strophe 1.
- b) Entscheide dich für eine Reimform und schreibe eine weitere Strophe.

> ⓘ **Reimformen**
>
> Ein **Reim** bezeichnet den Gleichklang zweier oder mehrerer Silben: *leben – geben*. Die Reime eines Gedichts kann man am Ende eines jeden Verses alphabetisch durch Kleinbuchstaben kennzeichnen. Jeder gleichklingende Reim bekommt denselben Buchstaben.

Reimformen
– **Paarreim (aabb)**
liegen – fliegen
Baum – Traum
– **Kreuzreim (abab)**
liegen – Baum
fliegen – Traum
– **Umarmender Reim (abba)**
liegen – Baum
Traum – fliegen

Unter Verwendung der Fachbegriffe Reim, Vers, Strophe einen literarischen Text beschreiben, Gedichte unter Verwendung von einigen Gattungsmerkmalen bestimmen und erläutern

Das Wasser

James Krüss

Vom Himmel fällt der Regen,
und macht die Erde nass,
die Steine auf den Wegen,
die Blumen und das Gras.

5 Die Sonne macht die Runde
in altgewohntem Lauf
*und mit ihrem Munde saugt
wieder auf das Wasser.*

Das Wasser steigt zum Himmel
10 und wallt dort hin und her,
*ein Gewimmel gibt es da
grau und schwer von Wolken.*

Nasser werden die Wolken
und brechen auseinand',
15 *und das Wasser fällt wieder
auf das Land als Regen.*

Der Regen fällt ins Freie
und das Licht saugt wieder
Die Wolke wächst aufs Neue
20 *bis dass sie bricht wieder.*

So geht des Wassers Weise:
*es fällt, es sinkt, es steigt
in gleichem Kreise ewig*
und alles, alles trinkt.

---

1 Lies das Gedicht. Benenne, was dir auffällt.

2 Finde heraus, wie viele Strophen und Verse das Gedicht hat.

3 Einige Verse sind *kursiv* gedruckt. Dort sind die Wörter in den Versen durcheinandergeraten und die Reime verloren gegangen.
- Markiere zunächst die Reimwörter in den richtig gedruckten Versen.
- Kennzeichne den Reim in der ersten Strophe durch Kleinbuchstaben (a, b, …). Benenne die Reimform.
- Finde nun die Reimwörter in den kursiv gedruckten Versen und stelle diese passend um.

4 Schreibe das Gedicht in der richtigen Form auf.

5 Überprüfe, ob die Reimform in allen Strophen gleich ist.

6 Überprüft, ob ihr alle das gleiche Gedicht aufgeschrieben habt. Lest euch dafür eure Gedichte gegenseitig vor.

Unter Verwendung der Fachbegriffe Reim, Vers, Strophe einen literarischen Text beschreiben, Gedichte unter Verwendung von einigen Gattungsmerkmalen bestimmen und erläutern

Gedichte

Rhythmus und Metrum in Gedichten erkennen

Eingehüllt in graue Wolken

Heinrich Heine

Eingehüllt in graue Wolken

Schlafen jetzt die großen Götter,

Und ich höre, wie sie schnarchen,

Und wir haben wildes Wetter.

5 Wildes Wetter! Sturmeswüten

Will das arme Schiff zerschellen –

Ach, wer zügelt diese Winde

Und die herrenlosen Wellen?

Kann's nicht hindern, dass es stürmet,

10 Dass da dröhnen Mast und Bretter,

Und ich hüll`mich in den Mantel,

Um zu schlafen wie die Götter.

Tipp
Im Internet kannst du viel über die griechischen Götter und ihre Aufgaben finden. Findest du heraus, welcher Gott für die Meere verantwortlich ist?

1 Lest das Gedicht. Tauscht euch über folgende Fragen aus:
- Seid ihr schon einmal in ein Unwetter geraten?
- Was macht ihr an Schlechtwettertagen?

2 Betrachte die einzelnen Strophen näher.
- Zeige, wie der Schlaf der Götter das Wetter beeinflusst.
- Finde heraus, wie der Sprecher des Gedichtes auf das Wetter reagiert.
- Benenne Gefühle, die vermittelt werden. Notiere dir den entsprechenden Vers.

3 Bereite einen sinnbetonten, rhythmischen Vortrag vor.
- Versetze die Wörter, die bedeutend für das Verständnis des Gedichtes sind, mit Betonungszeichen. Beispiel: *Eingehüllt in gráue Wólken*.
- Berücksichtige die Gefühle des Sprechers in deinem Vortrag.
- Lege das Vortragstempo für die einzelnen Verse fest, setze mögliche Pausen und überlege auch, wie sich die Sprachmelodie (z. B. durch Variation der Lautstärke) im Verlauf des Vortrages ändert.

4 Tragt euch das Gedicht gegenseitig vor.

Folie

www
Du findest das Gedicht auch zum Bearbeiten im Internetportal.

S. 298
Gedichte auswendig lernen und vortragen

Unter Verwendung des Fachbegriffes Rhythmus einen literarischen Text beschreiben

Kleine Wanderung

Barbara Rhenius

Matt und müde mit Geschnauf
steig ich einen Berg hinauf.
Setz mich nieder. Ruhe aus.
Zieh die heißen Schuhe aus.
5 ...

Bald aber hüpf ich erleichtert und munter
über die Wiesen den Berg wieder runter,
singe ein Lied, ich bin fröhlich und wach,
kühle die Füße im sprudelnden Bach.
10 ...

5 Lies die beiden Strophen zunächst leise für dich.

6 Lest euch das Gedicht laut vor. Sprecht so, dass man deutlich hören kann, an welchen Stellen es bergauf und bergab geht.

7 Jede Strophe dieses Gedichtes hat noch zwei weitere Verse. Überlegt, welche der folgenden Verse zur ersten und welche zur zweiten Strophe gehören. Begründet eure Entscheidung.

Tipp
Lest euch die vollständigen Strophen laut vor. Ihr könnt hören, ob ihr euch richtig entschieden habt.

Hier ist es herrlich und lustig und schön!
Eigentlich müsst' man so weit gar nicht gehen!

Ach, ist das hier wunderschön!
Müsst' man nur nicht so weit gehn!

8 Untersuche den Rhythmus des Gedichtes genauer.
- Markiere die betonten Silben in den Versen.
- Finde heraus, wie viele betonte Silben es pro Vers gibt.
- Überprüfe dein Ergebnis, indem du beim Lesen die betonten Silben auf dem Tisch mitklopfst. Beispiel: *Mátt und múde mít Gesschnaúf.*

9 Überlege, in welchem Metrum die beiden Strophen des Gedichtes stehen. Der Merkkasten hilft dir dabei.

10 Erklärt, wie der Inhalt durch das Metrum beeinflusst wird.

⚠ Rhythmus und Metrum

Der **Rhythmus** ist die Sprechmelodie eines Gedichtes. Er wird sowohl durch die bewusste Betonung zentraler Wörter beim Vortrag als auch durch das Metrum bestimmt.
Das **Metrum** (Versmaß) in einem Gedicht stellt eine regelmäßige Reihenfolge von betonten(x́) und unbetonten Silben(x) dar.
Bekannte zweisilbige Metren sind der **Jambus** (xx́, *Ge-dícht*) und der **Trochäus** (x́x, *Schú-le*).
Der **Daktylus** besteht aus drei Silben (x́xx, *Reím-wör-ter*).

Unter Verwendung der Fachbegriffe Rhythmus und Metrum einen literarischen Text beschreiben

KOMPETENZEN AUFBAUEN, ÜBEN UND ANWENDEN

Gedichte

Sprachliche Bilder in Gedichten erkennen und deuten

Drinnen im Strauß *Max Dauthendey*

Der Abendhimmel leuchtet wie ein Blumenstrauß,
Wie rosige Wicken und rosa Klee sehen die Wolken aus.
Den Strauß umschließen die grünen Bäume und Wiesen.
Und leicht schwebt über der goldenen Helle
5 Des Mondes Sichel wie eine silberne Libelle.
Die Menschen aber gehen versunken tief drinnen wie im Strauß.
Wie Käfer trunken und finden nicht mehr heraus.

www
Du kannst dir das Gedicht im Internetportal anhören.

1 Lies das Gedicht.

2 Zeichne das Bild, welches im Gedicht dargestellt wird.

3 Vergleicht eure Zeichnungen und überprüft, inwiefern sie sich ähneln oder voneinander unterscheiden.

4 Der Autor verwendet in seinem Gedicht mehrere Vergleiche, um eine bestimmte Wirkung beim Leser zu erzielen.
- Markiere die Sätze im Gedicht, die einen Vergleich enthalten.
  Beispiel: *Der Abendhimmel leuchtet **wie** ein Blumenstrauß.*
- Zeichne die folgende Tabelle ab und ergänze sie.

Folie

Gegenstand *oder* Person 1	Vergleich/Gemeinsamkeit	Gegenstand *oder* Person 2
der Abendhimmel	*leuchtet wie*	*ein Blumenstrauß*

5 Diskutiert anhand eurer Zeichnungen, welcher Vergleich die eindeutigste Wirkung erzielt hat. Beispiel: *Dieser sprachliche Vergleich ist dem Autor gut gelungen, denn hier sind unsere Zeichnungen sehr ähnlich geworden.*

6 Stell dir vor, du bist draußen unter einem Gewitterhimmel.
- Finde sprachliche Vergleiche, die die Situation verbildlichen, und schreibe diese auf. Beispiel: *Der Gewitterhimmel droht wie eine flackernde Glühbirne.*

> ⓘ **Der Vergleich**
>
> Der Vergleich ist ein sprachliches Bild, das hilft, sich etwas besser vorzustellen. Man erkennt den Vergleich an den Worten **wie, als, als ob.**
> *Er ist schnell **wie** der Blitz.   Er ist schneller **als** der Wind.*
> *Er sprang auf, **als ob** er von einer Tarantel gestochen worden sei.*

Unter Verwendung des Fachbegriffes sprachliche Bilder (Vergleich) einen literarischen Text beschreiben

Feuerwoge jeder Hügel

Georg Britting

Feuerwoge jeder Hügel,
Grünes Feuer jeder Strauch,
Rührt der Wind die Flammenflügel,
Wölkt der Staub wie goldner Rauch.

5 Wie die Gräser züngelnd brennen!
Schreiend kocht die Weizensaat.
Feuerköpfige Blumen rennen
Knisternd übern Wiesenpfad.

Blüten schwelen an den Zweigen.
10 Rüttle dran! Die Funken steigen
Wirbelnd in den blauen Raum
Feuerwerk ein jeder Baum!

Woge
Welle

schwelen
glühen, lodern

1 Lies das Gedicht. Ordne die Zeichnungen den passenden Versen im Gedicht zu.

2 Untersuche die im Gedicht dargestellte Landschaft genauer.
- Markiere Wörter im Gedicht, die Teil der Landschaft sind. Beispiel: *Hügel, Strauch …*
- Stelle dir die Umgebung nun genauer vor. Mache dir zu folgenden Begriffen Notizen: *Landschaft, Jahreszeit, Tageszeit, Wetter, Farben, Stimmung*

3 Lest die folgende Unterhaltung zweier Schüler über das Gedicht. Tauscht euch darüber aus und setzt den Satz am Ende fort.

Das Gedicht ist echt unlogisch. So eine Landschaft gibt es doch gar nicht! Wo gibt es schon Blumen, die Köpfe aus Feuer haben?

Ja, das klingt echt komisch. Aber ich glaube, es ist gar nicht so gemeint. Die Blumen haben eigentlich keine Köpfe aus Feuer. Sie …

Tipp
Es gibt nicht immer nur eine Lösung.

4 Untersucht die folgenden sprachlichen Bilder genauer:
Feuerwoge jeder Hügel / Funken steigen wirbelnd in den blauen Raum / Feuerwerk ein jeder Baum
Fügt in die Tabelle die sprachlichen Bilder ein und findet die übertragene Bedeutung.

Wörtliche Bedeutung	Übertragene Bedeutung
<u>Feuerwoge</u> jeder Hügel	Der Sonnenaufgang lässt die Hügel im Licht so erscheinen (Morgenröte).

ⓘ Die Metapher

Eine Metapher ist ein sprachliches Bild, das Vorstellungen im Kopf des Lesers oder Hörers weckt. Ein Wort wird aus seinem eigentlichen Bedeutungsbereich in einen neuen übertragen. Anders als beim Vergleich werden die Bedeutungsbereiche nicht durch die Wörter „als(ob)/ wie" verbunden.
Beispiel: **Wolkenkratzer** als *Hochhaus* → ein Haus, das so hoch ist, dass es an den Wolken kratzt.

Unter Verwendung des Fachbegriffes sprachliche Bilder (Metapher) einen literarischen Text beschreiben

KOMPETENZEN AUFBAUEN, ÜBEN UND ANWENDEN

Gedichte
Kreativ mit Gedichten umgehen

A Ein Parallelgedicht schreiben

1 Betrachtet den Titel des folgenden Gedichtes. Tauscht euch darüber aus, wie ihr euch ein „Herbstbild" vorstellt.

Herbstbild   *Friedrich Hebbel*

Dies ist ein Herbsttag, wie ich keinen sah!
Die Luft ist still, als atmete man kaum,
Und dennoch fallen raschelnd, fern und nah,
Die schönsten Früchte ab von jedem Baum.

5 O stört sie nicht, die Feier der Natur!
Dies ist die Lese, die sie selber hält,
Denn heute löst sich von den Zweigen nur,
Was von dem milden Strahl der Sonne fällt.

Lese
Ernte

2 Lest nun das Gedicht. Erklärt, ob das im Gedicht dargestellte Herbstbild euren Vorstellungen entspricht.

3 Versetzt euch in das lyrische Ich des Gedichtes und überlegt,
- wo sich das lyrische Ich befinden könnte.
- welche Farben und Gerüche es in seiner Umgebung wahrnimmt.
- wie es sich fühlt.

4 Bestimme die Reimform des Gedichtes.

5 Verfasse ein Parallelgedicht.
- a) Dein Parallelgedicht hat den Titel „Winterbild".
  - Fertige eine Mindmap zur Jahreszeit „Winter" an. Berücksichtige Gerüche, Farben, Orte, Gefühle und Traditionen.
  - Schreibe dein Gedicht. Es soll den gleichen Aufbau wie das Gedicht oben haben. Beginne folgendermaßen: *Dies ist ein Wintertag, wie ich keinen sah!*
- b) Wähle eine Jahreszeit, über die du schreiben möchtest.
  - Fertige eine Mindmap zu dieser Jahreszeit an.
  - Schreibe dein Gedicht. Es soll den gleichen Aufbau wie das Gedicht oben haben.

Tipp
Beachte bei einem Parallelgedicht, dass die Anzahl der Strophen, die Reimform und die Satzzeichen gleich bleiben. Du kannst auch nur einzelne Wörter austauschen, wenn dein Gedicht dabei Sinn ergibt.

6 Tragt euch eure Gedichte gegenseitig vor.

S. 298
Gedichte auswendig lernen und vortragen

Mit handlungs- und produktionsorientierten Verfahren Textverständnis herausarbeiten

KOMPETENZEN AUFBAUEN, ÜBEN UND ANWENDEN

Schönes, grünes, weiches Gras

Arno Holz

Drin
liege ich.
Mitten zwischen Butterblumen.

Über mir,
5   warm, der Himmel:
ein weites zitterndes Weiß,
das mir die Augen langsam, ganz langsam
schließt.

Wehende Luft ... ein zartes Summen.

10 Nun
bin ich fern
von jeder Welt,
ein sanftes Rot erfüllt mich ganz,
und deutlich spür ich, wie die Sonne mir durchs Blut rinnt –
15 minutenlang.

Versunken alles. Nur noch ich.
Selig!

selig
sehr glücklich

7 Dieses Gedicht hat eine besondere Form. Beschreibt, inwiefern sich dieses von anderen Gedichten unterscheidet.

8 Lest das Gedicht leise und überlegt,
- wer das lyrische Ich sein könnte.
- wo es sich befinden könnte.

9 Überlegt, welche Farben in diesem Gedicht vorkommen.

10 Die Stimmung des Gedichtes kommt an einigen Stellen besonders gut zum Ausdruck.
- Schreibe Adjektive heraus, die die Stimmung genauer beschreiben.
- *Der Himmel* und *die Sonne* werden in dem Gedicht durch sprachliche Bilder beschrieben. Finde die beiden Metaphern.

11 Schreibe ein Parallelgedicht. Es sollte den gleichen Aufbau wie das Gedicht von Arno Holz haben, das Thema kann aber ein anderes sein. Du kannst eines der folgenden Themen wählen oder dir ein eigenes überlegen.

Schöner, weißer, weicher Schnee   *Schönes, helles, klares Wasser*   *Dicker, roter, weicher Teppich*

Mit handlungs- und produktionsorientierten Verfahren Textverständnis herausarbeiten, einfache Deutungsansätze entwickeln

B Konkrete Poesie kennenlernen und damit experimentieren

1 Gedichte sprechen manchmal eine ganz eigene Sprache. Wählt die Darstellung, die euch am besten gefällt. Begründet eure Entscheidung.

```
           ApfelApfelApfel
         ApfelApfelApfelApfelA
        ApfelApfelApfelApfelApfe
       ApfelApfelApfelApfelApfel
       ApfelApfelApfelApfelApfel
       ApfelApfelApfelApfelApfel
       ApfelApfelApfelApfelApfel
       ApfelApfelApfelApfelApfel
       ApfelApfelApfelApfelApfel
       ApfelApfelApfelApfelApfel
        ApfelApfelWurmApfel
         ApfelApfelApfelApfel
           ApfelApfelApfel
             ApfelApfel
```

Reinhard Döhl

schweigen	schweigen	schweigen
schweigen	schweigen	schweigen
schweigen		schweigen
schweigen	schweigen	schweigen
schweigen	schweigen	schweigen

Eugen Gomringer

ordnung	ordnung
ordnung	ordnung
ordnung	ordnung
ordnung	ordnung
ordnung	ordnung
ordnung	unordn g
ordnung	ordnung
ordnung	ordnung
ordnung	ordnung
ordnung	ordnung
ordnung	ordnung

```
   NTEN         O
    U          BEN
```

Timm Ulrichs

Löwenzahnsamen

```
      w e nz  hn sam  h                n
   l ö      a      e      s c h w e b e   ü b e r
                                 eine große Wiese
```

2 Inwiefern **zeigen** diese Texte, was sie *sagen*? Beschreibt es mit euren Worten.

Mit handlungs- und produktionsorientierten Verfahren Textverständnis herausarbeiten

Lesen – Umgang mit Texten und Medien

AUT M BIL
　O O

AB
　BRECHEN

UN O
　R D NUNG
　　　　　O

KROKODIL

LUFTBALL N

KROKODIL

S. 299
Plakate gestalten

3 Jetzt bist du an der Reihe. Mach die Bedeutung der Wörter sichtbar.
- Wähle vier der folgenden Wörter aus und stelle sie mithilfe der konkreten Poesie dar.
- Vergleicht eure Ergebnisse und gestaltet gemeinsam ein Plakat mit euren Darstellungen.

UMDREHEN	ZERSCHNEIDEN
VERLASSEN	ANSTIEG
VERSINKEN	EISZAPFEN
WOLKE	SONNE
STERN	TIEF
UHRZEIGER	AUSWEICHEN

Tipp
Du kannst deine Ergebnisse auch am Computer erstellen.

4 Betrachte erneut die Darstellungen auf der Seite 109.
- a) Stelle auf ähnliche Weise wie im Text *schweigen* das Wort *leer* dar.
- b) Stelle auf ähnliche Weise wie im Text *löwenzahnsamen schweben über eine große Wiese* die Worte *regentropfen prasseln gegen das Fenster* dar.
- c) Stelle die Redensart „Nicht alle Tassen im Schrank haben" mithilfe der konkreten Poesie dar.

5 Präsentiert eure Ergebnisse.

ⓘ Konkrete Poesie

Mit konkreter Poesie sind Gedichte gemeint, die eine Aussage in **bildhafter Form** darstellen. Wörter und Buchstaben sind so angeordnet, dass man sie nicht nur wie üblich von links nach rechts und von oben nach unten lesen kann.
Man kann Bilder aus den Wörtern machen und mit den Wörtern spielen.

Mit handlungs- und produktionsorientierten Verfahren Textverständnis herausarbeiten

GELERNTES ÜBERPRÜFEN

Gedichte

Überprüfe dein Wissen und Können

Gedichte erschließen

Drei Finken

Wolf Harranth

Da hocken sie nun und träumen
die haben zur Herbstzeit den Abflug verpasst.
Es sitzen drei Finken auf einem Ast,
von sommersonnigen Bäumen.
5 Doch beißt sie ein Windstoß von Zeit zu Zeit
und bringt ihren Ast arg ins Schwanken,
die Träume geraten ins Wanken.
und zaust ihnen eisig das Federkleid
Und ich höre sie, will es mir scheinen,
10 Dann rucken sie hin und rucken sie her,
ganz leise auf Finkenart weinen.
die frierenden Finken, und träumen nicht mehr.

1 Das Gedicht „Drei Finken" hat eigentlich drei Strophen mit jeweils vier Versen und ist im Paarreim verfasst.

- Markiere die Reimwörter und finde die Reimpaare.
- Setze nun die Verse so zusammen, dass sie sinnvoll erscheinen.
- Unterteile das Gedicht in seine drei Strophen.
- Schreibe es geordnet auf.

2 Mache dir Gedanken über die Finken, die den Abflug in der Herbstzeit nicht verpasst haben.

- a) Überlege, wie sich diese Finken in der Wärme fühlen.
- b) Überlege, wie sich die Finken fühlen. Formuliere sprachliche Vergleiche.
  Beispiel: *Die Finken fühlen sich stark* **wie** *kräftige Adler.*

3 Schreibe ein Gedicht über die drei glücklichen Finken.

- a) Lege die Anzahl der Strophen, Verse und die Reimform(en) selbstständig fest.
- b) Verfasse ein Gedicht mit mindestens drei Strophen. Lege die Anzahl der Verse und Reimform(en) selbstständig fest. Verwende mindestens einen der oben formulierten sprachlichen Vergleiche.

Unter Verwendung der Fachbegriffe Reim, Vers, Strophe, sprachliche Bilder und einen literarischen Text beschreiben, Gedichte unter Verwendung von einigen Gattungsmerkmalen bestimmen und erläutern

Winternacht

Nikolaus Lenau

Vor Kälte ist die Luft erstarrt,
Es kracht der Schnee von meinen Tritten,
Es dampft mein Haus, es klirrt mein Bart;
Nur fort, nur immer fortgeschritten!

5 Wie feierlich die Gegend schweigt!
Der Mond bescheint die alten Fichten,
Die, sehnsuchtsvoll zum Tod geneigt
Den Zweig zurück zur Erde richten

Frost! friere mir ins Herz hinein,
10 Tief in das heißbewegte, wilde!
Dass einmal Ruh mag drinnen sein,
Wie hier im nächtlichen Gefilde.

4 Lies das Gedicht

5 In der dritten Strophe wünscht sich das lyrische Ich im Gedicht, dass Ruhe in sein „Herz" einkehrt. Überlege, warum er nach Ruhe in seinem Leben suchen könnte.

6 In dem Gedicht werden sprachliche Bilder verwendet. Finde diese und beschreibe ihre Wirkung.

7 Wähle die Adjektive aus, die den Rhythmus des Gedichtes kennzeichnen.
Begründe deine Auswahl an den entsprechenden Versen:
ruhig, bewegt, feierlich, hektisch, beschwingt, abgehackt.

8 Trage das Gedicht, dem Rhythmus entsprechend, sinnbetont vor.

9 Bestimme und benenne das Metrum im Gedicht.

Unter Verwendung der Fachbegriffe sprachliche Bilder (Vergleich, Metapher), Rhythmus, Metrum einen literarischen Text beschreiben, einfache Deutungsansätze entwickeln

GELERNTES ÜBERPRÜFEN

Ein Parallelgedicht schreiben

Am Abend

Heinrich Seidel

Sinkt der Tag
In Abendgluten
Schwimmt das Tal
In Nebelfluten.

5 Heimlich
Aus der Himmelsferne
blinken schon
Die goldnen Sterne.

Flieg zum Nest
10 Und schwimm zum Hafen!
Gute Nacht!
Die Welt will schlafen!

Am Morgen

_____ der Tag
In Morgengluten
_____ das Tal
In Sonnenfluten.

5 _____
Aus der Himmelsferne
_____ noch
Die _____ Sterne.

Verlass das Nest
10 Und _____ !
Guten Morgen!
Die Welt will _____ !

1 Lies das Gedicht „Am Abend" von Heinrich Seidel.

2 Verfasse ein Parallelgedicht zu Heinrich Seidels Gedicht.
- a) Vervollständige das obenstehende Lückengedicht mit dem Titel „Am Morgen". Schreibe das vollständige Gedicht auf.
- b) Schreibe ein eigenes Gedicht nach diesem Muster. Entscheide dich für einen der folgenden Titel: *Am Mittag – Am Nachmittag – Um Mitternacht*

Wintersee

Peter Huchel

Ihr Fische, wo seid ihr
mit schimmernden Flossen?
Wer hat den Nebel,
das Eis beschossen?

5 Ein Regen aus Pfeilen,
ins Eis gesplittert,
so steht das Schilf.

3 Verfasse ein Parallelgedicht zu Peter Huchels Gedicht „Wintersee" mit dem Titel „Sommersee". Verwende eine bildhafte Sprache

Mit handlungs- und produktionsorientierten Verfahren Textverständnis herausarbeiten

NEUES ENTDECKEN – EINSICHTEN GEWINNEN

Lesen – Umgang mit Texten und Medien

Kinder- und Jugendliteratur

Wunder über Wunder

Joseph von Eichendorff

Du wunderst wunderlich dich über Wunder,
Verschwendest Witzespfeile, blank geschliffen.
Was du begreifst, mein Freund, ist doch nur Plunder,
Und in Begriffen nicht mit einbegriffen
5 Ist noch ein unermessliches Revier,
Du selber drin das größte Wundertier.

1 Lest das Gedicht.

2 Tauscht euch über folgende Fragen aus:
- Was ist für euch ein Wunder?
- Was ist für euch wunderbar?
- Was oder wen könnte Eichendorff mit „Wundertier" meinen?

S. 302
Akrostichon

S. 299
Plakate gestalten

3 Wähle eine der folgenden Aufgaben zu dem Begriff „Wunder":
- Schreibe ein Akrostichon.
- Gestalte ein Plakat.
- Verfasse einen Lexikoneintrag.

In diesem Kapitel lernst du (,) ...
- ein Jugendbuch kennen.
- eine Jugendbuchautorin kennen.
- literarische Figuren und ihre Beziehungen zueinander zu beschreiben.
- auf unterschiedliche Weisen ein Jugendbuch zu erschließen.
- ein Jugendbuch zu empfehlen.

KOMPETENZEN AUFBAUEN, ÜBEN UND ANWENDEN

Kinder- und Jugendliteratur

Ein Buch über ein Cover kennenlernen

Diese vier Cover gehören alle zum gleichen Buch: „Wunder" von Raquel J. Palacio.

1 Überlegt, was euch die Cover über den Inhalt des Buches verraten könnten.

> Du kannst nicht gleich aussehen, wenn du anders geboren wurdest.

> Beurteile ein Kind ~~Buch~~ nie nach Gesicht seinem ~~Cover~~.

2 Beantworte folgende Fragen:
- Welche Informationen über ein Buch findest du im Cover?
- Warum verrät das Cover nicht alles über den Inhalt eines Buches?

3 Gestalte ein eigenes Cover für ein Buch mit dem Titel „Wunder".

Zusammenhänge zwischen Teilaspekten und Textganzem herstellen

Lesen – Umgang mit Texten und Medien

Kinder- und Jugendliteratur

Eine Autorin kennenlernen

Jedes Jahr findet in Frankfurt eine große Buchmesse statt, auf der neue Bücher vorgestellt und Preise verliehen werden. Einer dieser Preise zeichnet Kinder- und Jugendbücher aus. Im Jahr 2014 hat Raquel J. Palacio ihn für „Wunder" gewonnen.

1 Lies den folgenden Auszug aus einem Interview mit der Autorin.

Vor etwa fünf Jahren sind meine Söhne und ich Eis essen gegangen. Mein älterer Sohn kaufte Milchshakes und mein jüngerer Sohn wartete mit mir draußen auf einer Bank.

Nach einer Weile bemerkte ich neben mir ein kleines Mädchen – mit einem sehr entstellten Gesicht. Als mein Sohn sie sah, reagierte er so, wie ein kleiner Junge es tut,
5 wenn er Angst vor etwas hat: Er fing sehr laut an zu weinen und zu schreien.

Hastig stand ich auf, nahm ihn und ging – nicht wegen ihm, sondern um die Gefühle des Mädchens nicht zu verletzen. Als wir gingen, hörte ich die Mutter des Mädchens sagen: „Okay Leute, wir sollten gehen." Das traf mich sehr.

Für den restlichen Tag konnte ich nur an diese Bemerkung denken. Wieder und wie-
10 der spielte ich die Szene in Gedanken durch und fragte mich, wie es für mich wäre, so entstellt zu sein, und auch, was ich meinen Söhnen beibringen wollte. Ich fragte mich, wie ich besser reagiert hätte [...] Zufällig lief am gleichen Tag „Wonder" von Natalie Merchant im Radio:

Ärzte kommen aus entfernten Städten,
15 nur um mich zu sehen,
sie stehen an meinem Bett
und glauben nicht, was sie sehen.

Sie sagen, ich muss eins dieser Wunder
von Gottes Schöpfung sein,
20 und soweit sie sehen, können sie
keine Erklärung geben.

Ich begann noch am selben Abend das Buch zu schreiben.

2 Fasse zusammen, warum Raquel J. Palacio „Wunder" geschrieben hat.

3 Sammelt Ideen, worum es in ihrem Buch gehen könnte.

Einfache Zusammenhänge zwischen Text und Leben des Autors beschreiben

KOMPETENZEN AUFBAUEN, ÜBEN UND ANWENDEN

Kinder- und Jugendliteratur

Ein Buch kennenlernen

1 Tauscht euch darüber aus, wer oder was für euch „normal" ist.

2 Vermute, was in dem folgenden Kapitel „Normal" passieren könnte.

Normal

Ich weiß, dass ich kein normales zehnjähriges Kind bin. Ich meine, klar, ich mache normale Sachen. Ich esse Eis. Ich fahre Fahrrad. Ich spiele Ball. Ich habe eine Xbox. Solche Sachen machen mich normal. Nehme ich an. Und ich fühl mich normal. Innerlich. Aber ich weiß, dass normale Kinder nicht andere normale Kinder dazu bringen, schreiend
5 vom Spielplatz wegzulaufen. Ich weiß, normale Kinder werden nicht angestarrt, egal, wo sie hingehen.

Wenn ich eine Wunderlampe finden würde und einen Wunsch frei hätte, würde ich mir wünschen, ein normales Gesicht zu haben, das nie jemanden auffallen würde. Ich würde mir wünschen, dass ich die Straße entlanggehen könnte, ohne dass die Leute
10 diese Sache machen, sobald sie mich sehen, dieses Ganz-schnell-woanders-Hinschauen. Ich glaube, es ist so: Der einzige Grund dafür, dass ich nicht normal bin, ist der, dass mich niemand so sieht.

Aber inzwischen bin ich es irgendwie schon gewohnt, dass ich so aussehe. Ich kann so tun, als würde ich nicht merken, was die Leute für Gesichter machen. Wir sind alle
15 schon ganz gut darin: ich und Mom und Dad und Via. Nein, ich nehm das zurück: Via ist nicht so gut darin. Sie kann echt sauer werden, wenn die Leute gemein sind. Einmal auf dem Spielplatz zum Beispiel, da haben einige ältere Kinder so Geräusche gemacht. Ich weiß nicht mal, was genau das für Geräusche sein sollten, weil ich sie gar nicht selber gehört habe, aber Via hat sie gehört, und sie hat gleich angefangen, die Kinder anzu-
20 brüllen. So ist sie eben. Ich bin nicht so.

Für Via bin ich nicht normal. Sie behauptet es, aber wenn ich normal wäre, hätte sie nicht so sehr das Gefühl, mich beschützen zu müssen. Und auch Mom und Dad halten mich nicht für normal. Sie halten mich für etwas ganz Besonderes. Ich glaube, der einzige Mensch auf der Welt, der merkt, wie normal ich wirklich bin, bin ich.
25 Ich heiße übrigens August. Ich werde nicht beschreiben, wie ich aussehe. Was immer ihr euch vorstellt – es ist schlimmer.

3 Setze dich mit den folgenden Fragen auseinander:
- Was würde August sich mit einer Wunderlampe wünschen?
- Warum halten Augusts Eltern und seine Schwester Via ihn für (nicht) „normal"?
- Wie sieht August sich selbst?

Leseerwartung an einen Text formulieren und reflektieren

Kinder- und Jugendliteratur

Figuren beschreiben und ihre Beziehungen verstehen

1 Lies dir die Textauszüge durch.

2 Bearbeitet die folgenden Aufgaben als Expertenteam.
- Arbeitet in einer Dreiergruppe. Jedes Kind wählt sich einen der drei Texte aus.
- Lies den Text über deine ausgewählte Person noch einmal genau. Markiere wichtige Eigenschaften der beschriebenen Personen.

Folie

M → S. 285
Wissen im Expertenteam erwerben

August Pullman *(aus der Sicht von Jack)*

Also erst einmal: Man gewöhnt sich an sein Gesicht. Die ersten paar Male denkt man noch: Whoa, daran werde ich mich niemals gewöhnen. Und dann, nach einer Woche, ist es mehr so: Ach, ist gar nicht so schlimm.

Zum Zweiten ist er eigentlich ein echt cooler Typ. Ich meine, er ist ziemlich witzig.
5 Also, der Lehrer sagt zum Beispiel irgendetwas, und August flüstert mir irgendetwas Lustiges zu, das sonst keiner hören kann, und ich krieg mich echt nicht mehr ein. Außerdem ist er einfach insgesamt total in Ordnung. Also, man kann gut mit ihm abhängen und reden und so weiter.

Drittens ist er echt clever. Ich dachte, dass er hinter allen hinterherhinken würde,
10 weil er ja vorher noch nie zur Schule gegangen war. Aber in den meisten Fächern ist er mir weit voraus. Ich meine, vielleicht ist er nicht so clever wie Charlotte oder Ximena, aber so in die Richtung. Und anders als Charlotte oder Ximena lässt er mich bei sich abschreiben, wenn ich's wirklich nötig habe (auch wenn das nur ein paarmal der Fall war). Er hat mich auch mal seine Hausaufgaben abschreiben lassen, auch wenn wir
15 dann beide nach dem Unterricht deswegen Ärger bekamen.

„Ihr beide habt in den Hausaufgaben von gestern exakt dieselben Antworten falsch", sagte Miss Rubin und schaute uns an, als warte sie auf eine Erklärung. Ich wusste nicht, was ich sagen sollte, denn die einzige Erklärung wäre natürlich gewesen: Tja, das liegt daran, dass ich die Hausaufgaben bei August abgeschrieben habe. Aber August deckte
20 mich. Er sagte bloß: „Das kommt daher, dass wir unsere Hausaufgaben gestern Abend zusammen gemacht haben", was überhaupt nicht stimmte.

[...] Viertens: Jetzt, wo ich ihn kenne, würde ich sagen, dass ich wirklich mit August befreundet sein möchte.

Julien Perper Albans *(aus der Sicht von August)*

„Welcher war der mit den dunklen Haaren, die er so in die Stirn gekämmt hatte?"
„Julien."
„Und der war nicht nett?"
„Nein, der war nicht nett."
5 „Oh." Sie dachte einen Moment lang darüber nach.

Methoden der Texterschließung anwenden

„Okay, dann ist das eins dieser Kinder, die sich vor Erwachsenen ganz anders verhalten als vor Kindern?"

„Kann sein."

„Ah, die kann ich nicht ausstehen", erwiderte sie und nickte.

„Er hat gefragt: Was ist das mit deinem Gesicht?", sagte ich und schaute die ganze Zeit Daisy an. „Ist das bei einem Brand passiert oder so was?"

Mom sagte gar nichts. Als ich zu ihr aufschaute, konnte ich erkennen, dass sie vollkommen schockiert war."

Jack Will *(aus seiner eigenen Sicht)*

„Also, vergesst nicht, euch mit eurem Partner zusammenzusetzen und euch ein Projekt von der Liste auszusuchen, Leute!", sagte Miss Rubin, als alle ihre Sachen zusammenpackten. Ich schaute August an, aber er hatte bereits seinen Rucksack aufgesetzt und war praktisch schon zur Tür hinaus.

Ich muss ein ziemlich dummes Gesicht gemacht haben, denn Julien kam herüber und sagte: „Sieht aus, als wären du und dein bester Kumpel Partner." Er feixte, während er das sagte. In diesem Moment hasste ich ihn so sehr.

„Hallo? Erde an Jack Will?", sagte er, als ich ihm nicht antwortete.

„Halt die Klappe, Julien." Ich steckte meinen Schnellhefter in meinen Rucksack und wollte nur weg von ihm.

„Das muss dich ja fertigmachen, dass du so an dem kleben bleibst", sagte er. „Du solltest Miss Rubin sagen, dass du den Partner mit jemandem tauschen willst. Ich wette, sie erlaubt das."

„Nein, würde sie nicht", sagte ich.

„Frag sie."

„Nein, will ich nicht."

„Miss Rubin?", rief Julien, drehte sich um und hob gleichzeitig die Hand.

Miss Rubin wischte vorn mit dem Schwamm die Tafel sauber. Sie drehte sich um, als sie ihren Namen hörte.

„Nein, Julien!", zischte ich.

„Was ist denn, Jungs?", fragte sie ungeduldig.

„Dürfen wir die Partner tauschen, wenn wir wollen?", fragte Julien mit Unschuldsmiene. „Jack und ich hatten schon diese Idee für den Naturwissenschafts-Tag, an der wir gern zusammen arbeiten würden ..."

Na ja, ich denke, das ließe sich arrangieren ...", fing sie an.

„Nein, es ist okay, Miss Rubin", sagte ich rasch und ging zur Tür. „Bye!"

Julien rannte hinter mir her.

„Warum hast du das gemacht?", fragte er, als er mich an der Treppe eingeholt hatte. „Wir hätten Partner sein können. Du musst nicht mit der Missgeburt befreundet sein, wenn du nicht willst, weißt du ..."

Und das war der Moment, in dem ich ihm eine reinhaute. Direkt auf den Mund.

feixen
schadenfroh grinsen

Methoden der Texterschließung anwenden

Lesen – Umgang mit Texten und Medien

3 Ergänzt die folgende Tabelle mit Eigenschaften der Personen. Fügt passende Textstellen ein.

	August Pullman	Jack Will	Julien Perper Albans
Aussehen			„dunkle Haare", „in die Stirn gekämmt" (Zeile 1)
Charakter	witzig: „flüstert mir irgendwas Lustiges zu" (Zeile 5)		
Eindruck			schadenfroh: „er feixte, während er das sagte" (Zeile 6)

4 Besprecht, welche der Personen auf euch sympathisch und welche auf euch unsympathisch wirken. Begründet eure Meinung mit Textstellen.

5 Ordnet die folgenden Zitate der jeweiligen Person zu. Begründet eure Zuordnung.

Zitat	Person
Es war, als hätte ich das Portal in ein anderes Universum durchquert, in ein Paralleluniversum, in dem Auggie und ich die Rollen getauscht hatten. Plötzlich war er der große Held und ich der Außenseiter.	**August**
Ich werde nicht beschreiben, wie ich aussehe. Was immer ihr euch vorstellt – es ist schlimmer.	**Augusts Mutter**
Und irgendwie habe ich das Gefühl, als könnte ich August alles erzählen. Als wäre er ein guter Freund.	**Jack**
Du bist ein Wunder, Auggie. Du bist ein Wunder.	**Julien**

ⓘ Personenbeschreibungen in Jugendbüchern

In einer Geschichte dient die Personenbeschreibung dazu, eine Person dem Leser deutlich vor Augen zu stellen: *Wie sieht sie aus? Was kann sie? Wie verhält sie sich?*
Die Personen werden also niemals nur äußerlich beschrieben, sondern auch innerlich: *Was denken und fühlen sie? Welche Erfahrungen und Einstellungen haben sie?*

Merkmale und Verhaltensweisen literarischer Figuren beschreiben

Augusts Schwester Olivia beschreibt ihre Familie so:

August ist die Sonne. Mom und Dad und ich sind Planeten, die die Sonne umkreisen. Der Rest unserer Familie und Freunde sind Asteroiden und Kometen, die um die Planeten herumschweben, die die Sonne umkreisen. Der einzige Himmelskörper, der August, die Sonne, nicht umkreist, ist Daisy, und das liegt nur daran, dass sich in ihren kleinen
5 Hundeaugen Augusts Gesicht nicht besonders von dem Gesicht jedes anderen Menschen unterschiedet. Für Daisy sehen unsere Gesichter alle gleich aus, so flach und bleich wie der Mond.

Ich habe mich daran gewöhnt, wie dieses Universum funktioniert. Es hat mir nie viel ausgemacht, denn ich habe nie etwas anderes kennengelernt. Ich habe immer verstan-
10 den, dass August etwas Besonderes ist und besondere Bedürfnisse hat. Wenn ich zu laut spielte und er versuchte, ein Nickerchen zu machen, wusste ich, dass ich etwas anderes spielen musste, weil er sich ausruhen musste nach irgendeiner Behandlung, die ihn geschwächt oder ihm Schmerzen bereitet hatte. Wenn ich wollte, dass Mom und Dad mir beim Fußballspielen zuschauten, wusste ich, dass sie es in neun von zehn Fällen nicht
15 schaffen würden, weil sie August zur Sprachtherapie oder zur Physiotherapie fahren mussten oder zu einem neuen Spezialisten oder zu einer Operation.

Mom und Dad sagten immer, dass ich das verständnisvollste kleine Mädchen auf der Welt sei. Keine Ahnung, ob das stimmt, ich weiß nur, dass ich immer verstanden habe, dass es keinen Zweck hätte, sich zu beklagen. Ich habe August nach seinen Operationen
20 gesehen: Sein kleines Gesicht verbunden und geschwollen, sein winziger Körper voller Schläuche und Kanülen, die ihn am Leben halten sollten. Wenn man gesehen hat, wie ein anderer so etwas durchmacht, fühlt es sich ziemlich verrückt an, sich darüber zu beschweren, dass man das Spielzeug nicht bekommt, das man sich gewünscht hat, oder dass deine Mom deine Schulaufführung verpasst. [...]
25 Und so ist es schon immer für mich gewesen und für unser kleines Universum. In diesem Jahr aber scheint es eine Verschiebung im Kosmos zu geben. Die Galaxie verändert sich. Die Planeten fallen aus ihrer Konstellation.

6 Stellt Olivias „Universum" pantomimisch dar.

7 Gestalte die Figurenkonstellation. Der Merkkasten kann dir helfen.

ⓘ Figurenkonstellationen in Jugendbüchern

- In jedem Roman gibt es verschiedene Figuren, die zueinander in Beziehung stehen. Da sich eine oder mehrere Figuren im Verlauf der Geschichte verändern, verändern sich auch ihre Beziehungen zueinander.
- Figurenkonstellationen werden oft in einem Schema dargestellt. Dabei werden die Figuren und die Art der Beziehung durch verschiedene Farben, Symbole, Linien verdeutlicht.

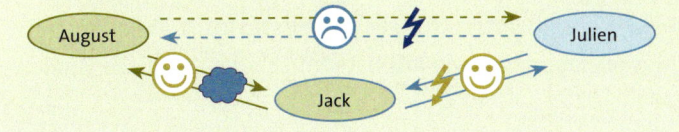

Beziehungen literarischer Figuren beschreiben

Lesen – Umgang mit Texten und Medien

Kinder- und Jugendliteratur

Eine Romanfigur genauer kennenlernen

1 Tauscht euch über die folgenden Fragen aus:
- Wann hast du dich das letzte Mal verkleidet?
- Als was hast du dich verkleidet?
- Warum hast du dieses Kostüm gewählt?

2 Lies Augusts Meinung zu Kostümen.

Für mich ist Halloween der beste Feiertag der Welt. Er schlägt sogar Weihnachten. Ich kann mir ein Kostüm anziehen. Ich kann eine Maske tragen. Ich kann wie jedes andere Kind mit einer Maske rumlaufen, und niemand findet, dass ich komisch aussehe. Niemand schaut zweimal hin. Nieman-
5 dem falle ich auf. Niemand kennt mich.

Ich wünschte, jeder Tag wäre Halloween. Wir könnten alle immerzu Masken tragen. Dann könnten wir uns in Ruhe kennenlernen, bevor wir zu sehen kriegen, wie wir unter den Masken aussehen.

Als ich noch klein war, trug ich überall, wo ich hinging, einen Astro-
10 nautenhelm. Auf dem Spielplatz. Auf dem Supermarkt. Wenn wir Via von der Schule abholten. Selbst mitten im Sommer, auch wenn es dann so heiß war, dass mir der Schweiß übers Gesicht lief. Ich glaube, ich habe ihn zwei Jahre lang getragen, aber ich musste damit aufhören, als ich meine Augenoperation hatte. Ich glaube, da war ich ungefähr sieben. Und danach konn-
15 ten wir den Helm nicht mehr finden. Mom suchte überall nach ihm. [...]

Ich habe Fotos von mir in all meinen Halloween-Kostümen. [...] Bei meinem vierten war ich Captain Hook. Beim fünften war ich ein Astronaut. Beim sechsten Obi-Wan Kenobi. Beim siebten war ich ein Klonkrieger. Beim achten Darth Vader. Beim neunten trug ich das Scream-Kostüm, bei
20 dem man sich mit einer versteckten Pumpe Kunstblut über die Schädelmaske laufen lassen kann.

Dieses Jahr würde ich als Boba Fett gehen: nicht Boba Fett, das Kind aus *Star Wars Episode II: Angriff der Klonenkrieger,* sondern Boba Fett als erwachsener Mann in *Star Wars Episode V: das Imperium schlägt zurück.*

Folie

a) Markiere im Text, warum August sich gern verkleidet.

b) Sammle Vermutungen, warum er ausgerechnet diese Verkleidungen wählt.

3 August hat auch seinen Mitschülern erzählt, wie er sich an Halloween verkleiden wird. Am Morgen entscheidet er sich jedoch für ein anderes Kostüm. Er verkleidet sich mit einer „Scream-Maske". Überlege, wie Augusts Mitschüler auf diese Verkleidung reagieren werden.

Ein Jugendbuch erschließen, (mit Unterstützung) die in Texten dargestellte Lebenswelt mit der eigenen vergleichen

KOMPETENZEN AUFBAUEN, ÜBEN UND ANWENDEN

4 Lies das folgende Kapitel.

Scream

[...] Das erste Kostüm, das ich sah, als ich zur Tür hereinkam, war Darth Sidious. Es bestand aus einer dieser lebensecht aussehenden Gummimasken und einer großen schwarzen Kapuze, die man sich über den Kopf zog, und einem langen schwarzen Gewand. Ich wusste natürlich sofort, dass es Julien war. Er musste sich in letzter Minute für ein anderes Kostüm
5 entschieden haben, weil er glaubte, dass ich als Boba Fett kommen würde. Er sprach gerade mit zwei Mumien, die Miles und Henry sein mussten, und alle schauten dabei irgendwie Richtung Tür, als würden sie auf jemanden warten. Ich wusste, dass es kein Scream-Killer war, nach dem sie Ausschau hielten. Es war ein Boba Fett. Ich war schon drauf und dran, mich an meinen eigenen Tisch zu setzen, aber aus irgendeinem Grund, ich weiß auch nicht,
10 warum, ging ich plötzlich auf einen Tisch in ihrer Nähe zu. Und ich konnte sie reden hören.

Eine der Mumien sagte: „Es sieht echt voll aus wie er." „Der Teil hier besonders ...", antwortete Julien. Er legte die Finger auf die Wangen und Augen seiner Darth-Sidious-Maske. „Eigentlich", sagte die Mumie, „sieht er aus wie einer von diesen Schrumpfköpfen. Habt ihr mal so einen gesehen? Genauso sieht er aus."
15 „Ich finde, er sieht aus wie ein Ork."

„Ja, genau!"

„Wenn ich so aussehen würde," sagte die Julien-Stimme mit einem komischen Lachen, „ich schwör bei Gott, dann würde ich mir jeden Tag 'ne Kapuze übers Gesicht ziehen."

„Ich hab viel darüber nachgedacht", sagte die andere Mumie und klang ernst. „Und
20 ich glaub echt ... wenn ich wie er aussehen würde, ganz im Ernst, ich glaub, dann würd ich mich umbringen. „Würdest du nicht", antwortete Darth Sidious. „Doch, echt", sagte dieselbe Mumie mit Nachdruck. „Ich kann mir nicht vorstellen, jeden Tag in den Spiegel zu gucken und mich so zu sehen. Das wär zu schrecklich. Und dann die ganze Zeit angeglotzt zu werden." „Warum hängst du denn dann so viel mit ihm ab?", fragte Darth Sidious.
25 „Weiß ich nicht", antwortete die Mumie. „Pomann hat mich am Anfang des Schuljahres gebeten, mich ein bisschen um ihn zu kümmern, und er muss allen Lehrern gesagt haben, dass sie uns in all unseren Fächern nebeneinandersetzen sollen oder so." Die Mumie zuckte mit den Schultern. Ich kannte das Schulterzucken natürlich. Ich kannte die Stimme. Ich wollte auf der Stelle aus dem Klassenzimmer rennen. Aber ich blieb
30 stehen, wo ich war, und hörte Jack Will weiter zu, wie er weitersprach: „Ich meine, es ist halt so: Er läuft mir ewig hinterher. Was soll ich denn da machen?"

a) Beantworte die folgenden Fragen zum Text:
- Welche Vergleiche für Augusts Aussehen nennen die Jungen?
- Warum kann August das Gespräch über ihn ungestört anhören?
- Warum gibt August sich nicht zu erkennen?

b) Überlege, warum Augusts bester Freund Jack so schlecht über ihn spricht.

5 Tragt alle Informationen über August – auch aus den vorangegangenen Seiten – zusammen. Stellt diese als Figurine dar.

M → S. 292 f.
Literarische Figuren mithilfe der Figurine darstellen

Deutungsansätze entwickeln und formulieren, Handlungsmotive erläutern, eigenes Wissen über literarische Sachverhalte geordnet darstellen

Lesen – Umgang mit Texten und Medien

Kinder- und Jugendliteratur

Überprüfe dein Wissen und Können

Projekt: Ein Buch zum Lesen empfehlen

1 Auswahl

1. **Wähle** ein Buch aus, das du deinen Mitschülern vorstellen möchtest.

2 Büchersteckbrief

2. Erstelle einen **Büchersteckbrief**, den du als Einstieg für deinen Vortrag nutzen kannst:

> ### Büchersteckbrief
>
> Autor/-in: *Raquel J. Palacio*
>
> Titel: *„Wunder"*
>
> Darum geht es in dem Buch: *August (10), (k)ein normaler Junge? Krankheit und viele Operationen-Gesicht missgebildet, neue Schule, seine Mitschüler, seine Familie und er selbst erleben das fünfte Schuljahr*
>
> So bin ich auf das Buch aufmerksam geworden: *großer Bruder*
>
> Das gefällt mir am besten an dem Buch: *viele Sichtweisen, Beschreibung der Eigenschaften und nicht des Aussehens, Schulalltag*
>
> Ich empfehle dieses Buch besonders: *Interesse an Menschen, die anders sind*

3 Hauptfiguren

3. Erstelle eine Übersicht über die **Hauptfiguren** des Buches: Nenne ihre Namen, ihre wichtigsten Eigenschaften und wie sie miteinander in Beziehung stehen.

4 Handlung

4. Fasse die **Handlung** der Geschichte in Stichworten zusammen. Beachte, dass du bei deinem Vortrag das Ende nicht verraten darfst.

5 Lesevortrag

5. Wähle eine geeignete Textstelle für deinen **Lesevortrag** aus:
Tipp: Füge im Text Zeichen ein, die dir beim gestaltenden Vorlesen helfen.
Übe, den Text betont vorzulesen.

6 Bewertung

6. **Bewerte** das Buch abschließend, indem du sagst, warum dir das Buch gefallen hat und warum du es deinen Mitschülern empfehlen kannst.

Einen Text werten, Texte sinngebend und gestaltend vorlesen

GELERNTES ÜBERPRÜFEN   125

7 Gestalte ein **Präsentationsplakat**.

M → S. 289
Ein Präsentationsplakat erstellen

7 Präsentationsplakat

Meine Buchempfehlung: „Wunder"

Autorin: Raquel J. Palacio
- Buchillustratorin aus New York City
- verheiratet, zwei Söhne
- „Wunder" = Erstlingswerk

Inhalt:
Es geht um den zehnjährigen August, der durch eine Krankheit und viele Operationen ein entstelltes Gesicht hat. Er kommt neu in die 5. Klasse. Das Buch beschreibt, wie er, seine Familie und seine Mitschüler ihn sehen und auf ihn reagieren.

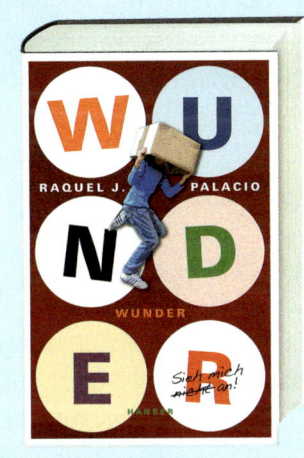

Hauptfiguren:
- August Pullman: 10, intelligent,...
- Jack Will: Mitschüler, ...
- Julien Perper Albans: Mitschüler, sehr reich, arrogant, ...
- Olivia Pullmann: Augusts Schwester, ...

Nebenfiguren:
- Summer: ...
- ...

Figurenkonstellation:

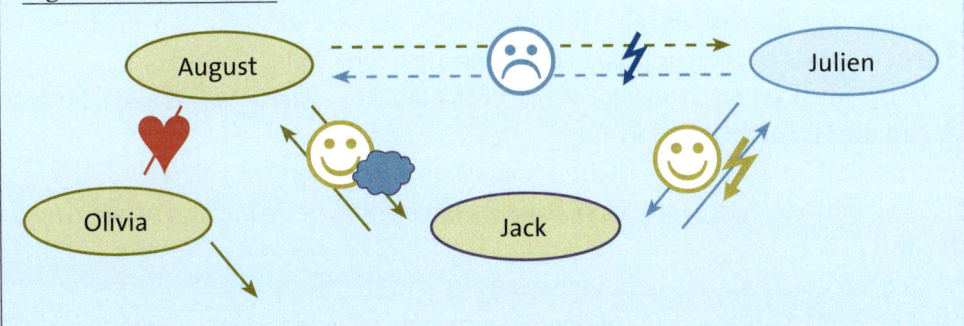

Meine Empfehlung:
Das beste Buch, das ich kenne. Zwar ist es sehr dick, aber es gibt eine tolle Hörbuchfassung. Die Geschichte ist spannend erzählt, weil man von „Kopf zu Kopf" springt und alle Figuren August aus ihrer Sicht beschreiben.

8 **Präsentiere** dein Buch.

8 Präsentation

Einen Text werten, Texte sinngebend und gestaltend vorlesen

NEUES ENTDECKEN – EINSICHTEN GEWINNEN

Lesen – Umgang mit Texten und Medien

Erzählung

M → S. 284
In einer Redekette erzählen

1 Die Überschrift verrät euch, dass es in der Erzählung um einen Troll geht. Bevor ihr zu lesen beginnt, schließt das Buch, bildet eine Redekette und überlegt euch eine Geschichte, die einem Fischstäbchentroll passieren könnte.

Üxe, der Fischstäbchentroll

Ursel Scheffler

Auf einmal hört Malte hinter sich ein herzhaftes Niesen. Erschrocken fährt er herum. „Gesundheit", sagt Malte automatisch. „Ist da jemand?"

Ein Kichern ertönt von der Fensterbank. „Ach so, du kannst mich ja nicht sehen", sagt eine Stimme, die wie ein helles Reibeisen klingt. „Moment mal, ich muss meine Tarn-
5 kappe abnehmen…"

Malte reißt die Augen auf, als sähe er ein Gespenst. Und so etwas Ähnliches ist das Wesen wohl auch, das da neben dem Zwiebelkörbchen auf der Fensterbank steht, eine kleine rote Pudelmütze in der Hand hält, ziemlich unverschämt grinst, aber vor Kälte zittert. Eine rote Schnupfennase hat es, grüne Haare und patschnasse Hosen, aus denen
10 das Wasser in die faltigen Lederstiefelchen tropft.

„Wo kommst du denn her?", ruft Malte überrascht.

„Aus dem Kühlschrank", antwortet das Wesen.

„Und wie kommst du in den Kühlschrank?"

„Das ist eine lange Geschichte", krächzt der Kleine und lacht ein wenig verlegen.
15 Zumindest scheint es so. Dann schüttelt er sich vor Kälte.

„Hier, setz dich neben die Heizung!", sagt Malte und rückt den Küchenstuhl ans Fenster, sodass er vor den Rippen der Zentralheizung steht.

Der kleine Kerl hopst von der Fensterbank auf das karierte Stuhlkissen. Dann wärmt er sich die Hände an der Heizung.
20 „Hatschi!", niest er. „Jetzt geht es mir schon viel besser."

„So einen wie dich habe ich noch nie gesehen!" Neugierig mustert Malte den kleinen Mann.

„Ich bin ein Troll. Das sieht man doch."

„Ein Troll? Also so eine Art Kobold? Die kenne ich nur aus Geschichten."
25 „Na und?", krächzt der Troll. „Mensch, so was wie dich kenne ich auch aus Geschichten. Und es sind nicht immer lustige Geschichten. Wohnst du hier, Mensch?"

„Na klar", antwortet Malte. „Ich heiße übrigens Malte und nicht Mensch."

NEUES ENTDECKEN – EINSICHTEN GEWINNEN

„Woher soll ich das wissen? So etwas weiß man erst, wenn es einem gesagt wird", brummt der Troll. Er mustert Malte ebenfalls neugierig von oben bis unten und erkundigt sich dann gespannt: „Wohnst du allein hier?"

„Mit meinem Vater, aber der ist nicht da."

„Gut so", sagt der Troll erleichtert. Er ist froh, dass er es für's Erste nur mit einem dieser riesigen Menschen zu tun hat und dass ihn dieser gefährliche Mensch nicht in die heiße Fettpfanne geschmissen hat wie die Fischstäbchen.

Malte kann seine Neugier nicht länger unterdrücken: „Sag mir bloß, wie du in unseren Kühlschrank gekommen bist!"

„Späääter", sagt der Kleine gedehnt und schnäuzt sich in den Ärmel.

„Das ist eine lange Geschichte. Und ich habe Huuuunger. Entsetzlichen Hunger. Habe fuuurchtbar lange nichts gegessen. Und hier riecht es nach Fisch. Meine Leibspeise, Fisch, mhm."

Er schnuppert mit begierig in die Luft gestreckter Nase in Richtung Herd.

„Es sind nur noch vier Fischstäbchen", sagt Malte unentschlossen. „Und überhaupt, ehe ich meinen Fisch mit dir teile, wüsste ich zu gern, wie du heißt."

Der Troll zögert ein wenig, denn Trolle verraten ihren Namen höchst ungern.

„Gut, dann nenne ich dich eben Rumpelstilzchen."

„Nein, um Himmels willen. So ein scheußlicher Name! Ich heiße – heiße – Üxe."

2 Lies den Text genau durch und beantworte folgende Fragen:
- Wo findet die Erzählung statt?
- Wann findet die Erzählung statt?
- Welche ist die wichtigste Figur in der Erzählung?
- Welche weiteren Figuren kommen in der Erzählung vor?
- Wie verläuft der Spannungsbogen in der Erzählung? Wo beginnt die Spannung und wann hat sie ihren Höhepunkt erreicht?

Spannungsbogen
Erzählkern

Erzähl-   *Erzähl-*
anfang   *ende*

S. 307
Spannungsbogen

3 Bearbeite eine der folgenden Aufgaben:
- Malte teilt seine Fischstäbchen nun mit dem Troll und unterhält sich mit ihm. Schreibe diesen Dialog zwischen Malte und Üxe.
- Schreibe einen Tagebucheintrag von Malte, in dem er von der Begegnung mit dem Troll schreibt.
- Wechsle die Perspektive und schreibe die Erzählung aus Üxes Sicht.

In diesem Kapitel lernst du, ...
- *Ort, Handlung und Figuren in einer Erzählung zu bestimmen.*
- *die Zeit und den Handlungsverlauf in einer Erzählung zu erkennen.*
- *den Aufbau einer Erzählung zu untersuchen.*
- *den Spannungsbogen in einer Erzählung zu erkennen und zu beschreiben.*
- *eine Nacherzählung zu verfassen.*
- *dich produktiv mit einer Erzählung zu beschäftigen.*

Erzählung

Einen literarischen Text erschließen

1 Erzählt von eurem letzten spannenden Traum. Lest euch anschließend absatzweise die Erzählung über Tschipos Traum vor.

Tschipo

Franz Hohler

www
Ihr findet den Text zum Anhören auch im Internetportal.

Das riecht aber eigenartig, dachte die Mutter, als sie vor der Türe des Kinderzimmers stand und „Tschipo, aufstehen!" rief. So roch es sonst nur auf Baustellen oder auf Straßen im Sommer. Rasch machte sie die Türe auf, aber Tschipo lag wie immer im Bett, und ringsherum war die übliche Sauordnung, also alles wie sonst.

5 „Tschipo", sagte die Mutter, „wach auf, ist irgendetwas passiert?"
„Aaah", sagte Tschipo.
„Was?", sagte die Mutter.
„Aaah!", sagte Tschipo und stellte die Füße auf den Teppich.
„Hast du gut geschlafen? Ist nichts passiert?", fragte die Mutter.
10 „Ja", sagte Tschipo.
„Was?", rief die Mutter, „es ist also etwas passiert?"
„Nein", sagte Tschipo, „ich habe gut geschlafen, und es ist nichts passiert."
„Komisch", sagte die Mutter, „es riecht hier wie auf einer Baustelle."
„Ja", sagte Tschipo, „davon habe ich auch geträumt. Ich war an einem Ort, wo eine
15 neue Straße gebaut wurde, und dem Dampfwalzenführer wurde es plötzlich schlecht, und dann durfte ich auf die Dampfwalze und bin damit über den Teer gefahren, bis du mich geweckt hast."

Die Mutter schüttelte den Kopf und öffnete das Fenster, und bald roch es im Kinderzimmer wieder so, wie es in jedem frisch gelüfteten Zimmer am Morgen riecht, nämlich
20 unangenehm frisch.

Sonst passierte an diesem Tag nichts Besonderes. Tschipo ging zur Schule und kam wieder heim, machte die Aufgaben, ging auf den Spielplatz und kam wieder heim, und nach dem Nachtessen erzählte ihm der Vater noch eine Geschichte, und dann ging er ins Bett.

25 Das Besondere passierte erst am nächsten Morgen. Als die Mutter nämlich vor der Türe des Kinderzimmers stand und „Tschipo, aufstehen!" rief, dachte sie bei sich, das riecht aber eigenartig. So roch es sonst nur in einem Wald, in einem Tannenwald.

Rasch öffnete sie die Türe, aber Tschipo lag wie immer im Bett, und rings um ihn war die übliche Sauordnung, also alles wie sonst.
30 „Tschipo", sagte die Mutter, „wach auf, ist irgendetwas los?"
Tschipo sagte nichts und streckte nur seine beiden Hände aus.
„Was hast du da?", fragte die Mutter und machte seine Hände auf, „das sind ja Tannenzapfen!"

Verschiedene Formen der mündlichen Darstellung verwenden: erzählen

„Ja", sagte Tschipo und hob die Bettdecke hoch. Die Mutter stieß einen kleinen Schrei aus. „Und das?"

„Das auch", sagte Tschipo und begann alle Tannenzapfen, die in seinem Bett lagen, aufzulesen und in einer Schublade seiner Kommode zu versorgen.

„Tschipo!", rief die Mutter, „woher kommen diese Tannenzapfen?" „Ich habe geträumt, dass ich mit Papi in einem Wald war und wir eine Tannenzapfenschlacht gemacht haben, und ich habe Papi immer getroffen und er mich fast nie, und das sind die Tannenzapfen, die er mir nachgeworfen hat", sagte Tschipo. „Siehst du, hier ist einer, der von einem Eichhörnchen angefressen ist, mit dem hat er mich fast getroffen."

Die Mutter schüttelte den Kopf. „Ich muss die Leintücher wechseln", sagte sie, „egal, wo die Tannenzapfen her sind." Und das musste sie, denn die Tannenzapfen waren zum Teil noch feucht und dreckig, so frisch waren sie.

An diesem Morgen sprach auch der Vater mit Tschipo, aber er sagte ihm dasselbe, was er der Mutter gesagt hatte – die Tannenzapfen waren einfach aus seinem Traum übrig geblieben.

Die Eltern wussten nicht, was sie davon halten sollten. „Ein Spunz", sagte der Vater schließlich, „das geht schon vorbei."

Aber die Mutter glaubte es nicht.

2 Erzähle kurz von Tschipos Traum. Was gefällt dir besonders daran und was findest du merkwürdig?

3 Skizziere den weiteren Verlauf der Erzählung. Hat die Mutter mit ihrer Vermutung recht? Notiere Stichwörter.

Und sie hatte recht. Als sie am nächsten Morgen vor der Türe des Kinderzimmers stand und „Tschipo, aufstehen!" rief, roch es zum Schlüsselloch heraus wie aus einer Konditorei.

Die Mutter atmete tief ein und machte die Türe auf, und da lag doch ihr Bub mit einem Gesicht im Bett, das bis zu den Augen mit Schokolade verschmiert war, und wenn jemand schokoladenverschmiert im Bett liegt, dann merkt man das auch an den Leintüchern und am Kopfkissen und an der Bettdecke. „Tschipo!", rief die Mutter böse, „was ist jetzt das wieder?" „Mmmh!", sagte Tschipo, „hab ich etwas Schönes geträumt. Ich habe geträumt, dass ich auf einer Chilbi gewesen bin und ein Velo gewonnen habe, das ganz aus Schokolade gewesen ist. Dann hab ich mich draufgesetzt und hab eine Velotour gemacht, und als ich Hunger bekam, bin ich einfach abgesprungen und habe das Velo gegessen, zuerst die Pedale, dann die Speichen und den Sattel, und dann hast du mich geweckt." „Soll das heißen", sagte die Mutter, „dass das Fahrgestell noch hier ist?"

„Hoffentlich", sagte Tschipo und lüftete die Bettdecke, und darunter lag tatsächlich das Fahrgestell des Velos, und es war ganz aus Schokolade, aber schon halb im Schmelzen, denn unter einer rechten Bettdecke ist es warm, und eine rechte Bettdecke ist natürlich weiß, nicht braun, und deshalb traf die Mutter auch fast der Schlag.

„Jetzt muss ich schon wieder die Leintücher wechseln", sagte sie und hatte nicht halb so viel Freude wie die Schulkameraden Tschipos, denen er den Rest des Schokoladenvelos zur Znünipause mitbrachte, in sämtliche Seidenpapiere eingewickelt, die er im

Velo
Fahrrad

Zentrale Inhalte von Texten in eigenen Worten formulieren, einfache Deutungssätze entwickeln und formulieren, Leseeindruck und erstes Textverständnis formulieren

Haushalt nur finden konnte. Eine Chilbi ist übrigens in der Schweiz das, was man in Deutschland eine Kirchweih oder eine Budenstadt nennt, und Znüni sagt man für Neunuhrbrot, und die, denen ich das erklären muss, merken daran, dass Tschipo in einer schweizerischen Stadt wohnte, und die, denen ich es nicht erklären muss, auch.

75 Nun passierte zwei Nächte lang nichts, und die Eltern dachten schon, nun passiere auch sonst nichts mehr.

„Was habe ich gesagt?", sagte der Vater zur Mutter, „ein Spunz!"

„Hoffentlich", sagte die Mutter bloß, und Tschipo fragte den Vater:

„Papi, was ist eigentlich ein Spunz?"

80 „Ein Spunz?", sagte der Vater, „tja, ein Spunz ist doch … das ist so etwas Verrücktes … einfach etwas wie … wie ein Spunz."

„Aha", sagte Tschipo, aber eigentlich wusste er immer noch nicht genau, was ein Spunz ist, und auch die Mutter wusste es eigentlich nicht.

Sie sollten es gleich merken, was ein Spunz ist. In der nächsten Nacht nämlich erwachte 85 die Mutter, weil es so merkwürdig plätscherte. Habe ich, dachte sie, habe ich vergessen, den Badezimmerhahn abzudrehen? Sie stand auf, trat in den Korridor, und jetzt stieß sie nicht mehr einen kleinen Schrei aus, sondern einen großen, der den Vater sofort aufweckte.

„Was ist los?", fragte er, „haben wir uns verschlafen?"

4 Lest nochmals Zeile 75 bis 83 und erklärt was ein *Spunz* sein könnte.

M → S. 282
Einen Notizzettel anlegen

5 Sammelt Ideen und formuliert auf einem Notizzettel, wie die Erzählung weiter gehen könnte.

„Nein", sagte die Mutter, „aber schau dir das einmal an."

90 Der ganze Korridor stand unter Wasser, und das Wasser kam nicht aus dem Badezimmer und nicht aus der Küche, sondern es spritzte wie ein Brunnenstrahl aus dem Schlüsselloch von Tschipos Kinderzimmer. Mit einem Satz war der Vater bei der Tür, riss sie auf, und wisst ihr, was er sah? Im Kinderzimmer schwammen das Bett und die Kommode im Wasser, und mittendrin saß Tschipo in einem kleinen Ruderboot, hielt eine Angelrute in 95 der Hand und war gerade dabei, mit geschlossenen Augen eine Forelle herauszuziehen.

„Tschipo!", schrien der Vater und die Mutter gleichzeitig, „wach auf!", und wollten zu ihm hinwaten, aber das Wasser strömte mit solcher Stärke aus dem Kinderzimmer in den Rest der Wohnung, dass sie sich am Türrahmen festklammerten und froh sein mussten, dass sie nicht weggeschwemmt wurden.

100 „Aah", sagte Tschipo, legte die Angelrute mit der zuckenden Forelle in sein Ruderboot und streckte sich, „war das schön!"

Endlich war das Wasser gleichmäßig in der ganzen Wohnung verteilt, und der Vater ging mit schwappenden Pyjamahosen zu Tschipo, der immer noch in seinem Boot saß.

„Was ist das?", rief er und packte ihn am Arm.

105 „Schön war das!", sagte Tschipo gähnend, „ich habe gerade geträumt, ich sitze in einem Ruderboot auf einem kleinen See und fische Forellen – ach, da ist ja noch eine, siehst du?"

„Allerdings", sagte der Vater, „und da ist nicht nur eine Forelle, sondern da ist auch noch das Boot, und das ginge ja noch, aber da ist auch noch das Wasser, Tschipo, siehst du?

Pyjama
Schlafanzug

Leseerwartung an einen Text formulieren, zentrale Inhalte von Texten in eigenen Worten formulieren, einfache Deutungssätze entwickeln und formulieren

KOMPETENZEN AUFBAUEN, ÜBEN UND ANWENDEN

Und das Wasser ist jetzt nicht mehr nur in deinem Zimmer, sondern in der ganzen
Wohnung." In dem Moment läutete es an der Türe, und Frau Rusterholz, die im unteren Stock wohnte, kam im Morgenrock herein und fragte, wieso wohl bei ihr das Wasser von der Decke tropfe. Das ganze Haus, das kann man schon sagen, das ganze Haus hatte eine sehr unruhige Nacht, denn wenn die Feuerwehr mit großen Absaugschläuchen kommt, kann man sich nicht einfach auf die andere Seite drehen.

6 Beschreibt, was an Tschipos Träumen außergewöhnlich ist.

7 Erschließe den Text:
   a) Lies Zeile 1 bis 24. und finde heraus, an welchem Ort die Erzählung spielt, zu welcher Zeit sie stattfindet und welche Figuren in ihr vorkommen. Formuliere mit deinen Ergebnissen nun einen Satz, in dem du Ort, Zeit und Figuren aufzählst.
   b) Untersuche die Erzählung. Finde heraus, wo die Spannung steigt und abfällt.

8 Setze dich mit folgenden Aussagen auseinander:
   - Die Handlung dieser Geschichte wird ganz und gar von Tschipos Träumen bestimmt. Beschreibe Tschipos Träume.
   - Die Träume bleiben nicht in Tschipos Kopf! Finde heraus, was die Mutter riechen, sehen, fühlen, anfassen, hören ... kann.
   - Beschreibe die Veränderungen, die du an den Reaktionen der Mutter von Traum zu Traum beobachten kannst. Was sagt Tschipo dazu? Wie reagiert er?

9 Stell dir vor, Tschipo träumt in der folgenden Nacht erneut. Erstelle eine Mindmap, in der du dir Gedanken machst, was Tschipo träumt und schreibe Tschipos Traum anschließend als zusammenhängenden Text auf.

S. 300
Mindmap

10 Tauscht nun eure Traumtexte und korrigiert sie mit Bleistift. Schreibt den Text eures Partners weiter. Was passiert, als Tschipo aufwacht?

Figuren
So werden die Personen genannt, die in einer Erzählung vorkommen.

❗ Einen literarischen Text erschließen

Um einen Text besser zu verstehen, kann man ihn genauer untersuchen. Dabei betrachtet man bestimmte Dinge näher:
Ort: Man beschreibt den Ort, an dem die Erzählung stattfindet.
Ist dieser Ort wichtig für den Text?
Hauptfiguren: Die Hauptfiguren werden beschrieben.
Wie stehen sie im Verhältnis zueinander?
Haben sie bestimmte Gefühle, Gedanken oder Probleme?
Handlung: Die Handlung wird wiedergegeben.
Was passiert? Was sind wichtige Ereignisse?
Spannungsbogen: *Wie verläuft der Spannungsbogen der Erzählung? Wie wird Spannung erzeugt? Durch Adjektive, spannende Wörter, direkte Rede, Gedankenrede?*

Spannungsbogen
Erzählkern
Erzählanfang — Erzählende

*Nach Impulsen schreiben, zentrale Aussagen von Texten in eigenen Worten formulieren,
Ort, Zeit, Figuren, Handlungsverlauf, Spannungsbogen bestimmen und analysieren,
einfache Deutungsansätze entwickeln und formulieren*

Lesen – Umgang mit Texten und Medien

Erzählung

Den Aufbau einer Erzählung untersuchen

1 Die Überschrift der folgenden Erzählung lautet „Ein Mädchen fand einen Stein". Stellt euch vor, ihr findet einen schönen Stein. Erzählt, was ihr mit ihm machen würdet.

Ein Mädchen fand einen Stein

Benno Pludra

Am Rande des Meeres, wo Wasser und Land einander immerfort berührten, fand ein Mädchen einen Stein, der leuchtete wie die Sonne am Abend. Er war glatt und blank, warm in der Hand, und das Mädchen lief ins Dorf zurück, um allen Leuten den Stein zu zeigen.

Gleich bei den ersten Häusern stand eine Mühle, dort sah ein dicker Mann heraus.
5 Die Mühle hatte vier mächtige Flügel, die drehten sich aber schon lange nicht mehr, und der Mann, der heraussah, war kein Müller, er war der Kunstmaler Seidelbast, die Mühle war sein Malerhaus.

Das Mädchen sagte: „Ich habe einen Stein gefunden", und hob die Hand, wo der Stein nun lag: rot wie die Sonne am Abend, doch der Seidelbast blickte nur wenig hin,
10 er sagte: „Ich habe soeben mein schönstes Bild vollendet."

Nun verbarg das Mädchen den Stein und dachte bei sich: Er hat nur dauernd sein Bild im Kopf, hört nichts und sieht nichts, so dick, wie er ist. Die Mühle müsste sich drehen.

Das war so gedacht und gerade so gedacht, da begann sich die Mühle zu drehen. Die mächtigen Flügel, seit Jahren stumm, ächzten und stöhnten, rauschten im Wind, und
15 der Seidelbast flog vom Fenster hinweg, und das Mädchen flog die Straße hinab. Was war auf einmal geschehen?

Im Dorf, die lange Straße hinab, fand sich kein Mensch, zu dem das Mädchen hätte reden können, dann aber, endlich, fand sich Walpurga Walpurgis. Dies war ein Mädchen gleichen Alters, lieblich im Ganzen anzusehen und täglich aufs Neue beneidet um
20 ihre wunderschönen schwarzen Haare.

„Die Mühle, die Mühle", rief das Mädchen, doch Walpurga Walpurgis war in Eile, winkte nur freundlich und rief: „Ich komme morgen, schönen Gruß."

„Die Mühle dreht sich!", rief das Mädchen, doch Walpurga Walpurgis blieb in Eile, winkte nur wieder, wieder so freundlich, und das Mädchen, nun böse, dachte bei sich:
25 Wenn sie grüne Haare hätte!

Das war so gedacht und gerade so gedacht, da wurden die Haare von Walpurga grün. Eben noch glänzend, wie Ebenholz schwarz, wurden sie nun wie Waldmoos grün, das verschlug dem Mädchen Atem und Sprache.

Verschiedene Formen mündlicher Darstellung verwenden: erzählen, Texte mit ihrer eigenen Lebenswelt vergleichen

KOMPETENZEN AUFBAUEN, ÜBEN UND ANWENDEN

Es rannte, rannte, es rannte nach Hause.

Dort, in der Küche, war die Mutter. Sonnenlicht blitzte in Töpfen und Tiegeln, die Kacheln wie Spiegel, die Fliesen ohne Staub, mitten darin die allzeit fleißige Mutter.

Das Mädchen wollte reden, schnell wie der Sturzbach lose: Die Mühle, die grünen Haare – und immer so weiter ungefähr, doch die Mutter war schneller, ihre Stimme zu hören, bevor das Mädchen noch die Türe schloss. „So spät, so spät. So spät", sagte sie. „Warum denn kommst du so spät? Und siehst wieder aus, und sagst mir nichts. Sitzt da, stehst da und sagst mir nichts. Sagst mir einfach nichts."

Das Mädchen blieb stumm, es sah eine Wolke: fern und leicht und weiß und still. Der Himmel war blau, die Wolke war still, und das Mädchen dachte: Sie hört mir zu – und wünschte sich fort auf die Wolke.

2 Sammelt Ideen, wie es dem Mädchen gelingen kann, den anderen von ihrem Stein zu erzählen.

3 Lies den Text genauer.
- a) Erschließe ihn mit der 5-Schritt-Lesemethode.
- b) Untersuche nun die einzelnen Absätze der Erzählung genauer. Wie unterscheiden sie sich voneinander? Erkläre, warum der erste und der letzte Absatz anders als die anderen sind.

4 Arbeite nun produktiv mit dem Text.
- a) Stell dir vor, das Mädchen bleibt nicht stumm und spricht aus, was es stört. Es erzählt ihrer besten Freundin davon. Schreibe dieses Gespräch auf.
- b) Überlege, was das Mädchen dem Maler Seidelbast, Walpurga Walpurgis und seiner Mutter sagen würde, wenn diese ihm zuhörten. Schreibe einen Brief aus der Sicht des Mädchens an eine der drei Personen.
- c) Überlege, was das Mädchen dem Maler Seidelbast, Walpurga Walpurgis und ihrer Mutter sagen würde, wenn sie ihm zuhörten. Wie fühlt sich das Mädchen? Schreibe ihre Gedanken in einem inneren Monolog auf.

5-Schritt-Lesemethode
1) Überfliegen
2) Fragen
3) Lesen
4) Zusammenfassen
5) Inhalt wiedergeben

S. 307
5-Schritt-Lesemethode

Innerer Monolog
Ein innerer Monolog verrät dem Leser, was eine Figur denkt.

ⓘ Der Aufbau einer Erzählung

Fast jeder literarische Text besteht aus drei Teilen: Erzählanfang, Erzählkern und Erzählende.

Erzählanfang: Hier wird dem Leser Lust gemacht weiterzulesen. Man erfährt meist etwas über Zeit, Ort und die Figuren, die in der Erzählung vorkommen.
Erzählkern: Im Erzählkern findet die eigentliche Geschichte statt. Schritt für Schritt wird bis zum Höhepunkt Spannung aufgebaut.
Erzählende: Der Schluss rundet die Erzählung ab und man erfährt, wie die Erzählung ausgeht. Manchmal hat die Erzählung auch ein offenes Ende.

Methoden der Texterschließung anwenden, den Aufbau einer Erzählung bestimmen und analysieren, die eigene ästhetische Erfahrung literarischer Texte mit handlungs- und produktionsorientierten Verfahren darstellen

Lesen – Umgang mit Texten und Medien

Erzählung
Eine Nacherzählung schreiben

1 Stellt euch vor, ihr wärt ein Goldfisch in einem Aquarium.
- Was würdet ihr tun?
- Wie würde sich das Wasser im Becken anfühlen?
- Wie würdet ihr die Welt außerhalb des Aquariums wahrnehmen?

2 Lies nun die Erzählung „Ein Fisch sein".

Ein Fisch sein

Gina Ruck-Pauquèt

Hanna steht am Fenster. Es regnet. Der Regen rinnt die Scheibe hinab, unaufhörlich, endlos. Schön ist das. Hanna gefällt es. Draußen ist es neblig und grau. Verschwommen sind die Konturen der Bäume und die Lichter in der Ferne leuchten gelb und matt.
„Hanna", sagt Dietz, „spiel doch mit mir."
5 „Nein", sagt Hanna. „Ich mag jetzt nicht. Lass mich." Dietz ist ihr kleiner Bruder. Er fällt ihr auf die Nerven. Immer will er was. Hanna starrt hinaus. Nebelwelt. Wasserwelt. Ringsum ist es still. Als wären alle Geräusche ertrunken, denkt Hanna. Das Wasser hat die Welt zugeflutet, das Land, die Stadt, die Straße, das Haus, dieses Zimmer. Ich bin ein Fisch in einem Aquarium. „Hanna", ruft Dietz, „bei dem roten Auto ist ein Rad ab!
10 Kannst du das wieder dranmachen?" „Nein", sagt Hanna. „Jetzt lass mich endlich in Ruhe!" Sie braucht ein paar Minuten, bis sie wieder ein Fisch geworden ist. Weich, flink, geschmeidig. Taucht hinab, immer tiefer hinab auf den Grund, wo es leuchtende Muscheln gibt, glitzernden Sand und Korallen. Stille – nur ein Klang ist da. Es mag das Geräusch einer fernen Glocke sein. Vielleicht ist es aber auch einfach das Lied des Wassers,
15 das nur die Fische hören können. – „Hanna", dringt da die Stimme aus der anderen Welt ein, die Stimme von Dietz, quengelig, fordernd. „Hanna, das gelbe Auto ist auch kaputt."
„Dietz", sagt Hanna, „wenn du mich jetzt nicht in Ruhe lässt, werde ich nie wieder mit dir spielen. Im ganzen Leben nie wieder. Hast du verstanden?"
Ein Fisch. Ich bin ein Fisch, denkt sie. Ich will wieder Fisch sein. Drückt ihre Nase
20 gegen das Fenster, die Fischnase gegen das Glas des Aquariums, lässt sich sinken, tief, tief. Spürt die Beweglichkeit ihrer Flossen und das Wasser, das sie trägt, so weich und doch so fest. Stille zwischen den Muscheln. Stille über dem Sand, Stille zwischen den Korallen, endlos. Nur der Hall der fernen Glocke, die sich nicht verändert. Hanna ist ein Fisch, der sich in der Stille wiegt, wiegt und wiegt. Stunden und Tage, wiegt und wiegt.
25 Nichts verändert sich je. Selbst die kleine Säule der Luftblasen, die von dem Fischmaul aufsteigt, bleibt immer gleich. Hanna ist ein Fisch. Ein einsamer Fisch in einem Aquarium. Hebt sich ein wenig, lässt sich hinabsinken, weiter nichts. Ein einsamer Fisch. Ein einsamer, trauriger Fisch. Nichts als die Welt im Dämmerlicht, in der Lautlosigkeit, nichts als Wasser ringsum.

Vergleichend eigene und fremde Lebenswelten beschreiben und erläutern

KOMPETENZEN AUFBAUEN, ÜBEN UND ANWENDEN

Nein, denkt Hanna. Fische können nicht weinen. Oder doch? „Dietz", ruft sie. Es klingt ganz erstickt, so unter Wasser ausgesprochen. „Dietz?" „Ja", sagt Dietz mit einer sehr kleinen Stimme.

Hanna taucht auf, schnell. Die Aquariumwand wird wieder ein Fenster, an dem das Wasser hinabrinnt. Auf dem Boden des Zimmers hockt Dietz, der kleine Dietz, und heult. Auf einmal ist es toll, dass es ihn gibt.

„Dietz", sagt Hanna, „hör auf. Bitte hör auf und lass uns was spielen."

3 Lies den Text nun nochmals genau und erschließe ihn mit der 5-Schritt-Lesemethode.

S. 307
5-Schritt-Lesemethode

4 Es gibt Stellen in einer Erzählung, die man weglassen könnte, da sie den Erzählverlauf und -inhalt nicht groß verändern. Lies den Text erneut Satz für Satz und unterscheide zwischen wichtigeren und unwichtigeren Sätzen. Streiche die unwichtigeren Sätze durch.

Folie

5 Prüfe die Erzählung genauer.
  a) Markiere folgende Bereiche:
    • Wo erfährt der Leser etwas über Zeit, Ort und Figuren?
    • Wo findet die eigentliche Handlung statt? Finde den Erzählkern und den Höhepunkt.
    • Wo beginnt das Erzählende und was geschieht dort?
  b) Markiere Erzählanfang, Erzählkern und Erzählende und begründe deine Wahl.

Folie

6 Zeichne eine Bildergeschichte mit den einzelnen Erzählschritten des Hauptteils. Beachte dafür deinen bearbeiteten Text und überlege dir genau, wie viele Bilder du wirklich brauchst. Male am Schluss einen dicken roten Rahmen um das Bild, das den Höhepunkt der Erzählung darstellt.

S. 300
Bildergeschichte

7 Verfasse nun mithilfe deiner Ausarbeitungen aus den vorherigen Aufgaben eine Nacherzählung. Der Merkkasten unten hilft dir auch dabei.

ⓘ Die Nacherzählung ...

- gibt nur die **wichtigsten Dinge** einer Erzählung wieder. Alles Unwichtige wird weggelassen.
- erzählt nur das, was im Text steht. Es wird nichts dazu erfunden.
- steht im **Präteritum.**
- wird immer aus der gleichen Sicht wie der Originaltext geschrieben. Die **Personalform** bleibt immer die gleiche.
- hat genau die **gleiche Reihenfolge** wie die Erzählung.
- beinhaltet auch **direkte Rede**. Diese wird genauso aufgeschrieben, wie sie im Text steht.
- ist in **eigenen Worten** geschrieben und nicht abgeschrieben.
- hat den gleichen Aufbau wie eine Erzählung: **Erzählanfang**, **Erzählkern** und **Erzählende**.

Methoden der Texterschließung anwenden, den Aufbau einer Erzählung untersuchen, einen Text nacherzählend wiedergeben

Lesen – Umgang mit Texten und Medien

Erzählung
Produktiv mit Texten umgehen

1 Überlegt, wann ihr schon einmal abends alleine zu Hause wart. Wie ist das ohne die Eltern? Was habt ihr gemacht? Habt ihr euch vielleicht sogar gefürchtet?

Eine wilde Nacht

Franz Hohler

Anina war zehn, und sie kannte den Weg vom Kinderzimmer auf die Toilette fast im Schlaf. Das war auch nötig, weil sie manchmal nachts erwachte und unbedingt schnell hinausmusste. Die Tür ihres Zimmers stand gewöhnlich einen Spalt offen. Im Vorraum brannte das Nachtlicht, und so war es genügend hell, damit sie die Tür fand und zum
5 Badezimmer gehen konnte, am Telefontischchen und an der Garderobe vorbei. Wenn sie fertig war, drückte sie die Spültaste, sprang ganz schnell wieder ins Zimmer zurück und verkroch sich unter der Decke, denn vor dem gurgelnden Geräusch fürchtete sie sich immer ein bisschen. Warum, wusste sie eigentlich nicht. Sie hatte einfach das Gefühl, im Wasserstrudel, der ins Loch hinuntergesogen wurde, laure irgendeine unbe-
10 kannte Gefahr.

Aber wie so oft, lauerte die Gefahr ganz woanders.

2 Tauscht euch darüber aus, welche Gefahr wo lauern könnte.

Eines Nachts, als Anina auf dem Weg zur Toilette am Telefontischchen vorbeiging, hörte sie etwas wie ein leises Fauchen. In ihrem Halbschlaf beachtete sie es kaum, es kam ohnehin von ziemlich weit weg. Erst auf dem Rückweg ins Kinderzimmer sah sie,
15 woher es kam. Unter dem Telefontischchen wurden die alten Zeitungen für die Papiersammlung aufbewahrt, und dieser Zeitungshaufen begann sich jetzt zu bewegen, und aus ihm kam das Geräusch. Auf einmal fielen die Zeitungen links und rechts vorn und hinten auf den Boden, und unter dem Telefontischchen hervor kroch gruchsend und schnaubend ein Krokodil.
20 Anina war vor Schreck wie versteinert. Mit weit aufgerissenen Augen schaute sie zu, wie sich das Krokodil ganz aus den Zeitungen herauswand und sich langsam in der Wohnung umsah. Es schien direkt aus dem Wasser zu kommen, denn es tropfte am ganzen Körper, und wo es hintrat, wurde der Teppich unter ihm klatschnass.

Gleich kommen meine Eltern aus dem Schlafzimmer, dachte Anina. Im selben Mo-
25 ment fiel ihr ein, dass die Eltern heute Abend ausgegangen waren.

Aber vielleicht waren sie schon wieder da? Das Krokodil wiegte seinen Kopf hin und her und ließ dazu ein Zischen hören.

Als das Tier dann mit kleinen Schritten langsam in die Küche kroch, huschte Anina ins Schlafzimmer und dort sah es genauso aus, wie sie befürchtet hatte:
30 Die Betten ihrer Eltern waren unberührt, also war sie allein in der Wohnung. Und

Verschiedene Formen der mündlichen Darstellung verwenden: erzählen

nicht nur das – die Leute im unteren Stock waren vor zwei Tagen in die Ferien verreist, also war sie allein im ganzen Haus.

Anina schluckte leer. In diesem Moment tauchte am Kücheneingang die Schnauze des Krokodils wieder auf, die Schnauze mit den furchtbar langen Zahnreihen. Die Polizei, dachte Anina. Sie stand auf der Schwelle des Elternschlafzimmers, hob vorsichtig den Telefonhörer ab, immer das Tier im Auge behaltend, und wählte die rettende Nummer 110.

3 Schreibt ein Telefongespräch zwischen Anina und dem Polizisten, der ihren Anruf annimmt. Wie wird der Polizist wohl reagieren?

Als sich eine Männerstimme mit „Wache, Leuthard" meldete, flüsterte Anina, sie sollten bitte an die Sonneggstraße 41 kommen, es sei ein Krokodil in der Wohnung.

„So, so", sagt die Wache Leuthard, „und vielleicht noch eine Giraffe. Kleine Mädchen gehören ins Bett um diese Zeit, gell", und hängte wieder auf.

Anina kamen die Tränen vor Wut und Verzweiflung. Sie wünschte dem Polizisten ein Krokodil auf seine Wache, eines, das genauso heimtückisch aussah und langsam den langen Schwanz hin und her bewegte. Davon hatte Anina im „Tier" gelesen, wie die Krokodile mit den Schwänzen über das Wasser peitschen, wenn sie Feinde vertreiben wollen oder so angreifen, oder wie war das, und als nun ihr Blick auf die letzte „Tier"-Nummer fiel, die genau vor ihren Füßen bei den alten Zeitungen lag, erschrak sie schon wieder. Das Titelbild, auf dem ein großes Krokodil abgebildet gewesen war, war leer, und man sah nichts als ein Flussufer.

Anina bückte sich und las die Zeitschrift auf. Da schlug das Krokodil so heftig mit dem Schwanz aus, dass die große Bodenvase zersplitterte und alle Sonnenblumen auf den Teppich fielen. Mit einem raschen Sprung war Anina im Elternschlafzimmer. Sie knallte die Tür zu, packte eines der beiden Betten und stieß es gegen die Tür. Damit hatte sie eine Barrikade gebaut, die eigentlich krokodilsicher sein sollte. Erleichtert atmete sie auf. Hier würde sie warten, bis Mami und Papi zurückkamen.

Mit handlungs- und produktionsorientierten Verfahren (Dialoge verfassen), Leseeindruck und erstes Textverständnis erläutern

**Lesen –
Umgang mit
Texten und
Medien**

Doch dann stutze sie. Wenn nun dieses Raubtier einfach auf der Lauer blieb, um die Eltern aufzufressen, wenn sie hereinkämen? Wie könnte sie ihre Eltern warnen? Vielleicht müsste man dem Krokodil etwas zu fressen geben, damit es keinen Hunger mehr hatte? War es nicht zuerst in die Küche gegangen? Anina schaute noch einmal auf die
60 Tierzeitschrift, die sie in den Händen hielt. Wenn das Krokodil aus irgendeinem Grund aus diesem Bild gekrochen war, dann konnten das vielleicht auch andere Tiere. Anina blätterte hastig in der Zeitschrift, und ihr Blick blieb an einem Schwarm Flamingos in einem Urwaldsumpf hängen. Das sind die Richtigen, dachte sie, die sehen aus wie Geburtstagstorten für Krokodile. In diesem Augenblick krachte es, und die Schwanzspitze
65 des Krokodils drang durch die splitternde Schlafzimmertür.

Anina hielt das Bild des Flamingoschwarms gegen das Loch in der Türe und rief, so laut sie konnte: „Raus aus dem Sumpf! Husch! Husch!" Dann warf sie die Zeitschrift in den Vorraum, klatschte dazu in die Hände und schrie und johlte.

Was danach passierte, konnte sie fast nicht glauben. Der ganze Vorraum war plötz-
70 lich voller kreischender Flamingos, die wie wild umherflatterten und mit ihren Stelzschritten überall hingingen. Anina sah einen Vogel mit einer Sonnenblume im Schnabel, und ein anderer holte sich den Hut ihrer Mutter an der Garderobe. Einer aber sah sie, der verschwand in der Schnauze des Krokodils. Mit zwei raschen Bissen hatte dieses den Flamingo geschnappt, und einem zweiten erging es ebenso, es war der mit der Son-
75 nenblume im Schnabel.

Nach zwei Flamingo-Portionen schien das Krokodil genug zu haben und legte sich zufrieden mitten in den Vorraum. Als es die Augen geschlossen hatte und sich nicht mehr bewegte, schlüpfte Anina durch den Türspalt hinaus und legte ihm das leere Titelbild der Tierzeitschrift vor die Nase. „Bitte", flüsterte sie, „bitte geh wieder nach
80 Hause."

Sie schlich zurück ins Schlafzimmer, und als sie zum Loch hinausguckte, sah sie ein Krokodil auf der Titelseite des Heftes, und dort, wo es soeben noch gelegen hatte, war nun ein großer nasser Fleck.

Behutsam ging sie nun ins Wohnzimmer, wo sich die Flamingos um die Polstergrup-
85 pe drängten und auf dem Fernsehapparat standen, der aussah wie ein Vogelfelsen, denn sie hatten ihn vor lauter Angst schon vollgeschissen. Anina schlug das Heft auf und legte ihnen die Seite mit dem leeren Bild hin. „Danke", sagte sie, „vielen Dank, ihr dürft wieder heim in euren Sumpf."

4 Besprecht, wie Aninas Eltern reagieren, wenn sie nach Hause kommen und Anina von ihrem Abend erzählt.

Als Aninas Eltern um drei Uhr früh nach Hause kamen und ihre Tochter weckten, die
90 im Elternzimmer im Bett direkt hinter der zersplitterten Tür schlief, war es für Anina sehr schwer zu erzählen, was geschehen war, und die Eltern wollten es auch dann nicht verstehen, als ihnen Anina auf dem Bild mit den Flamingos im Urwald den Vogel zeigte,

Verschiedene Formen mündlicher Darstellung verwenden: schildern

KOMPETENZEN AUFBAUEN, ÜBEN UND ANWENDEN

der ganz deutlich den Hut der Mutter im Schnabel hatte, den Hut, der an der Garderobe nicht mehr zu finden war.

95 Erwachsene sind manchmal so uneinsichtig und haben keine Ahnung, was es alles gibt im Leben, vor allem nachts.

5 Anina hat eine abenteuerliche Nacht hinter sich. Doch ihre Eltern sind überhaupt nicht begeistert. Setze dich noch einmal genauer mit der Erzählung auseinander.
  a) Lies die Textstellen, die mit der Linie am Rand markiert sind, nochmal genau durch und markiere die Stellen, in denen du mehr über Anina erfährst. Finde Textstellen, die Aninas Gefühle beschreiben, und halte sie in einem Cluster fest.

Cluster:
- fürchtet sich vor dem gurgelnden Geräusch der Toilette und verkriecht sich in ihrem Bett (Z. 7).
- **Anina**
- ... in der Toilette lauert eine Gefahr ... (Z. 9/10)
- braucht immer ein Nachtlicht, damit sie nachts ins Bad kann (Z. 4).

  b) Lies den Text nochmals genau durch und markiere die Stellen, in denen du mehr über Anina erfährst. Finde die Adjektive, die Aninas Gefühle beschreiben, und halte sie in einem Cluster fest. Notiere auch die Zeilenangaben.

6 Versetze dich nun in Aninas Situation und löse eine der folgenden Aufgaben.
  a) Gestalte einen Dialog zu der Erzählung. Verfasse dazu einen Schreibplan, in dem du kurz in Stichwörtern notierst, was Anina erzählt und was die Eltern darauf antworten:
    1. *Anina und ihre Eltern sitzen beim Frühstück.*
    2. *Aninas Eltern bitten sie, zu erzählen, was genau passiert ist.*
    3. ...
  b) Anina vertraut ihrem Tagebuch die Erlebnisse ihrer Nacht an. Verfasse diesen Tagebucheintrag.
  c) Schreibe einen inneren Monolog, der sich in die Erzählung ab Zeile 10 gut einfügen lässt. Überlege dir dazu genau, welche Gefühle und Gedanken Anina in diesem Moment durch den Kopf gehen.

ⓘ Sich in eine Figur hineindenken und aus ihrer Sicht schreiben

Willst du aus der Sicht einer Figur einen **Dialog, Tagebucheintrag** oder **inneren Monolog** schreiben, musst du zuerst wissen, wie die Figur denkt, fühlt und handelt. Dabei helfen dir folgende Methoden:
- Untersuche den Vorlagentext genau – am besten legst du ein **Cluster** zu der Figur an.
- Oft sollst du Ereignisse aus dem Text in eigenen Worten wiedergeben. Dabei musst du dich genau an den Text halten und darfst nichts dazuerfinden. Lege eine **Tabelle** an, in der du die wichtigen Ereignisse in Stichworten notierst.
- Bevor du beginnst zu schreiben, verfasse einen Schreibplan, in dem du in wenigen Stichworten aufschreibst, was nacheinander passiert.

📄 S. 300
Cluster

Methoden der Texterschließung anwenden (markieren), mit handlungs- und produktionsorientierten Verfahren (Dialoge verfassen, Texte weiterschreiben) Textverständnis herausarbeiten, Merkmale, Verhalten und Beziehungen literarischer Figuren beschreiben und erläutern, innere und äußere Merkmale bewerten

Lesen – Umgang mit Texten und Medien

Erzählung

Handlungen literarischer Figuren beschreiben

Nur die, die keine Angst haben

Cordula Tollmien

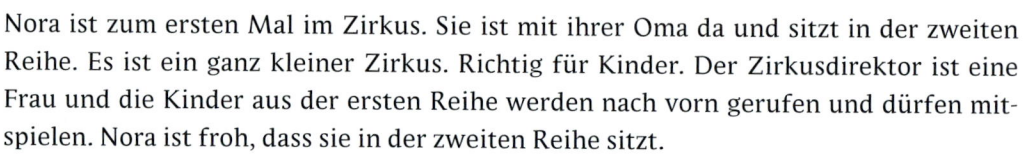

Nora ist zum ersten Mal im Zirkus. Sie ist mit ihrer Oma da und sitzt in der zweiten Reihe. Es ist ein ganz kleiner Zirkus. Richtig für Kinder. Der Zirkusdirektor ist eine Frau und die Kinder aus der ersten Reihe werden nach vorn gerufen und dürfen mitspielen. Nora ist froh, dass sie in der zweiten Reihe sitzt.

5 Nora lacht über die Schimpansen. Da ist einer dabei, der läuft, wenn er dran ist, jedes Mal weg und rettet sich auf den Arm der Zirkusdirektorin. Die erzählt, dass er am liebsten in ihrem Bett schläft.

Dann wird ein großer Korb hereingetragen. Drei Kinder aus der ersten Reihe werden nacheinander nach vorn gerufen und dürfen in den Korb sehen, aber nichts verraten.
10 Dann kommt ein ganz kleiner Junge und soll ganz tief in den Korb fassen und herausholen, was drin ist. Er hat Angst, aber er traut sich nicht, das zu zeigen. Er macht den Deckel auf. Alle anderen Kinder zischen. Er hat wirklich ziemlich viel Angst, doch er beugt sich trotzdem langsam über den Korb. Immer tiefer. Er muss sich so weit hineinbeugen, dass er fast ganz darin verschwindet.

1 Stellt euch vor, ihr seid der Junge.
Arbeitet zunächst alleine:
- Wie schaut der Junge, bevor und während er in den Korb greift?
- Was holt der Junge aus dem Korb?
- Hat er Angst oder freut er sich darüber?
- Was tut er damit? Lässt er es zum Beispiel wieder fallen …?

Stellt nun pantomimisch diese Situation dar und lasst die anderen raten, was der Junge aus dem Hut zieht.

Pantomime
Diese Art des Vortragens ist eine Bewegung, ohne zu sprechen. Die Gefühle werden durch eindeutige Mimik und Gestik dargestellt.

15 Dann taucht er schließlich wieder auf und hat ein Meerschweinchen in der Hand. Alle Kinder lachen. Der kleine Junge sieht sehr erleichtert aus. Natürlich haben alle gedacht, dass in dem Korb eine Schlange ist.

Eine Schlange haben sie in dem Zirkus auch. Eine riesige Schlange sogar. Die Zirkusdirektorin holt sie aus einem anderen Korb. Sie legt sie sich um den Hals und erzählt
20 den Kindern, dass Schlangen gar nicht glitschig sind, sondern ganz trocken und sich gut anfassen lassen.

„Alle, die keine Angst haben, können das ja mal ausprobieren", sagt die Zirkusdirektorin. „Fasst sie einfach einmal an." Sie geht von Kind zu Kind mit der Schlange um den Hals. Die Kinder berühren sie vorsichtig. Schließlich kommt die Zirkusdirektorin auch
25 in die zweite Reihe zu Nora und ihrer Oma. Die Oma fasst die Schlange an. „Stimmt", sagt sie. „Ist ganz trocken."

Mit handlungs- und produktionsorientierten Verfahren (szenisch umsetzen, Tagebucheintrag verfassen, Perspektivwechsel vornehmen) Textverständnis herausarbeiten

KOMPETENZEN AUFBAUEN, ÜBEN UND ANWENDEN

Nora ist, so weit es geht, auf ihrem Stuhl zurückgerutscht.
„Jetzt du", sagt die Zirkusdirektorin.
„Ja", sagt Noras Oma, „fass sie an."
30 Doch Nora schüttelt den Kopf. „Nur die, die keine Angst haben", sagt sie. „Ich habe aber Angst."
Die Zirkusdirektorin guckt erst ein wenig verwundert, aber dann lächelt sie und geht weiter.
Nur Noras Oma kann das nicht verstehen und sagt während der ganzen Vorstellung
35 immer wieder, dass Nora doch keine Angst haben muss. Nicht vor einer Schlange, die ganz trocken ist. Irgendwann hört Nora einfach nicht mehr hin.

2 Das Thema Angst spielt in dieser Erzählung eine große Rolle. Tauscht euch darüber aus, indem ihr folgende Fragen besprecht:
- Welche Kinder haben keine Angst? Was genau tun sie?
- Wer hat Angst, zeigt die Angst aber nicht? Warum? Was muss das Kind tun?
- Vor welche Herausforderung wird Nora gestellt? Beschreibt ihre Reaktion.

3 Diskutiert die Äußerungen in den Sprechblasen und nehmt zu ihnen Stellung.

Der kleine Junge ist ängstlich – aber er ist auch mutig, weil er seine Angst nicht zeigt und sie so überwindet.

Der kleine Junge hat Angst vor Schlangen und er hat Angst davor, seine Angst zu zeigen. Aber schlimm ist das nicht.

Nora gibt ihre Angst vor der Zirkusdirektorin ganz selbstbewusst zu. Das ist sehr mutig! Darauf kann sie richtig stolz sein.

Nora hat Angst – aber sie will ihre Angst lieber zugeben, als die Schlange anfassen. Das finde ich mutig.

Nora hat Angst vor Schlangen. Typisch Mädchen eben!

Nora nimmt die Zirkusdirektorin beim Wort. Schließlich hat sie ja selbst gesagt: „Alle, die keine Angst haben, können das ja mal ausprobieren." Das muss die Zirkusdirektorin dann auch einsehen.

4 Arbeite mit der Erzählung produktiv weiter.
- a) Zu Hause angekommen, erzählt Nora ihrer Mutter vom Besuch im Zirkus. Schreibe einen passenden Dialog dazu.
- b) Zu Hause angekommen, geht Nora in ihr Zimmer und denkt über den Besuch im Zirkus nach. Sie hat sich ganz schön vor der Schlange gefürchtet und fand den Jungen, der in den Korb gefasst hat, sehr mutig. Schreibe Noras Tagebucheintrag, in dem sie von dem Besuch im Zirkus schreibt und sich Gedanken über ihre Angst macht.
- c) Schreibe die Erzählung aus der Sicht der Schlange.

Tipp
Der Merkkasten auf der Seite 139 hilft dir, die Aufgaben zu bearbeiten.

Mit handlungs- und produktionsorientierten Verfahren (szenisch umsetzen, Tagebucheintrag verfassen, Dialog schreiben, Perspektivwechsel vornehmen) Textverständnis herausarbeiten, Merkmale, Verhalten und Beziehungen literarischer Figuren beschreiben und erläutern

Lesen – Umgang mit Texten und Medien

Erzählung

Überprüfe dein Wissen und Können

Eine Erzählung erschließen und produktiv bearbeiten

1 Lies zunächst die Überschrift und überlege, was sie dir über den Löwen verrät. Beschreibe, wie du dir den Löwen vorstellst. Lies nun die ganze Erzählung.

Der Löwe, der Mäuschen hieß

Gina Ruck-Pauquèt

Wenn ein Dompteur einen neuen Löwen braucht, kauft er ihn normalerweise beim Tierhändler. Er schaut sich das Jungtier an, von vorne und von hinten, und tastet ihn ab, ob alle Muskeln und Knochen in Ordnung sind. Dann nimmt er ihn, oder er nimmt ihn nicht. Was Beato Rondelli widerfuhr, war ungewöhnlich. Eines Tages nämlich kam ein
5 Mann zu ihm. Wenn man davon absieht, dass der Mann ein Löwenbaby auf dem Arm hielt, war nichts Besonderes an ihm festzustellen. Er trug einen grauen Anzug, einen grauen Hut und war, wie er sagte, Postinspektor.
„Schauen Sie sich diesen Löwen an", sagte der Mann. „Ich will ihn Ihnen verkaufen."
Beato Rondelli brauchte keinen Löwen. Er hatte zwei Panther und einen Tiger. Das
10 genügte. Er wollte schon den Kopf schütteln, als sein Blick dem des Tieres begegnete.
Irgendetwas passierte in dem Moment. Später wusste Rondelli, dass es der Anfang einer Liebe gewesen war. Er kaufte den Löwen.
„Er ist noch ein bisschen ängstlich", sagte der Mann, als er das Geld einsteckte. „Übrigens heißt er Mäuschen."
15 Beato Rondelli nahm den Löwen mit in seinen Wohnwagen. Er aß mit ihm, und er spielte mit ihm. Der Löwe, der Mäuschen hieß, wurde mit jedem Tag ein bisschen größer. Doch je größer er wurde, umso ängstlicher schien er zu sein. Das war merkwürdig – weil ihm keiner etwas tat.
Es muss an diesem blödsinnigen Namen liegen, dachte Rondelli.
20 Immer wenn ein Auto vorbeifuhr, fing der Löwe an zu zittern, dass der Wohnwagen wackelte. Schließlich stopfte Beato Rondelli ihm Watte in die Ohren. Nachts schliefen sie eng aneinandergekuschelt. Gab es ein Gewitter, so hielt der Mann den Löwen in seinen Armen und sprach ihm Trost zu.
Als Mäuschen das entsprechende Alter hatte, fing Rondelli an, mit ihm zu proben.
25 Der Löwe begriff schnell. Aber weil er sich vor allem und jedem fürchtete, drängte er immer nur zwischen die Füße des Artisten und versteckte den mächtigen Kopf unter dessen Pullover.
Einmal wagte Rondelli es trotzdem, ihn während einer Vorstellung in die Manege zu führen. Da fiel Mäuschen in Ohnmacht. Zwei Männer trugen ihn auf einer Bahre hinaus.
30 Die anderen Artisten begannen, den Dompteur auszulachen, und eine Weile schämte er sich auch. Dann aber besann er sich. „Jeder ist anders", sagte er. „Es gibt Dicke und

Einfache Deutungsansätze formulieren

GELERNTES ÜBERPRÜFEN

Dünne, Fröhliche und Traurige, Mutige und Ängstliche unter den Menschen. Warum nicht unter den Löwen auch?"

Und er ging heim in seinen Wohnwagen, in dem der riesige Löwe, der Mäuschen hieß, so viel Platz einnahm, dass Rondelli sich ganz dünn machen musste.

„Es ist mir gleichgültig, wie du bist", sagte er. „Die Hauptsache ist, dass wir Freunde sind!"

Der Löwe schaute ihn an wie damals, als sie sich zum ersten Mal begegnet waren, und sie waren beide sehr froh.

2 Untersuche den Text genauer.
- a) Lies Zeile 1 bis 12 noch einmal und finde heraus, an welchem Ort die Erzählung spielt, zu welcher Zeit sie stattfindet und welche Figuren in ihr vorkommen. Formuliere mit deinen Ergebnissen nun einen Satz, in dem du Ort, Zeit und Figuren aufzählst.
- b) Lies Zeile 1 bis 12 noch einmal und finde heraus, an welchem Ort die Erzählung spielt, zu welcher Zeit sie stattfindet und welche Figuren in ihr vorkommen. Beschreibe auch den Handlungsverlauf in wenigen Sätzen.
- c) Lies den Text nochmals genau durch und bestimme Ort, Zeit, Figuren und Aufbau. Beschreibe den Handlungsverlauf in wenigen Sätzen und untersuche die Erzählung in Bezug auf die Spannungskurve.

3 Erkläre mit eigenen Worten, warum der Löwe Mäuschen heißt und was es mit diesem Namen auf sich hat. Gib die Zeilen an, die dir darauf Hinweise geben.

4 Verfasse nun eine Nacherzählung. Die 5-Schritt-Lesemethode kann dir dabei helfen, den Text vorher genau zu erschließen.

5 Erkläre, warum der Dompteur den Löwen kauft.

6 Untersuche die beiden Figuren genauer. Beschreibe sie mit eigenen Worten. Und erläutere, in welchem Verhältnis sie zueinander stehen.

7 Bearbeite eine der folgenden Aufgaben:
- a) Rondelli sitzt in einer warmen Sommernacht mit seinem Freund Domenico vor seinem Wohnwagen. Rondelli spricht mit seinem Freund über die Freundschaft mit dem Löwen Mäuschen. Schreibe den Dialog zwischen den beiden Männern auf.
- b) Rondelli sitzt in einer warmen Sommernacht vor seinem Wohnwagen, in dem der Löwe Mäuschen schläft. Er denkt an seine Freundschaft zu dem Tier, wie besonders diese ist und wie sie entstand. Verfasse Rondellis Tagebucheintrag.
- c) Mäuschen liegt im Wohnwagen und denkt daran, wie viel Glück er hatte, dass Rondelli ihn gekauft hat. Schreibe einen inneren Monolog des Löwen, in dem er über sein Verhältnis zu seinem Besitzer nachdenkt und sich an die gemeinsame Geschichte der beiden erinnert.

Zentrale Inhalte von Texten in eigenen Worten formulieren, Ort, Zeit, Figuren, Handlungsverlauf, Spannungsbogen in Texten bestimmen und analysieren, einfache Deutungssätze formulieren, mit handlungs- und produktionsorientierten Verfahren Textverständnis herausarbeiten

NEUES ENTDECKEN – EINSICHTEN GEWINNEN

Lesen – Umgang mit Texten und Medien

Sachtexte

1 Schaut euch die Fotos auf dieser Seite an und tauscht euch über die verschiedenen Freizeitaktivitäten aus.

2 Unterhaltet euch über eure eigenen Freizeitaktivitäten:
- Was macht ihr in eurer Freizeit?
- Was gefällt euch besonders daran?
- Wie viel Zeit verbringt ihr mit euren Hobbys?
- Macht euch bei eurem Hobby etwas weniger Spaß oder findet ihr dabei etwas anstrengend?
- Interessiert euch ein anderes Hobby oder würdet ihr gern ein anderes ausüben?

3 Lies den folgenden Text und gib anschließend in einem Satz wieder, worum es geht.

Parkour ist eine relativ neue Sportart, bei der Hindernisse durch Bewegungen überwunden werden, und zwar schnell, effizient und ohne Hilfsmittel. Entwickelt wurde diese ungewöhnliche Sportart in einem Waldgebiet von dem Franzosen David Belle und seinem Vater. Bald verbreitete sich Parkour auch in der Stadt. Zu den natürlichen
5 Hindernissen kamen dann Treppen, Tischtennisplatten, Zäune sowie Gebäudefassaden, Hochhäuser und Mauern hinzu. Bald war ein Name für diese innovative Fortbewegungsmethode gefunden: Le Parkour. Einen Parkour-Sportler nennt man Traceur.

Meistens sind Städte der Austragungsort für Parkour. Sie bieten interessante Hürden, die es zu überwinden, zu überspringen oder zu erklettern gilt. So wie bei vielen Sport-
10 arten besteht das Training aus einer Aufwärmphase, einem Hauptteil, der sich beispielsweise auf Kraft- oder Ausdauertraining konzentriert, und einer Abwärmphase. Zur technischen Perfektionierung werden bestimmte Bewegungen über einen längeren Zeitraum hinweg wiederholt. Besonders beliebt ist die Trainingsart Jamsession, bei der ein Traceur eine neue Bewegungstechnik vorführt, die dann von den anderen nach-
15 geahmt wird.

Die junge Sportart hat sich bereits weiterentwickelt. Einige haben Parkour sogar mit Akrobatik- und Stuntelementen ergänzt. Traceurs werden auch immer wieder in Filmen bei Actionszenen und Verfolgungsjagden oder auch in Werbespots eingesetzt. Zudem wird Parkour heute nicht nur als reines Hobby, sondern auch als Wettkampfsport
20 ausgeübt.

4 Decke den Text ab und kreuze die passenden Aussagen an:
- ☐ Parkour ist eine relativ alte Sportart.
- ☐ Parkour wird meistens in Städten ausgeübt.
- ☐ Parkour-Sportler werden auch in Filmen bei Actionszenen eingesetzt.
- ☐ Ziel bei der Sportart Parkour ist es, Hindernisse mit Hilfsmitteln zu überwinden.
- ☐ Das Training besteht bei der Sportart Parkour aus mehreren Phasen.

5 Gebt den einzelnen Abschnitten passende Zwischenüberschriften. Formuliert anschließend eine passende Überschrift für den gesamten Text.

6 In diesem Text kommen mehrere Fachwörter vor. Versucht zu erklären, was sie bedeuten. Schlagt in einem Wörterbuch nach.

Parkour, Traceur, innovativ, effizient, Perfektionierung, Jamsession, Stuntelemente

7 Parkour ist eine außergewöhnliche Freizeitbeschäftigung. Erklärt mithilfe der Grafik, welche Freizeitaktivitäten Mädchen und Jungen am häufigsten ausüben und welche eher selten vorkommen.

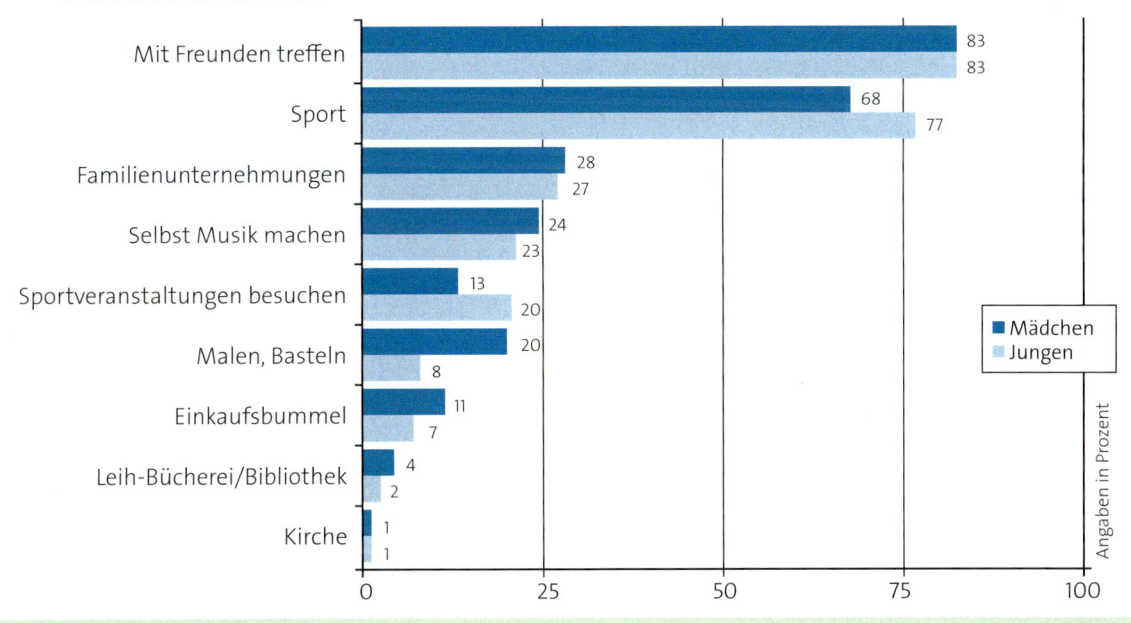

Freizeitaktivität	Mädchen	Jungen
Mit Freunden treffen	83	83
Sport	68	77
Familienunternehmungen	28	27
Selbst Musik machen	24	23
Sportveranstaltungen besuchen	13	20
Malen, Basteln	20	8
Einkaufsbummel	11	7
Leih-Bücherei/Bibliothek	4	2
Kirche	1	1

Angaben in Prozent

In diesem Kapitel lernst du, ...
- *Texte zu verstehen und ihnen Informationen zu entnehmen.*
- *Überschriften und Zwischenüberschriften zu erstellen.*
- *einen Werbetext zu erkennen.*
- *Erklärungen für Fremd- und Fachwörter zu finden.*
- *nichtlineare Texte wie Schaubilder und Tabellen auszuwerten.*
- *Methoden der Texterschließung anzuwenden.*

Lesen – Umgang mit Texten und Medien

Sachtexte

Einem Text Informationen entnehmen

1 Überfliege diesen Text. Fasse zusammen, worum es geht.

Die Lerngruppe 6a der Schillerschule hatte sich in diesem Jahr die Lahn als Ziel für ihre Kajaktour während ihres Schullandheimaufenthaltes ausgesucht. Die Tour begann in Gießen. Zwei Schüler paddelten in einem kleineren Kanadier und nahmen eine Menge Gepäck mit, alle anderen gingen mit Einerkajaks auf die Reise.
5 Am ersten Tag erreichten die Schülerinnen und Schüler nach mehrstündiger Fahrt das Bootshaus des Ruderclubs Wetzlar. Die zweite Etappe führte am nächsten Tag zum Jugendzeltplatz Leun. Bei strahlender Sonne ging die Fahrt am dritten Tag zur Rudergesellschaft von Weilburg. Im aufregendsten Teil des Tages mussten die Schüler den Lahn-Schiffstunnel durchfahren. Am Ende des 200 Meter langen Tunnels wartete eine
10 Schleuse auf die Paddler. Der Tag klang mit einem gemütlichen Abend aus. Auf dem Campingplatz in Gräveneck gab es Würstchen vom Grill.
Die letzten 30 Kilometer schafften die Schüler dann an einem einzigen Tag. In Limburg wurden sie von den Limburger Paddelfreunden schon erwartet. Auf dem Anlegesteg wurde dann ein Gruppenfoto gemacht, danach warf man alle kurzerhand ins
15 Wasser. Die Reise war auch in diesem Jahr wieder ein großer Erfolg.

2 Lies den Text jetzt genau durch und beantworte folgende Fragen:
- Wie viele Tage waren die Schüler unterwegs?
- Wie nennt man die beiden Boote, in denen sie fuhren?
- An welchen Städten kamen die Jugendlichen vorbei?

3 Im Text sind einige Fachwörter enthalten.

Tipp
Schlage in einem Wörterbuch nach.

a) Finde im Text folgende Fachwörter und erkläre sie:
Kanadier, Kajak, paddeln

b) Finde im Text alle Fachwörter und erkläre sie.

Eine Überschrift soll das Interesse der Leser wecken, zum Lesen anreizen und das Wichtigste enthalten.

4 Zu jedem Text gehört eine fett gedruckte Überschrift, die hier fehlt. Bei den folgenden Vorschlägen ist nicht alles ganz richtig!

a) Wähle eine passende Überschrift aus.
Mit dem Kahn auf der Lahn / Großer Erfolg der Kajak-AG / Kanadier und Kajaks auf Tour / Jungen der Kajak-AG auf großer Fahrt / Fünf Tage auf der Lahn / Vier-Tages-Tour der Kajak-AG

b) Formuliere selbst eine passende Überschrift für den Text.

Begründete Schlussfolgerungen aus Sach- und Gebrauchstexten ziehen und mit konkurrierenden Informationen umgehen können, Informationsquellen zum Textverstehen nutzen

KOMPETENZEN AUFBAUEN, ÜBEN UND ANWENDEN

Sachtexte

Überschriften verstehen und erstellen

1 Dieser Text enthält vier Absätze. Jeder Absatz hat zwei Zwischenüberschriften. Lies erst einmal nur die Zwischenüberschriften.

Bungee-Springen

Bungee-Springen: ein uralter Brauch – Bungee-Springen an Lianen
Bungee-Springen ist ein außergewöhnlicher Nervenkitzel. Es stammt von einem ==uralten Brauch== auf einer pazifischen Insel. Dort springen ==männliche Jugendliche==, an Lianen befestigt, von einem aus Bambusstangen konstruierten Gerüst etwa 30 Meter kopfüber in die Tiefe.
5 Nach einer solchen ==Mutprobe== wird man in den Kreis der Erwachsenen aufgenommen.

Bungee-Springen von Brücken – Bungee-Springen heute: eine sichere Sportart?
Heute hat sich das moderne Bungee-Springen für manche zu einer Freizeitbeschäftigung entwickelt. Es gibt darüber allerdings unterschiedliche Meinungen. Die einen sagen: Das Bungee-Springen ist nahezu ungefährlich. Ob es aber tatsächlich eine sichere Sportart ist,
10 bezweifeln wiederum andere. Sie meinen, von einer 80 Meter hohen Brücke in die Tiefe zu springen sei doch mit vielen Gefahren verbunden. Es gibt zwar hohe Sicherheitsmaßnahmen, doch es kommt immer wieder dadurch zu Unfällen, dass sich Springer an zu langen Seilen in die Tiefe stürzen.

Das Bungee-Seil – der Kopfübersprung
15 Das Bungee-Seil, an dem man befestigt ist, besteht aus bis zu 2 000 einzelnen Latexfäden. Es dehnt sich durch das Körpergewicht aus und lässt den Springer normalerweise weich fallen. Dieses Seil wird an den Füßen des Springers befestigt, der sich dann, mit dem Kopf voran, in die Tiefe fallen lässt. Ein solcher Kopfübersprung ist notwendig, damit sich der Springer nicht am Seil verletzen kann.

Kribbeln im Bauch – der Bungee-Sprung
20 Beim Bungee-Sprung wird eine Fallgeschwindigkeit von bis zu 100 km/h erreicht. Insgesamt dauert ein Sprung, je nach Aufenthalt auf der Plattform, mit allen Vorbereitungen zwischen 15 Minuten und einer Stunde. Zur Eile gezwungen wird man von den Mitarbeitern aber nicht. Mancher steigt auch von der Absprungstelle wieder herunter,
25 nachdem er gesehen hat, welcher Abgrund sich vor ihm auftut. Für manche aber verursacht der Sprung in die Tiefe ein Kribbeln im Bauch, für das sie gern viel Geld bezahlen.

2 Lest den ersten Absatz. Begründet, welche der zwei Zwischenüberschriften besser zu dem Absatz passt.

3 Im ersten Absatz sind bereits wichtige Stellen markiert, die hilfreich sind, um eine Zwischenüberschrift zu formulieren.
- Markiert in den anderen drei Absätzen die wichtigen Stellen.
- Wählt jeweils die Zwischenüberschrift aus, die euch mehr überzeugt.
- Begründet eure Entscheidung mithilfe eurer Markierungen.

Folie

Linearen Texten Informationen entnehmen, zentrale Inhalte einfacher Sachtexte herausarbeiten

Lesen – Umgang mit Texten und Medien

Klettern im Winter: Herausforderung in Eis und Fels

Riesige erstarrte Wasserfälle, kristalline Eiszapfen, die von Felsvorsprüngen hängen und jede Sekunde abzubrechen scheinen. Nur wenig rauer Fels ragt zwischen den glänzenden Eismassen hervor. Wer unter solchen Bedingungen klettert, liebt das Extreme. Doch trotz Kälte und Gefahr erfreut sich das Eisklettern auch bei uns steigender Beliebtheit.

Im Winter, wenn Schnee und Eis regieren, ist Klettern nicht gerade eine naheliegende Sportart. Aber da täuscht man sich, denn viele Kletterer erproben das Eisklettern. Diese Spezialdisziplin des alpinen Kletterns und Bergsteigens findet auf unterschiedlichsten Routen statt und reicht von weniger steilen Aufstiegen von Eisfeldern bis zu überhängenden Eisformationen und freistehenden Eisfällen.

Eisklettern ist für viele ein Nervenkitzel, der sie antreibt. Es ist eine noch gefährlichere und ungemütlichere Sportart als das normale Klettern. Um erfolgreich und sicher ans Ziel zu gelangen, braucht man eine spezielle Ausrüstung, viel Erfahrung und die richtigen Bedingungen. Eisgeräte, Steigeisen, ein Satz Eisschrauben und mobile Sicherungsgeräte gehören zum Equipment. Auch ein Helm und die optimale Kleidung dürfen nicht fehlen, um sich vor Verletzungen und Unterkühlung zu schützen.

Natürlich fängt auch der Eiskletterer langsam an: Es gibt vielerorts geführte Klettertouren und Schnuppertage, bei denen auch Ungeübte bereits erste Erfahrungen im Gehen und Steigen auf Eis und Schnee sammeln können. Vorteilhaft ist es allerdings meist, wenn man schon Erfahrung im Sichern und Klettern auf normalen Klettersteigen besitzt. Gerade am Anfang ist ein erfahrener Bergführer wichtig, denn nur er kann einschätzen, ob ein Eisfall oder gar eine Lawine droht und welche Eisflächen tragen.

Tipp
*Nutze für die Aufgabe das **kursorische Lesen**. Es dient dazu, sich einen ersten Überblick über das Thema zu verschaffen. So erfährst du, wovon der Text handelt. Überschriften und Abbildungen sind nützliche Hinweise auf das Thema.*

4 Dieser Zeitungsartikel über Eisklettern enthält eine Fülle von Informationen. Gib wieder, was du beim ersten Lesen davon behalten hast.

Zentrale Inhalte einfacher Sachtexte herausarbeiten, die kursorische Lesetechnik anwenden

KOMPETENZEN AUFBAUEN, ÜBEN UND ANWENDEN   149

5 Der Artikel ist in vier Absätze gegliedert. Kreuzt passende Gründe dafür an. **Folie**

☐ *Ein Text hat Absätze, damit er übersichtlicher ist.*
☐ *In den Absätzen geht es um die gleichen Inhalte.*
☐ *Jeder Absatz enthält einen neuen Gedanken.*
☐ *Absätze macht man nur, damit man den Text besser lesen kann.*

6 Zum ersten Absatz des Textes haben Kinder einer sechsten Klasse folgende Zwischenüberschriften formuliert. Begründet, welche Zwischenüberschrift ihr für gelungen haltet und welche nicht.

Klettern auf blankem Eis   *Kälte und Gefahr*   *Eisklettern ist beliebt*

7 Formuliert nun selbst passende Zwischenüberschriften.

a) Schreibt eine Zwischenüberschrift zum zweiten, dritten und vierten Absatz des Textes. Lest euch eure Zwischenüberschriften vor und beantwortet dabei folgende Fragen:
- Haben sie alle etwas Gemeinsames?
- Unterscheiden sie sich voneinander?
- Aus wie vielen Wörtern bestehen sie? Sind sie zu lang?
- Welche Überschrift haltet ihr für besonders zutreffend? Welche für die beste?
- Welche Überschrift haltet ihr für nicht gelungen? Warum?

b) Verkürze nun deine Zwischenüberschriften auf höchstens vier Wörter.

8 Gib anhand deiner Zwischenüberschriften den Inhalt des ganzen Textes wieder.

ⓘ Zwischenüberschriften

Zwischenüberschriften geben wieder, **worum** es in einem Absatz geht.
Sie sind in der Regel **kurz** und **fassen** den Absatz in drei bis vier Wörtern **zusammen.**
Manchmal bestehen sie auch aus einer **Frage,** die in dem Absatz beantwortet wird.
Anhand von Zwischenüberschriften kann man den **Inhalt** eines Textes **wiedergeben.**

Linearen Texten Informationen entnehmen, Methoden der Texterschließung anwenden

Lesen – Umgang mit Texten und Medien

Sachtexte

Fremdwörter aus dem Textzusammenhang verstehen

Dekorativer Abfall

Schopfheim. Abfall kann sehr dekorativ sein. Das haben die Schülerinnen und Schüler des sechsten Schuljahres in Schopfheim gezeigt. Aus Deckeln von Joghurtbechern, der silber- und goldfarben ausgekleideten Verpackung von Schokokusskartons, aus leeren Streichholzschachteln, die mit Stanniolpapier aus Pralinenschachteln umwickelt sind,
5 aus Silberpapierkugeln oder auch aus buntem Pralinenpapier haben die Jungen und Mädchen ein vielfarbiges und blitzendes Dekor gebastelt und diesen Schmuck an ihrem Weihnachtsbaum in der Schule aufgehängt. Den Impuls dazu gab das Projekt „Abfallarme Umwelt", an der sich die Klasse beteiligt hat. Dem Baum sieht man es nicht mehr an, dass die Resultate ihrer Arbeit aus Wegwerfteilen bestehen. Er steht im Schulflur
10 und sieht nicht wie ein „Abfallbaum" aus, sondern durchaus wie ein schön geschmückter Weihnachtsbaum.

1 In diesem Text kommen mehrere Fremdwörter vor.

dekorativ   Resultate   Dekor   Impuls

a) Ordnet den Fremdwörtern jeweils die passende Erklärung zu:

schmückend   wirkungsvoll   Ergebnis   Folgerung   Schluss

Verzierung   Ausschmückung   Muster auf etwas   Anstoß   Anregung

b) Im Wörterbuch findet ihr Erklärungen für solche Fremdwörter. Schlagt die Wörter nach.

> **de|ko|rie|ren:** du dekorierst, dekorierte, hat dekoriert (schmücken, verzieren); der **Dekor** (Schmuck), der **Dekorateur** (Raumgestalter), die **Dekoration** (Ausschmückung), **dekorativ** (schmückend)

M → S. 282
Einen Notizzettel anlegen

2 Setze nun beim Vorlesen des Textes statt der Fremdwörter passende Wörter aus den Worterklärungen von Aufgabe 1 ein. Mache dir dazu vorab einen Notizzettel.

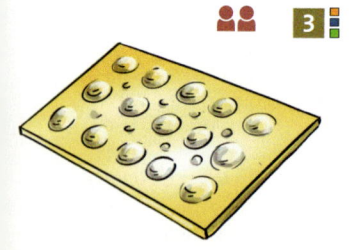

3 Erklärt euch gegenseitig folgende Fremdwörter mit eigenen Worten. Schlagt sie im Wörterbuch nach, falls ihr sie nicht kennt. Bildet anschließend mit jedem Fremdwort einen Beispielsatz.

Episode, identisch, Moment, produktiv

KOMPETENZEN AUFBAUEN, ÜBEN UND ANWENDEN

Sachtexte

Einen Werbetext erkennen

Windsurfen – über türkises Wasser flitzen

Bei Sonne, Strand und Wind mit Vollspeed über das türkise Wasser surfen. Dieser schöne Traum beginnt mit unserem Zwei-Tage-Einsteigerkurs, in dem du mehr als nur die ersten Gehversuche auf dem Surfbrett machst.

Unser Ziel: Du lernst einfach Windsurfen, problemlos raus- und reinsurfen und die wichtigsten Manöver. Lerne die Grundlagen des Windsurfens kennen und vor allem: Fange Feuer für die schönste und coolste Sportart der Welt! Abgerundet wird dieser tolle Kurs durch das Erreichen des WWS-Grundscheins. Dann kannst du, egal wo du bist, ganz einfach und leicht über das Wasser flitzen. Komm zu uns und lerne Windsurfen! Wir freuen uns auf dich!

Windsurfen lernen – WWS-Windsurfinggrundschein

Im WWS-Windsurfinggrundscheinkurs lernt man nicht nur die grundlegenden Bewegungsabläufe des Windsurfens, sondern auch das Basiswissen über die Ausrüstung, die Regeln und die Gefahren. In einer Surfschule bringen ausgebildete Windsurflehrer die Grundlagen dieser Sportart in ein- oder mehrtägigen Kursen bei. Die Ausrüstung (Anzüge, Schuhe, Segel und Windsurfboards) wird von den Surfschulen gestellt. Am Ende eines Einsteigerkurses steht die praktische und theoretische Prüfung zum international anerkannten WWS Windsurfinggrundschein. Die theoretische Prüfung besteht aus dem Ausfüllen eines Fragebogens, der unter anderem die Bereiche Materialkunde, Allgemeine Gesetzeskunde und Segeltheorie beinhaltet. Die Bestandteile der praktischen Prüfung sind neben dem Steuern und Surfen auf verschiedenen Kursen z. B. Segelaufholen, Grundstellung, Wende und Halse. Der Grundschein ist auch hilfreich beim Ausleihen von Surfmaterial und zum Nutzen von Wassersportstationen im In- und Ausland.

1 Lies die beiden Texte, die über einen Einsteigerkurs im Windsurfen informieren.

2 Bearbeitet die Texte nun genauer.
 a) Vergleicht die Texte miteinander. Der erste Text ist ein Werbetext und der zweite ein informierender Sachtext. Orientiert euch an folgenden Fragen: *Wer wird jeweils angesprochen und wie? / In welchem Text kommen mehr Adjektive vor? / Welcher Text enthält mehr Informationen und Fachbegriffe? / Welchen Text findet ihr interessanter und ansprechender?*
 b) Begründet mithilfe eurer Erkenntnisse aus Aufgabe 2a), wieso der eine Text ein informierender Sachtext ist und der andere ein Werbetext.

3 Schreibe einen Werbetext oder einen Sachtext über dein Hobby.

Tipp
Lest euch eure selbst verfassten Texte gegenseitig vor und gebt euch Rückmeldung, an welchen Merkmalen ihr erkannt habt, dass es sich um die jeweilige Textsorte handelt.

Funktionen von Sachtexten bestimmen und unterscheiden: Information und Werbung, Relationen zwischen Alltagswissen und dem Textinhalt selbstständig aufzeigen

Lesen – Umgang mit Texten und Medien

Sachtexte
Ein Schaubild verstehen

S5 Knielingen
5 Rheinhafen
Starckstr.
Lameyplatz
KA-Mühlburg
Entenfang
Yorckstr.
Kurt-Schumacher-Str.
Mühlburger Tor
Kronenplatz
Rüppurrer Tor
Werderstr.
Hauptbahnhof
Eckenerstr.
Oberreut Zentrum
1 Oberreut
S2 Rheinstetten
S1 Bad Herrenalb

○ Haltestation
⬭ Umsteigemöglichkeiten
🚶 Kurzer Fußweg
S2 Stadtbahnlinie
5 Tramlinie

Nichtlineare Texte auswerten

KOMPETENZEN AUFBAUEN, ÜBEN UND ANWENDEN

Samira, Züma und Leon aus Karlsruhe haben verschiedene Freizeitbeschäftigungen. Um zu ihren Hobbys zu gelangen, nutzen sie gern die öffentlichen Verkehrsmittel. Damit sie auch am richtigen Ort ankommen, müssen sie das Liniennetz der S-Bahn aber erst einmal richtig verstehen.

1 Schaut euch den Ausschnitt aus dem Liniennetz des Karlsruher Verkehrsverbundes links genau an und beschreibt ihn. Erläutert, was die Zeichen, Farben und Abkürzungen bedeuten.

Tipp
Überprüfe, ob du das Schaubild verstanden hast, mithilfe eines Beispiels (Strecke von der Kurt-Schuhmacher-Str. zum Oberreut Zentrum …).

- Samira wohnt bei der Haltestelle „Eckenerstraße". Ihre Tanzgruppe befindet sich in der Rheinstraße. Hier liegt die Haltestelle „Starckstraße" am nächsten.
- Züma wohnt in der Nähe der Haltestelle „Oberreut Zentrum" und klettert gern. Bei der Kletterhalle ist „Entenfang" die nächstgelegene Haltestelle.
- Leon wohnt bei der Haltestelle „Kurt-Schumacher-Straße". Er macht Parkour in der Stadt und trifft sich mit seinen Freunden immer am Hauptbahnhof, um von dort aus loszuziehen.

2 Finde heraus, an welcher Haltestelle Samira, Züma und Leon jeweils starten müssen.

3 Finde die richtige Route für Samira, Züma und Leon.
- Erkläre, welche Zugverbindung sie nehmen müssen, damit sie am richtigen Ort ankommen.
- Erläutere, ob es verschiedene Verbindungen gibt. Welche ist die einfachste?

ⓘ Schaubilder

In einem Schaubild werden Informationen **übersichtlich** und **vereinfacht** dargestellt.
- Die **Überschrift** informiert dich, worum es in dem Schaubild geht.
- In einer **Legende** werden **Erklärungen** zu den verwendeten **Zeichen**, verschiedenen **Farben** und **Abkürzungen** dargestellt.

Die Wirkungsabsicht von Grafiken aufgrund formaler Merkmale beschreiben und erläutern, nichtlineare Texte auswerten und für eine Argumentation nutzen

Lesen – Umgang mit Texten und Medien

Sachtexte

Informationen aus Tabellen entnehmen

Lotte und Emir wollen am Sonntag um 15 Uhr ihrem Freund Niklas beim Fußballspiel zuschauen. Niklas ist nämlich Torwart in einer Jugendmannschaft des Karlsruher SC. Sie starten am „Entenfang" und müssen am „Durlacher Tor" aussteigen. Von dort aus müssen sie noch 20 Minuten zu Fuß zum Wildparkstadion laufen.

1 Lies dir den Text genau durch. Schreibe auf,
- an welchem Wochentag und zu welcher Zeit Lotte und Emir am Wildparkstadion sein müssen,
- wie lange sie vom „Durlacher Tor" zum Wildparkstadion brauchen,
- und wann sie ungefähr am „Durlacher Tor" ankommen müssen.

	Montag–Freitag, Samstag			Sonn- und Feiertag		
Entenfang	14.39	14.49	14.59	13.59	14.19	14.39
Philippstr.	14.40	14.50	15.00	14.00	14.20	14.40
Händelstr.	14.41	14.51	15.01	14.01	14.21	14.41
Yorckstr.	14.43	14.53	15.03	14.03	14.23	14.43
Mühlburger Tor	14.45	14.55	15.05	14.05	14.25	14.45
Europapl./Post Galerie	14.48	14.58	15.08	14.08	14.28	14.48
Herrenstr.	14.50	15.00	15.10	14.10	14.30	14.50
Marktplatz	14.52	15.02	15.12	14.12	14.32	14.52
Kronenplatz	14.54	15.04	15.14	14.13	14.33	14.53
Durlacher Tor	14.56	15.06	15.16	14.15	14.35	14.55

2 Schau dir jetzt den Fahrplan genau an. Suche die passende S-Bahn heraus. Schreibe auf, wann die S-Bahn losfährt und wann sie ankommt.

3 Finde heraus, welche S-Bahn die Kinder am besten nehmen sollten, wenn das Spiel am Dienstagnachmittag um 15.30 stattfindet. Wähle die passende Abfahrts- und Ankunftszeit aus.

4 Das Spiel am Sonntag dauert anderthalb Stunden. Die Abfahrtszeit der S-Bahn am „Durlacher Tor" ist sonntags, jeweils zehn Minuten nachdem sie angekommen ist. Erkläre, welchen Zug Lotte und Emir nehmen und wann sie wieder an der Haltestelle „Entenfang" sind.

Nichtlinearen Texten Informationen entnehmen, die Wirkungsabsicht von Tabellen aufgrund formaler Merkmale beschreiben und erläutern

KOMPETENZEN AUFBAUEN, ÜBEN UND ANWENDEN

Sachtexte

Einen Text selbstständig erarbeiten

Mit den Ohren wackeln

Der Schüler Yunus ist stolz darauf, etwas Besonderes zu können. In der Internet-Rubrik *Was ich kann* führt er an, dass er mit den Ohren wackeln könne, „sogar einzeln". Das können heute tatsächlich nur noch ganz wenige Menschen. Spaßvögel, die etwas können, was sonst nur Pferde, Hunde und Rehe vermögen, ernten immer wieder Lach-
5 erfolge. Diese Tiere verstellen ihre Ohrmuscheln, um herauszufinden, woher ein verdächtiges oder angenehmes Geräusch kommt. Noch heute gibt es auch bei den Menschen eine Redewendung, die besonders Lehrer gern verwenden: „Spitzt mal schön die Ohren!" Manche Menschen können deswegen mit den Ohren zucken, weil bei ihnen seitlich am Kopf noch Reste von Muskeln vorhanden sind. Diese waren für das Überleben unserer
10 Vorfahren notwendig. Man konnte nämlich mit ihnen die Ohren in eine bestimmte Richtung verstellen, aus der ein auffälliges Geräusch kam. Bei uns heutigen Menschen allerdings sind diese Muskeln allmählich zurückgebildet worden, weil sie für uns nicht mehr notwendig sind. Wir haben die Möglichkeit, den Kopf in alle Richtungen zu wenden, um die Herkunft eines Geräusches bestimmen zu können. Die Muskeln haben kei-
15 nen Überlebensvorteil mehr für uns. Wichtige Körperteile werden aufgebaut, wenn sie für das Leben benötigt werden, wie unser Sehapparat; doch ein Muskel verkümmert allmählich, wenn er überflüssig geworden ist, wie unsere Muskeln zur Bewegung der Ohren. Die Fähigkeit von Yunus ist also nur ein körperliches Merkmal, das der heutige Mensch zum Überleben nicht mehr braucht. Man nennt so etwas „Atavismus".

1 Lies den Text und erkläre anschließend, woher dieser Artikel stammt. Aus ...
- einem Tierbuch.
- einem Märchenbuch.
- einer Zeitung oder Zeitschrift.
- einem Witzbuch.

2 Erarbeite den Text mithilfe der 5-Schritt-Lesemethode.

3 Der letzte Satz des Textes fehlt. Hier sind einige Möglichkeiten. Begründe für jeden Satz, ob er passt oder nicht. Kreuze anschließend den Satz an, den du am passendsten findest.
- ☐ *Der Junge kann also durchaus stolz auf seine Fähigkeit sein.*
- ☐ *Die Fähigkeit von Yunus ist also ein körperliches Merkmal, das heutige Menschen zum Überleben nicht mehr brauchen.*
- ☐ *Es ist also nicht Besonderes, dass Yunus mit den Ohren wackeln kann.*
- ☐ *Yunus hat also etwas an seinem Körper bewahrt, das früher einmal überlebenswichtig war.*
- ☐ *Yunus hat somit eine Fähigkeit, die außer ihm heute noch viele Menschen besitzen.*

5-Schritt-Lesemethode:
1. *Überfliegen*
2. *Fragen*
3. *Lesen*
4. *Zusammenfassen*
5. *Wiedergeben*

S. 307
5-Schritt-Lesemethode

Folie

Begründete Schlussfolgerungen aus Sachtexten ziehen und mit konkurrierenden Informationen umgehen, Methoden der Texterschließung anwenden

Lesen – Umgang mit Texten und Medien

Sachtexte

Überprüfe dein Wissen und Können

Texte, Tabellen und Schaubilder erschließen

Das Apnoetauchen oder auch Freitauchen (engl.: Freediving) ist die ursprünglichste Form des Tauchens. Tauchgänge werden bei dieser Form des Tauchens nur mit der in der Lunge vorhandenen Luft absolviert. Ein Apnoetaucher kommt somit ohne Atemgeräte aus. Mit nur einem Atemzug taucht er in die
5 Tiefe ab und wieder daraus auf.

Apnoetauchen ist eine Extremsportart. Es erfordert höchste Konzentration und Körperbeherrschung. Das Training beinhaltet Entspannungsübungen und Meditation sowie spezielle Atemtechniken. Diese führen dazu, dass sich der Herzschlag verlangsamt und der Sauerstoffverbrauch deutlich abnimmt.
10 Normal sind zwischen 70 und 80 Schläge pro Minute. Die Athleten schaffen es, ihren Herzschlag auf weit unter 30 Schläge pro Minute zu verlangsamen. Somit reicht der in den Lungen vorhandene Sauerstoff immer länger.

Apnoetauchen wird in verschiedenen Disziplinen ausgeübt. Bei „No Limits" darf man während des Abtauchens so viel Gewicht wie nötig verwenden (meist in Form eines
15 Gewichtsschlittens), beim Auftauchen sind Hilfsmittel wie Luftsäcke erlaubt, die einen schneller zurück an die Wasseroberfläche bringen. „Constant Weight" ist eine Technik, bei der man beim Abtauchen nach Belieben zusätzlichen Ballast verwenden darf. Man muss allerdings mit demselben Gewicht auch wieder auftauchen. Bei „Variable Weight" dürfen beim Abtauchen maximal 30 kg zusätzliches Gewicht benutzt und beim Auftau-
20 chen keine anderen Hilfsmittel als die Apnoeflossen verwendet werden. Statisches Apnoe ist Luftanhalten unter Wasser so lange wie möglich und beim dynamischen Apnoe wird versucht, so weit wie möglich mit angehaltenem Atem zu schwimmen.

Diese Sportart ist sehr gefährlich und es kam auch schon zu Todesfällen. Denn es besteht die Gefahr, dass es durch das schnelle Auf- und Abtauchen zu lebensgefährlichen Kom-
25 plikationen kommt. Auch wenn Apnoetauchen wie ein Trendsport klingt: Tauchen war schon immer wichtig für die Menschen. Perlentaucher in Japan, Schwammtaucher in der Südsee oder Küstenbewohner, die beim Tauchen Fische jagten – schon lange vor modernen Sporttauchern war die Unterwasserwelt eine Herausforderung für den Menschen.

1 Lies den Text und gib anschließend in einem Satz wieder, worum es geht.

2 Gib den einzelnen Abschnitten passende Zwischenüberschriften. Formuliere anschließend eine passende Überschrift für den gesamten Text.

Linearen Texten Informationen entnehmen, Methoden der Texterschließung anwenden

3 In diesem Text kommen mehrere Fremd- und Fachwörter vor. Erkläre, was sie bedeuten.

absolvieren   *Athlet*   *Disziplin*   *Atemtechnik*

a) Ordne den Fremd- und Fachwörtern jeweils die passende Erklärung zu:

Wettkämpfer   *Technik des richtigen Atmens*

verrichten, bewältigen, ableisten   *Teilbereich, Unterabteilung des Sports, Sportart*

b) Finde Erklärungen für alle Fremd- und Fachwörter im Text. Schlage sie im Wörterbuch nach und schreibe die Erklärungen auf.

Wer taucht am tiefsten?

Tier / Mensch	Tiefe / Meter
Robben	700
Meeresschildkröten	1500
Sporttaucher	40
Gerätetaucher	332,35
Kaiserpinguin	500
Atlantischer Seeteufel	1000
Apnoe-Taucher	214
Fisch „Brotula galatheae"	8000
Mensch im Druckanzug	450

4 Betrachte die Tabelle und erläutere sie anschließend genauer.
- Erkläre, was in der Tabelle dargestellt wird.
- Finde heraus, wer beim Tieftauchen der Gewinner und wer der Verlierer ist.
- Erläutere und begründe, welches Ergebnis du am interessantesten findest.

5 Betrachte das Schaubild und erkläre, was hier dargestellt wird.

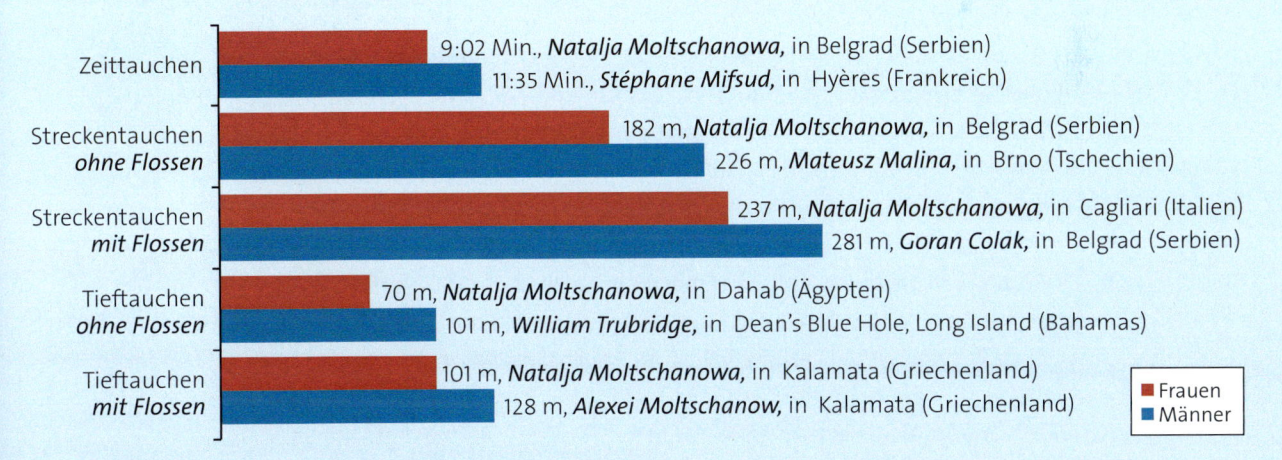

Zeittauchen
9:02 Min., **Natalja Moltschanowa,** in Belgrad (Serbien)
11:35 Min., **Stéphane Mifsud,** in Hyères (Frankreich)

Streckentauchen *ohne Flossen*
182 m, **Natalja Moltschanowa,** in Belgrad (Serbien)
226 m, **Mateusz Malina,** in Brno (Tschechien)

Streckentauchen *mit Flossen*
237 m, **Natalja Moltschanowa,** in Cagliari (Italien)
281 m, **Goran Colak,** in Belgrad (Serbien)

Tieftauchen *ohne Flossen*
70 m, **Natalja Moltschanowa,** in Dahab (Ägypten)
101 m, **William Trubridge,** in Dean's Blue Hole, Long Island (Bahamas)

Tieftauchen *mit Flossen*
101 m, **Natalja Moltschanowa,** in Kalamata (Griechenland)
128 m, **Alexei Moltschanow,** in Kalamata (Griechenland)

■ Frauen
■ Männer

Erläutere:
- welche Frau und welcher Mann insgesamt am tiefsten tauchen können.
- wer den Rekord beim Zeittauchen hält.
- wer den Rekord beim Streckentauchen ohne Flossen hält.
- wo der Rekord beim Tieftauchen mit Flossen aufgestellt wurde.

(Nicht)linearen Texten Informationen entnehmen, Methoden der Texterschließung anwenden, nichtlineare Texte auswerten und für eine Argumentation nutzen

Lesen – Umgang mit Texten und Medien

NEUES ENTDECKEN – EINSICHTEN GEWINNEN

Medien

1 Betrachtet die folgende Zeichnung und lest den Castingaufruf.

Castingaufruf für RICO, OSKAR und die Tieferschatten

Ab August finden in Berlin und Leipzig unter der Regie von Nele Vollmar die Dreharbeiten zu dem Film RICO, OSKAR UND DIE TIEFERSCHATTEN statt.

Nach dem Roman des renommierten Kinderbuchautoren Andreas Steinhöfel wird damit das erste Buch der dreiteiligen RICO UND OSKAR-Reihe für die große Leinwand verfilmt. Gesucht wird OSKAR, ein Junge, der ca. 8 bis 9 Jahre alt und nicht größer als 130 cm ist. OSKAR ist ein hochbegabter Junge, er liebt Zahlen und Statistiken und wittert dadurch überall Gefahren. Ein Helm auf seinem Kopf soll ihn vor allen Gefahren schützen. Seine Punktezahl auf der Außenseiterskala ist hoch, sehr gern darf er Segelohren, Sommersprossen oder ähnliche charakteristische Merkmale haben. Am wichtigsten ist es aber, dass „Oskar" ein selbstbewusster, schneller und cleverer Junge ist! Wer auf diese Beschreibung passt und Lust hat, dabei zu sein, schickt bitte ein kurzes Video (max. 1 Minute) an casting@ricoundoskar-derfilm.de, in dem ihr mit einer (ausgedachten) Geschichte oder Statistik begeistert. Die Rolle des OSKAR wird ca. 15–20 Drehtage haben, gewünscht wird die Bereitschaft für weitere Fortsetzungs-Filme.

Folie

2 Markiere, wie Oskars Aussehen und Verhalten im Zeitungsartikel beschrieben werden.

3 Stell dir vor, du würdest wie der gesuchte Junge aussehen. Mit welcher Geschichte würdest du die Casting-Agentur von dir überzeugen? Stelle dies szenisch dar.

NEUES ENTDECKEN – EINSICHTEN GEWINNEN

4. Betrachtet das Filmplakat zu „Rico, Oskar und die Tieferschatten".

- Tragt zusammen, welche Informationen auf dem Plakat enthalten sind.
- Überlegt, was das Plakat euch über den Film verrät.
- Erklärt, woran ihr die Hauptfiguren und den Ort erkennt.
- Tauscht euch aus, wie der Film gemacht worden sein könnte.
- Begründet, ob Oskar passend ausgewählt wurde.

In diesem Kapitel lernst du (,) ...
- deinen Eindruck von Filmen zu formulieren.
- mediale Gestaltungsmittel kennen.
- Zusammenhänge von Gestaltung und Wirkung kennen.
- Texte als Bildfolge neu zu gestalten.

Lesen – Umgang mit Texten und Medien

Medien

Wie ein Film entsteht

Von der ersten Idee bis zum fertigen Film dauert es sehr lange.

S. 307
5-Schritt-Lesemethode

1 Erschließt den folgenden Text mit der 5-Schritt-Lesemethode.

Ein Film kostet viel Geld. Deshalb sucht man einen Geldgeber, ein Filmstudio oder einen Produzenten, um sie für die Idee zu begeistern. Dieses Verkaufsgespräch heißt auch „Pitch". Nun ist der Produzent an der Reihe. Oft sucht er zunächst noch weitere Geldgeber. Dann geht er an die „Vorproduktion". Darunter versteht man alles, was den
5 Dreh des Films vorbereitet - er stellt etwa das Produktionsteam zusammen. Zu diesem gehören unter anderen Bildregisseur, Szenenbildner, Komponist und ein Schnittmeister, zum Schneiden des Films. Sehr wichtig ist das Drehbuch, das der Drehbuchautor schreibt. Darin steht, wie die Szenen des Films aussehen, was die Schauspieler tun und sagen sollen. Das Drehbuch wird so lange überarbeitet, bis es Produzent und Studio
10 gefällt. Wenn die Hauptdarsteller schon feststehen, reden sie oft auch noch hinein.

Ist das Drehbuch fertig, zeichnet ein Illustrator nach den Vorstellungen des Regisseurs das Storyboard. Derweil besetzt der Casting Director die Rollen. Wenn klar ist, wie viel Geld der Film kosten darf, berechnet das Produktionsteam die anfallenden Kosten. Teuer können auch der Flug zu den Drehorten und deren Miete werden. Nach
15 diesen Drehorten fahndet ein Location Scout (englisch für: „Ortefinder") auf der ganzen Welt. Ganz wichtig beim Film: der Bildregisseur. Er überlegt sich, mit welcher Technik die Szenen am besten gefilmt werden. Er wählt also die richtigen Kameras, Linsen und Filter aus. Am Ende eines jeden Drehtages kontrolliert er alle Aufnahmen. Der Bildregisseur platziert später auch die Kameras und sorgt mit dem Oberleuchter, dem
20 Gaffer, für die optimale Ausleuchtung. An der Kamera steht der Kameramann mit Assistenten. Der Szenenbildner sorgt dafür, dass die Welt so aussieht, wie sie im Drehbuch beschrieben ist. Während die Kleidung der Schauspieler Sache vom Kostümbildner ist, kümmert sich der Maskenbildner um die Gesichter.

Nun beginnen die Dreharbeiten. Der Regisseur erteilt den Schauspielern die Anwei-
25 sungen, denn er ist verantwortlich dafür, dass aus dem Drehbuch ein schöner, spannender Film wird. Alle Szenen, die an einem Ort spielen, werden nacheinander gefilmt. Erst dann wechselt das Team zum nächsten Drehort. Manchmal ist darum die Schlussszene lange vor dem Anfang eines Films „im Kasten". Damit der Film wirklich spektakulär wird, sind oft noch viele andere Spezialisten daran beteiligt: Stuntmen übernehmen
30 gefährliche und schwierige Szenen, Tiertrainer sorgen dafür, dass die beteiligten Tiere mitspielen, Spezialeffektemacher lassen es krachen, Computer-Trick-Spezialisten verändern am Rechner die Bilder. Und natürlich muss auch der Ton stimmen. Der Tonmeister hat die Aufgabe, am Drehort die Gespräche der Schauspieler und die Atmosphäre des Ortes aufzunehmen.

35 Die Szenen sind gedreht. Der Regisseur hat nun viele Stunden Aufnahme (A), aus denen der Film zusammengeschnitten wird. Das macht der Schnittmeister: Er bringt

Methoden der Texterschließung anwenden

zuerst die Szenen in die richtige Reihenfolge, so entsteht der Rohschnitt (B). Danach kürzt er mit dem Regisseur den Film auf Spielfilmlänge zusammen. Das nennt man Feinschnitt (C). Heute muss man für diese Arbeit natürlich nicht mehr die Filmrollen zerschneiden, der Schnittmeister macht alles am Computer. Der Komponist denkt sich eine passende Filmmusik aus und der Geräuschemacher sorgt für Geräusche, die den Film noch stimmungsvoller machen. Alle Tonspuren werden am Ende vom Tonmischmeister „abgemischt" - das heißt: so zusammengefügt, dass es gut klingt.

Ist der Film schon gut? Hat er noch Schwächen? Bevor er ins Kino kommt, wird der Film oft noch einem Testpublikum gezeigt. Von dessen Reaktion hängt ab, ob noch Stellen im Film geändert werden. Sobald der Film fertig ist, liefern Fimverleiher Kopien an die Kinos, die ihn zeigen wollen. Entweder per Lieferwagen oder digital. Blockbuster wie „Fluch der Karibik" laufen allein in Deutschland in mehr als 1000 Kinos. Endlich ist es so weit: Der Film wird das erste Mal in einem großen Kino bei der Premiere gezeigt. Dazu reisen auch die Hauptdarsteller an. In den folgenden Wochen ist der Film in den anderen Kinos des Landes zu sehen, bis die Zuschauer keine Lust mehr darauf haben.

2 Übertrage die folgende Tabelle in dein Heft. Ergänze die dritte Spalte mit Hilfe des Textes.

Schritt	Der Schritt beinhaltet…	Diese Personen sind wichtig…
(1) Idee entwickeln	Recherche, Casting, Exposé	Regisseur, Produzent…
(2) Film vorbereiten	Finanzierung und Drehplan	…
(3) Film drehen	Kamera, Ton, Licht	…
(4) Film bearbeiten	Schnitt und Ton	…
(5) Film veröffentlichen	Kino, DVD, Kritik, Werbung	…

www
Wie ein Film entsteht, erfährst du ausführlich auf der Seite www.planet-schule.de.

3 Notiere zu vier Berufen, die im Text genannt werden, eine kurze Beschreibung.

Methoden der Texterschließung anwenden

Lesen – Umgang mit Texten und Medien

Medien

Kameraeinstellungen erkennen

Bei einem Film sind die Bilder das wichtigste.

1 Betrachte die Bilder. Beschreibe, was du siehst.

Dies sind Bilder aus dem Film „Rico, Oskar und die Tieferschatten".

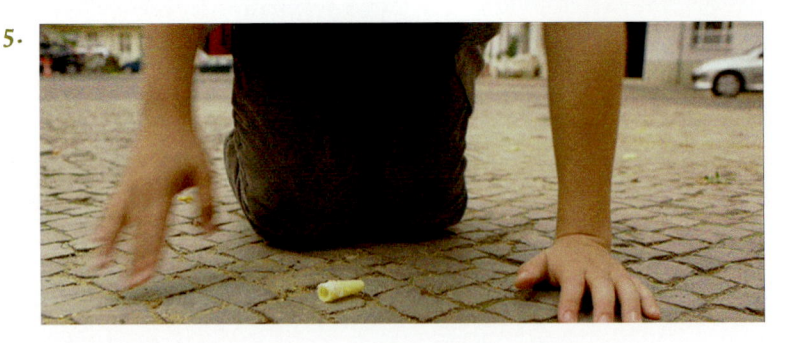

1.

2.

3.

4.

5.

Bilder in Grundzügen beschreiben

KOMPETENZEN AUFBAUEN, ÜBEN UND ANWENDEN

2 Ordne den Bildern die Kameraeinstellungen aus dem Merkkasten zu.

3 Regisseure nutzen verschiedene Kameraeinstellungen, um eine bestimmte Wirkung zu erzielen. Ordne die folgenden Aussagen den Bildern auf Seite 162 zu.

> Mit dieser Einstellung wollte ich zeigen, dass Rico oft allein ist.

> Hier sollte der Zuschauer sich auf die Nudel konzentrieren.

> Hier war mir wichtig, dass man sieht, wie neugierig Rico die Nudel betrachtet.

> Diese Einstellung habe ich gewählt, um die Welt durch eine Nudel zu zeigen.

> Mit dieser Szene wollte ich Ricos Wohnumgebung zeigen.

4 Notiere deine Ergebnisse der Aufgaben 2 und 3 in einer Tabelle:

Bild	Einstellung	Mögliche Absicht
1	Halbnah	Wohnumgebung zeigen

ⓘ Kameraeinstellung

Mit den Einstellungsgrößen der Kamera kann man die Aufmerksamkeit auf bestimmte Dinge lenken, zum Beispiel auf die Blicke, Mimik oder Gestik der Personen, auf die nähere und weitere Umgebung. Auf diese Weise können unterschiedliche Wirkungen erzielt werden.

Die wichtigsten Kameraeinstellungen sind:
Totale:
　Man sieht eine größere Umgebung: *Landschaft, Stadt, Menschenmenge.*
Halbnah:
　Man sieht eine nähere Umgebung: *Person, kleine Gruppe.*
Nah:
　Man sieht einen wichtigen Teil: *Person vom Kopf bis zu den Schultern.*
Großaufnahme:
　Man sieht eine Sache vergrößert: *Gegenstand, Gesicht.*
Detail:
　Man sieht einen vergrößerten Ausschnitt einer Sache: *Auge, Etikett.*

Einfache Text-Bild-Zusammenhänge benennen, Gestaltungsmittel in audiovisuellen Texten beschreiben: Kameraeinstellung

Lesen – Umgang mit Texten und Medien

Medien

Kameraperspektiven erfassen

1 Bildet 3-er Gruppen. Bestimmt zwei Schauspieler und ein Kamerakind.
- Stellt die folgenden Gegensatzpaare als Standbilder dar:
  klein – groß, mutig – ängstlich, gut – böse
- Fotografiert jedes Standbild aus drei Perspektiven: auf Augenhöhe, von oben, von unten.
- Vergleicht eure Bilder. Tauscht euch aus, wie die verschiedenen Fotos wirken.

2 Betrachte die Bilder.

- a) Ordne die Beschreibungen den drei Bildern zu.
  Der Blick des Betrachters geht von unten nach oben. – Der Blick des Betrachters ist gerade. – Der Blick des Betrachters geht von oben nach unten.

- b) Finde passende Beschreibungen für den Blick des Betrachters in den drei Bildern.

Szenische Verfahren anwenden, einfache Text-Bild-Zusammenhänge benennen

KOMPETENZEN AUFBAUEN, ÜBEN UND ANWENDEN 165

3 Indem eine bestimmte Kameraperspektive gewählt wird, können Dialoge passend umrahmt werden. Ordne die Sprechblasen den Bildern zu.

Ey, Spagetti-Spaso mach' unser Womo nicht kaputt.

Aber, ich ...

Wenn du mir sagst, was du suchst, kann ich dir helfen.

4 Erklärt, wie die Kinder in den einzelnen Bildern auf euch wirken. Die folgenden Adjektive können euch helfen:

hilflos – ängstlich – mutig – stark – neugierig – traurig – verletzlich – fröhlich – wütend – ruhig – entschieden – aggressiv – verängstigt – schüchtern – zurückhaltend – sicher – verwirrt – gelassen – zornig

5 Fasse in deinen Worten zusammen, wie Kameraperspektive und Wirkung zusammenhängen.

> ⓘ **Kameraperspektive**
>
> Durch den Blickwinkel der Kamera wird unsere Aufmerksamkeit auf das Geschehen oder die handelnden Personen gelenkt. Die verschiedenen Perspektiven haben Einfluss darauf, wie die Szene auf den Zuschauer wirkt. Die drei wichtigsten Kameraperspektiven sind: **Froschperspektive** (von unten), **Normalperspektive** (geradeaus) **und Vogelperspektive** (von oben).

Altersgemäße Gestaltungselemente in audiovisuellen Texten beschreiben und deren Wirkung erläutern: Kameraperspektive

Medien
Einen Film vorstellen: Filmkritik

Melanie möchte heute ihren Lieblingsfilm „Rico, Oskar und die Tieferschatten" vorstellen. Sie hat dafür ein Plakat vorbereitet:

Rico, Oskar und die...

Trickfilm
Interesse
Einkauf
Freunde
Einsam
Retter

Schwerkraft
Charme
Helm
Allein
Trottel
Täter
Entführung
Nachbarn

1 Beschreibt das Plakat.

2 Nennt den Filmtitel und tauscht euch aus, worum es gehen könnte.

Bilder beschreiben, Text-Bild-Zusammenhänge benennen

KOMPETENZEN AUFBAUEN, ÜBEN UND ANWENDEN

3 Lies Melanies Vorstellung dieses Films.

Rico, Oskar und die Tieferschatten

Ich habe eine ganze Reihe von Lieblingsfilmen. Aber es gibt einen Film, den ich wirklich am liebsten sehe. Er heißt „Rico, Oskar und die Tieferschatten".
2014 kam er ins Kino. Er war so beliebt, dass es weitere Teile geben wird.
Der Film dauert 95 Minuten und ist wirklich toll.

Rico ist ein „tiefbegabtes" Kind. Er lebt zusammen mit seiner Mutter, die abends zwar arbeiten gehen muss, aber sich sehr um ihn kümmert. Zufällig trifft er Oskar, ein hochbegabtes Kind. Die beiden Jungen werden die besten Freunde. Weil Oskars Vater sich gar nicht um seinen Sohn kümmert, lässt er sich von „Mister 2000" entführen. Aber Oskars Vater weigert sich, das Lösegeld zu bezahlen. So sitzt Oskar in der Falle.
Um seinem besten Freund zu befreien, überwindet Rico sogar seine Angst vor den „Tieferschatten". So nennt er die seltsamen Gestalten, die er nachts in der gegenüberliegenden Wohnung immer sieht. Am Ende können die beiden Jungen den Entführer enttarnen und die Polizei rufen.

Diesen Film muss man einfach gesehen haben! Die Geschichte ist sehr witzig und zugleich sehr spannend. Ich kann „Rico, Oskar und die Tieferschatten" wirklich nur empfehlen, denn er ist für die ganze Familie interessant. Ich finde die Musik toll. Aber besonders lustig finde ich, wie Rico sich selbst Wörter erklärt oder wie gezeigt wird, wie es in seinem Kopf aussieht. Auch die Mischung von Trickbildern und echten Bildern hat mich überzeugt. Wer „Rico, Oskar und die Tieferschatten" noch nicht kennt, der hat wirklich etwas verpasst!

---

4 Markiere die Stellen, an denen man merkt, wie Melanie der Film gefallen hat. Formuliere Melanies Meinung zu dem Film in deinen eigenen Worten.   *Folie*

5 Gib den Inhalt jedes Textabschnittes in einem Satz wieder.

6 Benenne die Zeitform des Textes.

7 Schreibe nun eine Filmkritik zu deinem eigenen Lieblingsfilm. Die Checkliste hilft dir.

✓ CHECKLISTE

Eine Filmkritik schreiben
- ✓ Schreibe in der Einleitung den Titel, die Art, das Erscheinungsjahr und die Filmlänge.
- ✓ Schreibe im Hauptteil auf, worum es in dem Film geht.
- ✓ Schreibe am Schluss auf, was dir an dem Film besonders gefällt oder nicht gefällt.
- ✓ Schreibe im Präsens.

Einen ersten Gesamteindruck eines Films beschreiben, die Handlung von Filmen wiedergeben, einfache Zusammenhänge von Gestaltung und Wirkung in Filmen beschreiben

Überprüfe dein Wissen und Können

Lesen – Umgang mit Texten und Medien

Medien

Projekt: Eine Filmsequenz entwickeln

1 Lies dir die Geschichte durch, betrachte das dazugehörige Bild.

Wie so oft ist Dominik zu spät dran. Im letzten Moment schafft er es, in den letzten Waggon zu springen. Schon pfeift der Schaffner zur Abfahrt. Völlig atemlos lässt Dominik sich auf den Sitz fallen. Jetzt braucht er dringend etwas zu trinken. Dummerweise sitzt er ganz hinten – und Getränke gibt es ja eher vorne im Zug.
Zwar kann Dominik seinen Durst schneller als er denkt löschen – aber froh ist er dennoch nicht. Warum?

M → S. 283
Gedanken mit dem Placemat strukturieren

2 Entwickelt Ideen, warum Dominik dennoch nicht zufrieden ist.

3 Entscheidet euch für eine Idee und entwickelt sie zu einer Geschichte weiter.

4 Plant nun eine passende Filmsequenz.
- Skizziert die einzelnen Szenen. Berücksichtigt dabei die Kameraperspektive und -einstellung.
- Notiert, wer zu sehen ist.
- Notiert, welche Dinge für die Kulisse benötigt werden.
- Beschreibt in wenigen Sätzen, was in jeder Szene passiert.

Die eigenen Gestaltungsentscheidungen sowie alternative Möglichkeiten erläutern, Bilder zu Texten gestalten und umgekehrt, eigene Bildvorstellungen entwickeln

GELERNTES ÜBERPRÜFEN   169

5 Plant vier bis sechs Szenen. Legt für jede Szene ein großes Blatt Papier bereit. Teilt das Blatt folgendermaßen auf:

Szene Nr. *1*

Ort: *Straße zum Bahnhof*   **Personen:** *Dominik*

So soll das Foto aussehen:

Diese Gegenstände benötigen wir für die Kulisse:

✓ *Rucksack*

Kamera:
Totale aus Vogelperspektive

Drehort:
Bahnhofsstraße

Das passiert gerade:
Dominik rennt so schnell er kann zum Bahnhof.

---

6 Setzt euer Storyboard nun als kurzen Film um.

7 Stellt euren Film der Klasse vor.

Tipp
Um eure Videos zu bearbeiten könnt ihr auch die Programme „avidemux" oder „VSDC Free Video Editor" nutzen.

In medialen Kommunikationssituationen eigene Beiträge adressatenbezogen und den Möglichkeiten und Grenzen des jeweiligen Mediums entsprechend formulieren, aus einer Vorlage ein Text-Bild-Kommunikat gestalten

NEUES ENTDECKEN – EINSICHTEN GEWINNEN

Rechtschreibung und Zeichensetzung

Aufbau und Schreibung der Wörter

1 Lies den folgenden Text.

Freu(d/t) und Lei(d/t) der Tupfen

Nicht **a(l/ll)e** Menschen haben Sommersprossen. Die Neigung dazu wird **verer(b/p)t**. Häufig sind s(i/ie) bei Menschen mit **he(l/ll)er Hau(d/t)** anzutreffen. Sommersprossen breiten sich an **Stel(l/ll)en** am Körper aus, die dem Sonnenlicht stark **ausgese(z/tz)t** sind. Sommersprossen **entste(h/-)en** am häufigsten im **Gesich(d/t)**. Manche Menschen
5 haben die **Pun(k/ck)te** auch an den Schultern und Armen. Einige finden Sommersprossen **nied(ilg/lich)**, anderen **gefa(l/ll)en** diese braunen **Fle(k/ck)en** überhaupt nicht. Das **fü(h/-)rt** dazu, dass der ein oder andere sogar im Sommer nur mit Sonnenhut oder **lang(e/ä)rmeligen** T-Shirts durch die **Gegen(d/t) l(eu/äu)ft**. Dabei befindet man sich als **Sommersprossentr(e/ä)ger** eigentlich in **gu(t/tt)er Gese(l/ll)schaft**. Pippi Langstrumpf
10 und das Sams würden **o(h/-)ne** sie nur halb so **lusti(g/k) au(s/ss)ehen**. Die kleinen **Far(b/p)klecsse** sind **z(i/ie)mlich** harmlos, aber sie sind ein Zeichen für **sonnenempfin(d/t)liche** Haut. **D(i/ie)se** Menschen **beko(m/mm)en schne(l/ll)er** einen **Sonnenbran(d/t)** und müssen sich daher **st(e/ä)rker** als andere vor der direkten Sonne **schü(z/tz)en**.

Folie

Rechtschreibstrategien
· Silben schwingen
· Wörter verlängern
· Wörter ableiten
· Merkwörter

2 Finde mithilfe der Rechtschreibstrategien die richtige Schreibweise der Wörter im Text heraus. Unterstreiche die Buchstaben im Text, mit denen die Wörter richtig geschrieben werden.

3 Schreibe die farbigen Wörter aus Aufgabe 1 nun in der richtigen Schreibweise auf. Notiere, welche Strategie du angewendet hast.
Beispiel: *Freud* = Wörter verlängern: *Freude*   *alle* = Silben schwingen: *alle*

In diesem Kapitel lernst du (,) ...

- verschiedene Rechtschreibstrategien anzuwenden.
- Wörter mit z/tz und k/ck zu unterscheiden und zu schreiben.
- Wörter mit b/p, d/t und g/k auseinanderzuhalten.
- s-Laute richtig zu schreiben.
- die Suffixe -lich, -ig und -lisch kennen.
- Wörter mit dem Wortstamm End-/end- und dem Präfix Ent-/ent- zu erkennen.
- Wörter mit langem i zu unterscheiden und zu schreiben.
- Wörter mit Doppelvokalen zu schreiben.

KOMPETENZEN AUFBAUEN, ÜBEN UND ANWENDEN

Aufbau und Schreibung der Wörter

Silben schwingen
Wörter mit z/tz – Wörter mit k/ck

> *Silben schwingen* ist eine Strategie, bei der Wörter in Silben zerlegt und langsam und deutlich gesprochen werden. Unterstützend können Sprechsilben als Schwungbögen unter das geschriebene Wort gesetzt werden.

1 Sprich die Wörter deutlich aus.
Bäcker / Brezel / Spritze / Decke / Ekel / Gurke / Haken / Heizung / Kränze / Kerze / Lenker / Luke / Münze / Sätze / Schnauze / Socken / Tatze / Wecker / Netze / Katze

2 Ordne die Wörter aus Aufgabe 1 in die Tabelle ein. Schreibe sie mit Schwungbögen auf.

Wörter mit z	Wörter mit tz	Wörter mit k	Wörter mit ck
Brezel	…	…	Bäcker

3 Erklärt euch gegenseitig mithilfe der Tabelle aus Aufgabe 2, wann Wörter mit *z* oder *tz* oder mit *k* oder *ck* geschrieben werden.

4 Entscheide, ob du *z*, *tz*, *k* oder *ck* einsetzt. Schreibe die Wörter in die Tabelle von Aufgabe 2. Ergänze die Schwungbögen.
z oder tz: Schä_e, Lan_e, schmel_en, spri_ig, zerpla_en, win_ig, si_en, hei_en, tro_ig
k oder ck: zan_en, we_en, hei_el, mel_en, Schin_en, tro_en, Glo_e, Lü_e, den_en

> **Tipp**
> Nach l, m, n, r, das merke ja, kommt nie tz und nie ck.

5 Lest euch den folgenden Text zunächst so vor, wie er dasteht.

Eine verrüxte Idee

Ich **sixe** hier an meinem Computer. Bei dieser **schrexlichen Hixe** will mir nichts einfallen, was ich schreiben könnte. Meine **Kaxe sixt** in der **Exe** und **puxt** sich ihr **Schnäuxchen**. Sie **kraxt** mit ihren **Taxen** am Teppich. **Plöxlich** kommt mir **blixartig** ein kleiner **Scherx** in den Sinn. Ich tausche in den **Säxen** einmal alle z und tz und alle k und ck durch ein x aus. Na ja, so **ganx glüxlich** bin ich über meine **verrüxte** Idee nicht. Es sieht
5 einfach nur **wixig** aus. Ich glaube, ich **flixe** lieber zum **Bäxer** und kaufe mir ein paar **lexere Kexse** und **Brexeln**. Und dann lege ich mich auf die **Matraxe** und schlafe erst einmal.

6 Überarbeite den Text.
a) Schreibe die fett gedruckten Wörter richtig auf. Beispiel: *verrückte, sitze* …
b) Schreibe den gesamten Text richtig auf.

ⓘ Wörter mit z/tz – Wörter mit k/ck

Wörter werden nur dann mit **tz** oder **ck** geschrieben, wenn ihnen ein kurzer Vokal vorausgeht: Mü**tz**e, Ja**ck**e … Wörter werden mit **z** oder **k** geschrieben, wenn ihnen ein **langer** Vokal oder *au, ei, eu, äu* vorausgeht: Kapu**z**e, Schau**k**el …
Wörter werden auch dann mit **z** oder **k** geschrieben, wenn ein Konsonant davorsteht: Schür**z**e, Schin**k**en …

*Regeln und Strategien zur Sprachrichtigkeit und Rechtschreibung anwenden:
Wörter mit z/tz - Wörter mit k/ck*

Rechtschreibung und Zeichensetzung

Aufbau und Schreibung der Wörter

Wörter verlängern
Wörter mit b/p, d/t, g/k im Auslaut

Wörter verlängern ist eine Strategie, mit der du den richtigen Buchstaben am Silbenende erkennst. (Nomen: Plural bilden, Verben: konjugieren, Adjektiv: komparieren)

1 Sprich die Wortpaare laut aus und achte auf die Aussprache der markierten Buchstaben.

Hun**d** – die Hun**d**e
gel**b** – der gel**b**e Stift
sie flieg**t** – flie**g**en

2 Beschreibe, welche Laute du jeweils hörst.

3 Verlängere die Wörter, damit du hören kannst, ob sie mit *b, d, g* oder mit *p, t, k* geschrieben werden und schreibe sie auf.

*Her_, to_t, klu_, hu_t, flin_, star_, den_t, Kor_, blon_, Ber_, Geträn_, Sala_, par_t, gel_, Bro_, na_t, bun_, kle_t, Hau_t, Ra_, Zu_, blei_t, gi_, wie_t, frem_, gro_*

4 Finde zu den Komposita die Wortform, die den Buchstaben *b, d, g* oder *p, t, k* hörbar macht. Setze in die Wörter *b, d, g* oder *p, t, k* ein.
Beispiel: *Schla**g**zeug – schla**g**en*

Schla_zeug, Ber_wiese, Flu_zeug, Schrei_papier, Stau_sauger, Schla_sahne, Wil_tiere, Lan_wirt, Schran_wan_, Wal_spaziergang, erfol_reich, Ofenban_, Herz_lappe

---

⚠ Wörter mit b/p, d/t, g/k im Auslaut

In manchen Wörtern hört man ein *p*, ein *t* oder ein *k*, obwohl sie mit **b**, **d**, **g** geschrieben werden: *lo**b**t, Fel**d**, klu**g***.
Wenn man diese Wörter **verlängert,** dann hört man, ob sie mit *b, d, g* oder mit *p, t, k* geschrieben werden. So kannst du die Wörter verlängern:
– Bilde bei Nomen den Plural: *Fel**d** – Fel**d**er*
– Verwende Adjektive mit einem Nomen oder steigere sie: *klu**g** – der klu**g**e Junge* oder *klu**g** – klü**g**er*.
– Bilde bei den Verben den Infinitiv (Grundform): *lo**b**t – lo**b**en*.
Zusammengesetzte Wörter müssen zuerst zerlegt und dann verlängert werden:
Handball: *Han**d** + Ball → Hän**d**e*

Regeln und Strategien zur Sprachrichtigkeit und Rechtschreibung anwenden:
Wörter mit b/p, d/t, g/k im Auslaut

KOMPETENZEN AUFBAUEN, ÜBEN UND ANWENDEN

Aufbau und Schreibung der Wörter

Wörter mit ss oder ß

1 Sprecht die Begriffe deutlich aus. Schreibt sie auf und bildet den Plural. Ergänzt die Schwungbögen.

2 Stellt fest, wodurch sich die Wörter unterscheiden.

3 Schreibe die folgenden Wörter ab und entscheide dabei, ob du *ss* oder *ß* einsetzt.

*Ta_e, So_e, schlie_en, Gru_, fa_en, drau_en, Schlu_, pa_en, Gefä_, sto_en, Ma_e, Ma_e, hei_, Schlü_el, gie_en, Grö_e, me_en, Schü_el, Flei_, Pa_, sü_, Stre_*

4 Immer zwei der folgenden Wörter gehören zu einer Wortfamilie. Schreibe sie heraus. Beispiel: *aß – essen*

📄 S. 317
Wortfamilie

*aß   beißen   vergaß   fließen   schmeißen   schießen   weiß   ließ   fraß
maß   essen   schmissen   flossen   gebissen   geschossen   messen   frisst
wissen   vergessen   lassen*

5 Finde weitere Wörter, die zu den Wortfamilien in Aufgabe 4 gehören.
Beispiel: *aß – essen – gegessen – Mittagessen – essbar – …*

ⓘ Wörter mit ss oder ß

Wörter mit **ss** haben eine zweisilbige Form. Ist der Vokal in der ersten Silbe **kurz**, so schreibt man **ss**: *müs-sen, küs-sen*…
Andere Formen dieser Wörter werden ebenfalls mit **ss** geschrieben:
müssen: muss, musste – küssen: Kuss, geküsst…

Wörter mit **ß** haben eine zweisilbige Form. Ist der Vokal in der ersten Silbe **lang**, so schreibt man **ß**: *sto-ßen, grü-ßen, Stra-ße, lie-ßen*…
Andere Formen dieser Wörter werden ebenfalls mit **ß** geschrieben:
stoßen: stößt, der Stoß… – grüßen: gegrüßt, der Gruß…
Diphthonge wie *au, eu* und *ei* werden wie lange Vokale behandelt: *drau-ßen, rei-ßen*…

In **manchen Wortfamilien** kommen Wörter vor, die mit **ss** geschrieben werden, und andere, die mit **ß** geschrieben werden. Dann gilt die Regel:
Nach **langem** Vokal und *ei, au, äu* steht **ß**:   *beißen   gießen   vergaß*…
Nach **kurzem** Vokal steht **ss**:   *gebissen   gegossen   vergessen*…

*Regeln und Strategien zur Sprachrichtigkeit und Rechtschreibung anwenden:
Wörter mit ss und ß*

Rechtschreibung und Zeichensetzung

Aufbau und Schreibung der Wörter

Der stimmhafte und der stimmlose s-Laut

1 Sprecht euch die Zungenbrecher gegenseitig vor und achtet darauf, welchen Unterschied ihr heraushört.

Sieben Riesen niesen mit ihren Riesennasen.

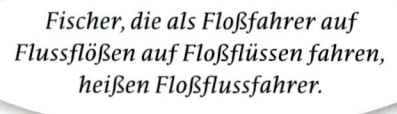

Fischer, die als Floßfahrer auf Flussflößen auf Floßflüssen fahren, heißen Floßflussfahrer.

2 Halte dir die Ohren zu und sprich die Zungenbrecher jetzt noch einmal laut aus. Achte auf die s-Laute. Beschreibe, worin sie sich unterscheiden.

Tipp
Einen **stimmhaften s-Laut** erkennst du, wenn du den s-Laut in deinem Ohr wie bei einer Biene summen hörst.
Einen **stimmlosen s-Laut** erkennst du, wenn du den s-Laut wie bei einer Schlange zischen hörst.

3 Sprich die folgenden Verse deutlich aus, damit du den stimmhaften s-Laut in der Langform der Wörter hören kannst.

a) Er ra_t kommt von rasen,
und blä_t kommt von blasen.

b) Das Lo_ kommt von Lo_e,
und Moo_ kommt von Moo_e.

c) Er dö_t kommt von dösen,
und lö_t kommt von lösen.

d) Aus le_en wird lie_t,
aus nie_en wird nie_t.

Folie

4 Setze in die Verse aus Aufgabe 3 die richtigen s-Laute ein.

5 Sprich die folgenden Verse deutlich aus, damit du den stimmlosen s-Laut in der Langform der Wörter hören kannst.

a) Aus hei_t bilde heißen,
aus bei_t bilde beißen.

b) Aus sü_ bilde Sü_e,
aus Fu_ bilde Fü_e.

c) Aus Spa_ bilde Spä_e,
aus Gefä_ bilde Gefä_e.

d) Aus schie_t bilde schießen,
aus flie_t bilde fließen.

e) Aus spie_t bilde spie_en,
aus gie_t bilde gie_en.

f) Denk an flei_ig bei Flei_
und an schmei_en bei schmei_t.

Folie
- a) Setze nun in die Verse die richtigen s-Laute ein.
- b) Schreibe die Verse ab und setze die richtigen s-Laute ein.

Regeln und Strategien zur Sprachrichtigkeit und Rechtschreibung anwenden: der stimmhafte und der stimmlose s-Laut

KOMPETENZEN AUFBAUEN, ÜBEN UND ANWENDEN

6 Setze s oder ß ein.

- a) Schreibe die folgenden Wörter ab. Verlängere die Wörter, dann kannst du hören, ob sie einen stimmhaften oder einen stimmlosen s-Laut haben.
  Beispiel: *er rast – rasen*
  er ra_t, gro_, Gra_, sie rei_t, er grü_t, Fu_, Krei_, er hei_t, sie gie_t, er lie_t, Glei_, es flie_t, Klo_, sie bewei_t, er blä_t, So_e, Flie_e, sie nie_t, hei_er, bei_t, Spa_

- b) Schreibe die folgenden Sätze ab und verlängere die Wörter
  Beispiel: *Er verreist in den Ferien.* verreisen
  a) Er verrei_t in den Ferien.
  b) Sie rei_t sich um einen Platz ganz vorne.
  c) Der Wegweiser wei_t uns den Weg.
  d) Wir sau_en drau_en umher.
  e) Wir a_en auf dem Ra_en.
  f) Sie zerrei_t ein Blatt Papier.
  g) Das Pferd rei_t an der Leine.
  h) Der Maler wei_t die Wand.
  i) Wir sto_en die Do_en um.
  j) Wir gie_en die Wie_en.

Tipp
Erst wenn du das Wort verlängerst, hörst du, ob es stimmhaft ist: sie reist – reisen

7 Ergänze die Wörter in diesem Brief mit s oder ß.

Folie

> Sehr geehrter Herr Bäuerle,
> erst vorige Woche kamen Sie angedü*t, um mir meinen Computer zu reparieren. Haben Sie dabei gedö*t? Jedenfalls hat er schon wieder ein Problem, das für mich unlö*bar ist. Was ist nur lo* mit dem Ding? Er schreibt einfach in manche Wörter so ein komisches Sternchen hinein. Vieles wei*t darauf hin, dass mich das Hexending blo* ärgern will. Wie lie*t sich denn das, was hier steht? In mir ra*t die Wut. Mir sitzt ein Klo* im Hals, mir krei*t es im Schädel! Es zerrei*t mich noch in der Luft! Das ist kein Spa* mehr! Kommen Sie sofort, sonst blä*t mir der Computer noch das Leben aus – und unsereiner bei*t dann ins Gra*, nur weil Sie sich vielleicht einen Spa* mit mir gemacht haben.
> Seien Sie gegrü*t von mir.

ⓘ Der stimmhafte und der stimmlose s-Laut

In unserer Sprache gibt es zwei verschiedene s-Laute.
In einem Wort wie *reisen* kannst du das s in deinen Ohren summen hören.
Man nennt diesen Laut ein **stimmhaftes s.**
In einem Wort wie *reißen* hörst du den s-Laut nur leise zischen.
Man nennt ihn deswegen einen **stimmlosen s-Laut.**
Der **stimmhafte s-Laut** wird immer als s geschrieben. Dieses s bleibt in allen Wörtern einer Wortfamilie erhalten. *reisen, verreisen, die Reise* ...
Wenn das s vor einem **Konsonanten** steht, wird es **stimmlos** ausgesprochen.

*Regeln und Strategien zur Sprachrichtigkeit und Rechtschreibung anwenden:
der stimmhafte und der stimmlose s-Laut*

Rechtschreibung und Zeichensetzung

Aufbau und Schreibung der Wörter

Die Suffixe -lich, -ig und -isch

Tipp
Merke dir: Wenn du ein l hörst, werden die Wörter meistens mit -lich geschrieben: Ehre – ehrlich.

1 Bilde aus diesen Wortstämmen Adjektive, indem du die Suffixe -lich, -ig und -isch anfügst. Beispiel: *freundlich*

| freund- | engl- | mög- | richt- | wend- | kom- |
| ehr- | neid- | mut- | lust- | störr- | glück- |

2 Verlängere die Adjektive aus Aufgabe 1 und schreibe sie mit einem passenden Nomen auf. Beispiel: *freundliche Menschen, die englische Sprache ...*

3 Bilde aus den Nomen Adjektive mit -lich, -ig und -isch. Beispiel: Gefahr – *gefährlich*
Gefahr – Gift – Glück – Misstrauen – Unsinn – Tier – Wind – Wähler

4 Schreibe die Adjektive aus Aufgabe 3 in verlängerter Form mit passenden Nomen auf. Beispiel: *gefährliches Abenteuer*

5 Lest euch den Brief zunächst so vor, wie er dasteht.

> *Sehr geehrter Herr Fachmann,*
> *mein **idiotinger** Computer macht **augenblickling** Dinge, die **unmögling** sind. Er schreibt die deutschen Wörter **ständing** mit Nachsilben, die **engling** aussehen. Das sieht **entsetzling** aus! **Wahrscheinling** kommen in seinem **chaotingen** Computergehirn zwei Sprachen **völling** durcheinander. Ich finde das weder **spaßing** noch **witzing** und ärgere mich **tiering** darüber. Dieses Gerät macht mit einer alten **friedlingen** Frau, was es will. Ich kann da nur sagen: **widerling**! Ich bin **seeling** ganz und gar **ferting**. Kommen Sie bitte so schnell wie **mögling** und sehen Sie sich das Gerät an. **Hoffentling** sind es keine **gefährlingen** Computerviren!*
> *Mit **freundlingen** Grüßen*
> *Agatha Fox*

6 Überarbeite den Brief und nutze die Strategie „Wörter verlängern".

a) Schreibe die fett gedruckten Wörter richtig auf. Beispiel: *idiot**isch***
b) Schreibe den Brief richtig auf.

ⓘ Wörter mit -lich, -ig, -isch

Wörter mit den Wortbausteinen **-lich, -ig, -isch** werden manchmal falsch geschrieben, weil ihre Endungen ähnlich klingen. Verlängert man diese Wörter aber, so kann man deutlicher hören, wie sie geschrieben werden:
glücklich – glückliche, lustig – lustige, neidisch – neidische.

Regeln und Strategien zur Sprachrichtigkeit und Rechtschreibung anwenden: die Suffixe -lich, -ig und -isch

KOMPETENZEN AUFBAUEN, ÜBEN UND ANWENDEN

Aufbau und Schreibung der Wörter

Wörter ableiten
Die Umlaute ä und äu

> **Wörter ableiten** ist eine Strategie, mit der du die Schreibweise eines Wortes herleiten kannst, wenn du ein anderes Wort der Wortfamilie richtig schreibst.

1 Lest euch den Text vor und sprecht darüber, was euch auffällt.

Der Rauber

An dem alten **Gemauer**, wo dichte **Baume** und **Straucher** stehen und wo die alten **Gartenschlauche** vor dem **baufalligen Gewachshaus** zusammengerollt lagen, hielt sich schon **langere** Zeit ein **Rauber** versteckt. Er beobachtete die beiden alten, **armlichen Hauser**. Die **braunlichen Zaune** um die **Gebaude** waren nicht sehr hoch; darüber würde er leicht hinwegsteigen und dann einbrechen können.

Auf einmal hörte der **Rauber** ein **verdachtiges Gerausch** aus einem der **Hauser**. Was war das? Er stand **angstlich** und wie **betaubt** da. Dann hörte er plötzlich eine Stimme, die sagte: „Auf meinem **Gelande** hat sich ein **Rauber** versteckt. Kommen sie schnell!" Dann **lautete** das Telefon, und die Stimme **krachzte** noch einmal: „Ja, ich halte ihn fest! Und wenn er sich **straubt, betaube** ich ihn und fessele ihn mit einem der **Gartenschlauche**." Als das der **Rauber** hörte, wurde er ganz **blasslich** um die Nase, und er bekam **blauliche** Lippen. Nichts wie weg, dachte er. Und er rannte **tatsachlich** davon.

2 Schreibe die fett gedruckten Wörter richtig auf und leite die Wörter ab.
Beispiel: *Räuber – rauben*

3 Finde zu der Langform der folgenden Wörter die Kurzform, indem du die Wörter ableitest. Beispiel: *näher – nah*
näher / ängstlich / die Zähne / länger / träumen / lächeln / die Äpfel / glätten / die Fäuste / gefährlich / die Gäste / färben / säuerlich / die Bäuche / täglich

4 Schreibe nur die Wörter mit *ä* und *äu* richtig auf und ordne ihnen stammverwandte Wörter mit *a* oder *au* zu.
ä?   m_chtig, l_nglich, _ng, Fl_che, w_nden, w_rmer, l_nger, erk_nnen, _lter
äu?   Ger_sch, Kr_ter, fr_ndlich, R_ber, M_se, ber_en, l_ten, S_che, Geb_de

5 Manchmal ist es nicht ganz einfach, Wörter mit *äu* und *ä* von Wörtern mit *au* und *a* abzuleiten. Finde zu den folgenden Wörtern verwandte Wörter mit *au* und *a*.
Beispiel: *tatsächlich – Sache …*
tatsächlich / auffällig / selbstständig / lässig / Geländer / Stängel / enttäuscht

> ⚠ **Wörter mit ä und äu**
>
> Die meisten Wörter mit **äu** stammen von Wörtern mit **au** ab: *läuten – laut, säuerlich – sauer*.
> Viele Wörter mit **ä** stammen von Wörtern mit **a** ab: *länger – lang, ärmer – arm*.

*Regeln und Strategien zur Sprachrichtigkeit und Rechtschreibung anwenden:
die Umlaute ä und äu*

Rechtschreibung und Zeichensetzung

Aufbau und Schreibung der Wörter

Wörter mit dem Wortstamm End-/end- und Wörter mit dem Präfix Ent-/ent-

1 Sprich die folgenden Wörter laut aus und trage sie dann mit dem Wortstamm *End-/end-* oder dem Präfix *Ent-/ent* in die Tabelle ein.

En_stand/en_zwei/En_scheidung/En_ziffer/En_reim/En_zündung/en_los/ Unen_lichkeit/En_stehung/en_rümpeln/en_gültig/en_locken

End-/end-	Ent-/ent-
Endstand	entzwei

2 Lest euch die folgenden Sätze laut vor und schreibt die gesuchten Wörter mit *End-* oder *end-* auf.

a) Die letzte Haltestelle einer Straßenbahn ist die …
b) Das Spiel, das am Ende eines Turniers stattfindet, ist das …
c) Wer am Schluss eines Laufes noch einmal sein Tempo erhöht, setzt zum … an.
d) Eine Tatsache, die für immer gültig ist, ist …

> **Tipp**
> *Endrunde* ist die Runde vor dem Ende eines Laufes. *Endlos* bedeutet, dass etwas ohne Ende ist.

3 Setzt diese Verben mit dem Präfix *ent-* mündlich zusammen und sprecht sie deutlich aus. Beschreibt, auf welcher Silbe die Wörter betont werden.

ent-: führen   werfen   täuschen   stehen   wickeln   laufen   tarnen

> **Tipp**
> Das Verb *entlaufen* bedeutet *weglaufen*. Das Verb *entwischen* bedeutet *fortlaufen können*.

4 Schreibe die Verben aus Aufgabe 3 mit dem Präfix *ent-* auf und bilde zu den Verben Nomen. Beispiel: *entführen – die Entführung* …

5 Die Wörter in den folgenden Sätzen gibt es nicht. Versuche trotzdem, dir etwas darunter vorzustellen, und schreibe die Sätze richtig auf. Achte auf die Betonung der Wörter.

Ich habe mich mit meiner Freundin en_ freundet. Beim En_äpfeln des Baumes wäre ich beinahe runtergefallen. Ich wollte unbedingt an die beiden letzten En_äpfel herankommen. Im En_sprung ist mein Freund diesmal Erster geworden.

❗ Der Wortstamm End-/end- und das Präfix Ent-/ent-

Der Wortstamm **end-** hat etwas mit dem Wort **Ende** zu tun: *Endrunde, endlos*.
Wörter, die mit dem Wortstamm *end-* zusammengesetzt sind, werden immer auf dem **end-** betont: *endgültig, unendlich, Endstation*.

Das Präfix **ent-** bedeutet oft so etwas wie *weg, fort*. In Wörtern mit dem Präfix *ent-* bleibt das **ent-** unbetont: *entfernen, entsprechen*.

KOMPETENZEN AUFBAUEN, ÜBEN UND ANWENDEN

Aufbau und Schreibung der Wörter

Merkwörter
Wörter mit langem i

> **M** Mit **Merkwörtern** zu arbeiten hilft dir bei Wörtern, deren Schreibung du nur schwer erklären kannst. Diese Wörter musst du dir besonders einprägen und üben.

1 Sprich die Begriffe deutlich aus.

2 Beschreibt, worin sich die Wörter unterscheiden.

3 Schreibe die Wörter aus Aufgabe 1 mit Schwungbögen auf.

4 Schreibe die folgenden Wörter ab und entscheide, ob du *i* oder *ie* einsetzt. Setze die Schwungbögen.

B_ne, M_tte, Sch_ne, l_ber, f_nden, d_chten, B_lder, fl_gen, w_lde, d_se, L_ste, R_gel, M_te, n_mals, K_rche, r_chten, Z_gel, b_gen, Sp_nne, br_ngen, verd_nen

5 Sprecht euch die Wörter gegenseitig laut vor und achtet darauf, welchen Unterschied ihr heraushört. Unterstreicht die i-Laute.

Tiger   Pilz
Biber   Film
Krise   Schrift
Kino   Liste

6 Ordne die Wörter in die folgende Tabelle ein.

ihm   Lokomotive   Vieh   mir   Krokodil   dir   flieht   viel   sie   stiehlt   Igel
Idee   wir   geschieht   Sirene   erwidern   schmierig   gib   ziehen   siegen

einfaches i	ie	ih	ieh
		ihm	

7 Beschreibe, welche Gemeinsamkeit die Wörter aus Aufgabe 6 haben.

8 Finde weitere Wörter und trage sie in die Tabelle aus Aufgabe 6 ein.

Tipp Benutze ein Wörterbuch.

9 Bilde zu den folgenden Wörtern Reimwörter.
Beispiel: *kriegen – fliegen – liegen – siegen*

kriegen – Siegel – Klavier – Spiel – Brief – frieren – sprießen

Regeln und Strategien zur Sprachrichtigkeit und Rechtschreibung anwenden:
Wörter mit langem i

Rechtschreibung und Zeichensetzung

10 Arbeite mit folgenden Nomen.

a) Bilde aus den folgenden Nomen Verben, die auf *-ieren* enden. Markiere das *ie*.
Beispiel: *Diktat – diktieren*

Diktat / Notiz / Buchstabe / Nummer / Reparatur / Studium / Tapete / Interesse / Stolz / Gratulation / Information / Quartier / Operation / Explosion / Kritik

b) Einige der Wörter sind Fremdwörter. Finde diese Fremdwörter mit dem Wörterbuch heraus und schreibe auf, aus welcher Sprache sie kommen.
Beispiel: *Diktat – lateinisch*

Folgende Wörter spricht man mit einem *langen i*, sie werden aber mit einem einfachen *i* geschrieben. Sie enden auf *-in* oder *-ine*.

Maschine   Apfelsine   Gardine   Margarine   Violine   Ruine   Praline   Kabine   Rubin   Medizin   Kamin   Rosine   Kugelschreibermine   Benzin   Termin   Lawine

11 So kannst du mit diesen Wörtern üben. Wähle zwei Übungen aus.
- Du kannst die Wörter nach dem Alphabet ordnen.
- Du suchst verwandte Wörter im Wörterbuch heraus und schreibst sie auf:
  Maschine – Waschmaschine – Maschinerie ...
- Du kannst die Wörter mit Schwungbögen aufschreiben: *Ma schi ne ...*
- Du lässt dir die Wörter durch deinen Partner diktieren und diktierst sie anschließend gleichfalls deinem Partner.

12 Bilde zu den folgenden Adjektiven Nomen mit der Endung *ie*. Markiere in den Nomen das *ie*. Beispiel: *chemisch – Chemie*

chemisch / biologisch / industriell / melodisch / sympathisch / geometrisch

---

ⓘ Wörter mit langem i

Der **lang** gesprochene **i-Laut** wird in der betonten Silbe meistens mit **ie** geschrieben.
Die Silbe endet auf dem i-Laut: *bieten, Schiene*
Der **kurz** gesprochene **i-Laut** wird in der betonten Silbe meistens mit **i** geschrieben.
Die Silbe endet auf einen Konsonanten: *Bilder, finden*
Wörter, in denen der **lang gesprochene i-Laut** nur als **i** geschrieben wird, sind Merkwörter:
Musik, dir, Kilo, erwidern, Maschine

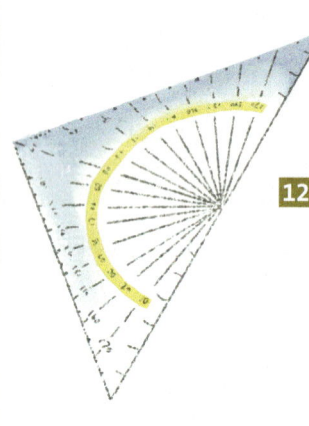

KOMPETENZEN AUFBAUEN, ÜBEN UND ANWENDEN

Aufbau und Schreibung der Wörter

Wörter mit Doppelvokal

1 Sprich die Begriffe deutlich aus und schreibe sie auf.

2 Stelle fest, welche Besonderheiten diese Wörter haben.

3 Schreibe die Wörter aus Aufgabe 1 im Singular und im Plural mit Schwungbögen auf.
Markiere die Doppelvokale. Beispiel: *Beere – Beeren*

→ S. 258 f.
Wortfamilien

4 Bilde Wortfamilien zu den Wörtern: *Idee, Schnee, Haar, Kaffee*
Beispiel: *Idee, ideenlos, …*

Tipp
Benutze ein Wörterbuch.

5 Setze die Wörter richtig zusammen und schreibe sie auf.

Liebes-	tee	Haar-	gut
Früchte-	saal	Saat-	anwalt
Neu-	beet	Kaffee-	leiche
Ost-	beere	Meeres-	shampoo
Tanz-	paar	Klee-	sahne
Him-	schnee	Staats-	bucht
Blumen-	see	Moor-	blatt

6 Finde heraus, welches Wort gesucht ist. Schreibe die gesuchten Wörter auf.
- Gegenteil von klug
- verwesender Tierkörper
- ein guter Einfall
- von hohen Bäumen gesäumte Straße
- süßer Brotaufstrich aus eingedicktem Fruchtsaft
- Sportgerät zum Werfen
- sie kommt oft in Märchen vor
- ein Sternbild
- Gegenteil von voll

> ⚠ **Wörter mit Doppelvokal**
>
> Einige Wörter werden mit doppeltem Vokal geschrieben, um den langen Vokal deutlich zu machen: *Fee, Zoo, Haar* …
> Auch in Wortzusammensetzungen bleibt der Doppelvokal erhalten: *Ostsee, Tanzsaal* …

Regeln und Strategien zur Sprachrichtigkeit und Rechtschreibung anwenden:
Wörter mit Doppelvokal

Rechtschreibung und Zeichensetzung

Aufbau und Schreibung der Wörter

Überprüfe dein Wissen und Können

Silben schwingen

1 Entscheide, ob du *z, tz, k* oder *ck* einsetzt. Schreibe die Wörter mit Schwungbögen auf.

z oder tz: kra_en / Pfü_e / Wi_e / Wei_en / schwi_en / kür_en / win_ig
k oder ck: schlu_en / schau_eln / Bli_e / e_ig / La_en / qua_en / Sä_e

Wörter verlängern

1 Entscheide, ob du *b/p, d/t, g/k* einsetzt. Verlängere die Wörter.

*gesun_, Hau_, mil_, Zwer_, Fein_, pum_t, Bur_, Pake_, her_, kar_, gi_t, run_, fol_t, Wer_, gro_, Hel_, Grun_, Käfi_, lü_st, tausen_, blin_, Schil_, Wel_*

2 Setze *s, ss* oder *ß* ein.

    a) Schreibe die folgenden Wörter ab und entscheide dabei, ob du *ss* oder *ß* einsetzt.

    Gru_, Flu_, Kü_e, sie hei_t, gro_, Ta_e, Fu_, sie mu_, er schlie_t, sü_, er hei_t, sie pa_t, Klo_, er bei_t, Ki_en, Strau_, Rü_el, Se_el

    b) Ordne die folgenden Wörter in die Tabelle ein und entscheide, ob du *s* oder *ß* einsetzt.

    *Strau_, es ru_t, ich le_e, schlie_lich, er spei_t, flei_ig, Fra_, Be_en, Gra_, Ga_*

stimmhafter s-Laut	stimmloser s-Laut

3 Bilde aus diesen Wortstämmen Adjektive, indem du die Suffixe *-lich, -ig* und *-isch* anfügst.

züg- / angeber- / mensch- / tier- / durst- / gemüt- / grusel- / fröh- / typ-

4 Bilde aus den Nomen Adjektive mit *-lich, -ig* und *-isch*.

Geduld / Sport / Fantasie / Woche / Eifer / Dieb / Künstler

5 Schreibe die Adjektive aus Aufgabe 4 in verlängerter Form mit einem passenden Nomen auf.

GELERNTES ÜBERPRÜFEN

Wörter ableiten

1 Die Umlaute *ä* und *äu*:

a) Schreibe zu den folgenden Wörter die Kurzform auf, indem du die Wörter ableitest.

äußerlich / prächtig / bräunlich / mucksmäuschenstill / Bänder

b) Schreibe nur die Wörter mit *ä* oder *äu* richtig heraus und ordne ihnen stammverwandte Wörter mit *a* oder *au* zu.

K_lber / sch_ / h_sslich / s_lber / R_e / b_chlings / gl_tten / schn_zen / vorl_fig / S_gen / sch_ndlich / L_te / s_gen / schwerf_llig

2 Schreibe die Wörter mit dem Wortstamm *End-/end-* oder mit dem Präfix *Ent-/ent-* richtig auf.

en_decken / unen_lich / En_silbe / En_spannung / en_täuscht / En_summe / en_scheiden / En_spurt / En_schluss / En_ergebniss / letzten_lich / en_kommen

3 Die Wörter in den folgenden Sätzen gibt es nicht. Versuche trotzdem, dir etwas darunter vorzustellen, und schreibe die Sätze auf.

Die acht Freundinnen haben sich im Streit en_achtet. Ob sie sich eines Tages wieder en_feinden werden? Dann gibt es vielleicht eine richtige En_freundschaft.

Merkwörter

1 Bearbeite die Aufgaben zu *Wörter mit langem i*.

a) Schreibe die folgenden Wörter ab und entscheide, ob du *i* oder *ie* einsetzt. Setze die Schwungbögen.

P_lze, D_be, s_nken, Br_fe, sch_len, F_lme, spaz_ren, best_mmen, r_sig, W_ge

b) Bilde aus den folgenden Nomen Verben.

Kasse / Sorte / Marsch / Kopie / Strapaze / Musik

2 Sprich die folgenden Begriffe deutlich aus und schreibe sie auf.

Regeln und Strategien zur Sprachrichtigkeit und Rechtschreibung anwenden

NEUES ENTDECKEN – EINSICHTEN GEWINNEN

Rechtschreibung und Zeichensetzung

Die Großschreibung von Nomen

Folie **1** Lies den folgenden Text und unterstreiche alle Nomen.

Unsere Familie lebt in einem alten Fachwerkhaus am Rande eines kleinen Dorfes. Jeden Tag fahren meine jüngeren Geschwister und ich bei schlechtem Wetter mit dem Bus in die nächste Kleinstadt, um zur Schule zu gehen. Bei schönem Wetter fahren wir gemeinsam mit dem Fahrrad. Mein Bruder Elias ist ein leidenschaftlicher Sportler. Meine Schwester Greta trifft sich am liebsten mit ihren Freundinnen in der Stadt zum Einkaufen. Sie kauft sich meist etwas Schönes zum Anziehen. Jeden Tag kümmere ich mich um unseren jungen Hund Finn. Ich laufe mit ihm über die Felder oder spaziere mit ihm durch den Wald. Das Schönste ist, wenn Finn am Abend in mein Zimmer kommt. Zum Boxen gehe ich jeden Dienstagnachmittag und in meiner Freizeit schaue ich gern mit meinen Freunden Filme im Kino an.

2 Tauscht euch darüber aus, mit welchen Signalwörtern ihr Nomen erkennen könnt.

Folie **3** Unterstreiche alle Signalwörter im Text, die vor den Nomen stehen.

4 Ordne alle Nomen des Textes mit ihren Signalwörtern in die Tabelle ein.

Signal: Artikel / Pronomen	Signal: versteckter Artikel	Signal: Adjektiv	Signal: Artikel / Pronomen und Adjektiv

5 Vielleicht ist dir aufgefallen, dass nicht nur Nomen großgeschrieben werden, sondern auch andere Wortarten großgeschrieben werden können.
- Sieh dir deine Tabelle aus Aufgabe 4 noch einmal an und markiere dort diese anderen Wortarten.
- Benenne die anderen Wortarten, die auch großgeschrieben werden können.

In diesem Kapitel lernst du, ...
- dass Verben zu Nomen werden können.
- dass Adjektive zu Nomen werden können.
- wie Eigen-, Orts- und Ländernamen geschrieben werden.
- dass man die Groß- und Kleinschreibung von Zeitangaben an bestimmten Signalen erkennt.

KOMPETENZEN AUFBAUEN, ÜBEN UND ANWENDEN

Die Großschreibung von Nomen

Aus Verben können Nomen werden

1 Lies die Sätze und unterstreiche dabei das Wort „schwimmen".
 a) Elias geht gern schwimmen.
 b) Er hat das Schwimmen in einem Verein gelernt.
 c) Jeden Dienstag geht er zum Schwimmen.
 d) Wenn Elias zu schwimmen beginnt, vergisst er alles um sich herum.
 e) Elias ist im Schwimmen meistens der Schnellste von allen.

Folie

2 Tauscht euch darüber aus, wann das Verb „schwimmen" kleingeschrieben wird und wann groß. Findet eine Erklärung.

3 Schreibe die Sätze, in denen das Verb „schwimmen" großgeschrieben wird, auf und unterstreiche jeweils das Signalwort, das vor dem nominalisierten Verb steht.

4 Lies die Sätze. Schreibe die Verben, die als Nomen gebraucht werden, mit ihrem Signalwort Artikel untereinander auf und stelle den Infinitiv des Verbs gegenüber.
Beispiel: *das Faulenzen – faulenzen*
 a) Im Urlaub ist das Faulenzen endlich einmal erlaubt.
 b) Am schönsten findet Elias das Spielen am Strand mit seinen Geschwistern.
 c) Das Tauchen im Meer ist für ihn ein besonderes Erlebnis.
 d) Sein Vater Paul vertreibt sich die Zeit am Strand mit dem Lösen von Kreuzworträtseln.
 e) Seine Mutter Carla mag am liebsten das Toben mit Hund Finn im Sand.
 f) Max bevorzugt das Hören von Musik.
 g) Greta macht das Lesen von Fantasieromanen besonders viel Spaß.

S. 311
Infinitiv

> ⓘ **Verben können zu Nomen werden**
>
> Steht ein **Artikel** vor dem **Infinitiv** (Grundform) eines Verbs, wird das Verb zu einem **Nomen** und deshalb auch **großgeschrieben:**
> *Für Elias gehört das Schwimmen zu seinen Lieblingsbeschäftigungen.*
>
> Auch die **versteckten Artikel** sind Signale dafür, dass Verben zu **Nomen** und darum **großgeschrieben** werden:
> *Elias hat vom (= von dem) regelmäßigen Schwimmen seine Ausdauer verbessert.*

Regeln und Strategien zur Sprachrichtigkeit und Rechtschreibung anwenden: Nominalisierung von Verben

Rechtschreibung und Zeichensetzung

5 Vervollständige die Sätze, indem du aus den Verben Nomen machst. Die versteckten Artikel sind die Signalwörter für die Großschreibung.

In seiner Freizeit geht Elias noch anderen Aktivitäten nach:
In seiner Freizeit denkt Elias nicht _____. *(ans/lernen)*
Er hilft seiner Mutter sehr gern _____. *(beim/kochen)*
Sein Bruder Max hatte gestern keine Zeit _____. *(zum/spielen)*
_____ seines Zimmers hört er immer laut Musik. *(beim/aufräumen)*
_____ im Dunkeln bekommt Elias Kopfschmerzen. *(vom/lesen)*

6 Auf dem Weg zum Training im Schwimmbad liest Elias regelmäßig die gleichen Verbotsschilder.
- Überarbeite die Verbotsschilder so, dass die Verben als Nomen gebraucht werden. Beispiel: *Das Überqueren der Straße bei Rot ist verboten*.
- Überprüfe die Großschreibung des Nomens, indem du das Signalwort vor dem nominalisierten Verb unterstreichst.

Das ist verboten:
a) bei Rot die Straße zu überqueren
b) den Rasen zu betreten
c) das Fahrrad vor dem Eingang des Schwimmbades abzustellen
d) die Schwimmhalle in Straßenschuhen zu betreten
e) das Eis am Beckenrand zu verzehren

7 Füge die folgenden Wörter beim Abschreiben an den passenden Stellen in die Sätze ein. Begründe, warum die Verben klein- oder großgeschrieben werden.

schwimmen – trainieren – joggen – klettern

Im Training ___ Elias manchmal 1 000 Meter am Stück. Er will im ___ immer besser werden.

Meistens ___ er mit seinem Vater, der selbst einmal ein guter Schwimmer war. Elias hat sich beim ___ schon einmal verletzt. Er ___ nicht nur im Schwimmbecken, sondern er übt noch weitere Sportarten aus.

Jeden Sonntag ___ er mit Max durch den Wald. Beim ___ verbessert er auch seine Ausdauer.

Elias geht auch zum ___ in die Kletterhalle. Er ist ein guter ___ . Beim ___ an der Kletterwand trainiert er ganz nebenbei seine Oberarmmuskulatur.

Regeln und Strategien zur Sprachrichtigkeit und Rechtschreibung anwenden: Nominalisierung von Verben

Die Großschreibung von Nomen

Aus Adjektiven können Nomen werden

1 Lest die Sätze und beschreibt, was alle markierten Wörter gemeinsam haben.

a) Greta ist ein kluges Mädchen. Aber heute hat sie noch nichts Kluges gesagt.
b) In ihrer Klasse gibt es einen neuen Schüler. Der Neue gefällt ihr.
c) Im Flachen fährt Greta gern Fahrrad. Im flachen Wasser kann sie nicht schwimmen.
d) Greta sucht ihr buntes Kleid. Sie liebt alles Bunte.
e) An ihrem Geburtstag hat sie etwas Tolles geschenkt bekommen. Sie war von ihrem tollen Geschenk total begeistert.
f) Das Schöne bleibt ihr in Erinnerung. Das schöne Foto hängt sie an die Wand.
g) Greta trifft beim Bogenschießen immer ins Schwarze. Die schwarze Hose steht ihr gut.

2 Arbeitet heraus, warum jeweils in einem der beiden Sätze aus dem Adjektiv ein Nomen geworden ist, indem ihr die Signalwörter vor dem nominalisierten Adjektiv unterstreicht.

Folie

3 Ordne die nominalisierten Adjektive mit ihren Signalwörtern in die Tabelle ein und markiere bei den nominalisierten Adjektiven -e, -en und -es.

nominalisierte Adjektive mit Artikel	nominalisierte Adjektive mit verstecktem Artikel	nominalisierte Adjektive mit Mengenwörtern
		nichts Kluges

ⓘ Aus Adjektiven können Nomen werden

Adjektive werden **kleingeschrieben,** wenn sie zu einem Nomen gehören:
*Unser Team zeigte ein **gutes** Spiel.*
Adjektive werden **großgeschrieben,** wenn sie nicht zu einem Nomen gehören.
Die Großschreibung von Adjektiven kann man dann an folgenden Signalen erkennen:
- am **Artikel:**
  Das Gute an dem Unfall war, dass niemand verletzt worden ist.
- an **Mengenwörtern** wie *alles, etwas, nichts, viel*:
  Etwas Gutes hatte das verlorene Spiel doch noch: Danach haben wir besser trainiert.
- an **versteckten Artikeln** wie *im, beim, am, zum …*:
  Wir sind im Guten auseinandergegangen.
- Auf die Großschreibung weisen oft auch die *Endungen* der nominalisierten Adjektive
  (-e, -en, -es) hin: *das Schöne, im Flachen, etwas Tolles.*

Regeln und Strategien zur Sprachrichtigkeit und Rechtschreibung anwenden: Nominalisierung von Adjektiven

4 Schreibe die Sätze ab und setze in die Lücken das Adjektiv ein.

a) Achte auf die Großschreibung der nominalisierten Adjektive.
   a) Max konnte im _____ nichts erkennen. *(dunkel)*
   b) Paul glaubt, dass irgendetwas _____ passiert sein muss. *(schlimm)*
   c) Elias winkte Greta schon aus der _____ zu. *(fern)*
   d) Max hat nichts _____ zu tun, als in meinem Zimmer herumzusitzen. *(besser)*

b) Achte darauf, ob du das Adjektiv groß- oder kleinschreiben musst. Begründe deine Vorgehensweise.
   a) Die _____ haben immer zu tun. Greta gehört zu den _____ Schülerinnen. *(fleißig)*
   b) An die _____ Situation musste sich unser Kater Tom erst gewöhnen. Hast du irgendetwas _____ von Elias erfahren? *(neu)*
   c) Ich weiß, dass Max nichts _____ über Elias gesagt hat. Das _____ Wetter ließ keinen Spaziergang im Wald zu. *(schlecht)*
   d) Wir wissen nicht, wie _____ unser Brunnen im Garten ist. Unser junger Hund Finn wagt sich noch nicht ins _____ . *(tief)*

5 In dem folgenden Text sind die nominalisierten Adjektive nicht großgeschrieben. Finde die neun nominalisierten Adjektive und schreibe sie mit ihren Signalwörtern auf.

Unser Vater Paul brachte einen zweiten Kater mit nach Hause. Elias, Max und ich freuten uns wahnsinnig. Im Gegensatz zu unserem grauen Kater Tom ist er braun. Wir gaben ihm den Namen Jerry. Zuerst haben sich die Tiere nicht gut vertragen. Aber gestern passierte etwas überraschendes. Ich war mit ihnen auf der Wiese spielen. Ich warf bei-
5 den ein kleines Wollknäuel zu. Der braune hatte aber nichts besseres zu tun, als dem grauen das Knäuel jedes Mal wegzuschnappen. Der beobachtete unruhig das ganze Treiben. Und das bedeutete nichts gutes. Ich wollte ihn vor dem braunen Kater beschützen. Plötzlich geschah etwas erstaunliches. Beide Tiere jagten gemeinsam nach dem Wollknäuel. Und das schöne daran war, dass der graue und der braune sich seit-
10 dem prima verstehen.

6 Im folgenden Text sind alle Nomen kleingeschrieben. Schreibe den Text ab und achte auf die Großschreibung der Nomen.

In der letzten woche waren wir im zoo und konnten bei den affen etwas seltsames beobachten. Die alten dösten bewegungslos. Die jungen spielten miteinander und tobten im käfig herum. Plötzlich hatte ein kleiner, der ein schwarzes fell hat, etwas essbares gefunden. Die großen wollten natürlich dem schwarzen das futter abnehmen. Aber der
5 kleine kletterte schnell zu seiner mutter und wurde von ihr geschützt.

Regeln und Strategien zur Sprachrichtigkeit und Rechtschreibung anwenden: Nominalisierung von Adjektiven

KOMPETENZEN AUFBAUEN, ÜBEN UND ANWENDEN

Die Großschreibung von Nomen

Eigen-, Orts- und Ländernamen schreiben

Nach den Sommerferien berichten Greta und ihre Klassenkameraden von ihren Reiseerlebnissen.

Das Freiburger Münster habe ich jetzt schon drei Mal besichtigt.

Der Schiefe Turm von Pisa sah total witzig aus.

Die Reiseführerin hat uns etwas über den Alten Fritz erzählt.

Ich habe meine Großeltern auf den Kanarischen Inseln besucht.

Wir waren in Griechenland. Ich habe griechische Feigen gegessen.

1 Lies die einzelnen Aussagen der Schüler durch und unterstreiche die Eigen-, Orts- und Ländernamen.

2 Tauscht euch darüber aus, was euch bei der Schreibung der Eigen-, Orts- und Ländernamen auffällt.

3 Schreibe die Eigennamen auf und achte auf ihre Groß- und Kleinschreibung.
BRANDENBURGER TOR – DER PAZIFISCHE OZEAN – MARTIN LUTHER – DAS KAP DER GUTEN HOFFNUNG – DER BAYERISCHE WALD – HEINRICH DER ACHTE – DER WESTFÄLISCHE FRIEDEN – DEUTSCHLAND – ZWEITES DEUTSCHES FERNSEHEN – VEREINIGTE STAATEN VON AMERIKA – STUTTGART – DER FERNE OSTEN – DIE NEUE WELT – DIE EWIGE STADT

Folie

ⓘ Eigen-, Orts- und Ländernamen

Adjektive werden **großgeschrieben,** wenn sie Bestandteil eines **Eigennamens** sind:
Otto der Erste, der Alte Fritz, die Ewige Stadt, das Schwarze Meer, die Schwäbische Alb.

Orts- und Ländernamen, die mit **-er** enden, werden ebenfalls **großgeschrieben:**
Münchener Oktoberfest, Wiener Schnitzel, Kölner Dom, Schweizer Käse.

Orts- und Herkunftsbezeichnungen auf **-isch** werden in der Regel **kleingeschrieben,** wenn sie nicht fester Bestandteil eines Eigennamens sind:
französische Spezialitäten, amerikanische Bürger, europäische Hauptstädte.

Regeln und Strategien zur Sprachrichtigkeit und Rechtschreibung anwenden: Großschreibung von Namen

Rechtschreibung und Zeichensetzung

4 Übe mit den folgenden Wörtern.

a) Unterstreiche die Endungen -er und -isch in den folgenden Wörtern und ordne sie anschließend in die Tabelle ein. Ergänze die Tabelle auch mit eigenen Beispielen.

Frankreich	Italien	Holland
französischer Rohmilchkäse	italienische Nudeln	Edamer Käse
Pariser Weißbrot	Südtiroler Speck	holländische Heringe
Lyoner Wurst	sizilianische Tomaten	Amsterdamer Tulpen

Österreich	Griechenland	Deutschland
Wiener Schnitzel	griechische Oliven	Schwarzwälder Kirschtorte
Salzburger Nockerln	griechischer Wein	Aachener Printen
österreichische Marillen		schwäbische Teigwaren

Großschreibung: Endung -er	Kleinschreibung: Endung -isch
Pariser Weißbrot	

b) Füge an die Orts- und Ländernamen die Endungen -er oder -isch an und trage sie gemeinsam mit den zugehörigen Nomen in die Tabelle ein. Achte auf die Groß- und Kleinschreibung der Orts- und Ländernamen.

Frankreich – Käse / Ulm – Münster / Nürnberg – Lebkuchen / Amerika – Weizen / Spanien – Orangen / Leipzig – Allerlei / Köln – Karneval / Augsburg – Puppenkiste / Hamburg – Hafen / Indien – Tee / Griechenland – Olivenöl / Holland – Tulpenzwiebeln

Endung -er	Endung -isch
	französischer Käse

5 Ergänze die Tabelle aus Aufgabe 4 b) mit weiteren Beispielen.

6 Bilde mit den Orts- und Ländernamen aus Aufgabe 5 Sätze und schreibe sie auf.

Regeln und Strategien zur Sprachrichtigkeit und Rechtschreibung anwenden: Großschreibung von Namen

KOMPETENZEN AUFBAUEN, ÜBEN UND ANWENDEN

Die Großschreibung von Nomen

Die Groß- und Kleinschreibung von Zeitangaben

1 Alle Angaben zu den Tageszeiten und Wochentagen haben Signale für die Großschreibung, die du bereits kennst. Lies den Text und unterstreiche alle Signalwörter wie im Textbeispiel.

Folie

Max steht <u>jeden</u> Morgen so zeitig auf, dass er in Ruhe frühstücken und mit seinem Hund Finn einen kurzen Spaziergang machen kann. Danach macht er sich mit seinen Geschwistern auf den Weg zur Schule. Weil es eine Ganztagsschule ist, bleibt er dort den ganzen Vormittag und den halben Nachmittag. Natürlich gibt es am Mittag auch ein
5 leckeres Essen in der Schulmensa. Weil Max seine Hausaufgaben meist schon in der Schule erledigt hat, kann er den zweiten Teil des Nachmittags für sich nutzen. Der Dienstagnachmittag ist für das Boxtraining reserviert. Am Donnerstag geht er nicht gleich nach Hause. Er trifft sich mit Freunden auf der Skaterbahn. Die Abende verbringt er mit Lesen, manchmal sieht er auch fern, bevor er dann seine Schultasche für
10 den nächsten Tag packt. Und in der Nacht schläft er hoffentlich tief und fest.

2 Füge in die Sätze jeweils vier mögliche Tageszeiten und vier mögliche Wochentage ein.

Tageszeiten:
Morgen – Vormittag – Mittag – Nachmittag – Abend – Nacht – Wochenenden
Wochentage:
Montag – Dienstag – Mittwoch – Donnerstag – Freitag – Samstag – Sonntag

a) *Max hat am nächsten ▭ Geburtstag.*
b) *In der ▭ stand ein Krankenwagen vor unserem Haus.*
c) *Der Schulchor trifft sich jeden ▭ in der Aula.*
d) *Ich muss das Gedicht bis zum ▭ auswendig lernen.*
e) *Am ▭ bin ich meistens noch sehr müde.*
f) *Nach dem Essen am ▭ haben wir eine halbe Stunde frei.*
g) *Unsere Computer-AG fällt diesen ▭ aus.*
h) *Meine ▭ verbringe ich meistens mit meinen Freunden.*

ⓘ Signale für die Großschreibung von Zeitangaben

1 **Artikel** → Nomen: *der Montag*
2 **versteckter Artikel** → Nomen: *am (an dem) Nachmittag*
3 **Adjektiv** → Nomen: *langweilige Abende*
4 **Artikel / Pronomen** und **Adjektiv** → Nomen: *die lange Nacht, unser gemeinsames Wochenende*

S. 314
Pronomen

S. 308
Adjektiv

Regeln und Strategien zur Sprachrichtigkeit und Rechtschreibung anwenden:
Groß- und Kleinschreibung

Rechtschreibung und Zeichensetzung

3 Lies die Sätze und unterstreiche die Zeitangaben.

A
Ich gehe abends spazieren.
Ich bin morgens meist gut gelaunt.
Ich schlafe sonntags immer aus.

B
Die Kühle des Abends hat mich erfrischt.
Eines Morgens joggte ich durch den Wald.
Eines Sonntags bekamen wir Besuch.

4 Vergleicht die Zeitangaben miteinander und erklärt euch gegenseitig, warum in Spalte **A** alle kleingeschrieben und in Spalte **B** alle großgeschrieben werden.

5 Arbeite mit den folgenden Sätzen.
  a) Schreibe die folgenden Sätze ab und überarbeite sie so, dass die Zeitangaben kleingeschrieben werden.
  a) Greta geht am Freitag zum Musikunterricht.
  b) Carla geht meistens am Mittag einkaufen.
  c) Max ist am Nachmittag fast nie zu Hause anzutreffen.
  d) Elias hat am Morgen schon gute Laune.
  e) Paul muss sehr oft auch am Sonntag arbeiten.

  b) In den folgenden Sätzen fehlen die Zeitangaben. Füge sie beim Abschreiben an den passenden Stellen ein. Achte auf die richtige Groß- und Kleinschreibung.

ABENDS / AM SONNTAG / SONNTAGS / AM FRÜHEN ABEND / AM NACHMITTAG

  a) Ich hatte **1** an meinem Hinterrad einen Platten.
  b) Während unseres Ausfluges **2** bin ich mit dem Vorderrad in eine Glasscherbe gefahren.
  c) Leider hatten wir kein Flickzeug mit, also hieß es schieben. Vater versprach mir, das Loch im Schlauch noch **3** zu reparieren.
  d) Zufällig kamen wir an einem Fahrradladen vorbei. Aber der hatte natürlich **4** geschlossen.
  e) So musste ich mein Fahrrad bis nach Hause schieben. Der kaputte Schlauch wurde von meinem Vater **5** ausgetauscht.

ⓘ Zeitangaben auf -s

Wenn **kein** Artikel vor Tageszeiten und Wochentagen steht und sie auf **-s** enden, werden sie **kleingeschrieben**:
*Der Fuchs holt sich **nachts** seine Beute.*
Steht aber ein Artikel vor Tageszeiten und Wochentagen, werden sie **großgeschrieben**:
*Ein Fuchs hatte sich eines **Nachts** aus unserem Stall ein Huhn geholt.*

Regeln und Strategien zur Sprachrichtigkeit und Rechtschreibung anwenden:
Groß- und Kleinschreibung von Zeitangaben

KOMPETENZEN AUFBAUEN, ÜBEN UND ANWENDEN

6 Schreibe die Sätze ab und entscheide dich für die richtige Groß- und Kleinschreibung.
   a) Wir haben G/gestern A/abend einen spannenden Film gesehen.
   b) Gemeinsam werden wir H/heute M/mittag ins Schwimmbad gehen.
   c) Was wollen wir eigentlich M/morgen A/bend unternehmen?
   d) Ich möchte M/morgen V/vormittag einen Apfelkuchen backen.
   e) Ich hatte G/gestern M/morgen Zahnschmerzen.

7 Schreibe aus den folgenden Sätzen die Zeitangaben richtig auf.

Max geht jeden **DIENSTAG** zum Boxen.
Carla geht **VORMITTAGS** arbeiten.
Gretas Klavierstunde findet **HEUTE NACHMITTAG** statt.
Max geht **MORGENS** und **ABENDS** mit Finn spazieren.
Elias und Paul schauen sich am **ABEND** am liebsten eine Sportsendung an.
Wir backen immer an einem **SONNTAG** im Advent zusammen Weihnachtsplätzchen.

8 Erschließe anhand der Teilsätze, welche Zeitangabe gemeint ist. Schreibe die Sätze auf.
   a) Der nächste Tag, das ist _____.
   b) Als ich aufstand, das war heute _____.
   c) Wenn die Sonne untergeht, ist es _____.
   d) Der Tag vor morgen ist _____.
   e) Zwei Tage nach heute ist _____.
   f) Wenn wir zwischen 18 Uhr und 19 Uhr sagen, ist es _____.

⚠ Groß- und Kleinschreibung von Zeitangaben

Es gibt Zeitangaben, die werden immer **kleingeschrieben:**
heute, morgen, übermorgen, gestern, vorgestern.
Achtung: morgen = der nächste Tag
Philipp kann **morgen** nicht in die Schule kommen, weil er krank ist.

Es gibt Zeitangaben, die werden immer **großgeschrieben:**
Morgen, Vormittag, Mittag, Nachmittag, Abend, Nacht.
Achtung: Morgen = die Tageszeit
Das Frühstück am **Morgen** ist meine liebste Mahlzeit.

Die folgende Regel musst du dir merken:
Folgen zwei Zeitangaben hintereinander, wird die zweite Zeitangabe immer **großgeschrieben:**
heute Vormittag, morgen Mittag, gestern Nachmittag, vorgestern Nacht.

Regeln und Strategien zur Sprachrichtigkeit und Rechtschreibung anwenden:
Groß- und Kleinschreibung von Zeitangaben

Rechtschreibung und Zeichensetzung

Die Großschreibung von Nomen

Überprüfe dein Wissen und Können

Aus Verben können Nomen werden

1 Lies die folgenden Sätze und entscheide, ob die markierten Wörter groß- oder kleingeschrieben werden.
  - a) Schreibe die fünf Sätze richtig auf, bei denen das Verb als Nomen gebraucht wird. Unterstreiche in diesen Sätzen jeweils das Signalwort.
  - b) Schreibe die Sätze ab und achte auf die Groß- und Kleinschreibung der Verben. Begründe dies.

a) Lass uns endlich nach Hause *G/gehen*.
b) Das *K/klingeln* des Weckers hat mich aus dem Schlaf gerissen.
c) Greta musste beim *V/vorsingen* plötzlich husten.
d) Keiner von uns hat beim *S/spielen* ans *V/verlieren* gedacht.
e) Elias will uns morgen bei der Feier eine Weihnachtsgeschichte *V/vorlesen*.
f) Bei einer Matheaufgabe bin ich ganz schön ins *G/grübeln* gekommen.
g) Max hat gestern Abend nicht mehr *Ü/üben* können.
h) Das *P/parken* ist in unserer engen Straße verboten.

Aus Adjektiven können Nomen werden

1 In den folgenden Sätzen sind die Adjektive kleingeschrieben.
  - a) Schreibe die vier Sätze richtig auf, bei denen das Adjektiv als Nomen gebraucht wird. Unterstreiche in diesen Sätzen jeweils das Signalwort.
  - b) Schreibe die Sätze ab und achte auf die Groß- und Kleinschreibung der Adjektive. Begründe dies.

a) Etwas *(abenteuerlich)* zu erleben, finde ich immer aufregend.
b) Weil sich Elias am Knöchel verletzt hatte, kamen wir nur *(langsam)* voran.
c) Beim Besuch der Sternwarte haben wir viel *(interessant)* über den Weltraum erfahren.
d) Das *(frisch)* Brot hat uns nach dem Baden *(gut)* geschmeckt.
e) Unsere Handballer haben sich wenig *(überraschend)* einfallen lassen.
f) Jetzt könnte ich wirklich irgendetwas *(süß)* essen.

GELERNTES ÜBERPRÜFEN

Eigen-, Orts- und Ländernamen schreiben

1 Schreibe die Sätze ab und entscheide dich für die richtige Groß- und Kleinschreibung.

a) ROM wird auch die EWIGE STADT genannt.
b) Lars isst am liebsten FRANZÖSISCHEN KÄSE.
c) Das TOTE MEER hat einen hohen Salzgehalt.
d) Der MOUNT EVEREST ist der höchste Berg der Erde.
e) KARL DER FÜNFTE war Kaiser des HEILIGEN RÖMISCHEN REICHES.
f) Der DRESDNER CHRISTSTOLLEN ist weltweit bekannt.

Die Groß- und Kleinschreibung von Zeitangaben

1 Schreibe die Sätze ab und entscheide dich für die richtige Groß- und Kleinschreibung.

a) Ich kann HEUTE ABEND nicht kommen, weil wir Besuch bekommen.
b) Johanna und Enya spielten GESTERN Tennis.
c) Der Fastnachtsumzug bewegte sich MITTAGS durch die Straßen unseres Dorfes.
d) Ich gehe MORGEN NACHMITTAG ins Kino.
e) Wir gehen SAMSTAGS auf dem Markt einkaufen.
f) Ich bin in der NACHT von dem Gewitter aufgewacht.

Groß- und Kleinschreibung richtig anwenden

1 Im folgenden Text sind nur die Satzanfänge großgeschrieben. Lies den Text und unterstreiche zunächst alle Wörter, die großgeschrieben werden müssen, mit ihren Signalwörtern.

- a) Schreibe alle Wörter von Zeile 1 bis Zeile 5 mit ihren Signalwörtern richtig auf.
- b) Schreibe den Text ab und wende dabei die richtige Großschreibung an.

Folie

Mir passiert morgens immer etwas seltsames. Früh um fünf bin ich stets putzmunter. Aber zwei stunden später, wenn es ans aufstehen geht, schlafe ich noch wie ein murmeltier. Deshalb bekam ich in diesem jahr zu meinem geburtstag einen wecker von meiner tante sonja. Sie schickte ihn in einem päckchen. Das gute bei dem wecker war,
5 dass das klingeln sogar in unserem keller zu hören war.
meine tante, die in nürnberg wohnt, hatte für mich auch nürnberger lebkuchen eingepackt. einen tag danach war ich wie immer um fünf munter und hörte das gleichmäßige ticken des weckers. ich drehte mich wie jeden morgen um und schlief wieder ein. plötzlich stand meine mutter an meinem bett, den wecker in der hand. sie rief: „so etwas
10 dummes habe ich ja noch nie erlebt! du musst natürlich auch den wecker stellen." ich schämte mich etwas, denn ich habe mich dabei wirklich nicht als die klügste gezeigt.

Regeln und Strategien zur Sprachrichtigkeit und Rechtschreibung anwenden: Die Großschreibung von Nomen

NEUES ENTDECKEN – EINSICHTEN GEWINNEN

Rechtschreibung und Zeichensetzung

Zeichensetzung

1 Lies den Text zunächst still.

Der Streit der Satzschlusszeichen

a) Hinterhältig fragt das Fragezeichen den Punkt Hey wie groß bist du eigentlich
b) Und das Ausrufezeichen lästert Dich sieht man ja kaum
c) Das Fragezeichen setzt noch eins drauf Wozu bist du eigentlich nützlich
d) Und das Ausrufezeichen brüllt Ein Nichtsnutz Ein Taugenichts
e) Der Punkt gibt den beiden erst einmal recht Zugegeben, ich sehe wirklich nach nichts aus
f) Das Fragezeichen fragt Du gibst es also zu
g) Da sagt der Punkt Kein Problem Was bleibt mir übrig
h) Höhnisch lacht das Ausrufezeichen Nichts Du bist rein gar nichts
i) Doch der Punkt ist listig Wie oft kommt ihr beiden Fragezeichen und Ausrufezeichen wohl in Texten vor
j) Das Fragezeichen sagt zum Ausrufezeichen Ich komme jedenfalls öfter vor als du
k) Und das Ausrufezeichen der Wichtigtuer schreit Aber ich bin wichtiger
l) Da muss der Punkt lachen Geratet ihr euch jetzt etwa in die Haare ihr zwei
m) Das Ausrufezeichen brüllt Schweig Wo ich stehe da wird gehorcht
n) Und das Fragezeichen keift Und wo ich stehe wird geantwortet
o) Der Punkt muss grinsen Aber wo ich stehe ist die Geschichte zu Ende
Und so machte der Punkt dem Streit ein Ende weil er meistens das letzte Wort hat Vorbei Punktum

2 Lest jetzt nur die direkte Rede in verteilten Rollen. Dabei sollte man heraushören, in welchem Satz etwas festgestellt wird, welcher Satz als Frage und welcher als Ausruf oder Aufforderung gemeint ist.

3 Schreibe den Text ab und setze alle fehlenden Satzzeichen.

In diesem Kapitel lernst du, ...
- die Satzarten situationsgerecht anzuwenden.
- die direkte Rede richtig zu nutzen.
- Haupt- und Nebensätze zu bestimmen und zu unterscheiden.
- Satzreihen und Satzgefüge zu bestimmen und zu unterscheiden.
- die notwendigen Satzzeichen zu setzen.
- Satzteile und Sätze mit Konjunktionen zu verknüpfen.
- Anreden, Appositionen, Ausrufe anzuwenden.

Zeichensetzung

Satzschlusszeichen

1 Lies den Text zunächst still.

Das beliebteste Brettspiel

Welches Familienspiel ist wohl eines der beliebtesten in Deutschland **1** Ratet einmal **2** Ist es *Monopoly* **3** Oder ist es ein *Kartenspiel* **4** Vielleicht denkt ihr auch, dass es ein *Strategiespiel* ist **5** Irrtum **6** Der Pappdeckel unseres Spiels ist knallrot **7** Auf dem Deckel sieht man einen Mann mit schwarzem Anzug **8** Der guckt unheimlich böse **9** Natürlich **10** *Mensch ärgere dich nicht* heißt das Spiel **11** Habt ihr gewusst, dass es das Spiel schon fast hundert Jahre gibt **12** Damals musste es sein Erfinder Josef Friedrich Schmidt verschenken **13** Stellt euch vor, es ließ sich einfach nicht verkaufen **14** Heute ist es der größte Verkaufsschlager **15**

Satzschlusszeichen
Der Punkt steht am Ende einer Aussage oder Feststellung. Das Ausrufezeichen steht nach einem Ausruf, einer Bitte, einer Aufforderung. Das Fragezeichen steht nach einer Frage.

2 Setze beim Abschreiben dieses Textes anstelle der Ziffern passende Satzschlusszeichen ein.

3 Lest euch eure Texte gegenseitig vor. Sprecht jeden Satz so, dass man die Aussage, die Frage und den Ausruf heraushört.

→ S. 23
Gestaltendes Vorlesen

ⓘ Satzarten und die Stellung des Verbes im Satz

Einen **Aussagesatz** erkennst du an der Stellung der **finiten Verbform**. Sie steht an der **zweiten Stelle** im Satz (Verbzweitsatz). Die Stimme wird beim Sprechen am Ende **gesenkt**.
Wir **spielen** *gern Monopoly.*
Im **Aufforderungssatz** steht die finite Verbform an **erster Stelle** (Verberstsatz). Die Stimme wird beim Sprechen am Ende **gesenkt**.
Rücke *den Spielstein zwei Felder* **vor!**
Im **Fragesatz** kann die **finite Verbform** an **erster Stelle** stehen (Verberstsatz) oder an **zweiter Stelle** nach dem Fragewort (Verbzweitsatz). Die Stimme **steigt** beim Sprechen am Ende **an**.
Würfelst *du noch einmal? Warum* **würfelst** *du noch einmal?*

→ S. 268 ff.
Satzglieder

Die finite Verbform ist die Personalform des Verbes.

Verschiedene Satzarten erkennen, anwenden, beschreiben und unterscheiden

Rechtschreibung und Zeichensetzung

Ein Text, in dem alle Satzschlusszeichen fehlen und in dem die Satzanfänge kleingeschrieben sind, ist wirklich schwer zu lesen. Ihr seht daran: Die Punkte und die anderen Satzschlusszeichen sind vor allem für die Leser da.

4 Überarbeite den Text.
  a) Markiere das Ende jedes Satzes mit einem Strich. Setze anschließend die richtigen Satzschlusszeichen.
  b) Setze im Text die Satzschlusszeichen ein.

In der Zwischenzeit sollen weit über 70 Millionen Spiele verkauft worden sein | wo wurde es nicht überall schon gespielt die kleinen farbigen Holzfiguren wurden sogar schon unter Wasser über das Spielbrett gezogen heute kann man *Mensch ärgere dich nicht* sogar auf dem Computerbildschirm spielen beobachtet einmal die Gesichter der
5 Spieler, wenn jemand kurz vor dem Sieg steht oder verliert manchmal stößt ein Spieler aus Wut über seine Niederlage das ganze Spielbrett um besteht der größte Spaß vielleicht vor allem darin, andere zu ärgern oder spielt man dieses Spiel vor allem deswegen, damit man lernt, seinen eigenen Ärger im Zaum zu halten entscheide selbst

5 Schreibe nun den Text ab und setze die Satzschlusszeichen ein. Denke daran: Jeder neue Satz beginnt mit einem Wort, das du großschreiben musst.

→ S. 23
Gestaltendes Vorlesen

6 Lest euch den ganzen Text vor.
  • Sprecht nach jedem Satz das Satzschlusszeichen mit:
  • Achtet darauf, dass die Stimme am Ende gehoben oder gesenkt wird.
  In der Zwischenzeit sollen weit über 70 Millionen Spiele verkauft worden sein Punkt Wo wurde es …

7 Die folgenden Sätze sehen alle wie Fragesätze aus. Doch einige davon könnten auch als Aufforderungssätze oder Ausrufesätze verstanden werden.
  a) Schreibe die Sätze mit den richtigen Satzschlusszeichen als Ausruf oder Aufforderung auf.
  A *Kannst du mir bitte deinen Radiergummi leihen?*
  B *Wie spät ist es?*
  C *Bringt ihr bitte morgen eure Sportsachen mit?*

  b) Schreibe die Sätze mit den Satzschlusszeichen so auf, wie der Leser sie verstehen soll
  A *Wann holst du mich heute ab*
  B *Warum hast du das bloß getan*
  C *Denkst du an unser Training morgen*

Verschiedene Satzarten erkennen, anwenden, beschreiben und unterscheiden

KOMPETENZEN AUFBAUEN, ÜBEN UND ANWENDEN

Zeichensetzung

Zeichen der direkten Rede

1 Schreibe die folgenden Sätze ab.

Tipp
Achte auf die Angaben im Merkkasten.

a) Unterstreiche die Begleitsätze und unterkringele den Redeteil. Füge die Zeichen der direkten Rede ein.
  a) Kannst du mir mal helfen?, fragt die Mutter.
  b) Der Sohn antwortet: Ich habe gerade keine Zeit.
  c) Wenn ich dich mal brauche, schimpft die Mutter, hast du keine Zeit!
  d) Wenn ich keine Zeit habe, sagt der Sohn, brauchst du mich!

b) Füge die Anführungszeichen, Kommas und Satzschlusszeichen ein.
Was ist ein Rotkehlchen fragt Simon Ach antwortet Lisa irgend so ein verrückter Fisch Hier steht aber wendet Simon ein er hüpft von Ast zu Ast Darauf erwidert Lisa Da siehst du wie verrückt er ist

2 Ergänze die direkte Rede mit den passenden Begleitsätzen und setze alle Zeichen der direkten Rede und die Satzschlusszeichen.

fragt Marc, erzählt Marc, deutet Marc an, erkundigt sich Tom, wendet Tom ein, entgegnet Tom

Beispiel: „Hast du Lust, morgen mit ins Kino zu gehen?" fragt Marc.
a) Hast du Lust, morgen mit ins Kino zu gehen
b) Welchen Film willst du dir ansehen
c) Der Animationsfilm „Boxtrolls" läuft gerade.
d) Ach der Ich habe schon das Buch gelesen
e) Aber der Film soll nicht ganz so märchenhaft sein wie das Buch
f) Na, wenn das so ist, überlege ich es mir noch

ⓘ Die Zeichen der direkten Rede

Die direkte Rede besteht aus zwei Teilen:
- **Wer etwas sagt,** steht im Begleitsatz.
- **Was gesagt wird,** steht im Redeteil. Er ist ein selbstständiger Satz mit passenden Satzschlusszeichen und wird durch Anführungszeichen gekennzeichnet.

Zeichensetzung bei vorangestelltem Begleitsatz:
Er sagte: „Es tut mir wirklich leid!"
Zeichensetzung bei nachgestelltem Begleitsatz:
„Es tut mir wirklich leid!", sagte er.
Zeichensetzung bei eingeschobenem Begleitsatz:
„Es tut mir", sagte er, „wirklich leid!"

Zeichensetzung bei der direkten Rede normgerecht anwenden

Rechtschreibung und Zeichensetzung

3 Lies den Text zunächst still.

Streit am Nachmittag

Luca:	He, was willst du denn in meinem Zimmer	Kannst du nicht anklopfen
Maxi:	Ich kann meinen Pulli nicht finden	Liegt er bei dir
Luca:	Das ist doch typisch	Wenn du etwas suchst, denkst du, dass ich es habe
Maxi:	Wer hatte denn kürzlich meine CD	Die habe ich auch bei dir gefunden
Luca:	Na ja, ich wollte sie mal hören	Ich hätte sie dir wiedergegeben
Maxi:	Und meinen Pulli	Vielleicht wolltest du ihn ja mal anprobieren
Luca:	Deinen blöden Pulli	Der steht mir sowieso nicht
Maxi:	Was hast du da gerade versteckt	Das ist ja mein Pulli
Luca:	Gut, hier hast du ihn	

→ S. 23
Gestaltendes Vorlesen

4 Spielt diese Streitszene mit verteilten Rollen nach. An einigen Stellen könnt ihr entscheiden:
- Wollt ihr den Satz als Frage eher leise aussprechen?
  He, was willst du denn in meinem Zimmer?
- Oder wollt ihr ihn als Vorwurf oder Ausruf vielleicht sogar schreien?
  He, was willst du denn in meinem Zimmer!

Tipp
Um zu überprüfen, ob ihr richtig gearbeitet habt, könnt ihr euch eure Texte vorlesen.

5 Schreibe die Dialogteile mit passenden Begleitsätzen auf und setze alle fehlenden Satzzeichen.

- a) Schreibe die ersten vier Dialogteile auf. Für die Begleitsätze kannst du aus dem Wortmaterial wählen. Beispiel: *Luca ruft: „He, was willst du denn in meinem Zimmer? Kannst du nicht anklopfen?"*
  rufen, fragen, sagen, antworten, schimpfen, herumnörgeln, behaupten, klagen

- b) Schreibe den Dialog mit passenden Begleitsätzen auf. Füge dabei einige Begleitsätze zwischen die Redeteile von Luca und Maxi ein.
  Beispiel: *„He, was willst du denn in meinem Zimmer?", ruft Luca, „Kannst du nicht anklopfen?"*

6 Im folgenden Dialog fehlen alle Satzzeichen. Setze beim Abschreiben alle Zeichen der direkten Rede und die Satzschlusszeichen.

Ben sagt zu seinem Vater Können wir einmal über mein Taschengeld sprechen
Was soll denn das heißen fragt der Vater
Wir sollten das Taschengeld erhöhen erklärt Ben
Der Vater schaut seinen Sohn erstaunt an und fragt Wieso
Ich habe meint der Junge seit einem Jahr keine Erhöhung mehr erhalten
Wenn das so ist sagt der Vater dann müssen wir miteinander reden

Zeichensetzung bei der direkten Rede normgerecht anwenden

Zeichensetzung

Kommasetzung bei Aufzählungen

1 Lies den Text und unterstreiche alle Aufzählungen.

Im Supermarkt

1) Wir steuern mit dem Einkaufswagen voller Obst, Gemüse, Saftflaschen auf die Kassen zu.
2) An der ersten Kasse sind es ein, zwei, drei, vier Kunden.
3) An der zweiten Kasse sind es ein, zwei, drei, vier, fünf oder sechs Kunden. Wir stellen uns natürlich an der ersten Kasse an.
4) Aber es geht und geht nicht voran.
5) Wir warten, warten, warten.
6) Ich langweile mich, werde ungeduldig und schwitze.
7) An der zweiten Kasse geht alles schneller, zügiger, lockerer.
8) An unserer Kasse sind die Wagen voll bepackt, die Kunden umständlich, die Verkäuferin nervös.
9) Meine Mutter hat einfach nicht aufgepasst, nicht genau hingeguckt!
10) Sie hätte mir wenigstens ein paar Bonbons, ein Überraschungsei oder ein Eis kaufen können!

2 Nennt die Regeln zur Kommasetzung bei Aufzählungen, an die ihr euch noch erinnert.

3 Ordne die unterschiedlichen Aufzählungen in die Tabelle ein.

Aufzählung von Wörtern	Aufzählung von Wortgruppen
Obst, Gemüse, Saftflaschen	

4 Lies den Text.
- Unterstreiche die Konjunktionen *und, oder, denn, doch*.
- Finde eine Regel für die Kommasetzung vor der Konjunktion.

Konjunktion
Eine Konjunktion ist ein Bindewort und ein Signalwort für die Kommasetzung.

Ein richtiges Schützenfest!

Unsere Mannschaft hatte sich für das Finale qualifiziert und wir waren alle glücklich über diesen Erfolg. Wir hatten uns auf dem Platz schon aufgestellt, doch in diesem Augenblick fing es an zu regnen. Die Schiedsrichterin konnte das Spiel nicht anpfeifen, denn der halbe Sportplatz stand unter Wasser. Würde das Spiel noch stattfinden oder sollten die Zuschauer wieder nach Hause gehen?

Zeichensetzung bei Aufzählungen normgerecht anwenden

5 Verbinde die Sätze beim Abschreiben mit einer jeweils passenden Konjunktion.

- Endlich hörte der Regen auf.
- Die Sonne schien wieder vom Himmel.
- Die Mädchen der gegnerischen Mannschaft saßen in der Kabine.
- Es wurde ein richtiges Schützenfest für uns.
- So konnte das Spiel doch noch beginnen.
- Die Schiedsrichterin hatte sie holen lassen.
- Sie ließen sich nicht sehen.
- Dann kamen sie aber doch angetrabt.

6 Ohne Punkt und Komma liest sich der folgende Text sehr schlecht. Schreibe ihn ab und entscheide selbst, wo du einen Punkt oder ein Komma setzen möchtest. Beachte die Regeln im Kasten!

Die Mädchen der gegnerischen Mannschaft waren natürlich sehr traurig über ihre Niederlage konnten sie ja auch wirklich nicht glücklich sein über den Regen konnten sie es auch nicht gut gespielt hatten sie nicht das Wetter hatte ihnen die Laune verdorben so fuhren sie wieder ab und wir winkten ihnen nach.

ⓘ Kommasetzung bei Aufzählungen

Ein Komma setzt man zwischen aufgezählten Wörtern, Wortgruppen und Sätzen.
Hauptsätze, die miteinander verbunden sind, nennt man Satzreihe.
Unsere Mannschaft hatte sich für das Finale qualifiziert, wir waren alle glücklich über diesen Erfolg.
Man kann Hauptsätze mit **Konjunktionen** verbinden. Diese sind:
und, oder (vor ihnen **kann** ein Komma stehen): *Er kommt (,)* **und** *sie geht.*
denn, doch, aber (vor ihnen **muss** ein Komma stehen): *Er kommt,* **aber** *sie geht.*

Zeichensetzung bei Aufzählungen normgerecht anwenden

Zeichensetzung

Das Komma zwischen Haupt- und Nebensatz

1 Lest euch diese Sätze vor. Macht dabei immer dort eine deutliche Pause, wo ein Komma steht.

Computer

Kati verbringt viel Zeit zu Hause, seit sie einen eigenen Computer besitzt. Sie nimmt sich viel Zeit dafür, obwohl sie keine Anfängerin mehr ist. Sie meldet sich sofort, als eine Computer-AG angeboten wird. Sie beteiligt sich an der Herstellung einer Klassenzeitung, nachdem sie die Programme beherrscht. Kati wünscht sich sehr, dass ihr Hobby einmal zu ihrem Beruf wird.

2 Schreibe die Sätze ab. Unterstreiche die Wörter, die nach dem Komma stehen, und die Wörter, die am Ende des Satzes stehen:
Kati verbringt viel Zeit zu Hause, seit sie einen eigenen Computer besitzt.

3 Verschiebe die Sätze, die nach den Kommas stehen, an den Satzanfang. Unterstreiche dann die Wörter, die vor und nach dem Komma stehen:
Seit sie einen eigenen Computer besitzt, verbringt Kati viel Zeit zu Hause.

4 Beschreibt, an welchen Stellen in diesen Sätzen das Komma steht. Benutzt dabei Begriffe, die ihr schon kennt:
Das Komma steht zwischen …
Das Komma steht vor Wörtern wie …

ⓘ Nebensätze

Nebensätze reichen von einer **Konjunktion am Anfang** (Signalwort) bis zur **finiten Verbform** des **Prädikates am Ende.** (Verbletztsatz)
Kati   hat   sich gewünscht,   dass sie einen Computer bekommt.

Hauptsatz   Nebensatz
Nebensätze können **vor** oder **nach** einem Hauptsatz stehen:
Kati   verbringt   viel Zeit zu Hause, seit sie einen eigenen Computer besitzt.
Vorfeld / linke Satzklammer   /   Mittelfeld,/   Nachfeld
Seit sie einen eigenen Computer besitzt, verbringt Kati viel Zeit zu Hause.

Wenn der Nebensatz **vor** dem Hauptsatz steht, stoßen immer **zwei finite Verben** aneinander. Zwischen diesen finiten Verben steht immer ein Komma.
Nebensätze werden durch **Kommas** abgetrennt. Beim deutlichen **Vorlesen** eines Satzes kann man das **Komma** zwischen Hauptsatz und Nebensatz meistens an einer **Sprechpause** erkennen.

Finites Verb
Personalform des Verbs

Satzbau:
Der deutsche Satz wird unterteilt in:
Vorfeld,
linke Satzklammer,
Mittelfeld,
rechte Satzklammer
*und **Nachfeld**.*

→ **S. 271**
Satzfelder

Zeichensetzung bei Nebensätzen normgerecht anwenden, Satzarten nach der Stellung des Verbes unterscheiden, Nebensätze als Satzglieder erkennen, Textkohärenz innerhalb eines Textes erklären

Rechtschreibung und Zeichensetzung

Folie

Finites Verb
Personalform des Verbs

5 Lies den Text und unterstreiche alle Konjunktionen.

Kati fände es gut wenn sie das Schreiben mit dem Zehnfingersystem beherrschen würde. Vielleicht besucht sie ja bald einen Schreibkurs sodass sie es lernt. Doch mit den beiden Zeigefingern schreibt sie auch schon so gut dass sie damit ganz zufrieden ist. Manchmal schreibt sie einen Text in verschiedenen Schriften weil sie daran Freude hat.
5 Besonders schön sieht ein Text aus wenn sie ihn im Blocksatz schreibt.

6 Schreibe den Text ab und setze die Kommas ein. Unterstreiche die Konjunktionen und die finiten Verbformen.

7 Bildet Sätze, in denen die folgenden Konjunktionen vorkommen:
als   bevor   dass   nachdem   obwohl   sodass   während   weil   wenn

8 Setze beim Abschreiben Konjunktionen aus Aufgabe 7 in den folgenden Text ein. Unterstreiche die Konjunktionen und die finiten Verbformen.

Ein wichtiges Spiel

a) Harry wurde vom Spielfeld gerufen, ▢ er sehr gut gespielt hatte.
b) Jetzt bekam Pitt seine Chance, ▢ er als Ersatzspieler aufgestellt worden war.
c) Harry fing zu schimpfen an, ▢ er mit bösem Gesicht vom Platz ging.
d) ▢ Pitt ein Tor geschossen hatte, siegte am Ende die Mannschaft mit 1:0.
e) Doch Harry konnte sich nicht so recht darüber freuen, ▢ seine Mannschaft gewonnen hatte.

9 Prüft eure Sätze. Erklärt, wie sich die Aussage eines Satzes verändert, wenn verschiedene Konjunktionen eingesetzt werden.

10 Schreibe die Sätze f) bis i) auf. Setze Konjunktionen und die fehlenden Kommas ein. Unterstreiche die Konjunktionen und die finiten Verbformen.

f) ▢ er noch etwas wütend am Spielfeldrand stand tröstete ihn Jana.
g) Sie erzählte ihm ein paar Witze ▢ er wieder etwas fröhlicher wurde.
h) Harry lachte tatsächlich ▢ er immer noch enttäuscht war.
i) ▢ das Turnier zu Ende war ging er mit Jana nach Hause.

Zeichensetzung bei Nebensätzen normgerecht anwenden, Satzarten nach der Stellung des Verbes unterscheiden, Nebensätze als Satzglieder erkennen, Textkohärenz innerhalb eines Textes erklären

Einladung für Harry

Zu meinem Geburtstag lade ich dich ein. Du bist mein bester Freund. *(weil)*
Du kannst etwas Tolles erleben. Ich feiere am Sonntag Geburtstag. *(wenn)*
Wir gehen gemeinsam in den alten Steinbruch. Alle Gäste sind angekommen. *(sobald)*
Die einen machen eine Schnitzeljagd. Andere reiten auf Ponys. *(während)*
5 Dann zünden wir ein Lagerfeuer an. Es regnet nicht. *(falls)*
Danach grillen wir Würstchen. Der Vorrat reicht aus. *(solange)*
Ich habe tolle Preise besorgt. Wir können noch eine Tombola veranstalten. *(sodass)*

11 Bilde Sätze, indem du jeweils den zweiten Satz zu einem Nebensatz umformst. Unterstreiche die finiten Verbformen und die Konjunktionen. Setze die Kommas.
Beispiel: *Zu meinem Geburtstag lade ich dich ein, weil du mein bester Freund bist.*

Satzgefüge
Ein Satzgefüge ist die Verknüpfung von Haupt- und Nebensatz.

Einladung für Kati

Ich habe was Tolles vorbereitet. Du kannst dich morgen auf meinem Geburtstag wohlfühlen.
Alle Gäste sind angekommen. Wir gehen gemeinsam in den alten Steinbruch.
Die einen machen eine Schnitzeljagd. Andere reiten auf Ponys.
5 Das Wetter ist gut. Wir zünden ein Lagerfeuer an.
Danach grillen wir Würstchen. Der Vorrat reicht aus.
Wir haben uns satt gegessen. Wir gehen zu uns nach Hause.
Ich habe tolle Preise besorgt. Wir können dann noch eine Tombola veranstalten.

12 Bilde Sätze, indem du die Sätze einer Zeile mit einer passenden Konjunktion zusammenfügst, die in den Satz passt. Manchmal steht der Nebensatz vorne, manchmal hinten. Setze auch die Kommas ein.
damit   falls   nachdem   sobald   sodass   solange   während   wenn

Zeitungsnachricht

Die Polizei teilte gestern mit – Ein zwölfjähriges Mädchen ist in den Parksee eingebrochen
Marie L. wollte die Enten in einem Eisloch füttern – Sie kippte kopfüber in den See
Sie unternahm mehrere Rettungsversuche – Sie konnte sich aber nicht selbst befreien
Ein Spaziergänger hörte – Das Mädchen im Wasser schrie um Hilfe
5 Er hatte dem Kind seinen Spazierstock gereicht – Marie konnte sich daran festhalten
Der Retter fuhr Marie sofort zu ihren Eltern – Sie trug keinen Schaden davon
Sie hatte sich nicht einmal erkältet – Sie hatte fünf Minuten im eiskalten Wasser verbracht

13 Füge die Sätze einer Zeile zusammen. Verwende die richtigen Satzzeichen.
Achtung: Manchmal wird aus dem Satz vorne ein Nebensatz.

Rechtschreibung und Zeichensetzung

Zeichensetzung

Nebensätze mit der Konjunktion *dass*

Schade!
Ich habe gehört, dass du nicht zu meinem Geburtstag kommst. Wir finden es alle sehr schade, dass du abgesagt hast. Natürlich wissen wir, dass du gern mit uns feiern würdest. Mein Bruder hat gesagt, dass du ein super DJ bist. Wir haben uns schon darauf gefreut, dass du tolle CDs mitbringst. Ich hoffe, dass du es dir noch einmal überlegst.

Antwort
Ich ☐, dass ich zu deinem Geburtstag nicht kommen kann. Ich habe aber ☐, dass an diesem Tag unser Tischtennisturnier stattfindet. Ich ☐ gern, dass ihr mich alle dabeihaben wollt. Doch ich ☐, dass ihr auch ohne mich tolle Musik machen werdet. Ich ☐ euch jedenfalls, dass ihr eine schöne Party habt.

1 Schreibe die Sätze ab. Unterstreiche die Konjunktion *dass*. Unterstreiche auch die finite Verbform, die im Hauptsatz davorsteht:
Ich <u>höre</u>, <u>dass</u> du nicht zu meinem Geburtstag kommst.

2 Setze beim Abschreiben der Antwort die folgenden Verben an den passenden Stellen ein. Unterstreiche auch hier die finite Verbform und die Konjunktion *dass*.
denken, finden, sich freuen, fürchten, glauben, hoffen, hören, meinen, merken, sagen, sehen, wissen ...

Lotte hat es genau gesehen	du hast aus meinem Reifen die Luft abgelassen.
Warum behauptest du dann	du bist es nicht gewesen.
Jeder merkt doch	du lügst
Ich finde es wirklich nicht gut	du tust so etwas.
Du sagst doch immer	du willst mein bester Freund sein.

3 Verknüpfe die beiden Aussagen jedes Mal mit *dass*. Dazu musst du den zweiten Satz in einen Nebensatz umformen. Unterstreiche die finite Verbform und die Konjunktion *dass* und setze das Komma.
Beispiel: Lotte hat genau gesehen, <u>dass</u> du aus meinem Reifen ...

> **⚠ Die Konjunktion *dass***
>
> Die Konjunktion **dass** steht häufig nach **Hauptsätzen**, in denen folgende **Verben** vorkommen: *denken, finden, sich freuen, fürchten, glauben, hoffen, hören, meinen, merken, sagen, sehen, wissen ...*
> Das Wörtchen **dass** ist eine Konjunktion, die **Nebensätze** einleitet.
> Nebensätze mit **dass** werden durch **Kommas** von Hauptsätzen getrennt.

Zeichensetzung bei Nebensätzen normgerecht anwenden, grammatisches Wissen bei der Zeichensetzung anwenden

4 Bilde Sätze, indem du die Aussagen links und rechts miteinander verknüpfst.
  a) Aus den rechten Sätzen sollen Nebensätze mit der Konjunktion *dass* werden. Unterstreiche die finite Verbform, die Konjunktion *dass* und setze das Komma.
  Im Geschichtsbuch steht, dass der erste Motorwagen von Carla Benz aus dem Jahre 1886 nur drei Räder hatte.
  b) Stelle in mindestens zwei Sätzen den Nebensatz mit *dass* an den Anfang. Unterstreiche die finite Verbform, die Konjunktion *dass* und setze das Komma.

Aus der Geschichte des Autos

Im Geschichtsbuch steht:	Der erste Motorwagen von Carl Benz aus dem Jahre 1886 hatte nur drei Räder.
Es wird gesagt:	Gottlieb Daimler hat seine erste Motorkutsche aus dem Jahre 1886 nie selbst gefahren.
Die Geschichte des Autos berichtet:	1907 gelangte der erste Rolls-Royce auf den Markt.
Im Laufe der nächsten 20 Jahre konnten es die Menschen dann erleben:	Das Auto entwickelte sich in rasantem Tempo zu einem Fließbandprodukt.
In Deutschland konnte man 1924 sehen:	Die ersten Opel P4 fuhren durch die Straßen.
Dieser grüne „Laubfrosch" sah so lustig aus.	Die Menschen mussten darüber lachen.
1936 geschah es dann.	Ferdinand Porsche entwickelte den ersten Volkswagen.
Dieses Auto ist so berühmt geworden.	Der VW wurde zum ersten Verkaufsschlager der gesamten Autoindustrie.
Über 60 Jahre lang ging es dann nur noch darum:	Man entwickelte immer größere Autos.
Und diese Autos waren so konstruiert:	Sie fraßen immer mehr Benzin.
Darum geht es seit einigen Jahren:	Man versucht, wieder sparsamere Autos zu entwickeln.
Heute geht es vor allem darum:	Man ersetzt den Benzinmotor durch Elektromotoren.

5 Formuliere fünf Sätze, in denen die Konjunktion *dass* vorkommt. Achte auf die Kommasetzung.

Zeichensetzung bei Nebensätzen normgerecht anwenden, grammatisches Wissen bei der Zeichensetzung anwenden

Zeichensetzung

Zeichensetzung bei Anreden und Ausrufen

Robert, komm bitte zur Tafel.   *Komm bitte zur Tafel, Robert.*

1 Lest beide Sätze und vergleicht sie.
- Stellt Gemeinsamkeiten und Unterschiede fest.
- Erklärt, wann man den ersten Satz verwendet und wann den zweiten.

2 Schreibe Sätze mit vorgegebenen Anreden auf und achte auf die Kommasetzung.
Beispiel: *Liebe Lisa, danke für deinen Brief.*

Liebe Lisa, Hallo, Guten Tag, Werte Gäste, Sehr geehrte Frau Müller

3 Vergleiche die Zeichensetzung in den drei Sätzen und finde heraus, wann ein Komma oder ein Ausrufezeichen verwendet werden sollte.

So ein Pech, der Bus ist mir gerade vor der Nase weggefahren!
Mensch, das ist doch nicht so schlimm.
Nein, aber es ist trotzdem ärgerlich!

4 Schreibe die Sätze ab und entscheide, ob du Kommas und Ausrufezeichen setzt. Begründe deine Entscheidung.

Igitt schon wieder ein Hundehaufen
Ach reg dich doch nicht darüber auf
Ha du bist auch nicht hineingetreten

5 Schreibe kleine Gesprächssituationen, in denen du Ausrufe verwendest. Setze die Satzzeichen sinnvoll ein.

oh, au, aua, he, was, hä, Junge, Junge, so ein Pech, Tja

ⓘ Zeichensetzung bei Anreden und Ausrufen

Anreden werden durch ein **Komma** vom übrigen Satz abgetrennt.
Lisa, komm bitte an die Tafel.
Ausrufe werden durch ein **Komma** vom übrigen Satz abgetrennt, wenn sie **besonders hervorgehoben** werden sollen. Dann steht am Satzende ein **Ausrufezeichen.**
Ach, das ist aber schade!

Zeichensetzung

Zeichensetzung bei der Apposition

Lisa stellt beim Vorlesewettbewerb ihrer Klasse das Buch „Schlimmes Ende" von Philip Ardagh vor. Als sie noch einmal liest, was sie sich zum Buch aufgeschrieben hat, merkt sie, dass etwas nicht stimmt, weil sie die Kommas vergessen hat.

Die Hauptpersonen des Buches sind Eddie Dickens ein elfjähriger Junge Mr. und Mrs. Dickens seine Eltern Dr. Keks der Arzt der Familie Jack und Maud und viele andere.
    Die Eltern des elfjährigen Eddie eines wohlerzogenen und guten Jungen leiden an einer mysteriösen Krankheit. Deshalb wird er seinen Verwandten dem wahnsinnigen
5 Onkel Jack und der irrsinnigen Tante Maud übergeben.
    Gemeinsam fahren sie zum „Schlimmen Ende" dem Haus der beiden. Allerdings erreichen sie dieses erst nach vielen Abenteuern. Unter anderem wird Eddie ins „Sankt Fürchterlich", das Waisenhaus, eingeliefert.

1 Lies den Text und setze die Kommas.   *Folie*

2 Vergleicht eure Ergebnisse und begründet eure Kommasetzung.

Wer kennt sich in Baden-Württemberg aus?

In Freiburg kann man das Münster besichtigen.	die Stadt am Neckar.
Eine Wanderung im Wutachtal ist sehr abenteuerlich.	einer Stadt im Schwarzwald
Viele Touristen besuchen Schonach.	einer 200 m tiefen und 30 km langen Schlucht
Tübingen lädt zum Stocherkahnfahren ein.	den Ort mit der größten Kuckucksuhr der Welt

3 Füge beim Abschreiben die richtigen Appositionen in die Aussagen ein. Achte auf die Kommasetzung. Beispiel: *In Freiburg, einer Stadt im Schwarzwald, kann man das Münster besichtigen.*

4 Erklärt, warum ihr die Kommas gesetzt habt.

ⓘ Zeichensetzung bei der Apposition

Die **Apposition** ist ein **nachgestelltes Attribut,** das ein **Nomen näher erklärt.** Apposition und Nomen stimmen im **Kasus, Genus und Numerus** überein. Sie wird vom übrigen Satz mit **Kommas** abgetrennt.
Die Wilhelma besuchen wir morgen. Die Wilhelma ist ein botanischer und zoologischer Garten.
Die Wilhelma, den botanischen und zoologischen Garten, besuchen wir morgen.
Akkusativ   Akkusativ

Zeichensetzung bei Appositionen normgerecht anwenden

Rechtschreibung und Zeichensetzung

Zeichensetzung

Überprüfe dein Wissen und Können

Zeichen der direkten Rede und der Aufzählung

Wollen wir heute morgen oder übermorgen zum Schwimmen gehen fragte ich Laura
Sie antwortete Das geht leider nicht
Warum fragte ich soll das nicht gehen
Laura sagte Meine Tante mein Onkel und meine Cousinen kommen zu Besuch
Ich musste ihr glauben und ging alleine zum See
Dort traf ich Alex und er will sich mit mir auch für die nächsten Tage verabreden

1 Schreibe den Text ab und setze alle Zeichen der direkten Rede und die Satzschlusszeichen.

Das Komma zwischen Haupt- und Nebensatz

1 Bilde im folgenden Text Sätze mithilfe der Konjunktion.
- Forme jeweils den zweiten Satz zu einem Nebensatz um.
- Unterstreiche die finite Verbform, die Konjunktionen und setze die Kommas.

Polizei stoppt Raser

Zwei Autofahrer aus Freiburg lieferten sich ein Rennen auf der Autobahn Die Polizei berichtet. *(wie)*

Ein Ferrari und ein Mercedes rasten mit über 230 km/h über die A 5. Nur Tempo 100 war erlaubt. *(obwohl)*

Mit diesem Tempo fuhren sie über viele Kilometer. Sie überholten sich mehrfach gegenseitig. *(indem)*

*Satzgefüge
Eine Zusammenfügung von Haupt- und Nebensatz*

2 Bilde ein Satzgefüge, indem du die Sätze einer Zeile mit einer Konjunktion zusammenfügst, die in den Satz passt. Manchmal steht der Nebensatz vorn, manchmal hinten. Füge die Kommas ein:

damit   obwohl   nachdem   sobald   sodass   indem   während   wobei

Die Geschwindigkeit war überhöht. Zwischen ihnen bestand streckenweise nur ein Abstand von fünf Metern.
Eine Zivilstreife mit Videokamera fuhr hinter den beiden her. Sie konnte den beiden Rasern kaum folgen.
Erst nach 12 Kilometern stoppten die Beamten die beiden Rennfahrer. Sie bremsten sie aus.

3 Bilde mit den Sätzen einer Zeile Satzgefüge. Verwende die richtigen Satzzeichen.
Die beiden waren gestellt worden. Sie mussten ihren Führerschein abgeben.
Es ist sicher. Sie müssen außerdem mit einem Fahrverbot rechnen.

Regeln der Zeichensetzung anwenden

GELERNTES ÜBERPRÜFEN

Nebensätze mit der Konjunktion *dass*

Die Zuschauer hoffen.
Der Vorstand hatte vorher beschlossen.
Der Spieler spielte den Ball so.
Er platzierte den Schuss aus der Ecke so.
Den Fans gefiel nicht.

Die Spieler bringen gute Leistungen.
Ein neuer Trainer wird eingesetzt.
Ein Eckball wurde gegeben.
Der Stürmer schoss ein Tor.
Ein Gegentor fiel.

1 Bilde Sätze.
   a) Aus den rechten Sätzen sollen Nebensätze mit der Konjunktion *dass* werden. Unterstreiche die finite Verbform, die Konjunktion *dass* und setze das Komma.
   b) Stelle in mindestens zwei Sätzen den Nebensatz an den Anfang. Unterstreiche die finite Verbform, die Konjunktion *dass* und setze das Komma.

Zeichensetzung bei Anreden, Ausrufen und Appositionen

Lisa ich möchte dich um einen Gefallen bitte.
Ich mache dir Alex einen Vorschlag.
Hilf mir doch Tim!

1 Forme die Sätze beim Abschreiben so um, dass die Anrede an einer anderen Stelle des Satzes steht. Setze die Kommas.

Au ich habe mir in den Finger geschnitten
Ach so schlimm ist es doch gar nicht
Na super auf diese Bemerkung kann ich wirklich verzichten

2 Schreibe die Sätze ab und entscheide, ob du Kommas und Ausrufezeichen setzt.

Boxtrolls der neue Animationsfilm feierte im Oktober 2014 seine Premiere. Seine Helden die Boxtrolls leben tief unter der Stadt und werden gejagt. Die Einwohner von Cheesebrigde einer kleinen Stadt behaupten, dass die kleinen Kerle Käse und Kinder stehlen.

3 Füge beim Abschreiben des Textes über den Animationsfilm die Kommas ein.

Nur Eggs kennt die lustigen Wesen wirklich.
Archibald Snatcher schließt ein Abkommen mit dem Bürgermeister.
Er muss alle Boxtrolls vernichten, um seinen Traum zu verwirklichen.

4 Füge beim Abschreiben die richtigen Appositionen in die Aussagen ein. Achte auf die Kommasetzung.
   der unerbittliche Trolljäger / einen Sitz im Stadtrat / ein Waisenjunge

Regeln der Zeichensetzung anwenden

Sprachgebrauch und Sprachreflexion

Wortarten

Tipp
Du kannst das Buch „Das schaurige Haus" von Martina Wildner auch in einer Bibliothek ausleihen und zu Hause lesen.

Jonas verbringt die letzte Ferienwoche im Zeltlager. Für die Abende hat er ein besonderes Buch eingepackt: „Das schaurige Haus" von Martina Wildner.

1 Lies den Textauszug aus diesem Buch und finde heraus, was das Besondere an ihm ist.

Das war **1** Einzug. Sonst **2** eigentlich alles glatt. Eddi und **3** bekamen ein eigenes Zimmer.
Die **4** lagen nebeneinander und gingen auf **5** Balkon hinaus. Man konnte **6** sehen. Eddi aber **7** das nicht, **8** interessierten nur die Schnecken, von denen er **9** weitere zwölf
5 fand – drei **10** gelbem Haus und neun nackte. Er sammelte **11** in einem Eimer und **12** Gras und Blätter hinein. „Vertragen sich eigentlich Schnecken mit Haus und Schnecken **13** Haus?", fragte Eddi. „Oder **14** die nackten versuchen, den anderen die **15** zu klauen?" „Keine **16**", sagte ich. „Auf jeden Fall sind die nackten **17**", fuhr Eddi fort. „**18** würde das Haus der anderen gar nichts nützen. Es wäre zu klein
10 für sie."

2 Ersetzt die Zahlen im Text mithilfe des Wortmaterials durch die richtigen Wörter.

1 *Genitiv von wir*
2 *3. Person Singular Präteritum von laufen*
3 *Personalpronomen 1. Person Singular*
4 *Plural von Raum*
5 *Akkusativ Singular von der*
6 *Plural von Berg*
7 *3. Person Singular Präteritum interessieren*
8 *Akkusativ Singular von er*
9 *Modaladverb*
10 *Präposition, die den Dativ verlangt*
11 *Personalpronomen 3. Person Plural*
12 *3. Person Singular Präteritum legen*
13 *Präposition, die den Akkusativ verlangt, Gegenteil von mit*
14 *3. Person Plural Präsens von werden*
15 *Plural von Haus*
16 *Nomen zu ahnen*
17 *Komparativ von groß*
18 *Dativ Plural von sie*

NEUES ENTDECKEN – EINSICHTEN GEWINNEN

3 Schreibe den Text nun vollständig ab und füge dabei die gefundenen Wörter richtig ein.

4 Bestimmt die Wortart der eingesetzten Wörter.

In diesem Kapitel lernst du (,) ...
- *die Aufgaben der Wortarten kennen.*
- *die Merkmale wichtiger Wortarten zu erkennen.*
- *die Deklination der Nomen anzuwenden.*
- *bestimmte und unbestimmte Artikel im Text anzuwenden.*
- *Personal- und Possessivpronomen zu unterscheiden.*
- *Verben in verschiedenen Personal- und Tempusformen kennen.*
- *mit Adjektiven zu vergleichen und zu beschreiben.*
- *Adverbien von Adjektiven zu unterscheiden.*
- *Präpositionen richtig zu gebrauchen.*

Wortarten

Nomen

1 Lest gemeinsam den Text, sodass jeder einen Satz vorliest.

Nachtwanderung

☐ Suche ☐ Jungen ☐ Schlafsäcke. ☐ Pfiff. ☐ Signal ☐ Nachtwanderung. ☐ Schlafsäcken ☐ Trainingsanzüge ☐ . ☐ Philipp ☐ Rucksack ☐ Taschenlampe ☐ Jacke. ☐ Wiese. ☐ Mond ☐ Weg. ☐ Wald. ☐ Dunkelheit ☐ Stille. ☐ Geräusch ☐ Kinder ☐ Schreck. Philipp ☐ Taschenlampe ☐ Dunkelheit: ☐ Ast ☐ Baum g ☐ ! ☐ Kinder ☐ , ☐ Schlimmeres ☐ . ☐ Mitternacht ☐ Lager ☐ .

2 Tauscht euch über den Inhalt des Textes aus und erklärt, warum ihr den Text verstanden habt, obwohl ihr nur die Nomen lesen könnt.

3 Schreibe den Text vollständig auf, indem du alle fehlenden Wörter ergänzt *(Artikel, Verben, Adjektive* und *Präpositionen)*.

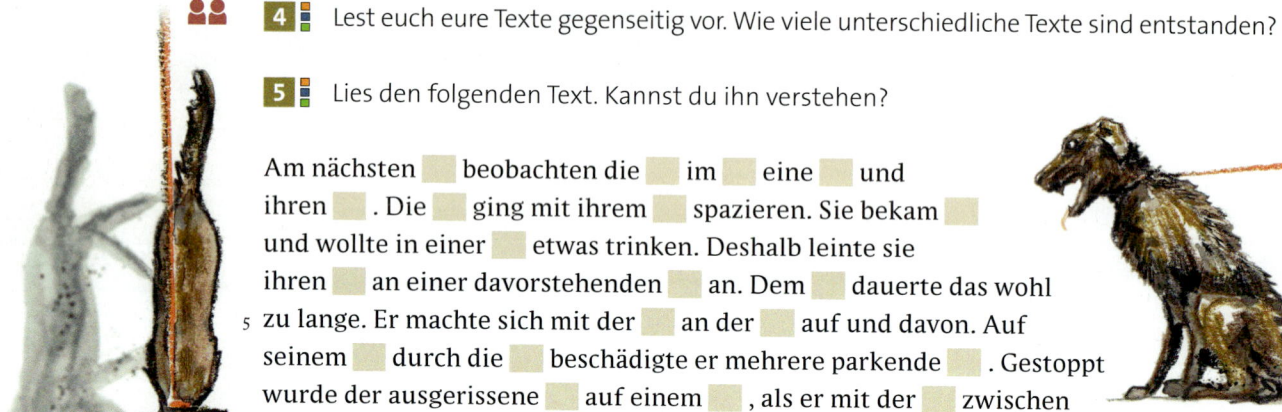

4 Lest euch eure Texte gegenseitig vor. Wie viele unterschiedliche Texte sind entstanden?

5 Lies den folgenden Text. Kannst du ihn verstehen?

Am nächsten ☐ beobachten die ☐ im ☐ eine ☐ und ihren ☐ . Die ☐ ging mit ihrem ☐ spazieren. Sie bekam ☐ und wollte in einer ☐ etwas trinken. Deshalb leinte sie ihren ☐ an einer davorstehenden ☐ an. Dem ☐ dauerte das wohl
5 zu lange. Er machte sich mit der ☐ an der ☐ auf und davon. Auf seinem ☐ durch die ☐ beschädigte er mehrere parkende ☐ . Gestoppt wurde der ausgerissene ☐ auf einem ☐ , als er mit der ☐ zwischen zwei ☐ stecken blieb.

6 Vergleicht nun den ersten und den zweiten Text. Findet Gründe dafür, dass sie unterschiedlich schwer zu verstehen sind.

Nomen gemäß ihrer Funktion und Bedeutung benennen, verwenden und bestimmen

KOMPETENZEN AUFBAUEN, ÜBEN UND ANWENDEN

7 Lies den Text und unterstreiche alle Nomen.

Folie

Ein verkorkster Tag

Im vorigen Sommer ist Jonas mit seinen Eltern an der Ostsee gewesen. Als er wieder einmal im Wasser herumtobte, bekam er plötzlich einen mächtigen Schreck. Irgendetwas hatte sein linkes Bein gestreift. Bei dem Gedanken, dass es ein gefährlicher Fisch sein könnte, wurde ihm richtig schlecht. Bald stellte sich heraus, dass seine Angst um-
5 sonst gewesen war: Zum Glück war es nur eine alte Plastiktüte. Aber unangenehm war es trotzdem. An dem Tag hatte er keine große Lust mehr, im Meer zu baden. Doch der Ärger ging weiter. Er baute gerade zusammen mit seiner Freundin eine Sandburg. Sie waren fast fertig damit, als plötzlich ein Ball angeflogen kam und genau auf ihrer Burg landete. Nicht weit von ihnen spielten ein paar Jungen Fußball. Die lachten auch noch,
10 als sie sahen, was passiert war. Da bekam Jonas eine richtige Wut im Bauch. Er nahm den Ball und warf ihn, so weit er konnte, ins Wasser. Und weil die Jungen auch noch darüber lachten, wurde seine Laune an diesem Tag noch schlechter ...

8 Ordne alle Nomen in die Tabelle ein.

Lebendiges	Dinge (Sachen, Naturerscheinungen)	Gefühle und Gedanken	Orte und Zeitangaben
Eltern	Wasser	Schreck	Ostsee

9 Finde die richtigen Nomen, indem du die Fragen des Rätsels beantwortest:
Welches A ist nie am Ende?
Welches B ist immer rund?
Welches C macht Spaß?
Welches D ist ein Meeressäugetier?

10 Formuliert für die übrigen Buchstaben des Alphabets weitere Rätselfragen, die mit einem Nomen beantwortet werden, und stellt sie euch gegenseitig.

ⓘ Nomen

Wenn man die Bedeutung der Nomen kennt, weiß man meistens auch, worum es in einem Text geht.
Nomen bezeichnen die Dinge der Welt. Im Einzelnen bezeichnen Nomen:
- **Lebendiges:** *der Hund, die Frau, das Kind ...*
- **Dinge** (Sachen, Naturerscheinungen): *das Auto, der Regen, die Leine ...*
- **Gefühle** und **Gedanken:** *der Schreck, die Angst ...*
- **Orte** und **Zeitangaben:** *die Gaststätte, der Tag, das Jahr ...*

Nomen gemäß ihrer Funktion und Bedeutung benennen, verwenden und bestimmen

Numerus: Singular und Plural

Sprachgebrauch und Sprachreflexion

Tipp
Ein Wörterbuch kann dir helfen.

1 Schreibe die folgenden Wörter im Plural auf und ordne sie nach ihren Pluralformen.

Anker / Lied / Sofa / Antwort / Finger / Mantel / Staat / Ausdruck / Horn / Löffel / Wahl / Hotel / Moped / Abend / Bild / Kleid / Muskel / Ding / Kugel / Nessel / Wal

Pluralformen:
a) Plural mit -s: die Sofa-**s** ...
b) Plural mit -er: die Bild-**er** ...
c) Plural mit -e: die Abend-**e** ...
d) Plural mit -en: die Antwort-**en** ...
e) Plural mit -n: die Muskel-**n** ...
f) Plural mit Umlaut: die Ausdr**ü**cke ...
g) Plural ohne Veränderung: die Finger ...

2 Bilde die Pluralformen von den folgenden sechs Fantasienomen. Schreibe sie auf.

der Schmock / die Quösse / das Krongel / der Mungen / die Krassel / das Vartim

3 Vergleicht die Pluralformen jedes einzelnen Fantasienomens.
  a) Nennt die Form, die am häufigsten vorkommt.
  b) Erklärt, warum ihr euch für diese Pluralform entschieden habt.

4 In unserer Sprache findet man Nomen, die es nur im Singular gibt, und solche, die es nur im Plural gibt. Ordne die folgenden Nomen in die richtige Kiste ein.

Fleiß   Ferien   Geduld   Kosten   Langeweile   Leute   Quatsch   Rollerblades   Röteln   Schmutz   Eltern   Wut   Makkaroni   Geschrei   Atem   Sonnenschein   Geschwister   Jeans   Tennis

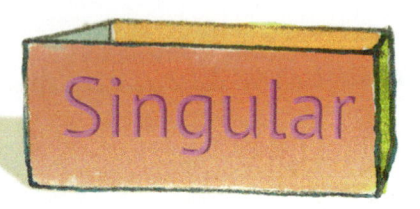

Singular   **Plural**

⚠ Singular und Plural

Der Plural deutscher Nomen kann durch verschiedene Formen angezeigt werden
(-s, -er, -e, -en, -n, Umlaut, ohne Veränderung).
Fremdwörter haben meist besondere Pluralformen. Die häufigsten sind
-s, -a, -en, - i, -ein. Hier schaut man am besten im Wörterbuch nach.
Der Plural von Nomen, die aus dem **Englischen** kommen, wird meist durch die Endungen
-s *(Handys, Bikes),* **-en** *(Couchen)* oder **ohne Pluralendung** *(Container, Jeans)* gebildet.

Numerus von Nomen anwenden

KOMPETENZEN AUFBAUEN, ÜBEN UND ANWENDEN

Kasus: Die vier Fälle

1 Schreibe die folgenden Texte auf. Setze beim Schreiben das Wort *Freund* in den angegebenen Fällen ein.

Freund Schön, wenn man einen *Akkusativ* hat.
Wenn man in Not ist, tut die Hilfe eines *Genitivs* gut.
Gerade einem *Dativ* sollte man vertrauen können.
In schwierigen Situationen ist ein *Nominativ* häufig die letzte Rettung.

2 Schreibe den nächsten Text auf. Setze nun *eine Freundin* in den angegebenen Fällen ein.

Freundin Wichtig ist *Nominativ*, wenn man nicht mehr weiterweiß.
Dann tut der Trost *Genitiv* besonders gut.
Mit *Dativ* kann man immer rechnen.
Auf *Akkusativ* kann man sich in schweren Zeiten stets verlassen.

3 Unterstreiche in deinen Texten die Merkmale der Kasus der eingesetzten Nomen.

4 Nenne im folgenden Satz den Kasus der Nomen und unterstreiche das jeweilige Merkmal.

Der Präsident | des Fußballverbandes | überreichte | dem Sieger | den Europapokal.

5 Ergänze folgende Sätze mit Nomen im richtigen Kasus.
a) Die … der … gibt der … eine …
b) Der … des … schenkt dem … einen …

6 Bildet selbst einen Satz, in dem Nomen in allen vier Kasus vorkommen.

⊙ Deklination von Nomen

	Maskulinum		Femininum		Neutrum	
	Singular	Plural	Singular	Plural	Singular	Plural
Nominativ (Wer?)	der Vater	die Väter	die Mutter	die Mütter	das Kind	die Kinder
Genitiv (Wessen?)	des Vaters	der Väter	der Mutter	der Mütter	des Kindes	der Kinder
Dativ (Wem?)	dem Vater	den Vätern	der Mutter	den Müttern	dem Kind	den Kindern
Akkusativ (Wen?)	den Vater	die Väter	die Mutter	die Mütter	das Kind	die Kinder

Die vier Kasus erkennt man an den Endungen des **Artikels / Pronomens** und des Nomens:
der Sohn – den Sohn – dem Sohn – des Sohnes
meine Söhne – meine Söhne – meinen Söhnen – meiner Söhne
Die Veränderung des Nomens nach den vier Kasus nennt man **Deklination.**

Genus, Numerus und Kasus bestimmen

7 Setze die folgenden Nomen passend in den Lückentext ein.

a) **Lebendiges:** Männer, Schwimmer, Freunden, Kopf, Narr, Leben
b) **Dinge (Sachen, Naturerscheinungen):** Regenfällen, Fluss, Boot, Münzen, Geld
c) **Gefühle und Gedanken:** Gefahr, Angst, Sorge
d) **Orte:** China, Ufer

Der Mann, dem Geld lieber war als das Leben

Im alten *China* stieg nach heftigen **1** ein **2** an. Trotz der **3** stiegen mehrere **4** in ein **5** und versuchten, ans andere **6** zu gelangen. Mitten im Strom jedoch kenterten sie. Sie versuchten, schnell an Land zu schwimmen. Der eigentlich beste **7** kam aber kaum vorwärts. Die anderen wollten wissen, warum. „Ich trage tausend **8** bei mir!", rief er seinen **9** zu. Die hatten **10** um ihn und forderten ihn auf, die Münzen wegzuwerfen. Er jedoch schüttelte den **11**. In der Zwischenzeit hatten seine Kameraden das Ufer erreicht. Sie riefen voller **12**: „Was nützt dir das **13**, wenn du ertrinkst? Lass doch die Geldstücke fallen, du **14**!" Aber das tat er nicht. Kurz darauf versank er in den Fluten. Ihm war wohl das Geld lieber als sein **15**.

- Nenne den Kasus der Nomen.
- Erklärt euch gegenseitig, wie ihr den richtigen Kasus gefunden habt.

8 Ergänze die folgenden Sätze mit dem richtigen Artikel im Dativ oder Akkusativ und schreibe sie auf.

Fast ein Unfall

Die Mutter fährt ___ Wagen auf die Straße. Robert fährt in ___ Auto mit. Plötzlich sehen sie ___ Radfahrer. Er weicht ___ Auto aus. Die Mutter bringt ___ Wagen zum Stehen. Aber es gibt doch ___ Rums. Der Radfahrer fällt auf ___ Fußweg. Die Mutter hilft ___ Mann wieder auf. ___ Mann ist zum Glück nichts passiert. Und ___ Fahrrad auch nicht.

9 Unterstreiche die Kasusendung und den dazugehörenden Artikel.

Genus, Numerus und Kasus bestimmen

KOMPETENZEN AUFBAUEN, ÜBEN UND ANWENDEN

10 Lest euch die Sätze gegenseitig deutlich vor und findet heraus, welcher Satz richtig ist. Zeigt auf, wie ihr darauf gekommen seid.

Beim Fressen gleicht der Kolibri einem winzigem Hubschrauber.

Oder:

Beim Fressen gleicht der Kolibri einem winzigen Hubschrauber.

11 Lest euch den Text vor und sprecht die Wörter mit den Kästchen deutlich aus.

Können Vögel rückwärtsfliegen?

Kolibris gehören zu d☐ kleinsten Vögeln d☐ Welt. Die leichtesten Kolibris bringen gerade zwei Gramm auf d☐ Waage. 500 d☐ Vögel müssten auf d☐ Schale ein☐ Waage sitzen, um auf ein Kilogramm zu kommen! Beim Fressen gleicht der Kolibri ein
5 ☐ winzig☐ Hubschrauber. Er saugt mit sein☐ lang☐ Schnabel d☐ Nektar d☐ Blüten. Dabei schlägt er bis zu achtzigmal pro Sekunde mit d☐ Flügeln. Ein☐ Kolibri zu verfolgen ist nicht einfach. D☐ klein☐ Kerl kann über 100 Stundenkilometer schnell sein. Das gelingt d☐ schnell☐ Vogel kurzzeitig so-
10 gar beim Rückwärtsfliegen. Unter allen Vögeln kann allein d☐ Kolibri rückwärtsfliegen.

12 Schreibe nun den Text ab und ergänze die gekennzeichneten Wörter im richtigen Kasus.

13 Vergleicht eure Texte, indem ihr die ergänzten Wörter deutlich aussprecht.

14 Unterstreiche die Kasusendung der Nomen und ihrer Begleiter und bestimme den Kasus.

> ⚠ **Artikel und Adjektiv im Dativ**
>
> Steht vor einem Adjektiv ein Artikel im Dativ *(dem, einem)*, dann erscheint die Dativendung **-m** beim Adjektiv **nicht** noch ein zweites Mal:
> *dem kleinen Kerl.*

Genus, Numerus und Kasus bestimmen

Sprachgebrauch und Sprachreflexion

Wortarten

Der bestimmte und unbestimmte Artikel

Ein Experiment mit Artikeln

Im Stadion (1)

Ich beobachte Zuschauer im Fußballstadion. Ein Fan springt auf. Ein rothaariges Mädchen schlägt die Hände vors Gesicht. Ein älterer Zuschauer ruft etwas aufs Spielfeld. Eine junge Frau knabbert an ihren Fingernägeln. Ein Mann davor hat ein Kind auf den Schultern. Ein Fan ruft „Schiedsrichter, raus!" Ein Mädchen redet auf einen Fan ein. Ein Zuschauer diskutiert mit einer Frau. Ein Mann beruhigt ein Kind. Ein Fan schwenkt eine Fahne. Ein Mädchen applaudiert dazu. Ein Zuschauer beschwert sich aber darüber. Ein Mann dreht sich um und umarmt vor Freude eine Frau. Ein Kind freut sich darüber.

Im Stadion (2)

Ich beobachte Zuschauer im Fußballstadion. Ein Fan springt auf. Ein rothaariges Mädchen schlägt die Hände vors Gesicht. Ein älterer Zuschauer ruft etwas aufs Spielfeld. Eine junge Frau knabbert an ihren Fingernägeln. Ein Mann davor hat ein Kind auf den Schultern. Der Fan ruft: „Schiedsrichter, raus!" Das Mädchen redet auf den Fan ein. Der Zuschauer diskutiert mit der Frau. Der Mann beruhigt das Kind. Der Fan schwenkt eine Fahne. Das Mädchen applaudiert dazu. Der Zuschauer beschwert sich aber darüber. Der Mann dreht sich um und umarmt vor Freude die Frau. Das Kind freut sich darüber.

1 Bildet zwei Gruppen. Die eine Gruppe liest den ersten Text und zählt die Zuschauer, von denen in diesem Text die Rede ist. Die andere Gruppe zählt die Zuschauer, von denen im zweiten Text die Rede ist.
- Vergleicht miteinander, wie viele Zuschauer in den Texten vorkommen.
- Betrachtet, wie oft unbestimmte Artikel in beiden Texten vorkommen und wie oft bestimmte Artikel und überlegt, woran es liegen kann, dass die Zahl der Zuschauer in den beiden Texten so unterschiedlich ist.

⚠ Der bestimmte und unbestimmte Artikel

Der **unbestimmte** Artikel begleitet in der Regel Nomen, wenn diese in einem Text zum **ersten Mal** vorkommen und noch **unbekannt** sind.
Der **bestimmte** Artikel begleitet in der Regel Nomen, wenn diese in einem Text **wieder** vorkommen oder dem Leser schon **bekannt** sind.

Artikel gemäß ihrer Funktion und Bedeutung benennen, verwenden und bestimmen

KOMPETENZEN AUFBAUEN, ÜBEN UND ANWENDEN

Bestimmte und unbestimmte Artikel in Texten

→ **S. 72 ff.**
Fabeln

Fabel

Eine Ameise saß auf einem Baumstamm. Da kam eine Taube und wollte sie fressen. Die Ameise flehte die Taube an: „Wenn du mir mein Leben lässt, dann werde ich dir einmal helfen!" Da ließ die Taube die Ameise leben. Einige Tage später kam ein Vogelfänger
5 zu dem Baumstamm. Er legte auf den Baumstamm eine Falle, um die Taube zu fangen. Und tatsächlich flog die Taube in die Falle hinein. Der Vogelfänger wollte sie gerade töten, als die Ameise kam und den Vogelfänger in den Fuß biss. So konnte die Taube entkommen.

1 Vor dem Nomen *Ameise* steht einmal der unbestimmte Artikel, aber dreimal der bestimmte Artikel. Erklärt euch dies mithilfe des Merkkastens.

2 Untersucht eure Erkenntnisse aus Aufgabe 1 auch an weiteren Nomen des Textes.

Fabel

___ Wolf und ___ Fuchs leben seit Kurzem nicht mehr bei ihren Eltern. Seit dieser Zeit ziehen sie gemeinsam auf Nahrungssuche los. So haben sie z. B. ___ Weide mit Schafen entdeckt. Aber auch Hühner laufen dort frei herum. ___ Weide umgibt zwar ___ Zaun, aber für ___ Wolf stellt ___ Zaun keine große Hürde dar. Aber auch für ___ Fuchs gibt es
5 ___ Chance, an die Hühner zu gelangen: In ___ Zaun ist nämlich ___ Loch.

3 Ersetze die Lücken im Text durch einen bestimmten oder unbestimmten Artikel.

4 Vergleicht eure Texte und begründet eure Entscheidung.

5 Begründe, welchen Satz du fortsetzen kannst mit
- … den meine Schwester beim Pilzesuchen vergessen hat.
- … den irgendjemand beim Pilzesuchen vergessen hat.

  A Im Wald habe ich einen Korb gefunden, …
  B Im Wald habe ich den Korb gefunden, …

Artikel gemäß ihrer Funktion und Bedeutung benennen, verwenden und bestimmen

Sprachgebrauch und Sprachreflexion

Wortarten

Personalpronomen und Possessivpronomen

1 Lest euch beide Geschichten vor und findet heraus, wodurch sie sich unterscheiden.

Die drei Schildkröten (1)

In einer Wüste lebten einmal drei Schildkröten. Die Schildkröten hießen Anna, Amalia und Dora. Die Schildkröten waren ziemlich alt: Anna war 153, Amalia 124 und Dora genau 100 Jahre alt. Noch nie in Annas, Amalias und Doras langem Leben hatten die Schildkröten einen einzigen Schluck Wasser getrunken. Deshalb waren die drei Schildkröten sehr durstig. Anna wusste von einer fernen Quelle, und so beschlossen die Schildkröten, sich dorthin auf den Weg zu machen. Jede von den Schildkröten sollte eine Tasse mitnehmen, denn die Schildkröten hatten sich geschworen, dass die Schildkröten gleichzeitig den ersten Schluck aus den eigenen Tassen der Schildkröten trinken wollten.

Die drei Schildkröten (2)

In einer Wüste lebten einmal drei Schildkröten. Sie hießen Anna, Amalia und Dora. Sie waren ziemlich alt: Anna war 153, Amalia 124 und Dora genau 100 Jahre alt. Noch nie in ihrem langen Leben hatten sie einen einzigen Schluck Wasser getrunken. Deshalb waren sie sehr durstig. Anna wusste von einer fernen Quelle, und so beschlossen sie, sich dorthin auf den Weg zu machen. Jede von ihnen sollte eine Tasse mitnehmen, denn sie hatten sich geschworen, dass sie gleichzeitig den ersten Schluck aus ihren eigenen Tassen trinken wollten.

Folie

2 Unterstreiche die Pronomen, die im zweiten Text für das Nomen *Schildkröten* bzw. für die Namen *Anna, Amalia, Dora* stehen und diese ersetzen.

ⓘ Pronomen

Pronomen stehen im Text für Nomen. Die beiden wichtigsten Arten von Pronomen sind:
- **Personalpronomen** (auf Personen bezogene Pronomen): *ich, du, er, sie, es; wir, ihr, sie.*
- **Possessivpronomen** (auf Besitz bezogene Pronomen): *mein, dein, sein, ihr, sein; unser, euer, ihr.*

Die Personalpronomen stehen **für** Nomen und **ersetzen** sie in einem Text.
Sie ermöglichen es, dass dieselben Nomen im Text nicht wiederholt werden:
<u>Drei Schildkröten</u> wohnten in einer Wüste. → **<u>Sie</u>** waren schon sehr alt.

Die Possessivpronomen stehen oft **vor** Nomen und geben an, was zu wem **gehört:**
Die Schildkröten wollten aus den eigenen Tassen trinken. →
*Die <u>Schildkröten</u> wollten aus **<u>ihren</u>** eigenen Tassen trinken.*

Jedem Personalpronomen entspricht ein Possessivpronomen.

Pronomen gemäß ihrer Funktion und Bedeutung benennen, verwenden und bestimmen

3 Schreibe den dritten Textabschnitt aus der Sicht der drei Schildkröten.
- Ersetzt die Lücken durch Personal- und Possessivpronomen.
- Unterstreicht die eingefügten Pronomen.
- Stellt Gemeinsamkeiten und Unterschiede in den Texten fest und findet heraus, warum das so ist.

  a) Verfasse den Text aus der Sicht von Anna oder Amalia.
  b) Verfasse den Text aus der Sicht von Dora.

Die drei Schildkröten (3)

___ wanderten drei Jahre, ___ wanderten fünf Jahre, und am Ende des siebenten Jahres erreichten ___ tatsächlich die Quelle. Als ___ jedoch ___ drei Tassen füllen wollten, stellte sich heraus, dass Dora ___ Tasse vergessen hatte. Tauschen kam nicht infrage; denn da war ja der Schwur! Also entschieden ___ , dass Dora ___ Tasse holen sollte.

4 Unterstreiche im letzten Textabschnitt alle Pronomen. Unterstreiche Personalpronomen mit einer Farbe und Possessivpronomen mit einer zweiten Farbe.

Anna und Amalia wollten an der Quelle warten. Sie warteten fünf Jahre, sie warteten sieben Jahre, doch nach zwölf Jahren verloren sie die Nerven: Sie stürzten an die Quelle und wollten gerade ihre Tassen mit Wasser füllen, als Dora ihren Kopf aus dem Gebüsch steckte und rief: „Also, wenn ihr schummelt, dann gehe ich gar nicht erst los!"

5 Lest den folgenden Text und besprecht, was in den Sätzen seltsam ist. Schreibt dann die Sätze so auf, dass eindeutige Aussagen entstehen.
Beispiel: a) *In der Lebensmittelabteilung schließt die Verkäuferin die Kasse ab. Die Verkäuferin hat Feierabend.*

Folie

Tipp
Jedem Personalpronomen entspricht ein Possessivpronomen:
Personalpronomen:
ich du er sie es wir ihr sie
Possessivpronomen:
mein dein sein ihr sein unser euer ihr

Alles klar?

a) In der Lebensmittelabteilung schließt die Verkäuferin die Kasse ab. Sie hat Feierabend.
b) Mein Freund hat einen Dackel. Er ist wirklich ein netter Kerl.
c) Mit seinem Geländewagen ist mein Vater oft unterwegs. Er hat Allradantrieb.
d) Ich lese gern Bücher, die von Zauberern handeln. Sie sind immer so geheimnisvoll.
e) Unser Team gewann das Spiel. Es war sehr gut vorbereitet.
f) Auf der Wiese lag eine Kuh. Sie war mit Blumen übersät.
g) Jana schaute beim Joggen auf die Uhr. Plötzlich war sie stehen geblieben.
h) Unsere Sportlehrerin machte uns eine Übung vor. Sie sah sehr elegant aus.

Pronomen gemäß ihrer Funktion und Bedeutung benennen, verwenden und bestimmen

Sprachgebrauch und Sprachreflexion

Wortarten

Anredepronomen in Briefen

Folie

1 Von den Pronomen im Text sind einige Pronomen, mit denen Herr Wagner angeredet wird. Unterstreiche diese Anredepronomen.

Sehr geehrter Herr Wagner, Rosenberg, 11. Juni …

gestatten Sie, dass wir uns Ihnen kurz vorstellen. Wir sind Schülerinnen und Schüler der Humboldt-Schule, besuchen die sechste Klasse und sind gerade dabei, unseren nächsten Wandertag zu planen. Aus der Zeitung haben wir von Ihrem Schulmuseum erfahren. Der Inhalt des Artikels, den Sie dazu geschrieben haben, hat uns sehr interessiert. Deshalb hat unsere Klasse entschieden, dass wir an unserem nächsten Wandertag Sie und Ihr Museum einmal besuchen wollen. Ist es Ihnen möglich, uns die Öffnungszeiten Ihres Museums mitzuteilen? Das wäre sehr nett von Ihnen.
Verzeihen Sie, aber wir haben noch eine Bitte. Wir fanden Ihren Artikel so spannend, dass wir Sie gern persönlich kennen lernen und mit Ihnen über die Ausstellung sprechen wollen. Wir wären sehr froh darüber, wenn Sie das einrichten könnten. Wir bedanken uns bei Ihnen schon im Voraus und freuen uns auf unseren Wandertag.

Herzliche Grüße
von den Schülerinnen und Schülern der Klasse 6

---

2 Im folgenden Text wird Herr Schneider mit sechs Pronomen angeredet. Diese Anredepronomen musst du beim Abschreiben des Briefes großschreiben.

! Anredepronomen

Das Anredepronomen *Sie* und die dazugehörigen Formen *Ihnen, Ihre, Ihrer, Ihres, Ihren, Ihrem, Ihr* werden **großgeschrieben:**
*Wir möchten **Sie** und **Ihre** Frau herzlich zu unserem Filmvortrag einladen.*
Die Anredepronomen *du* und *ihr* sowie die dazugehörigen Formen *dein, deinen, deinem, euch, eure, euren, eurem* werden **kleingeschrieben.**
Es ist aber auch kein Fehler, wenn du diese Anredepronomen großschreibst.

Lieber Herr Schneider, Altheim, 15. Juni …

ganz kurz zu ihrer Information. Leider waren ihre Kinder aus Dortmund schon abgefahren, sodass ich nicht mehr mit ihnen sprechen konnte. Nun hoffe ich, dass wenigstens sie, lieber Herr Schneider, sie erreichen können. Die Kinder tun mir ja wirklich etwas leid, denn ich hätte ihnen gern noch selbst gesagt, dass sie im Wettbewerb den ersten Platz belegt haben. Richten sie ihnen bitte meinen Glückwunsch aus.

Seien sie herzlich gegrüßt von ihrem „Mitstreiter"!

Höflichkeitsformen normgerecht anwenden
Pronomen gemäß ihrer Funktion und Bedeutung benennen, verwenden und bestimmen,

KOMPETENZEN AUFBAUEN, ÜBEN UND ANWENDEN

Wortarten

Verben

1 Lest euch die kurze Geschichte vor und findet heraus, was fehlt.

Zeichenwettbewerb

Alle Kinder der Klasse 6a für den Zeichenwettbewerb der Schule Bilder. Auf den Tischen viele Farbkästen. Maria ein Bild von einem alten und knorrigen Baum. Um den Baum herum vier Kinder. Sie Spiele.
5 Wolken am Himmel. Wind in den Zweigen.
Marias Bild von allen das beste.

2 Du hast die Geschichte bestimmt auch ohne die fehlenden Wörter verstanden. Schreibe nun den Text in vollständigen Sätzen auf und unterstreiche dabei die Verben: *Alle Kinder der Klasse 6a malen für den Zeichenwettbewerb der Schule Bilder.*

3 Lest euch nun den weiteren Text vor.

Das Bild von Alex singt eine Szene aus einem Fußballspiel. Auf dem Spielfeld freuen sich nach einem Regenschauer viele Pfützen. Ein Spieler rodelt über den nassen Rasen und schlottert in einer Pfütze. Der Spieler mit der Nummer 9 löscht den Ball mit seinem linken Fuß. Der Ball zeigt auf das gegnerische Tor. Der Torwart kommt nach dem Ball.
5 Aber man schnattert noch nicht, ob er ihn kauft oder ob der Ball doch ins Tor spaziert. Die Zuschauer, die um den Platz herumrasen, morsen schon ihre Arme nach oben. Für sein Bild, das als zweitbestes geformt wird, besorgt Alex einen schicken Füllfederhalter.

4 Tausche im Text die gelb unterlegten Verben gegen passende aus dem Wortmaterial.

*befinden / bekommt / fliegt / geht / hält / hechtet / herumstehen / landet
prämiert / reißen / rutscht / schießt / weiß / zeigt*

ⓘ **Verben**

Zu jedem vollständigen Satz gehört ein **Verb.**
*Um den Baum herum **sitzen** vier Kinder.*
Mit Verben kann man **genau** sagen, was jemand (ein Mensch, ein Tier) **tut** oder was **geschieht.**

Verben gemäß ihrer Funktion und Bedeutung benennen, verwenden und bestimmen

Wortarten

Das Partizip II

1 Lies den Text und unterstreiche alle Verbformen.

Ein mutiger Hund

Seit Kurzem besitzen wir einen Hund, einen Labradorwelpen. Er heißt Nanuk. Nachdem wir ihn zu uns geholt hatten, haben wir ihm erst einmal beigebracht, dass er keine Bücher zerkaut und nicht an Gästen hochspringt. Gestern ist wieder etwas Lustiges
5 passiert. Ich bin mit Nanuk spazieren gegangen. Vor dem Postamt saß eine dicke Katze auf dem Gehsteig. Die hat sich gesonnt. Erst war Nanuk ganz aufgeregt und wollte zu dem seltsamen getigerten Tier mit den spitzen Ohren hinlaufen – er hatte noch nie zuvor eine Katze gesehen! Als er aber zu nah gekommen war,
10 stand die Katze plötzlich auf, machte einen gewaltigen Buckel und fauchte böse. Da hat Nanuk sofort Reißaus genommen und sich hinter meinen Beinen versteckt. Ich musste laut lachen. Was für ein mutiger Hund!

2 Ordne deine unterstrichenen Verben in die Tabelle ein.

Verbformen aus einem Wort	Verbformen aus zwei Wörtern
besitzen	geholt hatten

3 Vergleicht eure Ergebnisse mithilfe des Merkkastens.
- Überprüft, ob eure gefundenen Verbformen vollständig sind.
- Erklärt, wodurch sie sich unterscheiden.

ⓘ Das Partizip II

Möchte man Verben im Perfekt oder Plusquamperfekt bilden, entstehen **zweiteilige** Verbformen. Sie bestehen aus **zwei** Wörtern:
Er ist geblieben, er war geblieben; sie hat gelacht, sie hatte gelacht.
Bei diesen zweiteiligen Verbformen ist das zweite Wort immer ein Partizip II:

*Er ist **geblieben**.*   *Sie hat **gelacht**.*
    Partizip II   Partizip II
ge- + Verbstamm + **-en**   **ge-** + Verbstamm + **-t**

Verben gemäß ihrer Funktion und Bedeutung benennen, verwenden und bestimmen

KOMPETENZEN AUFBAUEN, ÜBEN UND ANWENDEN

4 Ergänze die Partizipien II. Die Zeilen reimen sich.

Aus gießen wird gegossen
aus sprießen wird ...,
aus fließen wird ...

Aus schneiden wird geschnitten,
aus streiten wird ...,
aus reiten wird ...

Aus kneifen wird gekniffen,
aus pfeifen wird ...,
aus schleifen wird ...

Aus sagen wird gesagt,
aus wagen wird ...,
aus klagen wird ...

5 Es gibt auch Verben, bei denen das Partizip II mit Umlaut, aber ohne das Präfix *ge*gebildet wird. Schreibe zu den folgenden Infinitiven das Partizip II auf. Wenn du unsicher bist, schlage in einem Wörterbuch nach.

befehlen / empfehlen / empfinden / entwerfen / entschließen / entleihen / ergreifen / erkennen / erscheinen / misslingen / unterbrechen / verbergen / verlieren

💡 **Tipp**
Setzt du die Hilfsverben haben *oder* sein *in einer Personalform vor das Verb, erhältst du das* **Partizip II**.

6 Schreibe das passende Verb im Partizip II nach den Ziffern geordnet auf.

Ein Abenteuer mit Mauerseglern

Als wir am Freitag am Schwarzen See waren, ist plötzlich ein großer Schwarm von schwarzen Vögeln über uns **1**. Ihre Schreie waren furchtbar laut. Ein Mauersegler wäre um ein Haar gegen die Frontscheibe unseres Autos **2**. Da haben wir **3** und sind ganz vorsichtig **4**.
5 Wir haben Hunderte von Mauerseglern **5**. Da hat es uns ganz schön **6**. Deshalb haben wir uns kaum **7**. Ich habe bei mir **8**, dass wir lieber im Auto **9** wären. Nach einer Viertelstunde ist der Schwarm **10**. Als wir wieder im Auto saßen, haben meine Eltern und ich während der Fahrt kaum ein Wort **11**. Noch Tage später ist mir diese unheimliche
10 Szene nicht aus dem Kopf **12**.

*bleiben
denken
gruseln
fliegen
hinwegfliegen
gehen
sehen
sprechen
aussteigen
bewegen
abziehen
anhalten*

Veränderbare und nicht veränderbare Verben
– *Veränderbare Verben heißen* **starke Verben**. *Der Stammvokal ändert sich beim Konjugieren und das Partizip II endet auf -en.*
– *Nicht veränderbare Verben heißen* **schwache Verben**. *Der Stammvokal ändert sich nicht und das Partizip II endet auf -t.*

7 Bilde das Partizip II folgender Verben und ordne sie in die Tabelle.

bestellen, schlafen, lachen, treten, tragen, sagen, hoffen, vertrauen, verschreiben, kochen, singen, anfassen, kaufen, laufen, spielen, begreifen

nicht veränderbare Verben	veränderbare Verben	Verben mit Präfix

Verben gemäß ihrer Funktion und Bedeutung benennen, verwenden und bestimmen

Sprachgebrauch und Sprachreflexion

Wortarten

Die Stammformen von Verben

Tipp
Ein Wörterbuch kann dir helfen.

1 Ergänze die jeweils fehlende Verbform.

Infinitiv	Präteritum	Partizip II
fragen	ich fragte	gefragt
	ich winkte	gewinkt
niesen	ich nieste	
ordnen	ich	geordnet
schließen	ich	geschlossen
trinken	ich	getrunken
wiegen	ich wog	
	ich blieb	geblieben
nennen	ich	genannt
brennen	es brannte	
kennen	ich	gekannt
	ging	gegangen

2 Immer vier Verben haben gleiche Stammformen. Finde diese und beschreibe die Gemeinsamkeiten und Unterschiede.

3 Ordne die Verben mithilfe des Merkkastens in die Tabelle ein.

veränderbar	nicht veränderbar	Mischform

4 Finde für jede Gruppe drei weitere Verben.

ⓘ Stammformen der Verben

Im Satz verändern Verben häufig ihre Form. In der Regel genügen **drei Stammformen,** um alle anderen Formen des Verbes zu bilden.
Veränderbare Verben: Der Stammvokal ändert sich beim Konjugieren und das Partizip II endet auf **-en**: *gehen – ging – gegangen*.
Nicht veränderbare Verben: Der Stammvokal ändert sich nicht und das Partizip II endet auf **-t**: *spielen – spielte – gespielt*.
Mischformen: Der Stammvokal ändert sich zwischen Infinitiv und Präteritum und das Partizip II hat die Endung **-t**: *senden – sandte – gesandt*.
Der Stammvokal ändert sich und das Partizip II hat die Endung **-en**:
stehen – stand – gestanden.

Verben gemäß ihrer Funktion und Bedeutung benennen, verwenden und bestimmen

Wortarten

Die Tempusformen

Präsens, Präteritum, Perfekt

1 Jeder liest einen Text und findet heraus, zu welchem Bild dieser passt. Erklärt, wie ihr darauf gekommen seid.

Auf das Haus des Nachbarn achten!

1 „Du, dort drüben bei Müllers ist ein Mann. Komisch! Müllers sind doch verreist! Jetzt bleibt der Typ an der Terrassentür stehen. Er guckt sich um. (…) Er fummelt mit einem Schlüsselbund herum. Jetzt versucht er die Tür aufzuschließen. Das geht aber wohl nicht. Jetzt nimmt er einen anderen Schlüssel. Und tatsächlich! Jetzt verschwindet er in der Tür. Du, Paul, hilf mir runter! Ich glaube, wir müssen schnell zu meiner Mutter gehen, damit sie die Polizei anruft." – …

2 „Drüben bei Müllers haben wir eben Schritte gehört. Müllers sind doch verreist! Da hat Paul mich hochgehoben, und ich habe über die Mauer geguckt. Und da habe ich einen Mann gesehen, der ist auf die Terrasse zugegangen. (…) Dann hat er versucht, mit einem Schlüssel die Tür aufzuschließen. Das hat aber erst beim zweiten Mal funktioniert. Und dann ist er in das Haus reingegangen. – Du musst die Polizei anrufen!" …

3 Heute Vormittag konnte ich einen Mann beobachten, der bei Müllers auf der Terrasse stand. Ich wusste, dass Müllers nicht da waren und dass wir auf das Haus aufpassen sollten. Ich stand auf Pauls Schultern und konnte über die Mauer alles genau beobachten. Der Mann kam mir sehr merkwürdig vor. Denn er probierte an der Terrassentür zwei Schlüssel aus. (…) Er ging dann tatsächlich in das Haus hinein. Ich rief sofort meine Mutter, damit sie die Polizei benachrichtigt. …

Tempusformen der Gegenwart, Vergangenheit und Zukunft erkennen, erklären und gezielt anwenden

Sprachgebrauch und Sprachreflexion

2 In den drei Texten fehlt jeweils ein Satz. Ordne den passenden Satz dem jeweiligen Text zu.

a) *Der ist mir wie ein Einbrecher vorgekommen.*
b) *Ich dachte natürlich sofort an einen Einbrecher.*
c) *Das ist bestimmt ein Einbrecher!*

3 Tauscht euch darüber aus, wie ihr vorgegangen seid.

4 Finde heraus, welchen der folgenden Sätze am Ende
- Paul sagt.
- die Mutter sagt.
- Niklas schreibt.

A Doch dann war es nur der Heizungsmonteur, der nach der Heizung sehen wollte. Schade! Ich hätte lieber einen Dieb erwischt!

B „Aber Niklas! Das ist doch der Heizungsmonteur! Ich habe ihm selbst die Schlüssel gegeben, damit er in das Haus kann. Aber es ist gut, dass du alles genau beobachtest!"

C „Würde ich nicht tun! Vielleicht ist das ja ein Bekannter von Müllers!"

5 Tauscht euch darüber aus, wie ihr vorgegangen seid.

Folie

6 Ordne den Texten die drei Tempusformen *Präsens, Perfekt, Präteritum* zu und zeige auf, wie du darauf gekommen bist.

7 Ordne die Verben der Texte in die Tabelle ein.

Präsens	Präteritum	Perfekt
ist	konnte	haben gehört

ⓘ Die Zeitformen Präsens – Perfekt – Präteritum

Das **Präsens** verwendet man, wenn man etwas sagt, was in der Gegenwart geschieht:
Jetzt versucht er, die Tür aufzuschließen.

Das **Perfekt** gebraucht man, wenn man mündlich etwas mitteilt, was in der Vergangenheit geschehen ist:
Der hat gerade versucht, die Tür aufzuschließen.

Das **Präteritum** wählt man, wenn man etwas schreibt, was in der Vergangenheit geschah:
Er versuchte, die Tür aufzuschließen.

Tempusformen der Gegenwart, Vergangenheit und Zukunft erkennen, erklären und gezielt anwenden

KOMPETENZEN AUFBAUEN, ÜBEN UND ANWENDEN

8 Lest die direkte Rede mit verteilten Rollen vor.

Affen im Fernsehen

Der Vater fragte seinen Sohn:
„Was machtest du denn heute Nachmittag?"
Der Sohn antwortete:
„Ich sah im Fernsehen eine Tiersendung über Affen."
Da fragte der Vater weiter:
„Gefiel sie dir denn?"
Und der Sohn erwiderte:
„Manchmal lachte ich richtig."
Der Vater wollte wissen:
„Was machten denn die Tiere?"
Der Sohn sagte:
„Der eine fraß etwas aus."
Der Vater lachte:
„So, was fraß er denn?"
Da lachte der Sohn:
„Nein, er fraß nichts, er stahl einem Besucher die Mütze."

Affen im Fernsehen

Der Vater fragte seinen Sohn:
„Was hast du denn heute Nachmittag gemacht?"
Der Sohn antwortete:
„Ich habe im Fernsehen eine Tiersendung über Affen gesehen."
Da fragte der Vater weiter:
„Hat sie dir denn gefallen?"
Und der Sohn erwiderte:
„Manchmal habe ich richtig gelacht."
Der Vater wollte wissen:
„Was haben denn die Tiere gemacht?"
Der Sohn sagte:
„Der eine hat etwas ausgefressen."
Der Vater lachte:
„So, was hat er denn gefressen?"
Da lachte der Sohn:
„Nein, er hat nichts gefressen, er hat einem Besucher die Mütze gestohlen."

www
Du kannst dir beide Texte auch im Internetportal anhören.

9 Besprecht, welcher Dialog euch besser gefällt, und begründet eure Entscheidung.

ⓘ Die Zeitformen in mündlichen und geschriebenen Texten

In der **mündlichen** Rede gebraucht man meistens das **Perfekt**, wenn man über etwas redet, was schon vergangen ist:
Gestern haben wir den Zoo besucht.
In **geschriebenen** Texten verwendet man dagegen eher das **Präteritum**, wenn man über etwas schreibt, was schon vergangen ist:
Gestern besuchten wir den Zoo.

Temusformen der Gegenwart, Vergangenheit und Zukunft erkennen, erklären und gezielt anwenden

Sprachgebrauch und Sprachreflexion

Total abgedreht!

Gestern ... es den ganzen Tag *(regnen)*. Wir ... uns Regenjacken *(anziehen)*. Dann ... wir *(rausgehen)* und in die Pfützen *(springen)*. Die Leute dachten wohl, dass wir total abgedreht sind. Aber es ... uns Spaß *(machen)*. Natürlich ... wir unsere Hosen ziemlich nass *(spritzen)*. Meine Mutter ... aber nur *(lachen)*. Doch dann ... sie die Sachen in die Waschmaschine *(stecken)*.

10 Schreibt den Text „Total abgedreht" in verschiedenen Tempusformen auf. Einer schreibt im Präteritum und einer im Perfekt.

11 Vergleicht nun eure Texte und entscheidet, welcher besser klingt.

Emil, der Tintenforscher

1 Emil *(sitzen)* an seinem Tisch und *(kauen)* am Federhalter. Er *(hoffen)*, dass ihm zu seinem Aufsatzthema etwas einfällt. Plötzlich *(machen)* er einen dicken Tintenklecks auf seine Heftseite. Da *(kommen)* ihm eine Frage in den Sinn, und er *(reden)* so vor sich hin:

2 „Woher *(kriegen)* die Leute früher eigentlich ihre Tinte? Sie *(gehen)* doch nicht einfach in ein Geschäft und *(kaufen)* sie! Und überhaupt: *(schreiben)* die Leute früher eigentlich mit Tinte?"

3 Das *(interessieren)* Emil auf einmal. Er *(setzen)* sich an seinen Computer und *(suchen)* im Internet nach Antworten. Da *(finden)* er z. B. folgenden Absatz: **4** Unsere Vorfahren *(benutzen)* zur Herstellung von Schreibflüssigkeit die rot-gelb gefärbten kugeligen „Galläpfel", die sie an Eichenblättern *(finden)*. Diese Kugeln *(trocknen)* und *(zerreiben)* sie und *(vermischen)* sie mit Eisenspänen. Mit Wasser *(ergeben)* das eine schwarze Flüssigkeit, mit der sie schreiben *(können)*. Auch rote Tinte *(geben)* es damals schon. Die *(gewinnen)* man aus den Blütenblättern des Mohns.

5 Emil *(freuen)* sich über seine Entdeckung und *(lassen)* einige Sätze ausdrucken. Er *(fühlen)* sich wie ein Tintenforscher. Dann *(reden)* er wieder mit sich selbst:

6 „Das *(erzählen)* ich morgen gleich den anderen. Vielleicht *(interessieren)* das ja auch meine Lehrerin. Bestimmt *(können)* ich einen kleinen Vortrag darüber halten!"

12 Schreibe den Text „Emil, der Tintenforscher" ab und setze die Verben in die richtige Tempusform ein.

13 Unterstreiche alle eingesetzten Verben und bestimme die Tempusform für jeden Abschnitt.

14 Vergleicht eure Ergebnisse und begründet die Wahl der Tempusform.

Tempusformen der Gegenwart, Vergangenheit und Zukunft erkennen, erklären und gezielt anwenden

Das Plusquamperfekt

1 Betrachtet die Bilder und findet heraus, was in jeder Bildabfolge zuerst passiert.

2 Ordnet jeden Satz dem passenden Bild zu.

Am Morgen

Als Konrad morgens aufstand, duschte er sich.
Als er sich duschte, trocknete er sich ab.
Als Konrad sich die Zähne putzte, kämmte er seine Haare.
Als er die Haare kämmte, ging er die Treppe hinunter in die Küche.
5 Als er seinen Kakao trank, packte er seine Schulsachen ein und lief zum Schulbus.
Als alle in den Bus einstiegen, fuhr der Bus los.

3 Ersetze das Wort *als* in jedem Satz mit dem Wort *nachdem*. Beachte dabei die Tempusform des Verbs.
Beispiel: *Nachdem Konrad morgens aufgestanden war, duschte er sich.*

4 Vervollständige die Konjugation der Verben im Plusquamperfekt.

ich hatte gepackt, du hattest …   *ich war gefahren, du …*

ⓘ Das Plusquamperfekt

Wenn man in einem Satz etwas schreibt, was **nacheinander** (und nicht zugleich) abgelaufen ist, verwendet man häufig zwei verschiedene Zeitformen.
Das **Plusquamperfekt** zeigt an, dass in der Vergangenheit ein Ereignis vor einem anderen stattfand.
Man nennt es deswegen auch die Zeitform der **Vorvergangenheit.**
Das **Plusquamperfekt** wird gebildet aus dem *Präteritum* der Hilfsverben *haben* und *sein* und dem *Partizip II*.
Ein Satz im Plusquamperfekt wird in einem Nebensatz mit *nachdem* oder *als* eingeleitet:
Nachdem ich die Hausaufgaben gemacht hatte (Plusquamperfekt), packte (Präteritum) ich die Sachen ein.
Als ich vom Schreibtisch aufgestanden war, ging ich zum Schwimmen.

Sprachgebrauch und Sprachreflexion

Am Abend

1 Paula aß ihr Abendbrot. Sie ging ins Wohnzimmer.
2 Sie zündete sich eine Kerze an. Sie setzte sich aufs Sofa.
3 Sie schaltete den Fernseher an. Sie kuschelte sich gemütlich in eine Decke ein.
4 Paula sah dann den Pferdefilm. Sie ging hinauf in ihr Zimmer.
5 Sie las noch ein paar Seiten in ihrem Buch. Sie knipste die Nachttischlampe aus.
6 Paula schlief ein. Ihr Vater kam herauf und wollte ihr Gute Nacht sagen.
Aber dazu war es zu spät!

5 Bilde aus zwei Sätzen immer einen.
- Alle Sätze sollen mit dem Wort *nachdem* anfangen.
- Beachte die Veränderung der Tempusform.
- Setze die Kommas, die immer zwischen den beiden Sätzen stehen.

Nachdem Paula ihr Abendbrot gegessen hatte, …

6 Bilde aus den folgenden Stichwörtern jeweils einen Ich-Satz in den Zeitformen Plusquamperfekt – Präteritum.

in den Schulbus einsteigen — nach Hause fahren — zu Hause ankommen — erst einmal Musik hören — sich ausruhen — mit dem Hund spielen

7 Lies den folgenden Text und schreibe ihn zu Ende.

Das Pferd auf dem Kirchturm

Gottfried August Bürger

Ich trat meine Reise nach Russland mitten im Winter an. Ich ritt, bis Nacht und Dunkelheit mich überfielen. Das ganze Land lag unter Schnee; und ich wusste weder Weg noch Steg. Des Reitens müde stieg ich endlich ab und band mein
5 Pferd an eine Art von spitzem Ast, der aus dem Schnee herausragte. Zur Sicherheit nahm ich meine Pistolen unter den Arm und legte mich in den Schnee nieder. Ich tat ein so gesundes Schläfchen, dass mir die Augen nicht eher wieder aufgingen, als es heller lichter Tag war. Wie groß war aber
10 mein Erstaunen, als ich mich mitten in einem Dorf auf dem Kirchhof wiederfand. Mein Pferd war anfänglich nirgends zu sehen; doch hörte ich's bald irgendwo wiehern. Als ich nun emporsah, wurde ich gewahr, dass es an den Wetterhahn des Kirchturms gebunden war und von da herunter-
15 hing. Nun wusste ich sogleich, wie ich dran war. …

8 Lest euch eure Texte gegenseitig vor.

Tempusformen der Gegenwart, Vergangenheit und Zukunft erkennen, erklären und gezielt anwenden

KOMPETENZEN AUFBAUEN, ÜBEN UND ANWENDEN

Das Futur I

1 Lest die Sätze und tauscht euch darüber aus, was euch merkwürdig vorkommt. Wie würdet ihr die Texte umformulieren?

Geburtstag

1. Morgen werde ich Geburtstag haben.
2. Dann werde ich wieder mit allen feiern.
3. Bestimmt werden viele Kinder aus meiner Klasse kommen.
4. Was werden die wohl für Geschenke mitbringen?
5. Ich werde mich überraschen lassen.
6. An dem riesigen Geburtstagstisch werden wir wieder Torte und Kuchen schlemmen.
7. Ob wohl mein Lieblingsonkel Jan auch kommen wird?
8. Wir werden sehen!

2 Lest jetzt alle Sätze einmal im Präsens: *Morgen habe ich Geburtstag. ...*

3 Vergleicht die Texte und stellt fest, welcher Text besser klingt und warum das so ist.

4 Tragt gemeinsam Sätze zusammen, die euch im Alltag schon im Futur I begegnet sind: *Wir werden sehen. Du wirst ... Das wird ...*

5 Eine Wahrsagerin sieht in die Zukunft, deshalb muss sie immer im Futur formulieren. Schreibt weitere Fragen an die Wahrsagerin auf und formuliert die passenden Antworten.

Welche Note werde ich in Mathe bekommen?

Du wirst eine Eins schreiben.

ⓘ Das Futur I

Mit dem **Futur I** kann man auf etwas hinweisen, was in der **Zukunft** geschieht:
Dann werde ich wieder mit allen feiern.
Das Futur I wird mit der **konjugierten** Form von *werden* und dem **Infinitiv** gebildet.
Das Futur I wird aber sehr selten verwendet. Häufiger verweist man mit dem Präsens auf die Zukunft:
Dann feiere ich wieder mit allen.

Tempusformen der Gegenwart, Vergangenheit und Zukunft erkennen, erklären und gezielt anwenden

Das Futur II

1 Lies den Text und unterstreiche alle Verbformen.

Wetterbericht

Der Winter wird mit hoher Wahrscheinlichkeit in den ersten Februartagen Einzug gehalten haben. Weil der Wind auf nördliche Richtungen gedreht haben wird, kann die kalte Luft durch die angewärmte Nordseeluft ersetzt werden. Während in den Höhenlagen über Nacht die Schneedecke auf zehn Zentimeter angewachsen sein wird, wird es
5 in den niederen Gebieten ausgiebig geregnet haben. Erst in der nächsten Woche wird mit einer Wetterbesserung zu rechnen sein.

2 Schreibe die unterstrichenen Verbformen jedes Satzes auf und vergleiche sie. Orientiere dich am Merkkasten.

3 Unterstreiche in den folgenden Sätzen alle Tempusformen des Futur II.
   a) Alle Reisenden verlassen in Stuttgart den Zug. Nur Thomas steigt nicht aus. Er wird wohl beim Umsteigen diesen Zug verpasst haben.
   b) Morgen werden wir die letzte Arbeit vor den Ferien geschrieben haben.
   c) Warum war Lisa gestern nicht in der Schule? Sie wird wohl krank gewesen sein.
   d) Das Gedicht ist nur kurz. Deshalb wirst du es bis Montag gelernt haben.
   e) Ich gehe nicht mit zum Bäcker, denn meine Mutter wird das Mittagessen schon gekocht haben.

4 Beantworte die Fragen, indem du Antworten im Futur II aufschreibst.
   a) Wo war Lisa gestern?
   b) Warum ist Anton nicht in der Schule?
   c) Warum repariert Tom sein Fahrrad?
   d) Bis wann haben Sie die Arbeiten korrigiert?

ⓘ Futur II

Das Futur II dient dazu,
- eine **Vermutung** über ein vergangenes Geschehen auszudrücken.
  Der Zug wird jetzt sein Ziel erreicht haben.
- ein erst in **Zukunft** vollendetes Geschehen darzustellen.
  Bis Freitag wird der Brief angekommen sein.

KOMPETENZEN AUFBAUEN, ÜBEN UND ANWENDEN

Die Zeitformen in Texten erkennen und anwenden

1 In den folgenden Sätzen kommen fünf verschiedene Tempusformen *(Präsens, Präteritum, Perfekt, Plusquamperfekt, Futur I)* vor.
   a) Unterstreiche die Verben und schreibe die richtige Tempusform dahinter.

Müllers Dackel

a) Da läuft mir doch heute Morgen Müllers Dackel vor das Rad! *(Präsens)*
b) Dabei habe ich ihn mit dem Vorderrad berührt. (_____)
c) Er purzelte auf die Straße. (_____)
d) Doch dann rannte er weg, (_____)
e) nachdem er mich noch einmal angekläfft hatte. (_____)
f) Jetzt tut mir der kleine Kerl leid. (_____)
g) Nachher gehe ich mal zu Müllers (_____)
h) und werde mich nach dem Hund erkundigen. (_____)

   b) Schreibe den folgenden Text ab und setze dabei die Verben in den passenden Tempusformen ein.

Am Nachmittag *(fragen)* ich Frau Müller: „Wie *(gehen)* es eigentlich Ihrem Dackel? Heute Morgen *(anfahren)* ich ihn nämlich. *(Passieren)* ihm etwas?" Frau Müller *(sagen)*: „Nein, der *(kommen)* zwar heute früh etwas zerzaust nach Hause. Aber jetzt *(laufen)* er putzmunter im Garten herum."

   c) Vergleicht nun eure Ergebnisse und zeigt auf, wie ihr auf diese gekommen seid.

2 Schreibe den folgenden Text ab und setze die Verben in der angegebenen Tempusform ein.

Eine glitschige Überraschung

1 Vorige Woche ▮ ein lebender Frosch eine Londoner Hausfrau in Schrecken. *(versetzen, Präteritum)*
2 Die Frau ▮ im Supermarkt eine Packung frischen Salat ▮ . *(kaufen, Plusquamperfekt)*
3 Als sie zu Hause die Packung ▮ , ▮ sie zwei große Froschaugen an. Sie ▮ : *(öffnen, starren, schreien, Präteritum)*
4 „Was ▮ denn das? Was ▮ du denn in meinem Salat?" *(sein, machen, Präsens)*
5 Aber dann ▮ sie sich wieder. *(beruhigen, Präteritum)*
6 Sie ▮ das Tierchen an und ▮ zu ihm: *(sehen, sagen, Präteritum)*
7 „Ach, was ▮ du denn für ein süßer Kerl! *(sein, Präsens)*
8 Keine Angst! Morgen ▮ ich dich in den Zoo ▮ Dort ▮ es dir besser ▮ ." *(bringen, gehen, Futur I)*
9 Ihre Mahlzeit ▮ die Frau dann ohne Salat ▮ . *(einnehmen, Perfekt)*.

Tempusformen der Gegenwart, Vergangenheit und Zukunft erkennen, erklären und gezielt anwenden

Sprachgebrauch und Sprachreflexion

Wortarten

Modalverben

1 Lies das Gedicht.

Die können sollen, müssen wollen dürfen

Wenn ich nur darf, wenn ich soll,
aber nie kann, wenn ich will,
dann mag ich auch nicht, wenn ich muss.
Wenn ich aber darf, wenn ich will,
5 dann mag ich auch, wenn ich soll,
und dann kann ich auch, wenn ich muss.
Merke: Die können sollen, müssen wollen dürfen.

2 Diskutiert den Sinn des Gedichtes und gebt die Aussage mit eigenen Worten in einem Satz wieder.

Folie **3** Unterstreiche die Modalverben im Gedicht. Orientiere dich am Merkkasten.

4 Bildet mit den Modalverben Sätze, die konkrete Aussagen enthalten. Unterstreiche das Modalverb und das Vollverb.
Beispiel: *Ich mag ein Eis essen.*

5 Formuliert einen Dialog, in dem ihr die Modalverben verwendet.
Beispiel: *Willst du mit mir ins Kino gehen?*
Nein, ich darf nicht.

6 In Werbesprüchen, Vorschriften, Höflichkeitsformen werden häufig Modalverben verwendet.
- Schreibt solche Texte auf. Beispiel: *Hunde müssen draußen bleiben.*
- Erfindet neue Texte.

ⓘ Modalverben

Modalverben verbinden sich mit den Infinitiven von Verben. Sie drücken aus, was einem Vorgang oder einer Handlung zu Grunde liegt.
- **dürfen** (Erlaubnis) *Ben darf ins Kino gehen.*
- **können** (Fähigkeit) *Ben kann Fahrrad fahren.*
- **mögen** (Wunsch) *Ben mag Eis essen.*
- **müssen** (Notwendigkeit) *Ben muss Hausaufgaben machen.*
- **sollen** (Aufforderung) *Ben soll sein Zimmer aufräumen.*
- **wollen** (Absicht) *Ben will seine Freunde treffen.*

Modalverben nennen und verwenden

KOMPETENZEN AUFBAUEN, ÜBEN UND ANWENDEN

Wortarten

Aktiv und Passiv

Die Katze jagt die Maus. **Die Maus wird von der Katze gejagt.**

1 Unterstreiche in den beiden Sätzen Subjekt, Prädikat und Objekt. → Folie

2 Vergleicht die Sätze und besprecht:
- die Veränderung des Prädikates
- die Veränderung der Satzglieder
- die Veränderung der Satzaussage.

3 Ergänze die Tabelle, indem du in jeder Zeile die fehlenden Aktiv- und Passivsätze ergänzt.

Aktiv	Passiv mit Präposition	Passiv ohne Präposition
Ben grüßt Frau Maier.		
		Das Museum wird besichtigt.
	Die Aufgabe wird von der Lehrerin erklärt.	
Die Schüler verkaufen selbstgebackenen Kuchen.		

4 Formuliere die beiden Sätze so um, dass die Handlungen abgeschlossen sind. Orientiere dich am Merkkasten.

Der Hausmeister schließt die Tür. Der Baum wird gepflanzt.

ⓘ Aktiv und Passiv

In **Aktivsätzen** will man mitteilen, **wer** etwas tut und **was** derjenige tut.
Der Handelnde ist Subjekt: *Tim teilt die Hefte aus.*
In **Passivsätzen** will man mitteilen, **was** geschieht.
Das Objekt des Aktivsatzes wird zum Subjekt des Passivsatzes:
Die Hefte werden ausgeteilt. (Finite Verbform von werden + Partizip II = Vorgangspassiv)
Auf das Subjekt im Aktivsatz kann man mit den Präpositionen *von* oder *durch* hinweisen.
Die Hefte werden von Tim ausgeteilt.
Mit **Passivsätzen** kann man das Ergebnis einer Handlung mitteilen.
Die Hefte sind nun ausgeteilt. (finite Verbform von sein + Partizip II = Zustandspassiv)

Aktiv und Passiv erkennen, unterscheiden und bilden

Sprachgebrauch und Sprachreflexion

Wortarten

Adjektive

Was ist ein Adjektiv?

1. Bildet Spielgruppen, die aus vier Mitspielerinnen und Mitspielern bestehen. Wie beim Spiel „Stadt, Land, Fluss …" wird ein Buchstabe ermittelt.
- Schreibt fünf Adjektive mit diesem Anfangsbuchstaben auf.
- Wer zuerst die fünf Adjektive aufgeschrieben hat, sagt „Halt!", und die anderen hören auf zu schreiben. Spielt vier Runden.
  k:klug, kalt, klein, krumm, kugelig … **f**:fett …
- Überprüft mithilfe der Adjektivprobe, ob alle aufgeschriebenen Wörter wirklich Adjektive sind.
  Die klugen Plingplongs schwirren überall herum.
- Streiche jetzt auf deinem Spielzettel die Wörter durch, die keine Adjektive sind.
- Wer die meisten Adjektive aufgeschrieben hat, ist der Gewinner des Spiels.

Adjektivprobe
Kann ein Wort zwischen Artikel und Nomen im Plural eingefügt werden, dann ist dieses Wort ein Adjektiv.

2. Schreibe aus der Wortsammlung die Adjektive heraus.

heiß / zart / draußen / locker / oben / manchmal / roh / munter / sicherlich / golden / neulich / bereits / leider / nah / viel / kaputt / abends / damals / heutig / entzwei / verrückt / gehemmt / genug / auffällig

Folie

3. Im Text „Vorsicht" sind sechs Adjektive enthalten. Unterstreiche sie.

Vorsicht

Manchmal sind Menschen so vorsichtig, dass sich daraus Nachteile für sie ergeben. So hat neulich eine ältere Frau ihren fünfstelligen Lottogewinn nicht angenommen.
5 Die Lottogesellschaft hatte sie über ihren Gewinn offiziell informiert. Sie aber nahm an, dass sie veralbert werden sollte, weil sie bereits schlechte Erfahrungen mit Glücksspielen gemacht hatte. Die Lottogesellschaft war aber so freundlich, einen Polizisten zu ihr zu schicken. Der konnte sie schließlich überreden, den Gewinn anzunehmen.

ⓘ Adjektive

Das wichtigste Erkennungszeichen für Adjektive besteht darin, dass sie zwischen **Artikel** und **Nomen** passen. Dabei bekommen die meisten Adjektive eine **Endung,** sie werden dekliniert:
*das schön-**e** Plingplong, ein nett-**es** Plingplong, die laut-**en** Plingplongs.*

Adjektive gemäß ihrer Funktion und Bedeutung benennen, verwenden und bestimmen

KOMPETENZEN AUFBAUEN, ÜBEN UND ANWENDEN

Wozu man Adjektive braucht

1 Lies den Text und stelle fest, was dir auffällt.

„Angsthasen"

Einen ___ Menschen nennt man oft einen Angsthasen, der vor Angst sogar mit ___ Augen schläft. Der ___ Feldhase hat es aber gar nicht verdient, mit ___ Menschen verglichen zu werden. Er ist Einzelgänger und verbringt den Tag in einer ___ Mulde. Dort
5 sitzt er mit ___ Augen ___ da und beobachtet ___ seine Umgebung. Mit seiner ___ Nase prüft er die Luft und nimmt mit seinen ___ Ohren das ___ Geräusch wahr.

1 ängstlichen
2 bewegungslos
3 feinen
4 flachen
5 furchtsamen
6 genau
7 kleinste
8 löffelförmigen
9 offenen
10 scheue
11 wachen

2 Schreibe in die Lücken die Nummer des passenden Adjektivs ein, damit du Genaueres über Angst- und Feldhasen erfährst.

3 Im Märchen „Ein Sommernachtstraum" stellt Puck, der Lieblingself des Königspaares, allerlei Unsinn an. Lest die Textstelle aus dem Märchen.
  a) Schreibe den Text von Zeile 1 bis 9 ab und setze passende Adjektive ein.
  b) Schreibe den gesamten Text ab und ergänze ihn mit Adjektiven.

Dieser Puck war ein ___ Schalk: er liebte allen Schabernack, den ein Kobold sich nur ausdenken kann, doch im Grunde seines Elfenherzens war er ein ___ Kerl. Einem ___ oder ___ oder gar ___ Wesen spielte er niemals übel mit; an einem ___ Menschen aber tobte er seinen Übermut aus. Er mochte es zum Beispiel, einer ___ , nur auf ihr Wohl-
5 ergehen bedachten Bäuerin die ___ Milch aus dem Melkeimer zu trinken oder Rauf- und Saufbolde in Gestalt eines Irrlichts vom ___ Weg ab in die ___ Wiesen zu locken; es machte ihm Spaß, sich als Gewürznelke oder Muskatnuss im Glühwein einer Säuferin zu verstecken und sie, wenn sie trinken wollte, unversehens in ihre ___ Nase zu zupfen, so dass sie sich das ___ Getränk erschreckt übers Brusttuch schüttete. Am meisten aber
10 hasste Puck das, auf seine Dummheit und Faulheit noch ___ Pack vom Hof, und es bereitete ihm das Vergnügen, solch einer Dame sich als Sessel anzubieten, um sich, da sie Platz nahm, plötzlich in Luft aufzulösen, sodass die Dame auf ihr Hinterteil fiel.

Tipp
Du kannst die Geschichte von Puck in dem Buch „Shakespeare-Märchen. Für Kinder erzählt" von Franz Fühmann lesen.

4 Vergleicht eure Texte und stellt fest, was sich verändert hat.

> ⓘ **Adjektive**
>
> Adjektive haben die Aufgabe, dem Leser Lebewesen oder Sachen **genauer** und **anschaulicher** nahezubringen, sodass er alles Wichtige erfährt.
> *Nebel – <u>dichter</u> Nebel, <u>undurchdringlicher</u> Nebel*

Adjektive gemäß ihrer Funktion und Bedeutung benennen, verwenden und bestimmen

Sprachgebrauch und Sprachreflexion

Mit Adjektiven kann man vergleichen

1 Vergleiche die Kinder auf dem Bild miteinander, indem du die Vergleichswörter: *kleiner als, größer als, fast genauso groß wie, fast doppelt so groß wie, halb so groß wie, viel größer als, am größten* verwendest.
Beispiel: a) Max ist größer als Julian.

2 Steigere die Adjektive in den folgenden Sätzen. Beachte, dass sich die Adjektive verändern.

a) Tabea hat eine gute Leistung erzielt, Franzi eine ▢ , Maxi aber die ▢ .
b) Tom hat sich viel Mühe gegeben, Julian noch ▢ , aber Alex ▢ .
c) Tina liest gern Pferdebücher, aber ▢ liest sie Abenteuerbücher, am ▢ liest sie Fantasieromane.

Folie

3 Probiere bei den folgenden Wörtern aus, wie sich die Bildung des Superlativs anhört. Streiche die Adjektive durch, bei denen die Bildung des Superlativs nicht sinnvoll ist.

die scharfen Peperoni
der viereckige Zettel
der witzige Satz
die tägliche Zeitung
der heiße Sommer
das hohe Gebäude
die karierte Jacke
das runde Loch

~~der nordamerikanische Indianer~~
die richtige Lösung
die berühmte Schauspielerin
das aufmerksame Mädchen
die tote Maus
die schriftliche Nachricht
das gute Essen
der nette Mitschüler

ⓘ Die Steigerung von Adjektiven

Steht ein Adjektiv im **Positiv** (Grundstufe), gebraucht man das Vergleichswort **wie**:
Jacob ist so groß wie Carl.
Steht ein Adjektiv im **Komparativ** (Steigerungsstufe), gebraucht man das Vergleichswort **als**:
Paul ist größer als Tina.
Steht ein Adjektiv im **Superlativ** (Höchststufe), gebraucht man das Vergleichswort **am**:
Ben ist am größten von allen.

Komparationsformen von Adjektiven korrekt bilden, Vergleichspartikel korrekt anwenden

KOMPETENZEN AUFBAUEN, ÜBEN UND ANWENDEN 243

Wortarten

Adverbien

Halloween-Party

Hallo Leute, **gestern** war unsere Halloween-Party. Die war wirklich spitze. **Zuerst** waren wir **draußen** und hatten **dort** beim Klingeln an den Wohnungstüren viel Spaß. Ich hätte ja noch **gern** bei uns zu Hause geklingelt, aber den meisten ist es **dann** zu kalt geworden. **Darum** sind wir reingegangen. Auf **einmal** kam ein Gespenst mit einem grässlichen Huihui durchs Zimmer. Das flatterte **manchmal** nach **links** oder nach **rechts**, **danach** nach **unten** und **oben**. **Deswegen** bekam ich eine Gänsehaut. **Sicherlich** wäre es euch auch so ergangen.

1 Die markierten Wörter geben Auskunft darüber,
- **wo** etwas passiert: *draußen* ...
- **wann**, **wie oft** etwas passiert: *gestern* ...
- **wie**, **in welcher Weise** etwas passiert: *gern* ...
- **warum** etwas passiert: *darum* ...

Ordne die markierten Wörter ihren einzelnen Aufgaben zu.

2 Ergänze in dem folgenden Textabschnitt die fehlenden Adverbien mithilfe des Wortmaterials.
Adverbien des Ortes: *dort*
Adverbien der Zeit: *jetzt, bald, morgen, dann*
Adverbien der Art und Weise: *leider*
Adverbien des Grundes: *deshalb*

Unsere Party hatte ▢ ihren Höhepunkt erreicht. Es war schon spät, und wir mussten unseren tollen Spuk ▢ beenden. ▢ aber hatten Pia und Mary eine prima Idee. „▢ nehmen wir den dicksten Kürbis mit in die Schule. ▢ können wir die Lehrer bestimmt erschrecken." ▢ packten die beiden den Kürbis vorsichtig ein und nahmen ihn mit nach Hause. ▢ steht der Kürbis vor der Schule und grinst uns alle an.

> ⓘ **Adverbien**
>
> Adverbien geben im Satz darüber Auskunft,
> - **wo** etwas geschieht (Lokaladverbien):
>   *oben, links, hinauf, weg, hinten, hinaus, dort* ...
> - **wie** etwas geschieht (Modaladverbien):
>   *gern, vielleicht, so, derart, nicht, wahrscheinlich* ...
> - **wann** etwas geschieht (Temporaladverbien):
>   *abends, heute, jetzt, immer, bald, oft, übermorgen* ...
> - **warum** etwas passiert (Kausaladverbien):
>   *darum, deshalb, doch, nämlich, trotzdem, meinetwegen* ...
>
> Adverbien werden in Sätzen **nicht** gebeugt. Das heißt: Sie können nicht in einen bestimmten Kasus gesetzt werden.

Adverbien gemäß ihrer Funktion und Bedeutung benennen, verwenden und bestimmen

Hauptgewinn

Paul war ▭ auf dem Jahrmarkt, ▭ hatte es ihm die Losbude ▭ angetan. Er hoffte, dass er es ▭ schaffen könnte, einen Hauptgewinn aus den vielen Nieten herauszuziehen. Paul beobachtete ▭ den Losverkäufer bei dessen Arbeit. Der wusste ▭, in welchen Losen sich Hauptgewinne verbargen. Er konnte ▭ nichts Auffälliges feststellen.
5 Ich mache es eben ▭ wie ▭, sagte er zu sich selbst. Er lief ▭ zu dem Losverkäufer, wühlte lange im Lostopf herum, bis er von ▭ zwei eingeklemmte Lose herausnahm. Ob ich ein Glückskind bin?, dachte Paul. Er öffnete das erste Los: Niete! Er riss ▭ das zweite auf: 60 Punkte. Voller Freude zeigte Paul dem Verkäufer sein Los. Dieser bimmelte ▭ mit der Glocke und rief laut: „Hauptgewinn!" Er wies ▭ auf das Schild „60 Punkte".
10 Der Hauptgewinn: ein riesengroßer Teddy.

1 besonders
2 dabei 3 danach 4 dann
5 deswegen
6 dort 7 immer
8 irgendwie
9 leider
10 schnurstracks
11 sofort 12 unten 13 vielleicht
14 vorgestern

Folie **3** Trage die Nummer des richtigen Adverbs in die Lücken ein.

4 Ordne die Adverbien nach ihrer Art (lokal, modal, temporal, kausal).

A Der *gestrige* Tag war furchtbar.
Erst war das Auto kaputt.
Das *hintere* Rad hatte einen Platten.
Später fing es auch noch an zu regnen.
So viel Pech hat man nur *selten*.
Der *heutige* Tag läuft wieder prima.

B Der Tag *gestern* war furchtbar.
Erst war das Auto entzwei.
Das Rad *hinten* hatte einen Platten.
Dann fing es auch noch an zu regnen.
So viel Pech hat man nur *manchmal*.
Der Tag *heute* läuft wieder prima.

5 Lies beide Texte und vergleiche sie. Nenne Gemeinsamkeiten und Unterschiede.

Adjektivprobe
Kann ein Wort zwischen Artikel und Nomen im Plural eingefügt werden, dann ist dieses Wort ein Adjektiv.

6 Finde heraus, ob die kursiv gedruckten Wörter Adjektive oder Adverbien sind. Nutze die Adjektivprobe.

Zähneputzen früher

Die Chinesen kannten schon vor über 2000 Jahren die Zahnpflege. Sie benutzten dazu kleine Kaustäbe aus Zweigen aromatisch duftender Bäume. Sie erfrischten damit ihren Atem. Die Zahnpflege kannten aber nicht nur die Chinesen. Zur selben Zeit pflegten auch andere Völker ihre Zähne. Sie benutzten allerdings keine Zweige. So bevorzugen
5 die Türken zum Beispiel Wurzelstückchen eines Walnussbaumes als eine Art Kaugummi mit Reinigungswirkung.

Folie **7** Unterstreiche im Text „Zähneputzen früher" alle Adverbien.

8 Schreibe den Text ab und stelle in einigen Sätzen das Adverb an den Satzanfang.

9 Vergleicht eure Texte und erläutert, wie sich die Aussage des Satzes verändert.

Adverbien gemäß ihrer Funktion und Bedeutung benennen, verwenden und bestimmen

KOMPETENZEN AUFBAUEN, ÜBEN UND ANWENDEN 245

Wortarten

Präpositionen

Der kleine Herr Jakob

an   auf   aus
bei   bis   durch
für   gegen   hinter
in   mit   nach
neben   ohne   seit
trotz   über   um
unter   von   vor
wegen   während
zu   zwischen

1 Seht euch diese Bildergeschichte vom kleinen Herrn Jakob aufmerksam an und erzählt, was auf den Bildern passiert.

a) Ergänze folgende Sätze mithilfe einiger Präpositionen aus dem Wortmaterial.
   a) Der kleine Herr Jakob trägt ▭ seinen Händen ein Paket.
   b) Er geht ▭ verbundenen Augen ▭ einer Poststelle.
   c) Links ▭ der Eingangstür hängt das Postschild.
   d) Nach ein paar Tagen steht der kleine Herr Jakob ▭ seinem Haus.
   e) ▭ dem Schornstein steigt der Rauch ▭ den Himmel.
   f) ▭ die offene Tür sieht man einen Weihnachtsbaum ▭ einem kleinen Tisch stehen.

b) Vervollständige auch folgende Sätze. Dazu musst du neben den Präpositionen auch die passenden Artikel im richtigen Fall einsetzen.
   g) Der kleine Herr Jakob ist ▭ Tür getreten und wartet ▭ Vordach ▭ Postboten.
   h) Er freut sich ▭ Briefträger, denn der trägt ein großes Weihnachtspaket ▭ Händen.
   i) Überrascht und freudig presst der kleine Herr Jakob beide Hände ▭ Gesicht.

⚠ Präpositionen

Präpositionen wie *auf, gegen, unter, während, seit* … machen **Beziehungen** zwischen Personen oder Dingen deutlich. Sie sagen vor allem etwas aus über **Ort** und **Zeit**:
*Der Computer steht **auf** dem Tisch. Simon kam **nach** Paula ins Ziel.*

Präpositionen gemäß ihrer Funktion und Bedeutung benennen, verwenden und bestimmen

2 Verändert die Bedeutung des Satzes, indem ihr verschiedene Präpositionen einsetzt. Wer findet die meisten Präpositionen?

Jakob wartet ▨ dem Kino.

3 Verbessere den folgenden Text, indem du die richtigen Präpositionen einsetzt.

Ein ruhiges Plätzchen

Mitten vor der Nacht kommt ein Reisender unter ein Hotel. Ein anderer steht schon auf der Tür und wartet. Der erste fragt: „Können Sie mir sagen, ob man hier gut schläft?" „Gewiss", sagt der andere; „ich läute schon seit einer Stunde und niemand macht mir auf."

4 Verbinde die markierten Präpositionen und Artikel zu einem Wort und schreibe die Lösungen so auf: *a) zur Kirche führen, b) übers Herz bringen, c) …*

Es geht auch kürzer

a) Dieser Weg führt **zu der** Kirche.
b) Sie konnte es nicht **über das** Herz bringen, Pit zu enttäuschen.
c) Lass uns heute Nachmittag **in das** Kino gehen.
d) Wir waren alle **auf das** Schlimmste gefasst.
e) Alexandra konnte nicht mitturnen, sie ist **bei dem** Training umgeknickt.
f) Unsere Schachgruppe trifft sich jeweils **an dem** Ersten jedes Monats in der Schule.
g) Paul rannte bis **an das** Ende der Straße, erst dann drehte er sich um.
h) Mein Vater saß schon **in dem** Auto und wartete, dass wir endlich einstiegen.
i) Er hatte so fest geschlafen, dass er **von dem** Gewitter nichts mitbekommen hatte.
j) Jeden zweiten Tag gehe ich **zu dem** Bäcker und hole Brötchen **für das** Frühstück.
k) Als es anfing zu regnen, haben wir uns **unter das** Dach gestellt.
l) Was ist mit unserem Dackel los? Er rennt schon seit einer Viertelstunde **um das** Haus.

5 Vergleicht eure Lösungen miteinander.

Präpositionen gemäß ihrer Funktion und Bedeutung benennen, verwenden und bestimmen

KOMPETENZEN AUFBAUEN, ÜBEN UND ANWENDEN

Präpositionen richtig anwenden

1 Lies die Texte A und B und unterstreiche die Präpositionen.

Folie

A
Katja geht vor die Tür.
Max klettert auf den Baum.
Morgen fahren wir an die Ostsee.
Ich stelle die Gläser auf den Tisch.
Wohin?

B
Katja steht vor der Tür.
Max sitzt auf dem Baum.
In den Ferien sind wir an der Ostsee.
Die Gläser stehen auf dem Tisch.
Wo?

2 Bestimme nun mithilfe der Fragewörter den Kasus (Fall) der Nomen, die nach den Präpositionen stehen.

3 Lest die Wortgruppen deutlich mit dem richtigen Artikel vor.

bei ___ Freund sein
gegenüber ___ Theater stehen
mit ___ Bleistift schreiben
nach ___ Unterricht lesen
unter ___ Teppich liegen

für ___ Erfolg kämpfen
sich hinter ___ Freund stellen
gegen ___ Wind segeln
durch ___ Park spazieren
vor ___ Eingang gehen

- Schreibe dann die Wortgruppen ab und unterstreiche die Präposition und die Endung des Artikels.
- Bestimme den Kasus der Nomen.

4 Führt in eurer Klasse eine Umfrage durch. Wer würde die drei Präpositionen *trotz*, *während* und *wegen* mit dem Genitiv und wer mit dem Dativ verwenden?

Trotz des Regens wanderten wir weiter.
Während des Essens verließ
er plötzlich das Zimmer.
Wegen des Unfalls kam es zu einem Stau.

Trotz dem Regen wanderten wir weiter.
Während dem Essen verließ
er plötzlich das Zimmer.
Wegen dem Unfall kam es zu einem Stau.

5 Informiere dich in einem Wörterbuch, welchen Kasus diese Präpositionen verlangen.

Präpositionen gemäß ihrer Funktion und Bedeutung benennen, verwenden und bestimmen

Sprachgebrauch und Sprachreflexion

6 Lest den Text und setzt die in Klammern stehenden Nomen im richtigen Kasus ein.

Hermeline

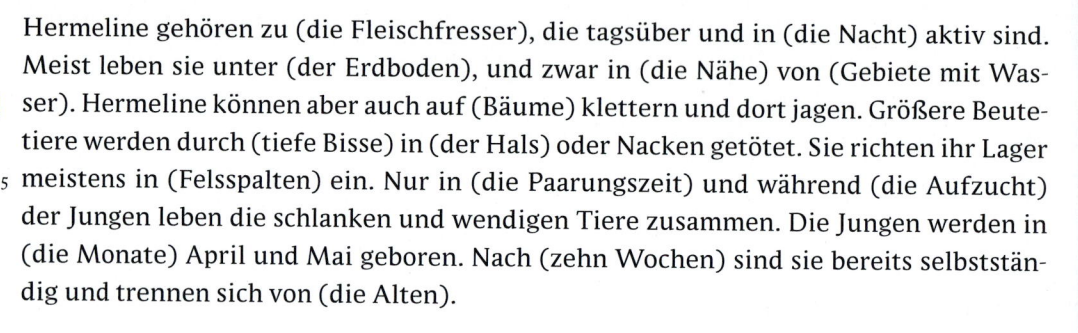

Hermeline gehören zu (die Fleischfresser), die tagsüber und in (die Nacht) aktiv sind. Meist leben sie unter (der Erdboden), und zwar in (die Nähe) von (Gebiete mit Wasser). Hermeline können aber auch auf (Bäume) klettern und dort jagen. Größere Beutetiere werden durch (tiefe Bisse) in (der Hals) oder Nacken getötet. Sie richten ihr Lager
5 meistens in (Felsspalten) ein. Nur in (die Paarungszeit) und während (die Aufzucht) der Jungen leben die schlanken und wendigen Tiere zusammen. Die Jungen werden in (die Monate) April und Mai geboren. Nach (zehn Wochen) sind sie bereits selbstständig und trennen sich von (die Alten).

7 Trage die Wortgruppen in die Tabelle ein.

Präposition mit Genitiv	Präposition mit Dativ	Präposition mit Akkusativ
	zu den Fleischfressern	

8 Übersetzt die folgenden englischen Sätze ins Deutsche und schreibt sie auf.

The bird sat on the roof.   The cat climbed onto the roof.
The train waited in the tunnel.   The train went into the tunnel.
The ladder stands on the wall.   I put the ladder against the wall.

9 Untersucht und vergleicht, wie im Deutschen und im Englischen ein Ort (Dativ) oder eine Richtung (Akkusativ) angegeben werden.

ⓘ Präpositionen

Nach Präpositionen müssen Nomen und Pronomen in einem bestimmten Kasus stehen.
- Präpositionen mit dem **Genitiv**: *trotz* des Gewitter**s**
  anhand, dank, infolge, links, oberhalb, rechts, statt, trotz, während, wegen
- Präpositionen nur mit dem **Dativ**: *mit* mein**em** Freund;
  aus, außer, bei, mit, nach, seit, von, zu
- Präpositionen nur mit dem **Akkusativ**: *für* mein**en** Freund;
  bis, durch, für, gegen, ohne, um
- Präpositionen mit **Dativ** und **Akkusativ**: **vor der** Tür stehen, **vor die** Tür gehen
  an, auf, hinter, in, neben, über, unter, vor, zwischen

Bei Präpositionen, die den Akkusativ oder den Dativ verlangen, zeigt der **Akkusativ** an, dass sich der Ort von jemandem oder etwas verändert (Frage *wohin?*): Luca fährt mit seinem Fahrrad **auf den** Marktplatz drauf.
Der **Dativ** zeigt an, dass jemand oder etwas an einem bestimmten Ort verbleibt (Frage *wo?*): Luca fährt mit seinem Fahrrad **auf dem** Marktplatz herum.

Präpositionen gemäß ihrer Funktion und Bedeutung benennen, verwenden und bestimmen

GELERNTES ÜBERPRÜFEN

Wortarten

Überprüfe dein Wissen und Können

Nomen und Artikel

Ein Einbrecher der besonderen Art

a) Mit ___ besonderen Einbrecher hatte kürzlich ___ australische Familie zu tun.
b) ___ Familie wurde von ___ Känguru unsanft geweckt.
c) ___ Tier war durch ___ Fensterscheibe ins Haus und dann mehrfach auf ___ Bett des Ehepaars gesprungen.
d) ___ Vater verkroch sich mit seiner Frau und seiner Tochter unter ___ Decke.
e) Er war ja schon froh, dass es sich nicht um ___ echten Räuber handelte.
f) ___ Känguru machte aber keine Anstalten, ___ Haus zu verlassen.
g) Da entschloss sich ___ Vater, sich an ___ Eindringling heranzupirschen.
h) Er packte ___ Känguru am Hals und schubste es hinaus.
i) ___ Känguru hinterließ im Haus viele Kratzer an den Möbeln.
j) Es hatte sich beim Sprung durch ___ Fensterscheibe geschnitten.

1. Schreibe den Text ab und ergänze die bestimmten und unbestimmten Artikel.

2. Nenne den Kasus der unterstrichenen Nomen.

3. Erkläre, wie du den richtigen Kasus gefunden hast.

Pronomen

Wildkaninchen

Die Wildkaninchen haben ein gelbbraunes Fell. Man kann ___ fast überall finden. So finden ___ ___ Plätzchen im Wald, in Sandkuhlen, aber auch im Moor. Ein einziges Kaninchen frisst an einem Tag mehr als 500 Gramm Grünfutter. ___ Fressen finden ___ aber auch in Gärten. Die Gartenbesitzer ärgern sich, wenn ___ von jungen Bäumen die Rinde
5 abnagen. ___ Wohnung besteht aus langen Gängen. ___ werden von ___ mit Heu und Laub ausgepolstert.

1. Füge beim Abschreiben die passenden Personal- oder Possessivpronomen ein.

2. Unterstreiche die Personal- und Possessivpronomen unterschiedlich.

Das eigene Wissen über die Wortarten gezielt prüfen und anwenden

Sprachgebrauch und Sprachreflexion

Verben

1 Schreibe die folgenden Sätze in den Tempusformen auf, die daneben stehen.

a) Heute Vormittag *(spielen)* wir gegen die 6b Volleyball. → *Präteritum*
b) Wir *(anstrengen)* uns sehr. → *Perfekt*
c) Trotzdem *(laufen)* es erst nicht gut für uns. → *Präteritum*
d) Doch man *(dürfen)* sich nie aufgeben! → *Präsens*
e) Am Ende *(schlagen)* wir sie doch noch. → *Perfekt*

2 Schreibe den folgenden Text auf. Wähle passende Tempusformen.

a) Gestern *(finden)* unser Schwimmfest statt.
b) Ich *(vorbereiten)* mich gut darauf.
c) Die Trainerin *(sagen)* zu mir:
d) „Mit dir *(holen)* wir sicher den Sieg.
e) Du *(enttäuschen)* mich noch nie."
f) Und tatsächlich: Wir *(gewinnen)* den Wettkampf.

Adjektive

1 Schreibe die Sätze ab und setze die Adjektive aus dem Wortmaterial an der passenden Stelle im Satz ein.

wechselwarm / weich / schleimig / fein / giftig / schnell / klein

Schlangen

a) Schlangen sind Tiere.
b) Der Körper der Schlangen ist sehr.
c) Er fühlt sich aber nicht an.
d) Die Schlangenzungen sind Geruchsorgane.
e) Nur ein Drittel der Schlangen ist.
f) Obwohl Schlangen keine Gliedmaßen haben, können sie sehr kriechen.
g) Manche Schlangen, beispielsweise die Kreuzottern, können sogar ein Stück durch die Luft springen.

2 Schreibe die Sätze mit den richtigen Vergleichsstufen auf.

Altersrekorde

Eine Amerikanerin wurde 117 Jahre ▨ .
Noch drei Jahre ▨ als sie wurde eine Japanerin. Der ▨ Mensch, der bisher gelebt hat, war eine Französin mit sagenhaften 122 Jahren.

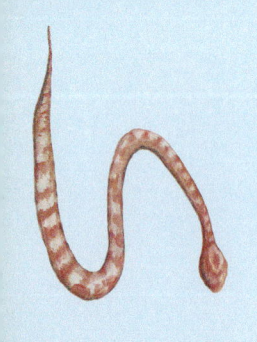

Das eigene Wissen über die Wortarten gezielt prüfen und anwenden

Adverbien

1 Setze die folgenden Adverbien ein. Beachte dabei die Angabe, worüber das Adverb Auskunft geben soll.

Ort: überall, dort
Zeit: da, immer, bald, jetzt, dann, sofort
Grund: trotzdem
Art und Weise: nicht, vielleicht, so, kaum

Millionengewinn

Lotto wird ▢ auf der Welt gespielt. Ein englisches Ehepaar hat ▢ 12 Millionen Euro gewonnen, aber es hat es ▢ glauben können. Und das kam ▢:
Das Ehepaar befand sich auf dem Londoner Flughafen, um in den Urlaub zu fliegen. Wie ▢ kontrollierte der Ehemann vor dem Abflug auf dem Handy die Flugdaten. ▢ entdeckte er eine E-Mail von seiner Lottogesellschaft. Er traute ▢ seinen Augen. ▢ stand, dass er 12 Millionen Euro gewonnen habe. Sein erster Gedanke war, dass ihm ▢ irgendjemand einen Streich spielen wollte. Er hat ▢ mit seiner Frau gesprochen, und sie beschlossen, in den Urlaub zu fliegen. Nach seiner Rückkehr erkundigte sich das Ehepaar ▢ bei der Lottogesellschaft. Und das Ehepaar hatte ▢ den Riesengewinn auf seinem Konto.

2 Setze die passenden Adjektive und Adverbien von der Seite in den Text ein.

Tierische Rekorde

Das ▢ Tier, das ▢ auf der Erde lebt, ist der Blauwal. Er hat ▢ Ausmaße: Er kann 35 Meter lang werden und 130 Tonnen wiegen. ▢ seine Zunge bringt ▢ vier Tonnen auf die Waage. ▢ entspricht das dem Gewicht von vier Kleinwagen!
▢ wiegt das schwerste Insekt, das fliegen kann, ▢ 110 Gramm. Das Insekt heißt Goliathkäfer und ist in West- und Zentralafrika beheimatet.
Das ▢ auf zwei Beinen laufende Tier ist der Vogel Strauß. Kommt er ▢ in Fahrt, erreicht er Geschwindigkeiten von über 70 km/h.

allein
dagegen
fast
größte
heute
immerhin
nur
richtig
riesige
schnellste

Präpositionen

1 Setze die passenden Präpositionen in den Text ein.

Seltsame Sparbüchse

Eine ältere Frau ▢ einer amerikanischen Kleinstadt hatte sich ▢ einem Laden Kekse gekauft und ihre gesamten Ersparnisse in der Kekspackung aufbewahrt. ▢ einer Verwechslung brachte sie die Schachtel ▢ den gesparten 10 000 Dollar aber in den Laden zurück. Völlig aufgeregt tauchte die Frau kurze Zeit später wieder dort auf. Doch ihre Kekspackung war schon längst wieder ▢ anderen Kekspackungen verschwunden. ▢ die geplagte Frau ging die Sache aber gut aus. Eine ehrliche Familie hatte sich ▢ dem Öffnen der wertvollen Packung ▢ die Polizei gewandt.

NEUES ENTDECKEN – EINSICHTEN GEWINNEN

Sprachgebrauch und Sprachreflexion

Wortkunde

1 Bildet mit allen Nomen gemeinsam so viele sinnvolle Komposita wie möglich.
Holz / Kunst / Harz / Tisch / Lack / Glanz
Beispiel: *Holzkunstharztischlackglanz*

Komposita
Wenn man zwei Wörter zusammensetzt, entsteht ein neues Wort, ein Kompositum.

2 Erklärt die Bedeutung der folgenden Komposita.
Faulpelz / Hosenträger / Wagenheber / Drahtesel

3 Findet für jede Gruppe ein Wort, das ihr mit jedem der fünf Wörter zusammensetzen könnt.

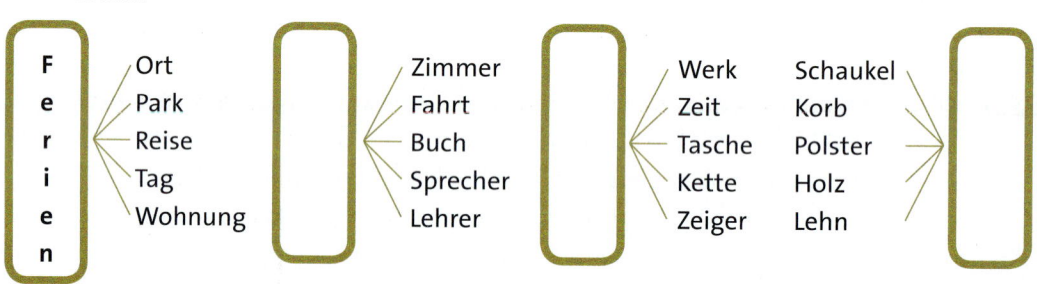

F – Ort
e – Park
r – Reise
i – Tag
e – Wohnung
n

– Zimmer
– Fahrt
– Buch
– Sprecher
– Lehrer

– Werk
– Zeit
– Tasche
– Kette
– Zeiger

– Schaukel
– Korb
– Polster
– Holz
– Lehn

4 Ergänzt in den folgenden Sätzen Wörter, durch die ein Gegensatz entsteht.
Beispiel: *Ein Langfinger stiehlt Kurzwaren.*
Ein Langfinger stiehlt ▢waren.
Der Oberkellner trägt ▢hosen.
Ein Hund hat ▢jammer.
Einer Katze ist ▢elend.
Ein Glatzkopf findet eine Sache ▢sträubend.
Eine Frau steht ihren ▢.

5 Findet die Begriffe, die nicht in die Reihe passen, und ordnet jeder Reihe einen Oberbegriff zu.
A *Handball, Abschlussball, Fußball, Basketball*
B *Steinpilz, Butterpilz, Hefepilz, Glückspilz*
C *Wurstsalat, Feldsalat, Wortsalat, Tomatensalat*

In diesem Kapitel lernst du, ...
- Wörter zu bilden.
- die Bedeutung neu gebildeter Wörter zu erklären.
- dass Wortstämme einer Familie gleich geschrieben werden.
- Texte mithilfe von Wortfeldern zu verbessern.
- Gegensatzwörter richtig zu gebrauchen.
- Begriffe in Ober- und Unterbegriffe einzuteilen.

KOMPETENZEN AUFBAUEN, ÜBEN UND ANWENDEN

Wortkunde

Wortbildung: Komposita

1 So umständlich könnte es klingen, wenn es keine Komposita gäbe.
Bilde mit den markierten Wörtern Komposita und schreibe die Sätze so, wie du es gewohnt bist.

a) Gib mir doch bitte das **Buch**, in dem man nachsehen kann, wie die **Wörter** geschrieben werden.

b) Morgen bestreiten wir ein Spiel gegen die 6b, in dem wir uns den **Ball** mit den **Händen** zuspielen.

c) Gestern habe ich meine **Tasche**, in der ich alle Dinge, die ich für die **Schule** benötige, im Bus stehen lassen.

d) Kann ich mal den **Plan** sehen, in dem unsere Unterrichts**stunden** in der täglichen Reihenfolge festgelegt sind?

2 Schreibe Komposita auf. Die folgenden vier Wörter sollen die **Grundwörter** sein.

-FAHRT   -TUCH   -KUCHEN   -SPIEL

| Fahrt: | die Autofahrt | Tuch: | das Halstuch … |
| Kuchen: | der Apfelkuchen | Spiel: | das Geländespiel … |

- Lest euch eure Wörter gegenseitig vor.
- Überprüft, ob wirklich alle sinnvoll sind.

3 Finde Bestimmungswörter zum Grundwort *Glas* und schreibe sie geordnet auf.

Was man aus dem Glas trinkt: *Wasserglas, …*
Welchem Zweck das Glas dient: *Brillenglas, …*
Aus welchem Material das Glas besteht: *Bleiglas, …*
Welche Eigenschaften das Glas hat: *Hartglas, …*

4 Zerlege diese merkwürdigen Wörter in ihre Bestandteile und setze sie sinnvoll neu zusammen. *Torwart …*

TORVOGEL / RAUBFAHRT / DAMPFERWART / MESSERPLATZ / PARKSPITZE
LUFTFENSTER / DACHBALLON / BANDBALL / HANDWURM

ⓘ Komposita

Komposita bestehen aus zwei selbstständigen Wörtern oder Wortstämmen: *Holzlager, Ferienlager, Zeltlager, blitzschnell.*
Das letzte Wort in einem Kompositum gibt die Grundbedeutung an und heißt deshalb **Grundwort.** Das Wort davor bestimmt die Grundbedeutung näher, sodass jeder weiß, welche Art eines Lagers gemeint ist. Dieses Wort nennt man **Bestimmungswort.**
Das Grundwort bestimmt immer die Wortart des Kompositums.
hart + Holz = Hartholz (Nomen), Blut + rot = blutrot (Adjektiv)

Komposita benennen, erläutern und normgerecht bei der Textproduktion nutzen

5 Bilde Komposita, die folgende Vergleiche ausdrücken, und bestimme die Wortart des Kompositums.

glatt wie ein Spiegel *weiß wie Schnee* *schnell wie ein Pfeil*
rot wie eine Kirsche *groß wie eine Erbse* *rund wie eine Kugel*

6 Lest euch die Komposita von A und B laut vor und benennt die Schwierigkeit beim Lesen.

A
Waldwiese
Dorfstraße
Winterurlaub
Honigglas

B
Übungdiktat
Taschelampe
Huhnei
Scheibewischer

7 Ergänze an der Fuge der Komposita von **B** Buchstaben, die das Aussprechen erleichtern.

8 Füge beim Aufschreiben der Komposita das passende Fugenelement ein:
Beispiel: *Liebe*s*brief* …
Liebe-Brief / Praline-Schachtel / Kleid-Schrank / Bild-Rahmen / Scheibe-Wischer
Pferd-Koppel / Handwerk-Zeug / Kind-Kleidung / Maus-Falle / Tag-Anbruch
Strauß-Feder / Auge-Blick

ⓘ Fugenelemente

Die Nahtstelle zwischen den Bestandteilen eines Kompositums nennt man **Fuge**. Bei manchen Komposita stehen in der Wortfuge Buchstaben (**Fugenelemente**), damit das Kompositum leichter ausgesprochen werden kann.
Fugenelemente sind: *-s-, -es-, -n-, -en-, -er-, -e-*
Frühling**s**blume, Land**es**museum, Hund**e**kuchen, Lied**er**buch, Treppe**n**haus, Pirate**n**schiff.

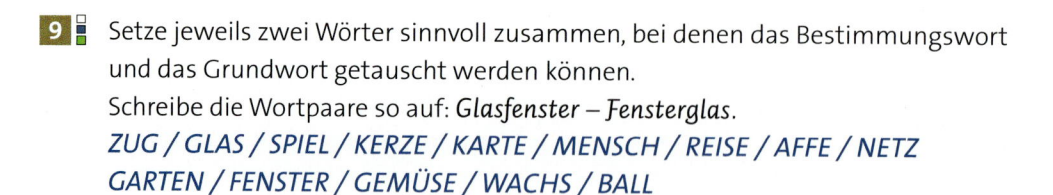

---

9 Setze jeweils zwei Wörter sinnvoll zusammen, bei denen das Bestimmungswort und das Grundwort getauscht werden können.
Schreibe die Wortpaare so auf: *Glasfenster – Fensterglas.*
ZUG / GLAS / SPIEL / KERZE / KARTE / MENSCH / REISE / AFFE / NETZ
GARTEN / FENSTER / GEMÜSE / WACHS / BALL

10 Erkläre die verschiedenen Bedeutungen der Komposita und begründe, warum es zwei Bedeutungen gibt.
Backfisch, Dreckspatz, Schweinsohr, Eisbein, Stubenhocker

Komposita benennen, erläutern und normgerecht bei der Textproduktion nutzen

KOMPETENZEN AUFBAUEN, ÜBEN UND ANWENDEN

Wortkunde

Wortbildung: Präfixe und Suffixe

1 Füge dem Verb *sagen* jeweils ein Präfix aus der Sammlung an.
- Schreibe die neuen Wörter auf. Unterstreiche das Präfix.
  Beispiel: <u>ab</u>sagen ...
  ab- an- auf- aus- be- durch- ein- ent- nach- unter- ver- vor- zu-
- Bilde mit dem Verb *bringen* neue Verben, indem du ein Präfix anfügst.

2 Finde ein Präfix, welches für alle Verben einer Reihe passt.
  a) *decken, eignen, fallen, falten, fesseln, fliegen, fliehen, führen, gehen, halten*
  b) *finden, forschen, füllen, geben, greifen, halten, heben, holen, kennen, leben*
  c) *bieten, binden, drehen, ehren, fahren, folgen, kaufen, krümeln, mieten*

3 Bilde mit jeweils einem Verb aus jeder Gruppe Sätze: einmal mit Präfix, einmal ohne Präfix.

4 Lies den Text und unterstreiche die Verben mit falschem Präfix.

Auf unserem Boden habe ich heute ganz hinten in einer Ecke eine alte Truhe überdeckt. Ich wollte sie sofort abmachen, aber die Truhe war fest beschlossen. Ich habe lange verlegt, wie ich diese verflixte Truhe öffnen kann. Vielleicht behält sie ja sogar einen kleinen Schatz! Den will ich mir doch nicht aufgehen lassen. Ich musste mich enteilen,
5 denn es wurde schon dunkel. Zwanzig Minuten später musste ich verkennen, dass das heute mit der Truhe nichts mehr wird. Aber morgen ist auch noch ein Tag. Ich werde die Truhe schon noch bekriegen.

5 Schreibe nun die Verben mit den passenden Präfixen auf.

6 Schreibe die Sätze ab und setze die Verben mit dem passenden Präfix ein.
  a) Nach der langen Trockenheit müssen die Felder ▭ werden.   *wässern*
  b) Der Gejagte konnte der Polizei nicht mehr ▭ .   *kommen*
  c) Du musst den Weg zurückgehen, und dann läufst du den Fluss ▭ .   *lang*
  d) Durch die Entwicklung der Technik ▭ immer wieder neue Wörter.   *stehen*

ⓘ Präfixe

Präfixe sind Wortbausteine, die **vorne** an Wörter angefügt werden. Sie verändern die **Bedeutung** von Wörtern:
gehen: ausgehen, aufgehen, übergehen, begehen, entgehen, ergehen.
Manche Präfixe werden betont, manche sind unbetont:
<u>aus</u>gehen, ent<u>gehen</u>.

Wortbausteine benennen, erläutern und normgerecht bei der Textproduktion nutzen

Sprachgebrauch und Sprachreflexion

7 Bilde aus diesen Nomen mithilfe der Suffixe Adjektive und Verben und schreibe sie geordnet in der Tabelle auf.

Punkt / Angst / Glück / Kopf / Farbe / Ehre
Furcht / Mühe / Land / Buchstabe / Wunder
Salz / Herz / Traum

Suffixe
-lich -isch -ig -sam
-bar -los -ieren -(e)n

Adjektiv	Verb
pünktlich	*punktieren, punkten*

8 Bilde mit den Wörtern und Suffixen Nomen. Von einigen Wörtern findest du sicherlich mehr als nur eines.
Beispiel: *Prüfling, Prüfung, Prüfer …*

prüfen / brauchen / wild / bereit / eigen / gemein
reich / wissen / klug / lehren / laden / geheim
frei / sammeln / senden / trocken / erlauben

Suffixe
-er -ling -heit -keit
-schaft -nis -tum -ung

Folie

9 Lies den Text und unterstreiche alle Wörter mit dem falschen Suffix.

Suffix-Wirrwarr
Ich bin ja so glücking und so fröhing! Meine Manning hat gestern beim Basketball gewonnen. Obwohl die aus der 7a so viel größer sind als wir, waren wir gar nicht ängsting. Vorher haben die so angegeben, aber dann sind sie vor Fauling fast eingeschlafen. Wir haben ihnen nämlich die richtinge Quitting erteilt. Alle von uns spielten mit großer
5 Begeistering und Leidening. Bei den Zuschauern kam große Heitering auf, als wir den Großen immer wieder wieselflink davonliefen. Zum Schluss haben wir ihnen anständing die Hände gereicht und gemeining gefeiert.

10 Schreibe die Wörter geordnet nach den richtigen Suffixen auf.

11 Temporunde
Ein Spieler nennt ein Suffix und alle müssen innerhalb einer Minute möglichst viele Wörter mit diesem Suffix aufschreiben. Wer die meisten gefunden hat, ist Sieger.

! Suffixe

Suffixe (Nachsilben) werden an Wortstämme angehängt. Dabei verändern sie die **Wortart** von Wörtern: Die Suffixe sind damit auch Signale für die Groß- und Kleinschreibung der Wörter: *froh – fröh**lich** – die Fröhlich**keit***

Wortbausteine benennen, erläutern und normgerecht bei der Textproduktion nutzen

KOMPETENZEN AUFBAUEN, ÜBEN UND ANWENDEN

12 Schreibe die folgenden Wörter ab. Markiere Präfix und Suffix farbig.

Ermahnung   ungenießbar   Beschreibung
Zerstörung   vergleichbar   unsportlich

13 Bilde zu den Wortstämmen möglichst viele Wörter mit Präfixen und Suffixen.

Präfix	Wortstamm	Suffix
	-spiel-	
	-schul-	
	-frei-	
	-besser-	

14 Finde den Wortstamm zu folgenden Präfixen und Suffixen.

Unter-		-ung	Be-		-ung	Un-		-e
ent-		-en			-en	Ver-		-ung
be-	?	-en	ab-	?	-en	ver-	?	-en
auf-		-en	ver-		-en	un-		-e
		-bar	Ab-		-e			

15 In den folgenden Wörtern sind mehrere Präfixe und Suffixe an den Wortstamm angefügt. Ordne die Wörter in die Tabelle ein.

Unbespielbarkeit / Ungerechtigkeit / Entschuldigung / Unzerstörbarkeit Austauschbarkeit

Präfix	Präfix	Wortstamm	Suffix	Suffix
Un	be	spiel	bar	keit

16 Setze die fehlenden Präfixe und Suffixe im Text ein.

Der Schiedsrichter hatte Schuld!

Bei der letzten Meister⬚ habe ich mit großer Geschick⬚⬚ ein Tor geschossen, das ⬚halt⬚ war. Doch der Schiedsrichter hat es nicht ⬚⬚kannt. Das hielt ich für eine große ⬚⬚recht⬚⬚. Aber so ist das manchmal! Auch für das Publikum war das Ganze ⬚⬚greif⬚.

Wortbausteine benennen, erläutern und normgerecht bei der Textproduktion nutzen

Sprachgebrauch und Sprachreflexion

Wortkunde

Wortfamilien

1 Die folgende Wortsammlung enthält drei verschiedene Wortfamilien mit je fünf Mitgliedern. Schreibe die Familien geordnet auf. **Achtung!** Drei Wörter gehören zu keiner Wortfamilie.

Neujahr / Redner / Schusselfehler / zureden / Geburtsjahr / Rednerpult Räder / ausreden / Fehlgriff / Wahrheit / Jahreskarte / jährlich / fehlerfrei verfehlen / rednerisch / fähig / verjähren / Fehler

- Ordne die Wörter dieser Wortfamilien jeweils nach den drei Wortarten.

Nomen	Verb	Adjektiv

- Findet weitere Wörter, die in diese Wortfamilien passen, und schreibt sie auf. Die folgenden Wortbausteine helfen euch dabei:

  -fest-   -alt-   -zahl-   -gegen-   -über-   -dazwischen-   -pass-   -start-   -los-

2 Die Wortfamilie *-fahr-* gehört zu den größten Wortfamilien unserer Sprache. Schreibe auf ein DIN-A-4-Blatt in die Mitte den Wortstamm *-fahr-* und ordne darum Wörter der Wortfamilie.

Fahrkarte
Fahrstuhl

-fahr-
verfahren
befahrbar
Bahnfahrer

Klassenfahrt
Ferienfahrt

3 Vergleicht, welche Wörter ihr gefunden habt. Übertragt die Wörter, die noch nicht auf eurem Blatt stehen.

ⓘ Wortfamilien

Die Wörter einer **Wortfamilie** sind durch Gemeinsamkeiten in der Herkunft und in der Bedeutung verbunden. Sie besitzen den gleichen **Wortstamm,** der immer gleich geschrieben wird.
Bedienungsfehler, Fehlerquelle, Sprachfehler, fehlen.
In einer Wortfamilie kann sich manchmal der Vokal des Stammes verändern:
Neujahr, jährlich, Jahreskalender, verjähren.
Es gibt nahe Verwandte: *sprechen – ansprechen* und entfernte Verwandte: *sprechen – Spruch.*

Wörter gleicher Herkunft in Wortfamilien nach vorgegebenen Strukturen ordnen

KOMPETENZEN AUFBAUEN, ÜBEN UND ANWENDEN

Das Zusammenstellen von Wortfamilien kann dir auch beim richtigen Schreiben von Wörtern helfen.

Wörter mit b, d, g
Solche Wörter werden im Auslaut **p, t, k** gesprochen, aber mit den Buchstaben **b, d, g** geschrieben.

4 Ergänze die jeweiligen Wortfamilien mit weiteren Wörtern. Unterstreiche in den Wortstämmen *b, d, g*.
laub-: *Laubbaum, Laubkäfer …*
hand-: *handfest, allerhand …*
berg-: *Bergbahn, bergauf …*

Wörter mit a–ä und au–äu
Wörter mit **ä** und **äu** lassen sich in Wortfamilien aufgrund ihrer Verwandtschaft auf Wörter mit **a** und **au** zurückführen.

5 Stelle zu folgenden Wörtern eine kleine Wortfamilie zusammen, in der auch Wörter mit ä und äu enthalten sind. Unterstreiche *a, ä, au, äu*.

Bäcker / Kätzchen / Mäuse / Zäune

Wörter mit eu
Die Wörter mit **eu** lassen sich in einer Wortfamilie natürlich nicht auf Wörter mit **au** zurückführen. Alle Wörter dieser Wortfamilien werden also immer mit **eu** geschrieben.

6 Schreibe zu zwei der folgenden Wörter jeweils eine Wortfamilie auf. Unterstreiche *eu*.

Feuer / leuchten / Beutel / Freund / Abenteuer / streuen / neu / Freude / Zeug

Wörter mit Dehnungs-h
Einmal Dehnungs-h, immer Dehnungs-h!
Wenn ein Wort mit Dehnungs-h geschrieben wird, haben alle verwandten Wörter in der Regel ebenfalls ein Dehnungs-h.

7 Schreibe Wortfamilien zu den Wörtern *Bahn, lehren* und *hohl* auf. Unterstreiche das Dehnungs-h.

8 Manche Wörter lassen sich nicht so leicht einer Wortfamilie zuordnen. Finde für die folgenden Wörter die passende Wortfamilie.

bündig, Furt, Spruch, Zug, Frost, Zügel, Fluss, Fährte, Schnitt

Wörter gleicher Herkunft in Wortfamilien nach vorgegebenen Strukturen ordnen

Wortkunde

Wortfelder: Synonyme

Hauchte, wetterte, sprach, brüllte

Josef Guggenmos

Gestern Abend, sprach er.
Es war schon dunkel,
erzählte er.
Wollte ich zu meinem Schwager,
5   berichtete er.
Aber in dem Fliederbusch vor seinem Haus,
raunte er.
Sah ich etwas glühen,
zischte er.
10   Zwei grüne Augen,
keuchte er.
Da lauerte ein Gespenst,
schrie er.
Ich –,
15   stieß er hervor.
Auf und davon wie der Blitz!,
gestand er.
Da hättest du auch Angst gehabt,
behauptete er.
20 Nun haben sie ohne mich Geburtstag gefeiert,
jammerte er.
Es war bestimmt sehr lustig,
schluchzte er.
Aber das nächste Mal,
25   knurrte er.
Nehme ich einen Prügel mit,
drohte er.
Und dann haue ich es windelweich,
dieses freche, böse, hinterhältige,
30   gemeine ...,
brüllte er.
Hoffentlich hat es das nicht gehört,
hauchte er.
Aber untertags schläft es,
35   versicherte er.
Wahrscheinlich,
meinte er.
Dieses verdammte Gespenst,
wetterte er.
40   Oder war es eine Katze?,
fragte er.
Das kann gut sein,
sagte ich.

1 Lies dieses Gedicht zunächst einmal leise.

2 Lest den Text dann mit verteilten Rollen laut vor.
- Ein Schüler liest den Redesatz, eine Schülerin liest den jeweiligen Begleitsatz.
- Versucht, den Redesatz so zu sprechen, wie es das Verb im Begleitsatz angibt.

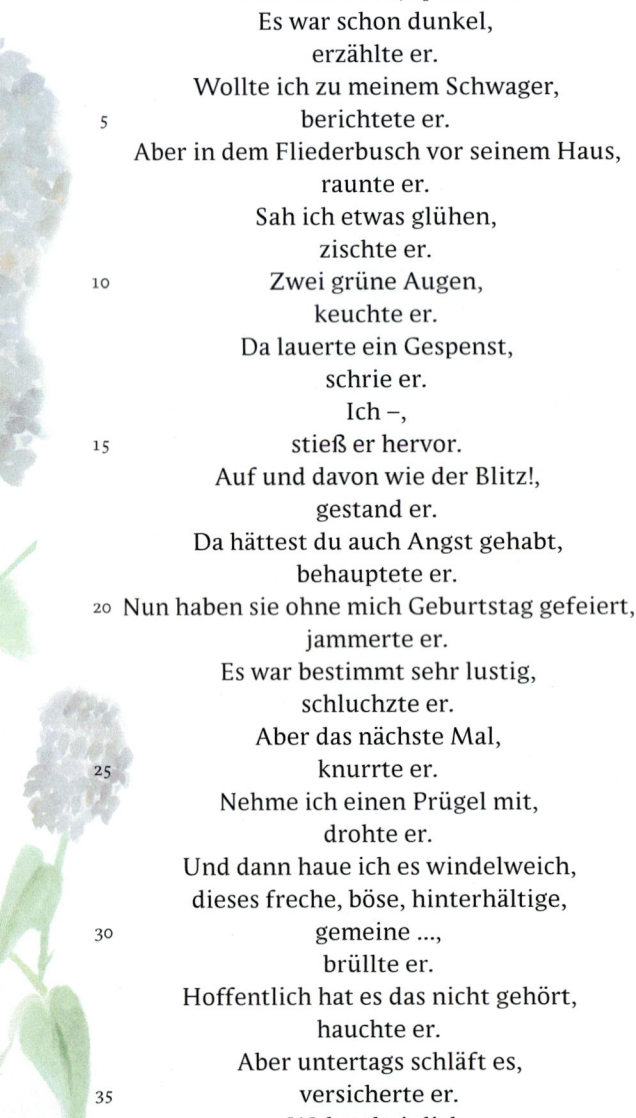

Sinnverwandte Wörter in Wortfeldern ordnen, Wortbedeutungen mithilfe von Wörtern gleicher Bedeutung klären

KOMPETENZEN AUFBAUEN, ÜBEN UND ANWENDEN   261

3 Alle Verben in den Begleitsätzen dieses Gedichtes gehören zum Wortfeld *sprechen*.

- Ordne die Verben in die Tabelle ein. Manche passen auch an zwei verschiedene Stellen.
- Wenn du bei einer Zuordnung kein Beispiel findest, dann überlege dir selbst eins.

laut	leise	schnell	sachlich	traurig	wütend
brüllen	hauchen	sprudeln	berichten	schluchzen	wettern

4 Stellt in eurer Zuordnung Gemeinsamkeiten und Unterschiede fest.

5 Ersetze das Verb *sprechen* an einigen Stellen durch treffendere Verben. Nutze dazu auch das Wortfeld.

Vor einem wichtigen Fußballspiel

Karl und Max haben gestern über das Fußballspiel am Sonnabend gesprochen. „Haben wir überhaupt eine Chance, gegen die zu gewinnen?", sprach Karl. „Warum nicht? Die haben doch beim letzten Spiel gegen uns nur
5 durch Glück gewonnen", sprach Max. „Nein, das stimmt doch nicht. Die waren doch wirklich besser als wir", sprach Karl. „Guck mal, da kommt Tom!", sprach Max. Und Tom sprach schon aus weiter Entfernung:
„He, kommt mit. Wir fahren ins Oberdorf. Da trainie-
10 ren die Schwarz-Gelben. Vielleicht kriegen wir ihre Taktik für unser Spiel mit!" Karl sprach zu Max: „Die werden sie uns bestimmt nicht verraten." „Trotzdem werden wir das Spiel gewinnen", sprach Max, „denn dieses Mal sind wir mit dem Gewinnen dran!"

Wortfeld sprechen

antworten, äußern,
babbeln, bemerken,
beschreiben, darlegen,
einwenden, entgegnen,
erklären, erläutern,
erwähnen, erwidern,
flüstern, herunterleiern,
klagen, labern, lallen,
lispeln, mitteilen, murren,
nennen, petzen, plappern,
plaudern, prahlen, quasseln,
quatschen, reden, rufen,
sagen, säuseln, schimpfen,
schreien, schwatzen, sprudeln,
stottern, stammeln,
sich unterhalten, wispern …

ⓘ Wortfeld (Synonyme)

Viele Verben lassen sich zu **Wortfeldern** ordnen. Alle Verben des Wortfeldes *sprechen* haben etwas mit der Bedeutung des Verbs zu tun. Aber sie bedeuten nicht dasselbe wie *sprechen*, sondern sie haben eine **ähnliche Bedeutung:**
äußern, quatschen, plaudern, stammeln, schimpfen, berichten, meinen …
Solche Wörter, die eine ähnliche Bedeutung haben, nennt man **Synonyme.**

Sinnverwandte Wörter in Wortfeldern ordnen, Wortbedeutungen mithilfe von Wörtern gleicher Bedeutung klären

Wortkunde

Wörter mit gegensätzlicher Bedeutung: Antonyme

1 Finde Reimwörter.
   a) Füge beim Abschreiben der folgenden Zweizeiler ein Reimwort ein. Es soll zu dem markierten Wort den Gegensatz ausdrücken.
   b) Finde zwei weitere Gegensätze.

Gegensatzwörter finden

Was leicht ist, ist nicht schwer.
Was voll ist, ist nicht ? .

Was warm ist, ist nicht ? .
Was jung ist, ist nicht ? .

Was groß ist, ist nicht ? .
Was schmutzig ist, ist nicht ? .

Was kalt ist, ist nicht ? .
Wer reich ist, ist nicht ? .

Was hoch ist, ist nicht ? .
Was gerade ist, ist nicht ? .

Wer dumm ist, ist nicht ? .
Ich glaub, nun ist's genug.

2 Schreibe das folgende Gedicht ab und ergänze Eigenschaften, die im Gegensatz zu den Namen stehen.
Beispiel: *Herrn Lärm kenn ich als stillen Mann,*

Gegensätzliche Namen

Viele Namen sind im Gebrauch –
so gibt's Herrn Kirsch und auch Herrn Lauch.
Herrn Lärm kenn ich als ▢ Mann,
Herrn Klein, der auch sehr ▢ sein kann.
Herrn Schlau, der handelt manchmal ▢ ,

Herrn Frost, den bringt die ▢ um.
Herr Tod ist fröhlich noch am ▢ .
Und Herrn Ernst wird's ▢ noch geben.
Herr Schwächling sich als ▢ erweist,
Herr Ehrlich ▢ – und das ist dreist!

→ S. 23
Gestaltendes Vorlesen

3 Tragt euch das Gedicht anschließend gestaltend vor.

ⓘ Antonyme

Hören oder lesen wir ein Wort, fällt uns häufig dazu ein Gegensatzwort ein:
Zu *jung* fällt uns *alt* ein, zu *Kind* *Erwachsener* und zu *erlauben* fällt uns *verbieten* ein.
Gegensatzwörter wie *jung – alt, hoch – tief, gerade – krumm, arm – reich* werden **Antonyme** genannt.

Wortbedeutungen mithilfe von Wörtern gegensätzlicher Bedeutung klären

KOMPETENZEN AUFBAUEN, ÜBEN UND ANWENDEN

4 Bring die Welt wieder in Ordnung, indem du in jedem Satz ein Wort durch ein Antonym ersetzt. Schreibe die Sätze richtig auf.

Verkehrte Welt

1) Am Abend kann man beobachten, wie die Sonne aufgeht.
2) Täglich verschenkt der Bäcker alle Brote und Semmeln an seine Kunden.
3) Das Stadion wird zwei Stunden vor Beginn eines Fußballspiels für die Zuschauer geschlossen.
4) Tina hat nach langem Suchen endlich ihr Handy verloren.
5) Gestern hat Lukas die lang erwartete E-Mail von Johanna abgeschickt.
6) Ich kenne Alex schon lange, er ist mein bester Feind.
7) Erst ganz am Beginn des Krimis wusste man, wer der Täter war.
8) Jetzt muss ich unbedingt etwas essen, denn ich habe großen Durst.
9) Die Schiffe warten nur auf die Ebbe, um in See stechen zu können.
10) Im Klassenzimmer herrschte große Stille, weil alle durcheinandersprachen.

5 Ordne die folgenden Verben zu Wortpaaren mit gegensätzlicher Bedeutung.
Beispiel: *gehen – fahren* …

*lieben / schließen / geben / fallen / kaufen / lachen / steigen / tadeln
hassen / nehmen / erlauben / verkaufen / verbieten / weinen / loben / öffnen*

6 Schreibe zu jedem der folgenden Wörter ein Antonym auf.

gemütlich _____   Ausgang _____

voll _____   nass _____

nahe _____   Absender _____

feige _____   winzig _____

- Die ersten Buchstaben der gefundenen Wörter ergeben ein neues Wort. Das Lösungswort ist etwas für Fußballfans.

7 Finde das passende Antonym und schreibe beide Wörter gemeinsam auf.
   a) glatt: glitschig – eben – rau
   b) geizig: nachsichtig – sparsam – großzügig
   c) leeren: folgen – ausschütten – füllen
   d) ordnen: stapeln – durcheinanderbringen – verstecken
   e) Leichtsinn: Schwerkraft – Kälte – Vorsicht
   f) Schatten: Lampe – Licht – Dunkelheit

Wortbedeutungen mithilfe von Wörtern gegensätzlicher Bedeutung klären

Sprachgebrauch und Sprachreflexion

Wortkunde
Oberbegriffe und Unterbegriffe

Weil ihre Mutter im Krankenhaus liegt, muss Alina den Wochenendeinkauf übernehmen. Deswegen hat sie alles, was gebraucht wird, sauber untereinander aufgeschrieben. Allerdings wird Alina im Supermarkt viel Zeit brauchen, um alle Waren zu finden.

1 Ordne die Waren auf dem Einkaufszettel, die es in einer Abteilung des Supermarktes gibt, in eine Gruppe ein.

- 5 kg Kartoffeln
- 1 Mischbrot
- 5 Mohnbrötchen
- 1 Packung Kaugummi
- 2 Schreibblöcke (kariert)
- 2 grüne Gurken
- 1 Haarspray
- 1 Stück Butter
- 2 x Orangensaft
- 1 Packung Tintenpatronen
- 1 Flasche Weichspüler
- 1 Tafel Schokolade
- 1 kg Tomaten
- 5 kleine Becher Joghurt
- Fernsehzeitung
- 1 Packung Käse (Edamer)
- 1 Bund Möhren
- 1 Tube Hautcreme
- 2 Stück Apfelkuchen
- 1 l Frischmilch
- 1 Tube Zahnpasta
- Rätselzeitung
- 1 Kiste Mineralwasser
- Tabs für Geschirrspüler
- 1 Päckchen Kakao

2 Gib den zusammengestellten Warengruppen eine passende Überschrift. Orientiere dich an den Namen der einzelnen Abteilungen eines Supermarktes.

3 Vergleicht eure Ergebnisse. Stellt Gemeinsamkeiten und Unterschiede bei der Zuordnung der Waren fest und findet dafür eine Begründung.

Wortbedeutungen mithilfe von Oberbegriffen klären

KOMPETENZEN AUFBAUEN, ÜBEN UND ANWENDEN

4 Schreibt in einer Tabelle auf, zu welcher Abteilung die verschiedenen Waren gehören. Ergänzt das Angebot durch weitere Beispiele.

Eisbein / Bananen / Wasserkocher / Shampoo / Batterien / Kassler / Mandarinen Gesichtscreme / Schnitzel / Toaster / Äpfel / Kirschen / Duschgel / Zahnpasta Verlängerungskabel / Roulade / Birnen / Koteletts / Seife / Glühbirnen

5 Schreibe für die Wörter jeder Zeile einen passenden Oberbegriff auf.
1) Rot – Grün – Violett – Blau – Gelb
2) Schwalbe – Star – Pirol – Rohrdommel – Eisvogel
3) Orange – Pampelmuse – Kiwi – Mandarine – Melone
4) Fahrrad – Auto – Moped – Bus – Rikscha
5) Füller – Bleistift – Kugelschreiber – Filzstift – Tintenroller
6) Eiche – Buche – Ahorn – Kastanie – Linde
7) Fußball – Handball – Volleyball – Tennis – Wasserball
8) Krokus – Tulpe – Märzenbecher – Narzisse – Veilchen

6 Schreibe die Unterbegriffe mit den passenden Oberbegriffen auf. Ein Unterbegriff passt allerdings nicht zu diesem Oberbegriff.
a) Regen, Schnee, Hagel, Donner
b) lispeln, brüllen, stammeln, stottern
c) bitter, sauer, süß, feucht
d) Tümpel, Fluss, Teich, See
e) schleichen, flitzen, rennen, rasen

7 **Temporunde**
Ein Spieler nennt einen Oberbegriff und alle müssen innerhalb einer Minute möglichst viele Unterbegriffe aufschreiben. Wer die meisten gefunden hat, ist Sieger.

ⓘ Oberbegriffe – Unterbegriffe

Ein **Oberbegriff** ist eine Art Überschrift für mehrere Wörter, die inhaltlich zusammengehören. Diese Wörter nennt man auch **Unterbegriffe.**
Unterbegriffe können für weitere Wörter wieder Oberbegriffe sein:

Oberbegriff →	**Backwaren**				
Unterbegriffe →	*Brot*	*Brötchen*	*Kuchen*	*Torte*	→ **Oberbegriff**
	Weizenbrot	*Milchbrötchen*	*Quarkkuchen*	*Sahnetorte*	**Unter-**
	Roggenbrot	*Mohnbrötchen*	*Nusskuchen*	*Obsttorte*	**begriffe**
	Mischbrot	*Rosinenbrötchen*	*Zuckerkuchen*	*Cremetorte*	
	Krustenbrot	*Käsebrötchen*	*Streuselkuchen*	*Quarktorte*	

Wortbedeutungen mithilfe von Oberbegriffen klären

Sprachgebrauch und Sprachreflexion

Wortkunde

Überprüfe dein Wissen und Können

Wortbildung

1 Bilde mit den Wörtern aus **A** und mit den Wörtern aus **B** Komposita

A Mond / Spiel / Affe / Sonne / Flug / Haus / Werk / Vogel
B Plan / Licht / Tür / Käfig / Schein / Zeug / Ball / Leute

2 *Folie* Schreibe die unterstrichenen Wörter ab und unterstreiche die Wortstämme.

Ein sagenhafter Drache

a) Der scheußliche Drache rieb seinen Kopf an dem modrigen Felsen.
b) Er hatte einen ungeheuren Rachen mit einem mörderischen Gebiss.
c) Seine steingrauen Augen richteten sich boshaft auf den Helden Siegfried.
d) Der zusammengerollte Riesenleib kam langsam in Bewegung.
e) Unter dem Hals befand sich ein stachliger Kamm.
f) Um seinen Leib herum sah man hässliche graue Schuppen.
g) Die entsetzlichen Krallen seiner Vorderbeine gruben sich durch die Erde.
h) Aus den feuerroten Nasenlöchern dampfte sein ekliger Atem.
i) Der Schwanz bewegte sich knapp über dem Boden.
j) Das Scheusal baute sich furchterregend vor Siegfried auf.

3 Füge beim Abschreiben die passenden Präfixe und Suffixe ein.

a) Das Material ▢ hält gift ▢ Stoffe.
b) Julian hat unsere Klasse im Lesewettbewerb gut ▢ treten.
c) Maria hat uns das ▢ halten der Klasse ausführ ▢ schrieben.
d) Timmi las den Brief wort ▢ und hat ihn danach gleich ▢ rissen.
e) Bei der Schnitzeljagd ist uns Krissi immer wieder ▢ kommen.
f) Alex muss sich mehr ▢ strengen, um nicht noch einmal zu ▢ sagen.
g) Seine Schreier ▢ im Sportunterricht hat uns allen ▢ fallen.

Präfixe + Suffixe
ent-, ver-,
be-, zer-,
ent-, an-,
ge-
-ig, -lich,
-los, -ei

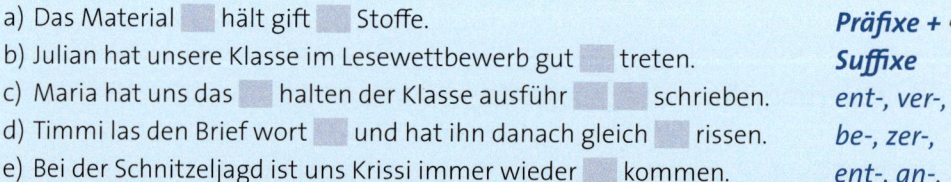

Wortfamilie und Wortfeld

1 Ordne die Wörter ihren vier Familien zu.

Furt / Band / Schnitt / Fluss / geschnitten / bändigen / flüssig / gefahren / fließen / Fahrt / binden / schneiden / Fuhre / Flut / bündig / Schneider / Fährte / geflossen

Wortbildung, Wortfamilie, Wortfelder, Antonyme, Ober- und Unterbegriffe anwenden

GELERNTES ÜBERPRÜFEN

2 Ersetze die Wendung *bewegt sich* durch treffende Verben des Wortfeldes „Fortbewegung von Tieren".

Wenn du dich ganz still in eine Wiese setzt, kannst du einige Tiere beobachten.
Grashüpfer bewegen sich in großen Sätzen zwischen den Pflanzen.
Käfer bewegen sich flink über den Boden.
Eidechsen bewegen sich eilig in die Sonne.
Eine Maus bewegt sich schnell zu ihrem Unterschlupf.
Ein Frosch bewegt sich in die Höhe, um eine Fliege zu fangen.
Ein Feldhase bewegt sich hakenschlagend davon.

Antonyme

1 Finde für die unterstrichenen Wörter die Antonyme und schreibe die Geschichte auf.

In neuen, neuen Zeiten, als die Menschen noch in ganz anderen Sprachen schwiegen, gab es in den kalten Ländern schon kleine und schlichte Städte. Da erhoben sich die Hütten der Könige und Kaiser, da gab es schmale Straßen und breite Gassen und runde Gässchen, da standen elendige Tempel mit goldenen und marmornen Götterstatuen, da gab es einfarbige Märkte, wo Waren aus aller Diener Länder feilgeboten wurden, und enge hässliche Plätze, wo die Leute sich versammelten, um veraltete Nachrichten zu besprechen und Schweigen zu halten oder anzuhören.

Ober- und Unterbegriffe

1 Schreibe für die Wörter jeder Zeile einen passenden Oberbegriff auf.

A *Schrank, Tisch, Bett, Stuhl, Sofa*
B *Eimer, Krug, Topf, Schüssel, Schale*
C *Bus, Bahn, Auto, Straßenkreuzer, Moped*

2 Schreibe für die Oberbegriffe passende Unterbegriffe auf.

Obst, Gemüse, Beruf

3 Finde in jeder Reihe den Unterbegriff, der nicht zum Oberbegriff gehört.

A *Halskette / Armreif / Fingerring / Piercing / Ohrstöpsel*
B *Riese / Drache / alter Mann / Fee / Hexe*
C *Käse / Quark / Milch / Schokolade / Sahne*

Wortbildung, Wortfamilie, Wortfelder, Antonyme, Ober- und Unterbegriffe anwenden

Sprachgebrauch und Sprachreflexion

NEUES ENTDECKEN – EINSICHTEN GEWINNEN

Satzglieder

So wie ein Magnet Eisen anzieht, zieht auch das Verb Satzglieder an.

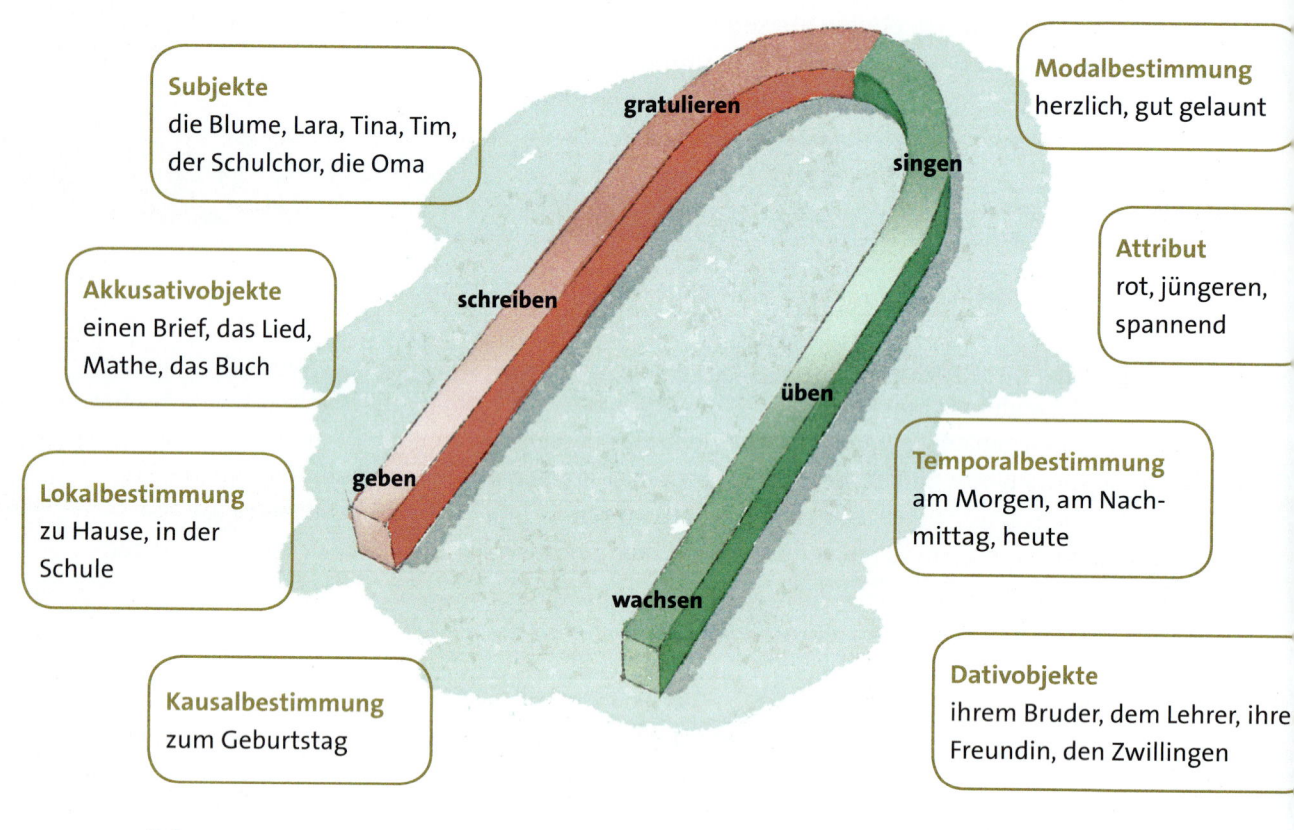

Subjekte
die Blume, Lara, Tina, Tim, der Schulchor, die Oma

Akkusativobjekte
einen Brief, das Lied, Mathe, das Buch

Lokalbestimmung
zu Hause, in der Schule

Kausalbestimmung
zum Geburtstag

Verben am Magneten: gratulieren, singen, schreiben, üben, geben, wachsen

Modalbestimmung
herzlich, gut gelaunt

Attribut
rot, jüngeren, spannend

Temporalbestimmung
am Morgen, am Nachmittag, heute

Dativobjekte
ihrem Bruder, dem Lehrer, ihre Freundin, den Zwillingen

1. Bildet mit den Wörtern Sätze.
2. Stellt zwei Sätze so oft wie möglich um.
3. Trennt die Satzglieder mit einem Strich voneinander ab.
4. Nennt das Satzglied, das immer an der gleichen Stelle stehen bleibt.

In diesem Kapitel lernst du (,) ...
- das Prädikat als Zentrum des Satzes kennen.
- Sätze in Felder einteilen.
- mithilfe der Umstellprobe Sätze aneinander anzuschließen.
- den Nebensatz als Satzglied kennen.
- das Attribut kennen.

KOMPETENZEN AUFBAUEN, ÜBEN UND ANWENDEN

Satzglieder

Subjekt und Prädikat

1 Lest zunächst nur die Sätze links und tauscht euch darüber aus, ob sie genügend Informationen enthalten.

Mädchenfußball

a) Lara spielte. — ganz toll | diesmal
b) Sie ist gerannt. — über das halbe Spielfeld | immer wieder
c) Sie hat geflankt. — den Ball | auf ihre Mitspielerin
d) Der Ball kam zurück. — gleich wieder | zu ihr
e) Sie trat zu. — da
f) Die gegnerische Torfrau streckte sich. — nach links
g) Konnte sie halten? — den Ball
h) Sie hat nicht festgehalten! — die Kugel
i) Der Ball kullerte hinein. — ins Tor | ganz langsam
j) Lara hatte geschossen. — ihn | in die rechte Ecke
k) Die Zuschauer jubelten. — vor Freude

2 Füge beim Abschreiben der Sätze die Satzglieder rechts an die passenden Stellen ein und unterstreiche die Prädikate rot und die Subjekte blau.
Lara spielte diesmal ganz toll.

3 Vergleicht eure Sätze und besprecht, wie sich die Aussagen inhaltlich verändert haben.

4 Lies die folgenden drei Sätze.
- Unterstreiche zunächst die Subjekte blau.
- Setze nun beim Abschreiben die Verben in der richtigen Personalform ein.
- Unterstreiche die Prädikate rot.

Folie

Heute berichten sie den Redakteuren der Schulhomepage darüber.
Diese stellen ihr viele Fragen.
Lara beantworten alle geduldig.

ⓘ Subjekt und Prädikat

Das Subjekt und die finite Verbform des Prädikats müssen in **Person** und **Numerus** **übereinstimmen.** _Lara spielt. Die Kinder spielen._
Besteht das Prädikat aus **zwei Teilen,** steht die **finite Verbform** an **zweiter Stelle** und der **zweite Teil** am **Satzende.** Beide Teile bilden eine **Satzklammer:**
Sie hat den Ball auf ihre Mitspielerin geflankt.

Prädikat
Was jemand tut

Subjekt
Wer etwas tut

Die zentrale Bedeutung des Prädikats für den Satz benennen

Sprachgebrauch und Sprachreflexion

Satzglieder

Die Satzklammer

1 Vergleicht die Sätze und stellt Gemeinsamkeiten und Unterschiede fest. Unterstreicht die Prädikate rot.

Tom hat geschrieben.
Tom hat seinem Freund geschrieben.
Tom hat seinem Freund einen Brief geschrieben.

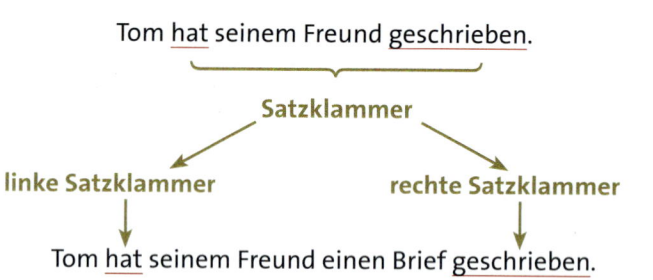

Tom <u>hat</u> seinem Freund <u>geschrieben</u>.

Satzklammer

linke Satzklammer   rechte Satzklammer

Tom <u>hat</u> seinem Freund einen Brief <u>geschrieben</u>.

2 Erweitere die folgenden Sätze, indem du verschiedene Satzglieder zwischen die Prädikate einschiebst.
 a) Vergleicht eure Sätze und stellt Gemeinsamkeiten und Unterschiede fest.
 b) Unterstreiche die Prädikate rot und trage die Satzklammern ein.

Tom hat ausgeliehen.   Der Bruder will mitbringen.
Lara hat gewusst.   Der Lehrer kann verbieten.

3 Schreibe den Text ab. Unterstreiche die Prädikate rot. Trage die Satzklammern ein.

Treppenlauf

2015 fand zum 38. Mal der Treppenlauf im Empire State Building in New York statt.
Hunderte Menschen hatten sich dafür angemeldet.
Christian Riedel aus Erlangen ist der schnellste Läufer gewesen.
Er hat für die 1576 Stufen zehn Minuten und 16 Sekunden gebraucht.
Seit 2014 hat er den Weltrekord im Zwölf-Stunden-Treppenlauf inne.

ⓘ Satzklammer

Das **Prädikat** hat im deutschen Satz oft **zwei Teile**. Diese bilden eine **Satzklammer**. Die **linke Satzklammer** wird durch die **finite Form des Verbs** gebildet. Die **rechte Satzklammer** ist ein unveränderbares Verbteil **(Präfix, Partizip II, Infinitiv)** und steht am **Ende des Satzes**. Zwischen beide Teile können Satzglieder eingefügt werden.

Struktur von einfachen Sätzen untersuchen und analysieren (Satzklammer)

Satzglieder

Den Satz in Felder einteilen

1 Lies die Sätze und unterstreiche die Prädikate rot.
Tom backt.
Tom backt einen Kuchen.
Tom backt einen leckeren Kuchen.
Tom hat gestern einen leckeren Kuchen gebacken.

2 Übertrage die Tabelle in dein Heft und trage die Satzteile in die einzelnen Spalten ein. Beginne mit dem Prädikat.
- Die finite Verbform bildet die **linke Satzklammer.**
- Weitere Teile des Prädikats bilden die **rechte Satzklammer.**
- Trage dann ins **Vorfeld** die Satzteile ein, die vor der finiten Verbform stehen.
- Alle Satzteile, die in der Satzklammer stehen, kommen ins **Mittelfeld.**

Nachfeld
Das Nachfeld behandelst du später im Kapitel auf der Seite 277.

www
Du findest die Tabelle auch im Internetportal.

Vorfeld	linke Satzklammer	Mittelfeld	rechte Satzklammer	Nachfeld
Tom	backt.			
Tom	backt	einen Kuchen.		

3 Bildet ähnliche Sätze mit dem Verb *gehen*, unterstreicht das Prädikat und tragt die Sätze in die Tabelle ein.

4 Lies den Text und unterstreiche die Prädikate rot. Trage sie in die Tabelle ein.

Blumendienst

Niklas hat diese Woche Blumendienst.
Deshalb gibt er den Pflanzen jeden Morgen frisches Wasser.
Vorsichtig zupft er welke Blätter ab.
An einem Kaktus hat er eine Knospe entdeckt.
In wenigen Tagen wird sie aufblühen.

ⓘ Satzfelder

Der Satz gliedert sich in **Vorfeld, linke Satzklammer, Mittelfeld, rechte Satzklammer, Nachfeld.** Diese Gliederung ergibt sich aus der **Zweitstellung** des **finiten Verbes.**
- Das Vorfeld ist entweder nicht besetzt oder nur mit einem Satzglied.
- In der linken Satzklammer steht nur die finite Verbform.
- Das Mittelfeld kann frei bleiben oder beliebig viele Satzglieder haben.
- Die rechte Satzklammer kann frei bleiben oder mehrere Wörter haben.

Struktur von einfachen Sätzen untersuchen und analysieren (Feldermodell)

Sprachgebrauch und Sprachreflexion

Satzglieder

Die Umstellprobe

1 Stelle die Satzglieder im Mittelfeld jedes Satzes so oft wie möglich um und trenne die einzelnen Satzglieder mit einem Strich voneinander ab.

Vorfeld	linke Satz-klammer	Mittelfeld	rechte Satzklammer	Nachfeld
Sina	darf	morgen vielleicht ihren Hund	ausführen.	
Oma	bereitet	für die Familie das Mittagessen	vor.	
Tim	hat	das spannende Buch am Nachmittag	gelesen.	

2 Tausche ein Satzglied des Mittelfeldes gegen das Satzglied des Vorfeldes aus.

3 Stelle fest, welches Satzglied an derselben Stelle stehen bleibt und welche Satzglieder die Position wechseln können.

www
Du findest die Würfelvorlage zum Basteln im Internetportal.

4 Arbeitet in einer Gruppe.
- Bastelt vier Würfel in unterschiedlichen Farben.
- Tragt auf jede Würfelseite eines der vorgegebenen Wörter ein.

Blauer Würfel: *der Mann, das Kind, mein Freund, deine Mutter, die Katze, er*
Roter Würfel: *läuft weg, hat geschlafen, geht, klingelt, niest, hüpft*
Gelber Würfel: *schnell, immer, gern, oft, nie, leise*
Grüner Würfel: *auf dem Fußweg, im Bett, in der Schwimmhalle, auf dem Schulhof, im Supermarkt, auf der Treppe*

- Würfelt mit allen Würfeln und bildet so viele Aussagesätze wie möglich.
- Tragt vier Sätze in die Tabelle ein.
- Stellt die Satzglieder der vier Sätze so oft wie möglich um und schreibt sie in die Tabelle. Bildet auch einen Fragesatz.
- Teilt die Satzglieder mit einem Strich voneinander ab.
- Untersucht, welche Satzglieder immer an der gleichen Stelle stehen und welche ihre Stelle wechseln.

---

① Umstellprobe

Werden die Satzglieder eines Aussagesatzes umgestellt, behalten nur die **finite Verbform** und der übrige **Teil des Prädikats** ihren Platz. Im Aussagesatz steht die finite Verbform an zweiter Stelle, deshalb wird er **Verbzweitsatz** genannt.
Im Frage- und im Aufforderungssatz steht die finite Verbform an erster Stelle, deshalb wird er **Verberstsatz** genannt.

Satzglieder mithilfe der Umstellprobe bestimmen, Satzarten nach der Stellung des Verbs unterscheiden

KOMPETENZEN AUFBAUEN, ÜBEN UND ANWENDEN

5 Die Sätze im Text „Herr Knopp und der Radfahrer" können noch etwas verbessert werden, indem du die unterstrichenen Satzglieder an den Anfang stellst.
Beispiel: *Eines Tages ging Herr Knopp noch ein Stück spazieren. ...*

> **Tipp**
> *Die Anordnung aller Satzglieder richtet sich nach ihrer Bedeutung für die Aussage.*

Herr Knopp und der Radfahrer

a) Herr Knopp ging <u>eines Tages</u> noch ein Stück spazieren.
b) Er wollte sich <u>draußen an der frischen Luft</u> von seiner Arbeit etwas erholen.
c) Er wanderte also <u>gut gelaunt</u> los.
d) Er sah <u>plötzlich</u> eine Reißzwecke mitten auf der Straße liegen.
e) Er dachte <u>da</u>: Wenn einer drauftritt, kann er sich verletzen!
f) Er bückte sich <u>gerade</u> und wollte sie aufheben.
g) Er hörte <u>in diesem Augenblick</u> das Klingeln eines Radfahrers.
h) Er trat <u>erschrocken</u> einen Schritt beiseite.

6 Entscheide in den folgenden Sätzen, welches Satzglied du beim Abschreiben an den Anfang stellen möchtest.

i) Der Radfahrer fuhr in diesem Augenblick auf die Reißzwecke drauf.
j) Er fuhr natürlich einen Platten.
k) Er fiel vom Rad.
l) Er bekam da einen Wutanfall.
m) Er hatte ja eben noch gesehen, wie sich Herr Knopp gebückt hatte.
n) Die Reißzwecke hat mir dieser Typ bestimmt vor das Rad gelegt, dachte er.
o) Er haute Herrn Knopp wütend den Hut ins Gesicht.
p) Herr Knopp dachte traurig:
q) Da will man andere vor einem Unglück bewahren – und
r) man bekommt dafür eins auf den Hut.
s) Ich bin das nächste Mal nicht mehr so dumm!

7 Vergleicht eure Sätze und besprecht, wie sich die Satzaussage verändert hat.

Satzglieder mithilfe der Umstellprobe bestimmen

Sprachgebrauch und Sprachreflexion

Satzglieder

Objekte

So ist das an jedem Schultag!

a) Paul steht jeden Morgen gegen sieben Uhr auf.
b) Die Mutter weckt **das Objekt**.
c) Paul isst **ein Objekt**.
d) Dann packt er **das Objekt**.
e) Der Vater bringt **das Objekt** mit dem Auto zur Bushaltestelle.
f) Die Kinder steigen in **das Objekt**.
g) Dieser bringt **die Objekte** zur Schule.
h) Nachdem die Schulglocke geläutet hat, betritt die Lehrerin **das Objekt**.

1 Das ist eine kleine „grammatische Geschichte". Eine richtige Geschichte wird erst daraus, wenn ihr einsetzt, was die Objekte sein könnten. Probiert verschiedene Möglichkeiten. Beispiel: *Die Mutter weckt ihn.*

2 Besprecht, wie sich die Satzaussage ändert, wenn ihr unterschiedliche Objekte einsetzt.

Kasus (Fälle) der Objekte
Genitiv: Wessen?
Das ist (wessen?) Tims Buch.
Dativ: Wem?
Das Buch gehört (wem?) Tim.
Akkusativ: Wen? oder Was?
Tim gibt Lara (wen oder was?) das Buch.

3 Schreibe die folgenden Sätze ab und unterstreiche die Prädikate rot. Unterstreiche die Objekte grün und bestimme den Kasus. Die Objektfragen helfen dir dabei.

i) Die Schüler packen ihre Schulsachen aus.
j) Die Lehrerin lässt die Schüler etwas vorlesen.
k) Das Vorlesen haben einige Kinder zu Hause geübt.
l) Deswegen hören sich die anderen Kinder die Geschichte auch gern an.

4 Bilde mit den Verben Sätze, indem du Subjekte und Objekte ergänzt.
• Unterstreiche die Prädikate rot und die Objekte grün und bestimme den Fall.
• Besprecht, warum manchmal ein Objekt und manchmal zwei Objekte ergänzt werden können.

sehen, treffen, schreiben, danken, schicken, kennen

⚠ Objekt

Das **Objekt** ist eine **nähere Bestimmung** des **Verbes**.
• Das Verb bestimmt den Fall des Objektes.
• Das Verb bestimmt, wie viele Objekte in einem Satz vorkommen.
• Objekte stehen meist im Akkusativ oder Dativ, seltener im Genitiv. Oft haben sie eine Präposition bei sich.

Die Bestimmung von Zahl und Kasus der Satzglieder durch das Verb untersuchen

KOMPETENZEN AUFBAUEN, ÜBEN UND ANWENDEN

	Subjekte *wer?*	**Dativ-Objekte** *wem?*	**Akkusativ-Objekte** *wen oder was?*
1) Er schenkt ihm etwas.	der Vater	dem Jungen	eine Geschichte
2) Er zeigt ihm etwas.	die Lehrerin	dem Schüler	einen guten Aufsatz
3) Er erzählt ihm etwas.	der Onkel	seinem Patenkind	einen Werkzeugkasten
4) Sie traut ihm etwas zu.	der Junge	seinem Freund	seinen neuen Computer
5) Sie gibt ihm etwas mit.	die Schwester	dem kleinen Bruder	den Ball
6) Sie nimmt ihm etwas weg.	der Mann	seiner Nachbarin	einen Hammer
7) Er leiht ihr etwas.	die Mutter	ihrem Sohn	den Haustürschlüssel
8) Sie flötet ihr etwas vor.	die Amsel	der alten Dame	ihr Abendlied

5 Finde heraus, wer hier mit wem etwas tut: Wer schenkt wem wen oder was?
Sieh dir die Verben genau an und suche dir dann die passenden Satzglieder aus:
Beispiel: *Der Onkel schenkt ...*

6 Das kleine Ereignis über den „Missglückten Elfmeter" musst du selbst aufschreiben.
Ermittle, wer hier was tat – und mit wem. Achtung! Ein Subjekt und Objekt kommen
mehrmals vor. Der erste Satz muss natürlich lauten: *Der Torwart konzentrierte sich.*

*dem Schützen   der Torwart   den Ball   der Stürmer   die Kugel
das Publikum   der siegreichen Mannschaft   die Mitspieler   den laschen
Schuss   dem Torwart   die glückliche Mannschaft   den Sieg*

Missglückter Elfmeter

Wer? konzentrierte sich.
Wer? schoss wem? wen oder was? entgegen.
Doch wer? kullerte nur müde heran.
Wer? streckte sich.
5 Wer? hat wen oder was? gehalten.
Wer oder was? verübelten wem? wen oder was?.
Wer? jubelte wem? zu.

7 Schreibt für eure Mitschüler Sätze auf, die anstelle von Subjekt und Objekt
Fragewörter enthalten, und gebt Lösungen vor.

Die Bestimmung von Zahl und Kasus der Satzglieder durch das Verb untersuchen

Sprachgebrauch und Sprachreflexion

Satzglieder
Adverbiale

Ben und Tina erkundigen sich über eine Zugverbindung für die nächste Klassenfahrt.

1 Lest das Gespräch und ergänzt dabei die fehlenden Fragen.

Guten Tag!	Guten Tag!
Wir wollen mit unserer Klasse mit dem Zug fahren.	…?
Unsere Klasse möchte in Karlsruhe das Schloss besichtigen.	…?
Für den Mittwoch nächste Woche haben wir den Ausflug geplant.	…?
Ungefähr um 8.00 Uhr wollen wir losfahren.	…?
Damit wir genügend Zeit haben, uns alles anzuschauen. Außerdem wollen wir am Abend nicht so spät zurückkehren.	…
	Da gibt es zwei Möglichkeiten: Ihr nehmt den Zug 8.02 Uhr und seid 8.45 Uhr in Karlsruhe oder ihr fahrt hier 8.30 Uhr ab und kommt in Karlsruhe 9.30 Uhr an.
…?	Der spätere Zug hält an jedem Bahnhof.
Wir nehmen den Zug, der schneller ist und nicht überall hält.	
…?	Am Gleis 2.
Vielen Dank für die Auskunft.	

2 Schreibe das vollständige Gespräch auf. Unterstreiche alle Fragewörter und Antworten.

! Adverbiale

Adverbiale (Umstandsbestimmungen) sind Satzglieder, die das Verb näher bestimmen. Sie geben Auskunft,
- *wann* oder *wie lange* etwas geschieht (**Temporalbestimmung**).
- *wo* es passiert oder *wohin* sich etwas bewegt (**Lokalbestimmung**).
- *wie* es geschieht (**Modalbestimmung**).
- *warum* etwas so ist (**Kausalbestimmung**).

Adverbiale Bestimmungen erkennen und in ihrer Funktion erläutern

Satzglieder

Der Nebensatz als Satzglied

1 Vergleiche die zwei Sätze und stelle Gemeinsamkeiten und Unterschiede fest.

Wegen eines platschenden Bauchklatschers des Schwimmers ins Wasser lachten die Zuschauer am Beckenrand.
Die Zuschauer lachten am Beckenrand, weil der Schwimmer mit einem Bauchklatscher ins Wasser platschte.

2 Schreibe beide Sätze ab und unterstreiche alle Satzglieder (Subjekte blau, Prädikate rot, Objekte grün, adverbiale Bestimmungen schwarz).

3 Besprecht und begründet, welcher Satz besser klingt.

4 Trage die Sätze in die Tabelle ein. Der Nebensatz steht im Nachfeld.

Vorfeld	linke Satz-klammer	Mittelfeld	rechte Satz-klammer	Nachfeld

5 Schreibe die folgenden Sätze als Haupt- und Nebensatz auf und trage sie dann in die Tabelle ein.

Simon fiel total erschöpft kurz vor dem Ziel zu Boden.
Durch einen Treffer der Gegner kurz vor dem Ende des Spieles verlor die 6b in letzter Minute 2:3.
Nach dem verlorenen Spiel gingen alle schimpfend nach Hause.
Wir treffen uns morgen an den sich kreuzenden Wegen.

6 Unterstreiche alle Satzglieder.

7 Besprecht, ob man alle Sätze als Haupt- und Nebensatz aufschreiben sollte.

> ⓘ **Der Nebensatz als Satzglied**
>
> Einen Nebensatz erkennt man daran, dass das Prädikat (**finite Verbform**) am **Satzende** steht (**Verbletztsatz**). Der Nebensatz kann vor, zwischen oder nach einem Hauptsatz stehen. Der Nebensatz wird als Satzglied verwendet, um die Aussage eines Satzes eindeutiger zu gestalten. Er steht im **Nachfeld.**

Nebensätze als Satzglieder erkennen, verwenden und erläutern

Satzglieder

Das Attribut – die nähere Bestimmung des Nomens

1 Schreibe den Satz ab.
- Stelle den Satz so oft wie möglich um und trenne die Satzglieder mit Strichen ab.
- Unterstreiche alle Wörter, die das Nomen *Buch* näher beschreiben.
- Überprüfe, ob diese Wörter immer beim Nomen *Buch* stehen.

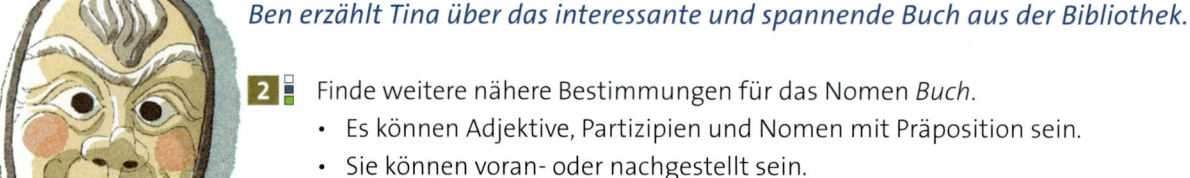

Ben erzählt Tina über das interessante und spannende Buch aus der Bibliothek.

2 Finde weitere nähere Bestimmungen für das Nomen *Buch*.
- Es können Adjektive, Partizipien und Nomen mit Präposition sein.
- Sie können voran- oder nachgestellt sein.

Beispiel: *Das gelesene Buch, das Buch von meinem Freund*

Schwäbisch alemannische Fastnacht

Jedes Jahr wird im Südwesten Deutschlands eine Fastnacht gefeiert. Hexen, Teufel und Sagengestalten jagen den Touristen in den Städten und Dörfern Schrecken ein. Die Masken bedecken das Gesicht ihres Trägers, denn niemand darf erkannt werden. Diese und die Kostüme sind sehr wertvoll. Deshalb werden sie in den Familien von Genera-
5 tion zu Generation vererbt. Auch die Guggenmusik ist unheimlich. Mit Lärm und Fackeln vertrieben die Menschen früher den Winter.

3 Setze beim Abschreiben das Wortmaterial so ein, dass einzelne Nomen näher erklärt werden.
Adjektive: *traditionell, wild, schwäbisch, groß, farbenprächtig, viel, gruselig*
Als Adjektive gebrauchte Partizipien: *tanzende, oft falsch getrommelte und gerasselte, brennende*
Präpositionalattribut: *auf Stelzen laufende, aus Holz, mit Schellen und Glocken behangene*

4 Vergleicht eure Texte und erläutert, wie sich die Aussage verändert hat.

⚠ Das Attribut

Das Attribut ist ein Teil eines Satzgliedes und erläutert am häufigsten ein Nomen näher. Es kann vor dem Nomen (vorangestelltes Attribut) oder nach dem Nomen (nachgestelltes Attribut) stehen. Formen des Attributs sind:
- **Adjektivattribut**: *das bunte Bild*
- **als Adjektiv gebrauchtes Partizip**: *eine spannende Geschichte*
- **Präpositionalattribut**: *der Hut auf dem Kopf*

Attribute als Teil eines Satzgliedes in ihrer Funktion erkennen und erläutern

5 Lies das Gedicht.

Das Nasobēm

Christian Morgenstern

Auf seinen Nasen schreitet
einher das Nasobēm,
von seinem Kind begleitet.
Es steht noch nicht im Brehm.

5 Es steht noch nicht im Meyer.
Und auch im Brockhaus nicht.
Es trat aus meiner Leyer
zum ersten Mal ans Licht.

Auf seinen Nasen schreitet
10 (wie schon gesagt) seitdem,
von seinem Kind begleitet,
einher das Nasobēm.

6 Schreibe für ein Tierlexikon einen Eintrag für das Nasobēm. Beschreibe es möglichst genau mithilfe von unterschiedlichen Attributen.

7 Lest euch eure Einträge gegenseitig vor.

8 Lies den Text und unterstreiche alle Attribute.

Pech gehabt

Am gestrigen Morgen verschaffte sich ein maskierter Räuber Zutritt zu einem Haus in der Lindenstraße. Mit vorgehaltener Pistole und nur in Strümpfen schlich er sich in das Schlafzimmer im Obergeschoss. Glück für die Familie war, dass eine Reißzwecke auf dem glatten Fußboden lag, in die der tollpatschige Dieb hineintrat. Laut schreiend
5 stürzte er zu Boden, verlor seine ungesicherte Waffe und konnte so von den mutigen Eheleuten überwältigt werden. Es stellte sich heraus, dass der dreiste Einbrecher ein stadtbekannter Raufbold ist.

9 Schreibe die unterstrichenen Attribute geordnet in der Tabelle auf.

Adjektivattribut	Als Adjektiv gebrauchtes Partizip	Präpositionalattribut

Attribute als Teil eines Satzgliedes in ihrer Funktion erkennen und erläutern

Satzglieder

Sätze miteinander verknüpfen

Sprachgebrauch und Sprachreflexion

Hier siehst du Sätze eines Textes. Sie sind in der Reihenfolge angeordnet, wie die Satzglieder in einem Satz normalerweise stehen: Subjekt, Prädikat, Adverbiale, Objekte. Doch ein richtig guter Text ist das nicht!

Ich habe heute Morgen verschlafen.
Ich zog deshalb schnell meine Kleider an.
Ich aß in der Küche hastig noch ein Brötchen.
Ich packte dann rasch mein Frühstücksbrot ein.
Ich rannte eilig zum Schulbus.
Ich habe darum vor Aufregung meine Sportsachen vergessen.
Ich sagte das meinem Lehrer.
Er nahm schmunzelnd meine Entschuldigung entgegen.

1 Schreibe den Text so auf, dass sich die einzelnen Sätze besser aneinander anschließen. Beispiel: *Heute Morgen habe ich verschlafen. Deshalb zog ich …*

2 Unterstreiche Wörter, die
- eine zeitliche Abfolge aufzeigen.
- Aussagen begründen.

3 Vergleicht eure Texte. Entscheidet, welcher sich besser anhört.

4 Schreibe die folgenden Sätze ab und verknüpfe sie sinnvoll miteinander.

Den Sportunterricht konnte ich trotzdem mitmachen.
Die Turnhose habe ich mir geliehen.
Ich habe sogar vier Sitzfußballtore geschossen.

ⓘ Sätze miteinander verknüpfen

Damit aus einzelnen Sätzen ein guter Text wird, muss man sie zu einer Einheit verknüpfen. Dafür gibt es einige Möglichkeiten:
- Sätze in eine zeitliche Reihenfolge bringen *(dann, danach)*
- Aussagen begründen *(deshalb, darum)*
- Wiederholung von einzelnen Wörtern mithilfe von Synonymen *(Paul, er, ihm)*

Einfache Formen der Textkohärenz innerhalb eines Textes erklären und anwenden

GELERNTES ÜBERPRÜFEN

Satzglieder

Überprüfe dein Wissen und Können

Satzglieder bestimmen

Ein langer Arbeitstag

a) Morgens läuft das Containerschiff im Hamburger Hafen ein.
b) Lastkräne holen eilig die Container vom Schiff.
c) Rasch werden die großen Stahlbehälter zu wartenden Lastwagen transportiert.
d) Nach wenigen Stunden verlassen die Lastwagen mit ihrer Fracht zügig das Hafengelände Richtung Süden.
e) Plötzlich lenkt ein Fahrer sein Fahrzeug auf den Seitenstreifen.
f) Er muss wütend wegen eines Reifenschadens eine Pause einlegen.
g) Er wechselt deshalb am Straßenrand den Reifen mühsam selbst aus.
h) Er setzt danach die Fahrt fort.
i) Er ist am Abend völlig erschöpft.
j) Er steuert deshalb den Brummi auf einen Rastplatz.
k) Er kriecht danach erschöpft in seine Schlafkoje.
l) Er schläft vor Müdigkeit bis zum nächsten Morgen.
m) Nach dem Frühstück setzt er seine Fahrt fort.
n) Ausgeruht fährt er seinen Lkw in die Stadt am Rhein.
o) Dort muss er seine Fracht selbst abladen.
p) Danach fährt er wieder nach Norden.
q) Erst am Abend wird er wieder zu Hause ankommen.

1 Unterstreiche in allen Sätzen Subjekt und Prädikat.

2 Stelle die Sätze a) und b) so oft wie möglich um und bestimme die Satzglieder.

3 Schreibe den Satz f) als Haupt- und Nebensatz auf und trage dies in die Tabelle ein.

4 Verbessere die Sätze h) bis l), indem du sie so umstellst, dass sie sich aufeinander beziehen.
- Unterstreiche die Wörter, die eine zeitliche Abfolge aufzeigen.
- Unterstreiche die Wörter, die eine Aussage begründen.

5 Trage die Sätze a), b), c) in die Tabelle ein.

Vorfeld	linke Satzklammer	Mittelfeld	rechte Satzklammer	Nachfeld

Wortmaterial
lang, beladen, groß, schwer, spät, bei seiner Familie

6 Setze beim Abschreibe der Sätze m) bis q) das Wortmaterial vom Rand so ein, dass einzelne Nomen näher bestimmt werden.

Das eigene Wissen über Satzglieder prüfen und anwenden

Methoden und Arbeitstechniken

KOMPETENZEN AUFBAUEN, ÜBEN UND ANWENDEN

Einen Notizzettel anlegen

Letzte Vorbereitungen:
<u>Film mitbringen</u> (Leander)
Beamer und Leinwand von Hr. Linz leihen (alle)
Werbeplakate aufhängen → Schulleitung fragen (Christian)
Kassen leihen → SMV fragen (Alex und Leon)
Stühle zurechtstellen → Hausmeister
Aufräumteam: Fabi und Liz

Beachten für die Wanderung:
- Klassenarbeit vor Wanderung
- (Beginn: 9:30)
- Holzkohle und Grillgut!
- Mama wg. Radio fragen
- Bei Regen: Geld fürs Kino mitbringen

Schildi Versorgung:
- Licht im Terrarium geht mit Zeitschaltuhr automatisch an und aus.
- täglich: Portion frische Kräuter aus dem Garten reinlegen
- täglich: Wasserschale reinigen und auffüllen
- (Falls Sparkie auf den Rücken fällt, unbedingt auf die Füße helfen!)

In vielen Situationen ist es hilfreich, einen Notizzettel zu schreiben.
Auf einem Notizzettel kannst du beispielsweise ...
- notieren, was du gehört hast, dir aber nicht auf einmal merken kannst.
- eine Liste von Dingen, die noch zu erledigen sind, erstellen.
- eine kurze Information für jemand anderen notieren.

1 Benenne, in welchen Situationen die obenstehenden Notizzettel geschrieben wurden.

2 Erkläre den Vorteil eines Notizzettels gegenüber einem ausformulierten Text.

3 Lege selbst einen Notizzettel an.
   a) Notiere, an was du diese Woche noch denken musst.
   b) Notiere eine Information, was jemand machen muss, um mit deinem Computer ins Internet zu gehen und E-Mails anzusehen.
   c) Notiere, was euer Lehrer in der letzten Stunde erklärt hat.

Tipp
Nutze den Notizzettel als Gedächtnisstütze.

CHECKLISTE ✓

Einen Notizzettel erstellen
- ✓ Schreibe eine knappe Überschrift und unterstreiche diese.
- ✓ Notiere **Stichpunkte** oder **Satzteile**. Formuliere keine Sätze aus.
- ✓ Schreibe die einzelnen Punkte **untereinander**.
- ✓ **Unterstreiche** oder **umkreise** besonders wichtige Dinge, um diese hervorzuheben.

Informationen sammeln, ordnen, ergänzen: einen Notizzettel anlegen

KOMPETENZEN AUFBAUEN, ÜBEN UND ANWENDEN

Gedanken mit dem Placemat strukturieren

Methoden und **Arbeitstechniken**

Wie ist das Leben als König oder Königin?

Wie wäre das Leben mit einem Klon?

Wie stellt ihr euch das Leben in der Steinzeit vor

Placemat ist das englische Wort für „Platzdeckchen". Genau an dieses erinnert der Bogen Papier, mit dem gearbeitet wird.

1 Bereitet mithilfe der Grafik ein Placemat für eure Gruppe vor. Sucht euch dann eine der Fragestellungen aus und erarbeitet diese mit der Placemat-Methode.

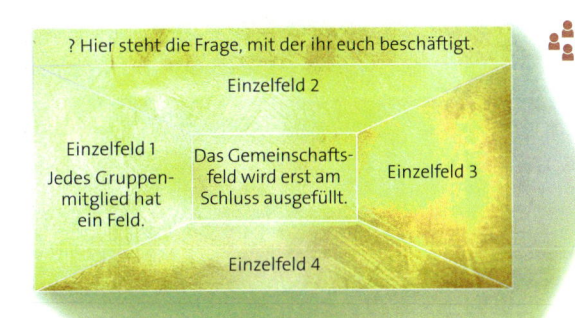

? Hier steht die Frage, mit der ihr euch beschäftigt.
Einzelfeld 2
Einzelfeld 1 — Jedes Gruppenmitglied hat ein Feld.
Das Gemeinschaftsfeld wird erst am Schluss ausgefüllt.
Einzelfeld 3
Einzelfeld 4

⚠ Das Placemat

Ihr nehmt ein großes Blatt Papier (DIN-A3). Oben auf dem Bogen steht die **Frage,** mit der sich die Gruppe beschäftigt. In der Mitte des Papiers ist das **Gemeinschaftsfeld,** in das die Gruppe ihre Ergebnisse einträgt. Der Rest des Bogens ist in maximal vier **Einzelfelder** eingeteilt – für jedes Gruppenmitglied gibt es ein Einzelfeld. Während man mit dem Placemat arbeitet, liegt dieses in der Mitte des Tischs, jeder setzt sich so hin, dass er bequem in sein Einzelfeld schreiben kann.

1) **Nachdenken**
   Zuerst trägt jedes Gruppenmitglied seine Ideen und Gedanken in das Einzelfeld ein. Dabei schaut man nicht in die Einzelfelder der anderen. Es wird nicht gesprochen.

2) **Austauschen**
   Immer noch schweigend wird das Placemat gedreht, so dass jeder das Feld seines Nachbarn lesen kann. Jeder darf jedes Feld mit Kommentaren oder Notizen ergänzen.

3) **Das Gemeinschaftsfeld ausfüllen**
   Jetzt darf gesprochen werden. Gemeinsam einigt man sich darauf, was als Gruppenergebnis in das Gemeinschaftsfeld eingetragen wird.

4) **Vorstellen**
   Nun wird das Gruppenergebnis vorgestellt.

Informationen sammeln, ordnen, ergänzen: Gedanken mit dem Placemat strukturieren

Methoden und *Arbeitstechniken*

KOMPETENZEN AUFBAUEN, ÜBEN UND ANWENDEN

In einer Redekette erzählen

1 Betrachte das Bild genau und überlege dir, was hier passieren könnte.

2 Erzählt nun gemeinsam in einer Redekette eure Geschichte zu dem Bild. Der Merkkasten hilft euch dabei.

ⓘ Die Redekette

Bei der **Redekette** erzählen mehrere Personen zusammen eine Geschichte. Jeder trägt einen Satz dazu bei, dann wird der nächste aufgerufen. Hier kann man sich auch einen Ball zuwerfen anstatt sich aufzurufen. Wichtig ist dabei, dass die Erzählung einen Sinn ergibt und man einander gut zuhört.

Anschaulich in einer Redekette erzählen, nach Impulsen schreiben

KOMPETENZEN AUFBAUEN, ÜBEN UND ANWENDEN

Wissen im Expertenteam erwerben

Methoden und *Arbeitstechniken*

1 Erarbeitet die beiden Texte über Weihnachten mit der Methode des Expertenteams. Der folgende Merkkasten erklärt euch diese Methode genau.

ⓘ Das Expertenteam

Die Methode des **Expertenteams** hilft euch, mit verschiedenen Texten oder Themen zu arbeiten. Dies ist der Fall, wenn ihr beispielsweise im Internet für eine Gruppenpräsentation recherchieren sollt, und ihr nicht viel Zeit habt, so dass nicht jeder alle Texte lesen kann. Ihr arbeitet zu viert zusammen, teilt euch aber nochmals in Zweiergruppen auf.

1) Zu Experten werden
Jedes Expertenteam erschließt seinen Text und macht sich Notizen dazu. Achtung, man muss den Text gut kennen und erklären können! Die 5-Schritt-Lesemethode kann euch dabei helfen.

2) Austausch der Experten
Nun teilen sich die Expertenteams und erklären dem anderen Experten den Text, den er nicht kennt.

3) Besprechung der Ergebnisse
Besprecht zu viert eure Ergebnisse.

4) Präsentation
Überlegt euch, wie ihr eure Ergebnisse präsentieren wollt *(Poster, Diagramm, Vortrag …)* und bereitet die Präsentation vor.

Wie der Christbaum zum Weihnachtsfest kam

Barbara Rhenius

An welchem Tag das Jesuskind geboren wurde, wusste kein Mensch, und man weiß es bis heute nicht. Aber die Christen wollten diesen Geburtstag schon früher unbedingt feiern. Also mussten sie einen Tag bestimmen, an dem dieses Fest stattfinden sollte. Was lag da näher, als sich einen Tag auszusuchen, an dem sich etwas Besonderes ereig-
5 net und an dem die Menschen sowieso schon feierten? Das war der Tag der Wintersonnenwende, an dem die Sonne am niedrigsten steht. Da feierten die Menschen, die noch an Geister glaubten, ein großes Fest. An diesem Tag im Dezember, in dem die Nacht am längsten ist, schmückte man Haus und Ställe mit Tannengrün und erleuchtete es mit Kerzen und Fackeln. Die grünen Zweige und das Licht sollten die bösen Geister von
10 Tier und Mensch fernhalten. Man berührte alle Lebewesen mit den Zweigen, weil man glaubte, man könne sie dadurch vor allem Übel der dunklen Zeit beschützen.

*Analytische Texterschließung anwenden, Informationen sammeln, ordnen und ergänzen:
Wissen im Expertenteam erwerben*

Methoden und Arbeitstechniken

Das helle Licht passte gut zur Weihnachtsgeschichte, in der ja erzählt wird, dass ein heller Stern über der Krippe stand. Und das lebendige Grün der Zweige war schon immer ein Zeichen für die Hoffnung auf bessere Zeiten gewesen. Deswegen feiern wir heute Weihnachten am 24. Dezember, kurz nach der Wintersonnenwende. Man macht sich gegenseitig Geschenke, denn auch die Hirten in Bethlehem und die Könige hatten ja dem Jesuskind Geschenke gebracht. In manchen Gegenden kommt sogar noch der Weihnachtsmann oder der Knecht Ruprecht, der diese Geschenke bringt. Das war bei den Heiden früher ein alter Gesell, der mit einem Sack ankam und die Menschen mit seinen grünen Zweigen berührte, um sie vor den Geistern zu beschützen. Manchmal schlug er auch mit seiner grünen Rute etwas heftiger auf die Kinder ein, was so aussah, als wollte er sie bestrafen. Aber er wollte ihnen nur Kraft einflößen. Den Kindern der Armen brachte er sogar süßen Kuchen mit, damit sie stark wurden. Heute sieht der Weihnachtsmann überhaupt nicht mehr so struppig aus wie früher und ist nur noch ein freundlicher Mann mit Bart, der Geschenke bringt.

Im Laufe der Zeit wollten sich die Menschen nicht mehr mit einzelnen grünen Zweigen begnügen und stellten ganze Bäume in ihre Häuser. Vor etwa dreihundert Jahren gab es dann die ersten Tannenbäume, die auch mit Kerzen geschmückt wurden. Das war natürlich nur bei reichen Leuten der Fall, die sich die teuren Kerzen leisten konnten. Den Tannenbaum, wie wir ihn heute kennen, gibt es aber erst seit etwa hundert Jahren. Und nun wird er bei den Menschen ganz unterschiedlich geschmückt: mit Glaskugeln und Silberschmuck oder mit Äpfeln und Pfefferkuchen. In Ländern, in denen es keine Tannenbäume gibt, werden die Bäume aus Plastik nachgeahmt. Bei keinem Weihnachtsbaum fehlen aber die Kerzen und der Stern an seiner Spitze, die uns an das Licht und den Stern von Bethlehem erinnern. Und unter dem Baum steht in mancher Familie eine Krippe mit den Krippenfiguren zur Erinnerung an die Geburt des Jesuskindes.

Analytische Texterschließung anwenden, Informationen sammeln, ordnen und ergänzen: Wissen im Expertenteam erwerben

Weihnachten in anderen Ländern

Bei uns in Deutschland wird am Heiligen Abend, dem 24. Dezember abends, das Weihnachtsfest gefeiert: mit dem leuchtenden Christbaum, mit Geschenken, in manchen Familien mit dem Singen von Weihnachts-
5 liedern und, vorher oder nachher, dem Gang in die Kirche – und einem Weihnachtsessen. Das ist in vielen Ländern anders.

In England geht es etwas bunter und lauter zu als bei uns. Da wird bei vielen Leuten das ganze Zimmer mit Girlanden 10 geschmückt, und es werden überall immergrüne Mistelzweige aufgehängt. Am 24. Dezember abends stellen die Kinder Stiefel vor die Heizung oder hängen lange Strümpfe an den Kamin. In die steckt 15 Santa Claus, der englische Weihnachtsmann, über Nacht die Geschenke hinein. Am nächsten Morgen wird dann alles ausgepackt. Und dann wird gefeiert. Knallbonbons knallen, bunte Hüte werden auf- 20 gesetzt, man singt und spielt Spiele.

In Schweden wird am Weihnachtsabend nur ein einfaches Essen zubereitet. Das festliche Weihnachtsessen gibt es dann am ersten Weihnachts-
25 tag. Und da kommt auch der Jultomte, der schwedische Weihnachtsmann. Er ähnelt unserem Knecht Ruprecht und trägt den Sack mit den Geschenken. Nach dem Mittagessen tanzt man um den Christbaum herum und singt Lieder. Dann
30 gehen manche zu den Nachbarn und spielen Julklap: Sie stellen ihnen heimlich Geschenke in den Flur. Niemand soll wissen, von wem sie sind.

Analytische Texterschließung anwenden, Informationen sammeln, ordnen und ergänzen: Wissen im Expertenteam erwerben

In den Niederlanden ist Weihnachten bei den meisten Menschen ein feierliches Fest, an dem man in die Kirche geht. Geschenke gibt es an diesem Tag nicht. Die gibt es schon am 5. Dezember, dem Nikolaustag, der Sinterklaas heißt. Denn das war der Tag, an dem der Heilige Nikolaus die Kinder rettete. Für die Holländer ist das der größte Feiertag, an dem es sehr fröhlich zugeht und Gaben an alle verteilt werden.

In den südlichen Ländern wie Italien, Spanien und Portugal ist Weihnachten ein ausgelassenes Fest mit Feuerwerk und Tanz und lauter Musik. Den Weihnachtsmann kennt man dort kaum. Die Geschenke werden nicht am Heiligen Abend verteilt, sondern erst am Dreikönigstag, dem 6. Januar. Das ist der Tag, an dem die Heiligen Drei Könige dem Christkind ihre Gaben brachten. Gefeiert wird Weihnachten jedoch in allen christlichen Ländern. Doch wir sollten am Weihnachtstag auch einmal daran denken: In vielen Ländern sind die Menschen so arm, dass ihre Kinder, wie es auch bei uns früher war, sich schon sehr darüber freuen, wenn sie etwas Gebäck, ein paar Nüsse und Obst geschenkt bekommen!

Bei uns findet Weihnachten im Winter statt. Deswegen können wir uns schwer vorstellen, dass in Südamerika zum Beispiel Weihnachten mitten im Sommer liegt. Dann ist es dort sehr warm, und das Weihnachtsfest findet draußen auf den Straßen statt. Weihnachtsbäume mit Kerzen gibt es nicht oder nur aus Kunststoff. Stattdessen findet dort ein großes Feuerwerk statt.

Analytische Texterschließung anwenden, Informationen sammeln, ordnen und ergänzen: Wissen im Expertenteam erwerben

KOMPETENZEN AUFBAUEN, ÜBEN UND ANWENDEN

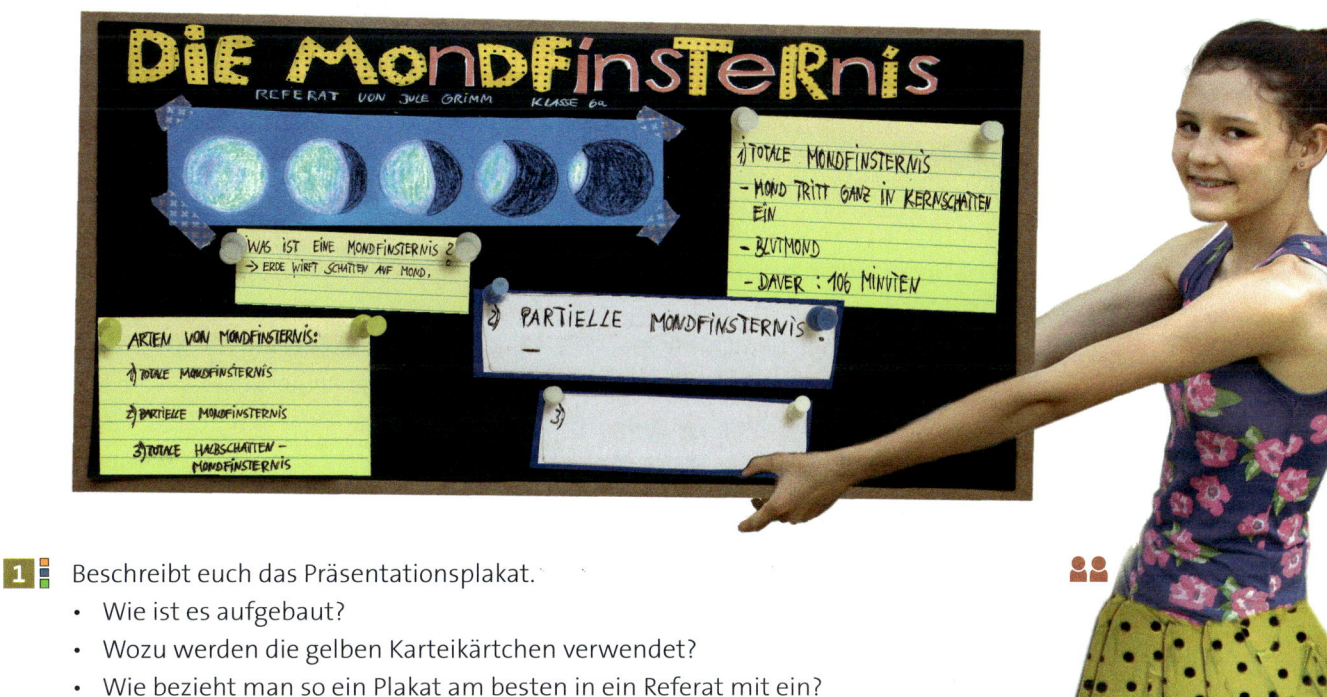

Ein Präsentationsplakat erstellen

Metho-den und *Arbeits-techniken*

1 Beschreibt euch das Präsentationsplakat.
- Wie ist es aufgebaut?
- Wozu werden die gelben Karteikärtchen verwendet?
- Wie bezieht man so ein Plakat am besten in ein Referat mit ein?
- Würdet ihr es für ein eigenes Referat verwenden?

❗ Ein Präsentationsplakat erstellen

Ein gut gestaltetes **Präsentationsplakat** unterstützt beim Halten eines Referates, es ist wie ein roter Faden, der Referenten und Zuhörern Orientierung gibt.

1) Erstelle zuerst einen **Entwurf** deines Präsentationsplakats. Überlege dir genau, was du in welcher Reihenfolge erzählst und welche Informationen und Bilder auf dein Plakat sollen.
2) Schreibe das **Thema** deines Referats als Überschrift oben in die Mitte.
3) Schreibe die einzelnen **Gliederungspunkte** deines Referats auf Karteikärtchen und notiere darunter wichtige Stichwörter. Achte darauf, groß zu schreiben – verwende einen schwarzen Filzstift. Schreibe Überschriften in Großbuchstaben und alles andere in gut lesbarer Druckschrift.
4) Suche passende **Bilder** aus.
5) Ordne alles auf deinem Plakat an und überprüfe, ob die **Anordnung** Sinn ergibt. Am besten ist, du hältst dein Referat einmal zur Probe.
6) Klebe nun die Bilder auf. Die Karteikärtchen kannst du beim **Vortragen** nach und nach auf dein Präsentationsplakat kleben oder pinnen.

Texte dem Zweck entsprechend und adressatengerecht gestalten und strukturieren:
Ein Präsentationsplakat erstellen

Methoden und Arbeitstechniken

2 Lies den Text über die Sonnenfinsternis und erstelle ein eigenes Präsentationsplakat zu diesem Thema. Präsentiere das Ergebnis einem Partner oder der Klasse.

Sonnenfinsternis: Im Schatten des Mondes

Ein Naturschauspiel der besonderen Art ereignete sich am 20. März 2015.
Denn da wurde es dunkel! Aber nicht nachts oder abends, sondern mitten am Tag! Genauer gesagt zwischen 10.30 Uhr und 10.45 Uhr - denn da verdeckte der Mond einen Großteil der Sonne.
Am dunkelsten wurde es aber über dem Nordpolarmeer. In einem etwa 110 Kilometer breiten Streifen, in dem die Färöer Inseln und das norwegische Spitzbergen liegen, war es für zweieinhalb Minuten komplett finster. Die Menschen dort mussten dann das Licht anknipsen oder Kerzen anzünden, um genug sehen zu können.
Bei uns in Deutschland konnten wir hingegen nur eine partielle Finsternis beobachten. Doch auch die ist spannend und machte sich bei uns bemerkbar! In Norddeutschland wurden sogar bis zu 83 Prozent der Sonne vom Mond bedeckt, in Süddeutschland waren es immerhin 67 Prozent. Es war in etwa so dunkel, als zöge eine besonders dichte Wolkendecke über uns hinüber.

Wie die Sonnenfinsternis funktioniert

Ihr fragt euch nun bestimmt, wie es eigentlich passieren kann, dass wir die Sonne für ein paar Minuten plötzlich nicht mehr ganz sehen können. Die Antwort findet ihr in unserem Sonnensystem und in der Konstellation der Planeten im Weltraum.
Der Mond kreist um unsere Erde, die sich im 24-Stunden Takt um sich selbst dreht. Für seine Umkreisung um die Erde braucht der Mond etwa einen Monat. Gleichzeitig umwandern die Erde und der Mond gemeinsam die Sonne. Für einen kompletten Umlauf brauchen sie ein Jahr. Ab und an liegt der Mond dabei genau zwischen Sonne und Erde. Da der Mond ja selbst nicht leuchtet, sorgt er so dafür, dass es durch seinen Schattenwurf bei uns auf der Erde dunkel wird.
Je weiter weg der Mond von der Sonne ist, desto kleiner wird auch sein Schatten. Darum verfinstert der Mond bei einer Sonnenfinsternis auch nicht die ganze Erde, sondern nur Teile von ihr – je nachdem, wie nah er der Sonne kommt. Ihr könnt das bei euch zu Hause ganz einfach nachstellen.

Bei einer Sonnenfinsternis schiebt sich der Mond vor die Sonne.

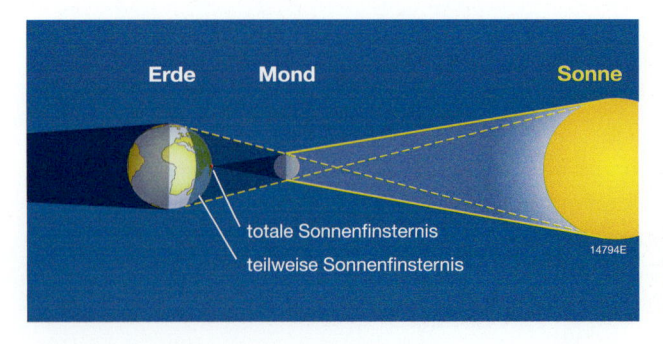

Der Mond ist 13mal kleiner als unsere Erde.

Texte dem Zweck entsprechend und adressatengerecht gestalten und strukturieren: Ein Präsentationsplakat erstellen

Selbst einmal Weltraum spielen

Schnappt euch eine Lampe, einen Fußball und noch einen kleineren Ball – zum Beispiel einen Tischtennisball. Stellt euch vor, die Lampe wäre die Sonne; sie soll auf die Erde und den Mond scheinen. Der Fußball ist nun die Erde und der kleinste Ball übernimmt die Rolle des Mondes, denn der Mond ist 13mal kleiner als unser blauer Planet.

Lasst den kleinen Ball nun im Kreis um den Fußball herum rollen und sorgt gleichzeitig dafür, dass die beiden Bälle sich langsam um die Lampe bewegen. Ihr stellt fest - ab und zu befindet sich der kleine Ball genau zwischen der Lampe und dem Fußball, wodurch er einen Schatten auf den größeren Ball wirft. Eine Sonnenfinsternis entsteht.

Nun würde aber, so wie wir es euch erklärt haben, ziemlich oft eine Sonnenfinsternis eintreten. Ganz so ist es dann aber doch nicht. Denn im Weltall bewegen sich Sonne, Mond und Erde auf ganz unterschiedlichen Ebenen. Sie rollen nicht, wie die Bälle aus unserem Beispiel, auf einem geraden Boden herum. Nur selten sind Sonne, Erde und Mond auf einer gleichen Höhe. Und nur dann kann sich der Himmel nämlich über unseren Köpfen verfinstern. Denn liegt der Mond tiefer und höher als Sonne und Erde, kann er keinen Schatten auf die Erde werfen.

Am 20. März 2015 konnte man selbst sehen, wie sich der Mond zwischen halb zehn und zwölf Uhr Stück für Stück vor die Sonne schob. Dort blieb er etwa zwei Minuten, bis er sich dann wieder von ihr entfernte. Den größten Teil der Sonne bedeckte der Mond zwischen halb elf und viertel vor elf. Die nächste totale Sonnenfinsternis, die auch Deutschland in völlige Finsternis tauchen wird, werdet ihr wahrscheinlich mit euren Enkeln gemeinsam erleben können. Denn die ereignet sich erst am 2. September 2081.

Hier seht ihr die Phasen, in denen eine Sonnenfinsternis abläuft.

Texte dem Zweck entsprechend und adressatengerecht gestalten und strukturieren: Ein Präsentationsplakat erstellen

Methoden und Arbeitstechniken

Literarische Figuren mithilfe der Figurine darstellen

1 In der folgenden Erzählung *Der Vorzugsschüler* von Joseph Roth wird der Schüler Anton Wanzl genau beschrieben. Lies den Text und formuliere im Anschluss einen ersten Eindruck, den du von Anton Wanzl hast.

Der Vorzugsschüler

Joseph Roth

Des Briefträgers Andreas Wanzls Söhnchen, Anton, hatte das merkwürdigste Kindergesichtchen von der Welt. Sein schmales, blasses Gesichtchen mit den markanten Zügen, die eine gekrümmte Nase noch verschärfte, war von einem äußerst kargen, weißgelben Haarschopf gekrönt. Eine hohe Stirn thronte ehrfurchtgebietend über dem kaum sichtbaren Brauenpaar, und darunter sahen zwei blassblaue, tiefe Äuglein sehr altklug und ernst in die Welt. Ein Zug der Verbissenheit trotzte in den schmalen, blassen, zusammen gepressten Lippen, und ein schönes, regelmäßiges Kinn bildete einen imposanten Abschluss des Gesichtes.

Der Kopf stark auf einem dünnen Halse, sein ganzer Körper war schmächtig und zart. Zu seiner Gestalt bildeten nur die starken, roten Hände, die an den dünn-gebrechlichen Handgelenken wie lose angeheftet schlenkerten, einen sonderbaren Gegensatz.

Anton Wanzl war stets nett und reinlich gekleidet. Kein Stäubchen auf seinem Rock, kein winziges Loch im Strumpf, keine Narbe, kein Ritz auf dem glatten, blassen Gesichtchen. Anton Wanzl spielte selten, raufte nie mit den Buben und stahl keine roten Äpfel aus Nachbars Garten. Anton Wanzl lernte nur. Er lernte vom Morgen bis spät in die Nacht. Seine Bücher und Hefte waren fein säuberlich in knatterndes, weißes Packpapier gehüllt, auf dem ersten Blatte stand in der für ein Kind seltsam kleinen, netten Schrift sein Name. Seine glänzenden Zeugnisse lagen feierlich gefaltet in einem großen, ziegelroten Kuvert dicht neben dem Album mit den wunderschönsten Briefmarken, um die Anton noch mehr als um seine Zeugnisse beneidet wurde.

Anton Wanzl war der ruhigste Mensch im ganzen Ort. In der Schule saß er still, die Arme nach Vorschrift ‚verschränkt', und starrte mit seinen altklugen Äuglein auf den Mund des Lehrers. Freilich war er ein Primus. Ihn hielt man stets als Muster der ganzen Klasse vor, seine Schulhefte wiesen keinen roten Strich auf, mit Ausnahme der mächtigen I, die regelmäßig unter allen Arbeiten prangte. Anton gab ruhige, sachliche Antworten, war stets vorbereitet, nie krank. Auf seinem Platz in der Schulbank saß er wie angenagelt. Am unangenehmsten waren ihm die Pausen. Da mussten alle hinaus, das Schulzimmer wurde gelüftet, nur der Aufseher blieb. Anton aber stand draußen im Schulhof, drückte sich scheu gegen die Wand und wagte keinen Schritt, aus Furcht, von einem rennenden, lärmenden Knaben umgestoßen zu werden. Aber wenn die Glocke wieder läutete, atmete Anton auf. Bedächtig, wie sein Direktor, stieg er hinter den drängenden, polternden Jungen einher, bedächtig setzte er sich in die Bank, sprach zu

Primus
Der beste Schüler in einer Klasse.

KOMPETENZEN AUFBAUEN, ÜBEN UND ANWENDEN

keinem ein Wort, richtete sich kerzengerade auf und sank automatenhaft wieder auf seinen Platz nieder, wenn der Lehrer ‚Setzen' kommandiert hatte. Anton Wanzl war
35 kein glückliches Kind. Ein brennender Ehrgeiz verzehrte ihn. Ein eiserner Wille zu glänzen, alle seine Kameraden zu überflügeln, rieb fast seine schwachen Kräfte auf. Vorderhand hatte Anton nur ein Ziel. Er wollte ‚Aufseher' werden.

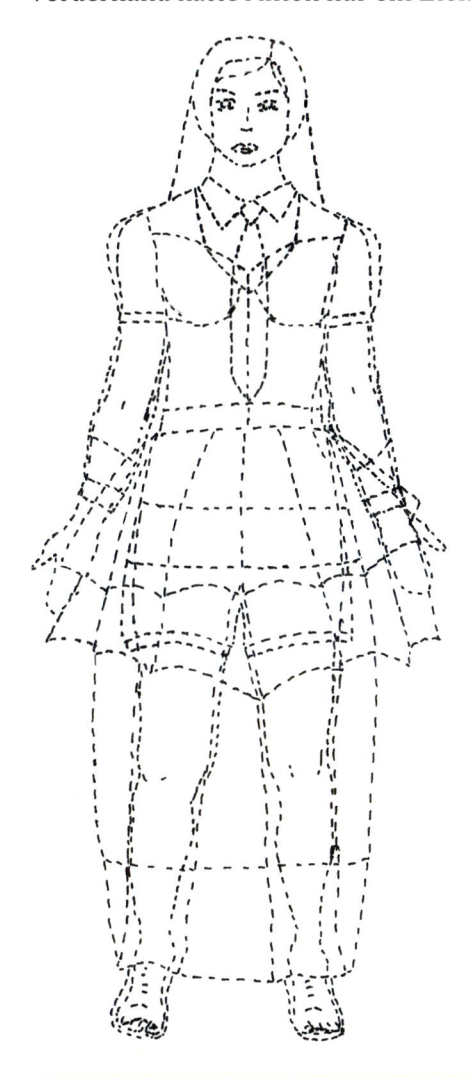

2 Untersucht nun den Text in Bezug auf Antons Aussehen. Unterstreicht Adjektive und Textstellen, die den Schüler genau beschreiben.

Folie

3 Erstellt eine Figurine. Lest dafür den Text nochmal genau durch und zeichnet Anton mit Hilfe der Figurinenvorlage. Achtet darauf, nur nach der Vorlage des Textes zu zeichnen: Es darf nur das gezeichnet werden, was im Text steht.

www
Du findest eine Vorlage für die Figurine im Internetportal.

4 Vergleicht eure Figurinen und beschreibt Gemeinsamkeiten und Unterschiede.

Tipp
Du kannst eine Figurine auch auf ein Präsentationsplakat kleben.

M → S. 289
Ein Präsentationsplakat erstellen

① Die Figurine

Eine Figurine ist eine kleine Figur. Sie kann **Modell für einen Kostümentwurf** oder eine Vorlage für das Theater sein.
Arbeitet man mit Texten, dient die Figurine dazu, herauszufinden, wie die im Text beschriebenen Personen aussehen. Die Figurine ist wie eine **Schablone**, die einem hilft, eine Figur zu zeichnen.
- Unterstreiche alles, was eine Figur beschreibt.
- Zeichne dies anschließend auf, so dass du dir die Person vorstellen kannst.

Merkmale und Verhalten literarischer Figuren mithilfe der Figurine darstellen

KOMPETENZEN AUFBAUEN, ÜBEN UND ANWENDEN

Methoden und Arbeitstechniken

Gestaltendes Vorlesen und Vortragen

Humor

Wilhelm Busch

Es sitzt ein Vogel auf dem Leim, |
Er flattert sehr | und kann nicht heim. ||
Ein schwarzer Kater schleicht herzu,
Die Krallen scharf, die Augen gluh.
5 Am Baum hinauf und immer höher
Kommt er dem armen Vogel näher.

Der Vogel denkt: Weil das so ist
Und weil mich doch der Kater frisst,
So will ich keine Zeit verlieren,
10 Will noch ein wenig quinquillieren
Und lustig pfeifen wie zuvor.
Der Vogel, scheint mir, hat Humor.

1. Vorher leise durchlesen
Du musst natürlich zunächst wissen, worum es in dem Text geht. Auch ein noch so guter Leser kann einen Text erst dann gut vorlesen, wenn er ihn genau kennt.

1 Formuliere und beantworte die W-Fragen zum Gedicht „Humor"
Wer handelt? – Der Vogel und der Kater; Was passiert? – Der Vogel bleibt am Leim kleben, der Kater…

2. Sich selbst halblaut vorlesen
Jetzt liest du dir den Text halblaut vor. Dabei kannst du dich besser in den Text hineinversetzen, als wenn du ihn nur mit den Augen liest. Überlege dir hier, wie einzelne Figuren in der direkten Rede sprechen. *(Stimme, Tonfall, Sprechgeschwindigkeit …)*

2 Im Gedicht gibt es keine direkte Rede. Überlege dir, wie du die Gedanken des Vogels zum Ausdruck bringen kannst. Die folgenden Adjektive helfen dir dabei:

verzweifelt – ängstlich – nachdenklich – mutig – unglücklich – fröhlich

3. Lesen mit dem Stift
Füge nun passende Vorlesezeichen ein. Beachte hierfür den Merkkasten auf Seite 23. Zusätzlich notierst du dir am Rand, welche Stellen du *laut, leise, ernst, witzig, zornig …* lesen willst.

3 Schreibe das Gedicht ab und lass immer eine Zeile für die Vorlesezeichen frei.
   a) Markiere Pausen und Betonungen.
   b) Füge alle dir bekannten Vorlesezeichen ein.

Redeweisen situations- sowie adressatengerecht anwenden und deren Wirkung reflektieren

KOMPETENZEN AUFBAUEN, ÜBEN UND ANWENDEN

4. Satz für Satz / Vers für Vers vorlesen und sich selbst dabei zuhören
Wie dein Vorlesen wirkt, merkst du erst dann richtig, wenn du dir selber zuhörst. Dabei kannst du dich auch manchmal noch verbessern. Ähnlich wie beim Schreiben stimmt beim ersten Vorlesen noch nicht alles.

5. Den Text mehrere Male vorlesen
Mit einem Mal vorlesen ist es nicht getan. Lies dir den Text einige Male selbst vor. Markiere dir die Stellen, bei denen du immer wieder ins Stolpern gerätst. Diese musst du dann noch extra üben.

Tipp
Nimm deinen Text mit dem Handy oder einem Diktiergerät auf, so kannst du im Anschluss hören, wie deine Stimme beim Vorlesen wirkt.

4 Übe mehrfach das Gedicht vorzulesen. Beachte dabei Schritt 4 und 5.

6. Den ganzen Text vorlesen und die Zuhörer anschauen
Wenn du den Text einige Male geübt hast, kennst du ihn so gut, dass du nicht mehr mit den Augen daran klebst. Wer besonders gut vorliest, schaut auch ab und zu von dem Text auf und sieht seine Zuhörer an.

5 Lerne das Gedicht nun auswendig.

6 Trage dein auswendig gelerntes Gedicht nun vor.
Unterstütze deinen Vortrag durch passende Mimik und Gestik.

Mimik
Gesichtsausdrücke

Gestik
Körpersprache

7. Über die Vorlesefassungen sprechen: loben und kritisieren
Wenn ein Text in der Schule zum Vorlesen vorbereitet wird, dann lesen ihn meist mehrere Schüler vor. Da jeder Schüler verschieden liest, könnt ihr hier auf Unterschiede achten und besonders gelungene Variationen loben und übernehmen. Aber auch wenn ein Lesebeitrag zu schnell, zu leise oder unstimmig betont wurde, müsst ihr darüber sprechen und Verbesserungsvorschläge machen.

Tipp
Verwendet den Feedbackbogen vom Onlineportal.

7 Tragt das Gedicht nun gestaltend vor. Gebt euch gegenseitig Feedback.
a) Achtet dabei darauf, ob die Gestaltungsmöglichkeiten sinnvoll eingesetzt wurden.
b) Legt eigene Feedbackkriterien fest, zu denen ihr ein Feedback geben möchtet. *(Stimme, Vortragsart ...)*

8 Diese Anleitung ist nicht nur für Gedichte, sondern auch für Erzählungen nutzbar.
a) Lies den Text „Üxe, der Fischstäbchentroll" auf Seite 126/127 und bereite ihn zum Vortragen vor.
b) Wähle einen beliebigen literarischen Text und bereite ihn zum Vortragen vor.

Redeweisen situations- sowie adressatengerecht anwenden und deren WIrkung reflektieren

KOMPETENZEN AUFBAUEN, ÜBEN UND ANWENDEN

Methoden und Arbeitstechniken

Eine Diskussion führen

Jeder kennt die Gesprächsregeln, die in einer Klasse gelten. Dennoch ist es nicht immer einfach, diese einzuhalten. Hier erfahrt ihr, wie man diskutiert und andere beim Diskutieren beobachtet.

Geht so vor.
1. Bildet eine Gruppe mit zehn Schülern.
2. Entscheidet euch für ein Thema.
3. Fünf von euch sind in der Diskussionsgruppe. Vier in der Beobachtergruppe und einer ist der Diskussionsleiter.

Aufgabe Diskussionsgruppe: Ihr ...
- bereitet euch auf die Diskussion vor. Verwendet Notizzettel und schreibt auf, warum ihr für oder gegen das Skateboard fahren seid.
- notiert euch Begründungen und Beispiele aus eurer eigenen Erfahrung.
- beachtet, dass **zwei** von euch **für** und **zwei gegen** das Skateboardfahren sein sollten.

Aufgabe Diskussionsleiter: Du ...
- begrüßt die Teilnehmer und benennst das Diskussionsthema.
- achtest auf die Reihenfolge der Meldungen und erteilst das Wort.
- beachtest, dass die Gesprächsregeln eingehalten werden.
- fasst am Ende der Diskussion die wichtigsten Begründungen zusammen.
- führst zum Schluss der Diskussion eine Abstimmung durch und benennst das Ergebnis.

Aufgabe Beobachtergruppe: Ihr ...
- legt eine Tabelle an, in die ihr eure Beobachtungen eintragt. Jeder von euch ist für zwei Bereiche der Hauptverantwortliche. Einer beobachtet nur den Diskussionsleiter.

Tipp
So könnt ihr sichergehen, dass sich jeder Gesprächsteilnehmer im Gespräch geäußert hat:
1. *Jeder Schüler erhält drei Meldekärtchen.*
2. *Nach dem Redebeitrag legt er eine Karte vor sich auf den Tisch.*
3. *Am Ende der Diskussion muss jeder mindestens eine Karte abgelegt haben.*
4. *Wenn die Karten aufgebraucht sind, darf sich niemand mehr zu Wort melden.*

Beobachtungskriterium	Notizen (Beispiele)
Wie oft haben sich die einzelnen am Gespräch beteiligt?	Lisa: ⊪⊪ ∥ Beiträge Christian: ⊪⊪ ⊪⊪ Beiträge
Hat jemand undeutlich gesprochen?	Steffen (viel zu leise)
Hat jemand einen anderen nicht ausreden lassen?	Steffen fällt Christian zweimal ins Wort
Wer hat ganz deutlich seine Meinung vertreten?	Fabienne und Christian
Wer hat etwas gesagt, das nicht zur Sache gehört?	Lisa (fragt nach Getränkeautomat)
Hat einer nicht richtig zugehört?	Lisa
Wie hat sich der Diskussionsleiter verhalten?	Verteilt das Rederecht, beachtet Christians Meldung einmal nicht, fasst die Begründungen am Schluss gut zusammen...

Auf Gegenpositionen sachlich und argumentierend eingehen sowie situationsangemessen auf (non)verbale Äußerungen reagieren, Gespräche beobachten, moderieren, reflektieren

KOMPETENZEN AUFBAUEN, ÜBEN UND ANWENDEN

Führt nun selbst eine Diskussion und orientiert euch an den Angaben links.

1 Wählt eines der vorgegebenen Themen aus und diskutiert darüber.

> Kinder und Jugendliche sollten keine Energydrinks trinken dürfen.

> Skateboard fahren soll in der Innenstadt erlaubt werden.

> Das Internet sollte erst ab 12 Jahren erlaubt werden.

> Jeder sollte im Musikverein Mitglied sein.

2 Nach der Diskussion geben die Teilnehmer der Beobachtergruppe mithilfe ihrer Notizen eine Rückmeldung.
- a) Benennt eure Beobachtungen.
- b) Gebt Feedback und formuliert Verbesserungsvorschläge.
- c) Geht beim Feedback auch auf eigene Beobachtunsgkriterien ein.

3 Tauscht die Rollen und diskutiert erneut. Hierfür dürft ihr auch ein neues Thema wählen.

Auf Gegenpositionen sachlich und argumentierend eingehen sowie situationsangemessen auf (non)verbale Äußerungen reagieren, Gespräche beobachten, moderieren, reflektieren

Basiswissen
Sprechen und Zuhören

Diskussion führen
1. Bildet eine Gruppe mit zehn Schülern.
2. Entscheidet euch für ein Thema.
3. Fünf von euch sind in der Diskussionsgruppe, vier in der Beobachtergruppe und einer ist der Diskussionsleiter.

- In der Diskussionsgruppe werden Begründungen und Beispiele für oder gegen das jeweilige Thema gesucht.
- Der Diskussionsleiter achtet auf die Reihenfolge der Meldungen und erteilt das Wort. Er achtet darauf, dass die Gesprächsregeln eingehalten werden und fasst am Ende der Diskussion die wichtigsten Begründungen zusammen.
- Die Beobachtergruppe legt eine Tabelle an, in der die Beobachtungskriterien eingetragen werden.

Feedback geben
Bei einem Feedback werden Beobachtungsschwerpunkt und Kriterien vorher festgelegt. Bei der Bewertung eines Vortrages kann man so vorgehen:
1. Was ist besonders gut gelungen?
2. Wie haben einzelne Teile/Situationen auf mich gewirkt?
3. Welche Verbesserungsvorschläge gibt es?

Gedichte auswendig lernen und vortragen
- Wähle ein Gedicht, welches dir gut gefällt, dann ist es leichter zu lernen.
- Als Nächstes musst du den Verlauf des Gedichtes kennen: Was passiert zuerst, was danach?
- Lerne die Verse nacheinander und wiederhole sie mehrfach. Lies den ersten Vers, sage ihn auswendig auf und kontrolliere ihn dann. Wenn du die erste Strophe kannst, wiederhole sie komplett, bevor du mit der zweiten Strophe beginnst.
- Wenn du das gesamte Gedicht kannst, dann wiederhole es nach einer Stunde nochmals und überprüfe, ob du dir alles gemerkt hast.
- Wenn du das Gedicht sicher auswendig aufsagen kannst, dann konzentriere dich darauf, wie es auf den Zuhörer wirken soll (*lustig, geheimnisvoll, spannend...*).
- Prüfe, ob verschiedene Sprecher im Gedicht vorkommen. Versetze dich in sie hinein und überlege, wie du die Stimmung im Vortrag vermitteln kannst.
- Schreibe das Gedicht ab und füge Vorlesezeichen hinzu.
- Übe das Gedicht mit den Betonungszeichen vorzutragen.
- Wenn du beim Vortragen im Text nicht mehr weiterkommst, kann dir ein Partner vorsagen.

Gesprächsregeln
Gespräche, in denen verschiedene Meinungen oder Wortbeiträge ausgetauscht werden, sollten nach bestimmten Regeln ablaufen:
- Auf die richtige Anrede achten.
- Andere ausreden lassen.
- Sich melden und warten, bis man an der Reihe ist.
- Beim Thema bleiben und auf die Beiträge der anderen eingehen.
- Höflich bleiben. Aussagen oder das Verhalten des Gesprächspartners dürfen bewertet oder kritisiert werden, aber nicht die Person.

Gestik
Gestik bezeichnet Hand- und Fußbewegungen, die die gesprochenen Worte unterstützen oder ohne Worte etwas ausdrücken.

Höflichkeitssprache
Höflichkeit und Freundlichkeit erleichtern den Umgang miteinander. Höflichkeit ist eine Sache der Sprache. Es gibt besondere Formeln, die angenehm klingen: *Könntest du mal ... Würden Sie bitte ... Wären Sie so freundlich ... Wärst du so nett ...* Aber auch die Körpersprache, die Gestik und Mimik sowie die Stimme spielen eine wichtige Rolle.

Mimik
Mimik bezeichnet die Veränderung des Gesichtsausdrucks, um Gefühle, Stimmungen und Wünsche zu zeigen.

Mündliche und schriftliche Kommunikation
An der Melodie und Lautstärke des Sprechers, kann man erkennen, wie ein Satz gemeint ist. Bei geschriebenen Sätzen muss man dies anhand der Satzzeichen erkennen. So können auch Sätze in Frageformen als Aufforderung gemeint sein. In diesem Fall steht ein Ausrufezeichen am Schluss:
Sie forderte ihn auf: „Wiederhole das bitte noch einmal!"
Sie rief ihm zu: „Wiederholst du das bitte noch einmal!"

Notizzettel
- Schreibe eine knappe Überschrift und unterstreiche diese.
- Notiere Stichpunkte oder Satzteile. Formuliere keine Sätze aus.
- Schreibe die einzelnen Punkte untereinander.
- Unterstreiche oder umkreise besonders wichtige Dinge, um diese hervorzuheben.

Plakate gestalten
Wähle eine helle Plakatfarbe, schreibe leserlich und groß auf dein Plakat, sodass die Schrift auch aus einiger Entfernung noch gut lesbar ist. Nutze die gesamte Fläche des Plakates. Verwende nu dann Bilder, Zeichnungen oder Diagramme, wenn sie zum Thema des Plakates passen.

Schriftlich um etwas bitten
Eine schriftliche Bitte enthält, wie ein Brief, eine Anrede. Nach der Anrede steht ein Komma. Anschließend beschreibt man, was der Anlass der Bitte ist, was man damit erreichen will und weshalb einem das Anliegen so wichtig ist. Man kann ein Angebot machen, was man macht, wenn der Bitte nachgekommen wird. Am Ende verabschiedet man sich und unterschriebt mit seinem Namen.

Vorlesen
Ein Text ergibt nur dann beim Vorlesen Sinn, wenn man an der richtigen Stelle eine Pause macht. Diese Stelle erkennt man meist an den Satzzeichen oder dem Inhalt des Textes. In jedem Satz gibt es ein oder zwei Wörter, die besonders betont werden. Die Betonung ist meist von dem Satz abhängig, der davor steht. Durch die Betonung wird die Wichtigkeit eines Wortes hervorgehoben.

Vorlesezeichen für das gestaltende Vortragen
Um einen Text ansprechend vorzulesen, musst du einiges beachten:
1. Übe den Text, bis du ihn flüssig lesen kannst.
2. Mache kurze (|) oder längere Pausen (||), um den Text zu gliedern.
3. Betone wichtige Stellen stärker als andere (___)
4. Wenn sich in einem Text die Ereignisse häufen oder es spannend wird, sprichst du schneller (→).
5. Wenn wenig passiert, sprichst du langsamer (←).
6. Insbesondere bei der direkten Rede musst du an manchen Stellen die Stimme heben (⌣) oder senken (⌢).

Vortrag halten
Planung:	Was möchtest du erzählen?
Vorbereitung:	• Einleitung und Schlusssatz formulieren
	• Stichwortkarte vorbereiten
	• Vor Zuhörern üben
Vortragen:	Materialien zurechtlegen

Basiswissen Schreiben

Bericht
Ein Bericht ist ein sachlicher Text, in dem du Ereignisse und Vorgänge schilderst. Er gibt Antwort auf die wichtigsten W-Fragen:
- **Wo** ist es geschehen?
- **Wann** ist es geschehen?
- **Wer** ist beteiligt?
- **Was** ist passiert und **warum**?
- **Wie** ist das Ganze ausgegangen?

Man sollte darauf achten, dass die richtige zeitliche Reihenfolge eingehalten wird. Die Tempusform des Berichts ist das Präteritum.

Beschreibung
Eine Beschreibung ist ein sachlicher Text, in dem du zum Beispiel Wege, Gegenstände oder Orte anschaulich darstellst, damit andere sie sich genau vorstellen können.

Bildergeschichte
So wird jede Geschichte bezeichnet, deren Handlung vorwiegend in Bildern oder durch Bildfolgen erzählt wird. Falls ein Text überhaupt vorhanden ist, spielt er nur eine untergeordnete Rolle.

Cluster
In einem Cluster werden Ideen zu einem bestimmten Thema gesammelt und zueinander in Beziehung gesetzt.
1. Zeichne einen Kreis in die Mitte deines Blattes und notiere das Thema darin.
2. Zeichne nun weitere Kreise und schreibe alles auf, was dir zu dem Thema einfällt.
3. Sammle zu einem Gedanken mehrere Stichwörter. Verbinde die Kreise anschließend zu einer Ideenkette.
4. Wenn du alle Ideen aufgeschrieben hast, kannst du alle Kreise streichen, die du nicht in deinen Text aufnehmen möchtest.

Gedankenrede
Im Gegensatz zu direkter Rede, bei der die Figuren miteinander sprechen, bringen in Texten die Figuren oft auch ihre Gedanken zum Ausdruck, von denen nur die Leser etwas erfahren: Sie sagte zu ihm (direkte Rede): „Du hast mich belogen!" (Gedankenrede:) Was sollte er dazu sagen? Er hatte doch die reine Wahrheit gesagt!

Gegenstandsbeschreibung
Bei einer Gegenstandsbeschreibung ist es besonders wichtig, Dinge sehr genau zu beschreiben, damit sich der Leser ein Bild davon machen kann. Meistens kommt eine Gegenstandsbeschreibung in Versuchs- und Produktbeschreibungen oder im Zusammenhang mit Diebstahls- und Suchanzeigen vor.

Man kann in folgender Reihenfolge vorgehen:
1. Um welchen Gegenstand handelt es sich (*Die Jacke auf dem Foto ...*)?
2. Beschreibung von: Form, Größe, Farbe und Material.
   - Form (*quadratisch, oval, rund, länglich ... oder vergleichend: ... wie eine Birne*)
   - Größe (*mm, cm, m ... oder vergleichend: ... von der Größe einer Streichholzschachtel*)
   - Farbe (*lila, rosa, beige, pink, hellgelb ...*)
   - Material (*Holz, Wildleder, Kunststoff ...*)
3. Beschreibung der verschiedenen Einzelteile.
   - Einzelteile (*Deckel, Boden, Seitenwand ...*)
   - besondere Kennzeichen (*Verzierung, Beschriftung, Kratzer, Beule ...*)

Als Zeitform verwendet man das Präsens (*Die Uhr ist ..., Die Lampe hat ...*).

Die Sprache ist sachlich und genau. Man verwendet Fachwörter (*Digitaluhr, Lederarmband*) und Adjektive, mit denen man etwas genau beschreiben kann (*kariert, himmelblau*).

Mindmap
In einer Mindmap werden Stichworte gesammelt, geordnet und in Ober- und Unterbegriffe unterteilt. Die Mindmap hilft dir bei der Gliederung von Ideen für deinen eigenen Text. Du kannst auch

Informationen aus einem Text ordnen.
1. Schreibe das Thema in die Mitte des Blattes.
2. Zeichne von der Mitte nun dicke Äste, auf denen du die Oberbegriffe notierst.
3. Zeichne von diesen Ästen weitere, kleinere Äste für die Unterbegriffe und notiere diese.

Ortsbeschreibung
Bei einer Ortsbeschreibung sollte man auf folgende Fragen achten:
- Was für ein Ort ist es?
- Wo befindet er sich? *Ist es eine Bude, ein Keller, ein Zelt …?*
- Wie kommt man dorthin? *Ist der Lieblingsort in der Nähe, musst du weit gehen, musst du klettern …?*
- Wie sieht es dort aus, wie ist es dort? Adjektive wie: *dunkel, hell, schummerig, gemütlich, einsam …*
- Was kann man dort tun? Verben wie: *lesen, Musik hören, Tiere beobachten, die Aussicht genießen …*
- Welche Dinge kann man dorthin mitnehmen? Nomen wie: *Spielzeug, Buch, Knabbersachen …*
- Wann ist man am liebsten dort? *am Nachmittag, am Sonntag, nachts …*
- Was kann man dort beobachten, sehen, hören, riechen, fühlen? *Aussicht, Geräusche, Gerüche …*

Personenbeschreibung
Bei einer Personenbeschreibung ist es wichtig, die Person so genau wie möglich zu beschreiben. Folgendes solltest du beachten:
1. Erwähne am Anfang, um welche Person es sich handelt. *Vor kurzem war ich im Schwimmbad, dort habe ich einen coolen Jungen gesehen, der …*
2. Beschreibe den Eindruck der ganzen Person. *Das Mädchen wirkt ziemlich selbstbewusst.*
3. Beschreibe die Person Schritt für Schritt: *von oben nach unten oder zuerst das Aussehen und dann die Kleidung.*
4. Beachte beim Beschreiben folgende Details: *Geschlecht, Alter, Kleidung, Figur, Haare, Körperteile, Kopf, Sprache, Verhalten, Besonderheiten.*
5. Benutze passende Adjektive, um möglichst anschaulich zu beschreiben: *schmaler Mund, runde Brille, weiße Turnschuhe.*

Vorgangsbeschreibung
Vorgangsbeschreibungen sollen informieren. Sie müssen so formuliert sein, dass man den Vorgang problemlos ausführen kann.
- Im ersten Satz steht, worum es geht und was man braucht: *Um die Gleichgewichtsübung „Der Baum" durchzuführen, benötigt man …*
- Der Ablauf des Vorgangs wird schrittweise beschrieben und erklärt. Dabei muss man die Reihenfolge einhalten. Sie wird deutlich durch Wörter wie *zuerst, zunächst, nun, jetzt, dann …*
- Einzelne Sätze formuliert man in der Anredeform: *Du hebst die Hände über den Kopf. Hebe die Hände über den Kopf.* Oder man formuliert die Sätze allgemeiner: *Man hebt die Hände über den Kopf. Die Hände werden über den Kopf gehoben.* Entscheide dich für eine Form und behalte diese bei.
- Man schreibt im Präsens: *Du benötigst bequeme Kleidung. Du stellst dich aufrecht hin.*
- Man verwendet Fachwörter und bezeichnet Dinge und Vorgänge genau: *zusammenlegen, anheben, aufrecht, geschlossen, rechts, links …*

Wegbeschreibung
Bei einer Wegbeschreibung sollten folgende Dinge beachtet werden:
- Beschreibe den Weg in kleinen Schritten und nenne Zwischenziele: *Gehe bis zur Achterbahn, Dein nächstes Ziel ist die Brücke, …*
- Halte die richtige Reihenfolge ein.
- Nenne auffällige Orientierungspunkte: *Bäume, Gebäude, Gehege, Attraktionen, …*
- Nutze passende Verben: *überqueren, erreichen, abbiegen, …*
- Verbinde die Sätze durch Wörter wie *dann, anschließend, nachdem, …*
- Nutze die Himmelsrichtungen bei der Beschreibung: *Laufe nach Norden, bis …, im Osten/östlich von, im Süden/südlich von, im Westen/westlich …*
- Schreibe im Präsens (*Du biegst am Kiosk links ab.*) oder im Imperativ (*Biege am Kiosk links ab!*).

Basiswissen

Lesen – Umgang mit Texten und Medien

allwissender Erzähler
Der Autor einer Erzählung schlüpft innerhalb einer Erzählung in die Rolle eines Erzählers, der in alle anderen Figuren hineinschauen kann, über sie Bescheid weiß, zu ihnen Kommentare abgibt. So ist Franz Hohlers Geschichte *Tschipo* von einem Erzähler erzählt, der alles über alle Figuren weiß.

Akrostichon
Ein Akrostichon ist eine Gedichtform, bei der die Anfänge (Buchstaben bei Wortfolgen oder Wörter bei Versfolgen) hintereinander gelesen einen Sinn, beispielsweise einen Namen oder einen Satz, ergeben.

Diagramme
Diagramme sind bildliche Darstellungen von Informationen. Mit ihnen kann man Zahlen aus einem Text anschaulich darstellen. Sie helfen dabei, sich etwas besser vorzustellen. Die Zahlen, mit denen man ein Diagramm erstellt, werden auch als Werte bezeichnet. Die senkrechte Achse bezeichnet man als die y-Achse, die waagerechte Achse nennt sich x-Achse. Auf der y-Achse werden die Werte festgehalten, sodass der Balken senkrecht nach oben geht. Die x-Achse zeigt den Inhalt der Werte, die sogenannten Rubriken an. Es gibt ganz verschiedene Arten von Diagrammen: *Säulen-, Kreis-, Balkendiagramm,* …

Dialog (griech. *dialogos* = Unterredung)
Damit wird die von mindestens zwei Personen abwechselnd geführte Rede und Gegenrede (oder auch Frage und Antwort) bezeichnet. Ein Dialog dient dem Austausch von Meinungen oder Informationen.

Digitale Medien
Digitale Medien sind elektronische Hilfsmittel, mit denen Informationen übermittelt werden. Das sind z. B. *Computer, E-Mail, DVD, CD-ROM, Videospiel, Computerspiel, Handy,* …

Drama
Dramatisch nennt man eine Dichtung, die im Gegensatz zu lyrischer und epischer Dichtung bestimmt ist von Dialogen und Spannung. Während Drama eine Form der Dichtung wie das Theaterstück bezeichnet, weist das Dramatische auf den Aufbau von Texten hin. So können vor allem Balladen, Fabeln, Sagen usw. einen dramatischen Aufbau haben.

Elfchen
Diesen Gedichten liegen bestimmte Regeln zugrunde: Die erste Zeile besteht aus einem Wort, die zweite aus zwei Wörtern, die dritte aus drei Wörtern, die vierte Zeile enthält vier Wörter und die fünfte enthält ein Wort. Elfer-Gedichte erzählen immer eine kurze Geschichte, deren Schluss – also die fünfte Zeile – auch überraschend sein darf.

Epik (das Epische)
Episch nennt man eine Dichtung, die im Gegensatz zu Lyrik in Prosa geschrieben ist. Das Epische ist das Erzählerische eines Textes. Der Begriff episch fasst alle Erzählformen zusammen wie Märchen, Geschichten, Erzählungen, Romane usw. Epik ist erzählende Dichtung, die nicht durch Verse oder Reime gegliedert ist, sondern in fortlaufenden Zeilen geschrieben und in freier Sprechweise gesprochen wird.

Erzähler
Im Gegensatz zum Autor ist der Erzähler eine Figur, die innerhalb des Textes selbst vorkommt und die Geschichte erzählt, manchmal als Ich-Erzähler, als allwissender Erzähler oder in Gedichten als lyrisches Ich.

Erzählung
In einer Erzählung wird mündlich oder schriftlich der Verlauf von Geschehnissen dargestellt, die tatsächlich passiert oder aber erdacht sind. Auch der Akt des Erzählens an sich wird als „Erzählung" bezeichnet.

Aufbau einer Erzählung
Fast jeder literarische Text besteht aus drei Teilen: Erzählanfang, Erzählkern und Erzählende.
Erzählanfang: Hier wird dem Leser Lust gemacht weiter zu lesen. Man erfährt etwas über Zeit, Ort und die Figuren, die in der Erzählung vorkommen.
Erzählkern: Im Erzählkern findet die eigentliche Geschichte statt. Schritt für Schritt wird bis zum Höhepunkt Spannung aufgebaut.
Erzählende: Der Schluss rundet die Erzählung ab und man erfährt, wie die Erzählung ausgeht. Manchmal hat die Erzählung auch ein offenes Ende.

Expertenteam
Diese Methode hilft euch, wenn ihr mit verschiedenen Texten oder Themen arbeitet.
Arbeitet zu viert zusammen.
1) **Zu Experten werden**
   Jedes Expertenpaar erschließt seinen Text und mach sich Notizen dazu. Achtung, man muss den Text gut kennen und erklären können! Die 5-Schritt-Lesemethode kann euch dabei helfen.
2) **Austausch der Experten**
   Nun teilen sich die Expertenpaare und erklären dem anderen Experten den Text, den er nicht kennt.
3) **Besprechung der Ergebnisse**
   Besprecht zu viert eure Ergebnisse.
4) **Präsentation**
   Überlegt euch, wie ihr eure Ergebnisse präsentieren wollt (*Poster, Diagramm, Vortrag, ...*) und bereitet die Präsentation vor.

Fabel (lat. *fabula* = Erzählung)
Eine Fabel ist eine Erzählung, die in gereimter oder ungereimter Form verfasst sein kann. Tiere sind in einer Fabel die Hauptfiguren, die in der Regel sprechen und handeln wie Menschen. Die Tiere verkörpern in Fabeln menschliche Charaktereigenschaften, z. B. der *listige* Fuchs, der *mächtige Löwe*, der *dumme Esel*. In Auseinandersetzungen und Streitsituationen siegt oft der Stärkere oder der Listigere. Wir Menschen sollen aus Fabeln Lehren für unser eigenes Verhalten gegenüber anderen Menschen ziehen.

Figur
Figuren nennt man die Personen, die in literarischen Texten vorkommen. Man nennt sie Figuren, da es sich bei ihnen um erfundene Personen, oft auch um Tiere (wie in Fabeln) oder um Hexen und Geister (wie in Märchen) handelt.

Figurenkonstellation
In jedem Roman gibt es verschiedene Figuren, die zueinander in Beziehung stehen. Da sich eine oder mehrere Figuren im Verlauf der Geschichte verändern, verändern sich auch ihre Beziehungen zueinander. Figurenkonstellationen werden oft in einem Schema dargestellt. Dabei werden die Figuren und die Art der Beziehung durch verschiedene Farben, Symbole, Linien verdeutlicht.

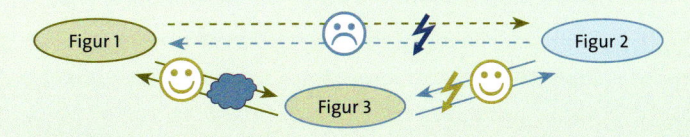

Figurine
Eine Figurine ist eine kleine Figur. Sie kann Modell für einen Kostümentwurf oder eine Vorlage für das Theater sein. Arbeitet man mit Texten, hilft einem die Figurine dabei, herauszufinden, wie die im Text beschriebenen Personen tatsächlich

Basiswissen

aussehen. Die Figurine ist wie eine Schablone, die einem hilft eine Figur zu zeichnen.
- Unterstreiche alles, was eine Figur beschreibt.
- Zeichne dies anschließend auf, so dass du dir die Person vorstellen kannst.

Gedicht
Gedichte sind nicht in Form eines fortlaufenden Textes abgefasst, sondern sie sind in bewusst festgelegten Zeilen und Abschnitten angeordnet. Eine Zeile im Gedicht nennt man Vers, einen Abschnitt im Gedicht Strophe. Die Enden der Verse reimen sich bei Gedichten häufig. Besondere Gedichtformen sind Elfchen, Haiku und Akrostichon.

Haiku
Das Haiku ist ein kurzes, japanisches Gedicht. Es besteht aus drei Versen mit nur 17 Silben.

Ich-Erzähler
Der Autor eines Romans oder einer Erzählung schlüpft in die Rolle eines erzählenden Ichs und erzählt, was er sieht und von den anderen Figuren hört. Er kann aber auch erzählen, was er selbst dabei denkt und fühlt.

Kameraeinstellung
Die Kameraeinstellung unterteilt man in Detail (*kleiner Ausschnitt*), Groß (*der ganze Kopf ist im Bild erfasst*), Nah (*Personen stehen im Mittelpunkt*), Halbnah (*Personen werden hüftabwärts gezeigt*), Halbtotale (*Personen sind von Kopf bis Fuß zu sehen*), Totale (*der ganze Handlungsraum ist erkennbar*), Weit (*Landschaften/Städte sind zu sehen*).

Kameraperspektive
Man unterscheidet in: Froschperspektive (*von unten schräg nach oben, das Objekt wirkt groß, mächtig, stark*), Normalperspektive (*der Ausschnitt ist rechtwinklig zum Objekt, auf Augenhöhe, die Wirkung ist neutral*), Vogelperspektive (*von oben schräg nach unten, die Wirkung ist, dass die Person/das Objekt „klein" und eher unterlegen wirkt, man schaut von oben herab*).

Konkrete Poesie
In der konkreten Poesie sind Wörter so angeordnet, dass man sie nicht nur wie üblich lesen kann – von links nach rechts und von oben nach unten. Man kann in der konkreten Poesie Wörter auch wie ein Bild mit einem Blick erfassen. Man kann Bilder aus den Wörtern machen, und man kann mit den Wörtern spielen.

Lautmalerei
Sprachliches Gestaltungsmittel. Bei einer Lautmalerei wird versucht, einen bestimmten Klang durch Wörter wiederzugeben (*klatschen, patschen ...*), die so ähnlich wie das Geräusch selbst klingen.

Linearere Text
Lineare Texte sind Texte, die ihre Informationen in einem fortlaufenden Text, der in der Regel „von oben nach unten" zu lesen ist, vermitteln.

Literarische Texte
Als solche werden lyrische Texte (*Gedichte*), epische Texte (*Romane*) und dramatische Texte (*Dramen*) bezeichnet.

Lyrisches Ich
Wenn es ein „Ich" in Gedichten gibt, das etwas erzählt oder beobachtet, so nennt man dieses das lyrische Ich. Der Autor hat dieses Ich als ein selbstständiges Wesen zum Leben erweckt. Das lyrische Ich kann jemand ganz anderes sein als der Dichter: *ein Kind, ein Mann, ein Tier, ...*

Märchen
Märchen sind unterhaltende Prosaerzählungen von

fantastisch-wunderbaren Begebenheiten. Im Märchen werden fantastische Ereignisse erzählt. Es gibt keine bestimmten Orts- und Zeitangaben. Am Anfang steht oft ein Ereignis, das die Märchenhelden in eine außergewöhnliche Situation bringt. Sie müssen losziehen und Gefahren und Prüfungen meistern. Am Ende werden sie für ihre Mühen belohnt. Das Gute siegt über das Böse. Typische Märchenelemente sind Zauberwesen, -dinge, -sprüche. Häufig spielen magische Zahlen eine Rolle. Typisch sind auch formelhafte Wendungen: *Es war einmal ...*

Medien
Medien sind alle Dinge, die genutzt werden, um Informationen von einer Person zur anderen zu übermitteln. Das sind z. B. Körpersprache, Höhlenmalereien, Zeitungen oder Filme.

Metapher
Sprachliches Bild. Bei einer Metapher werden Ausdrücke aus einem Ursprungsbereich auf einen neuen Bereich übertragen, um eine wichtige Eigenschaft eines Gegenstandes oder einer Erscheinung zu veranschaulichen. Unsere Sprache ist voll von Metaphern, die Bilder und Vorstellungen wecken: *Wolkenkratzer für Hochhaus* = ein Haus, das so hoch ist, dass es an den Wolken kratzt.

Metrum
Versmaß. Der Wechsel von betonten und unbetonten Silben in einem Gedicht wird als Metrum bezeichnet. Bekannte Metren sind: Jambus (xx́), Daktylus (x́xx), Trochäus (x́x) und Anapäst (xxx́).

Nacherzählung
Eine Nacherzählung gibt nur wichtige Dinge einer Erzählung wieder. Es wird nur das erzählt, was im Text steht. Die Nacherzählung steht im Präteritum und wird immer aus der gleichen Sicht wie der Originaltext geschrieben. Auch die Reihenfolge der Geschehnisse bleibt gleich. In einer Nacherzählung kann auch die direkte Rede auftreten. Eine Nacherzählung ist in eigenen Worten geschrieben.

Nicht lineare Texte
Nichtlineare Texte sind z. B. Grafiken, Tabellen, Diagramme. Bei ihnen ist die Leserichtung nicht vorgegeben, das heißt man kann von oben nach unten oder von links nach rechts lesen.

Personifikation
Die Personifikation ist ein sprachliches Bild. Wenn in Gedichten leblose Dinge, Tiere oder Naturerscheinungen etwas tun, was nur Menschen tun können, dann werden sie personifiziert, das heißt, sie treten wie Personen auf (*Die Sonne lacht.*).

Placemat
Mithilfe dieser Methode lassen sich Gedanken strukturieren. Ihr nehmt ein großes Blatt Papier und tragt dort folgende Zeichnung ein:

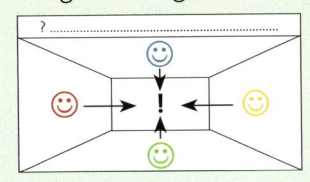

1) **Nachdenken**
   Zuerst werden Ideen und Gedanken in das Einzelfeld eingetragen. Dabei schaut man nicht in die Einzelfelder der anderen. Es wird nicht gesprochen.
2) **Austauschen**
   Es wird noch nicht gesprochen. Jetzt wird das Placemat gedreht, so dass jeder das Feld seines Nachbarn lesen kann. Dieses wird mit Kommentaren oder Notizen ergänzt.
3) **Das Gemeinschaftsfeld ausfüllen**
   Jetzt darf gesprochen werden. Gemeinsam einigt man sich

Basiswissen

Präsentationsplakat
Ein gut gestaltetes Präsentationsplakat unterstützt beim Halten eines Referates, es ist wie ein roter Faden, der Referenten und Zuhörern Orientierung gibt.
1) Erstelle zuerst einen Entwurf deines Präsentationsplakats. Überlege dir genau, was du in welcher Reihenfolge erzählst und welche Informationen und Bilder auf dein Plakat sollen.
2) Schreibe das Thema deines Referats als Überschrift oben in die Mitte.
3) Schreibe die einzelnen Gliederungspunkte deines Referats auf Karteikärtchen und notiere darunter wichtige Stichwörter. Achte dabei darauf, groß zu schreiben – verwende einen schwarzen Filzstift. Schreibe Überschriften in Großbuchstaben und alles andere in gut lesbarer Druckschrift.
4) Suche passende Bilder aus.
5) Ordne alles auf deinem Plakat an und überprüfe, ob die Anordnung Sinn ergibt. Am besten ist, du hältst dein Referat einmal zur Probe.
6) Klebe nun die Bilder auf. Die Karteikärtchen kannst du beim Vortragen nach und nach auf dein Präsentationsplakat kleben oder pinnen.

Printmedien
Printmedien ist der Sammelbegriff für alle auf Papier gedruckten (engl.: to print = drucken) Medien. Das sind z. B. *Zeitungen, Zeitschriften, Bücher und sonstige Druckerzeugnisse (Kataloge, Prospekte, Anzeigenblätter, ...)*.

Prosa
Prosa ist erzählende Dichtung, die nicht durch Verse oder Reime gegliedert ist, sondern in fortlaufenden Zeilen geschrieben und in freier Sprechweise gesprochen wird.

Redekette
Bei dieser Methode erzählen mehrere Personen zusammen eine Geschichte. Jeder trägt einen Satz dazu bei, dann wird der nächste aufgerufen. Hier kann man sich auch einen Ball zuwerfen anstatt sich aufzurufen. Wichtig ist dabei, dass die Erzählung einen Sinn ergibt und man einander gut zuhört.

Reimformen
Ein Reim bezeichnet den Gleichklang zweier oder mehrerer Silben, z. B. *leben-geben*. Die Reime eines Gedichts kann man am Ende eines jeden Verses alphabetisch durch Kleinbuchstaben kennzeichnen. Jeder gleichklingende Reim bekommt denselben Buchstaben. Dies hilft dir zu erkennen, nach welcher Reimform das Gedicht aufgebaut ist: Paarreim (*aabb*), Kreuzreim (*abab*), Umarmender Reim (*abba*).

Rhythmus
Der Rhythmus ist die Sprechmelodie eines Gedichtes. Es wird sowohl durch das Metrum als auch durch die bewusste Betonung zentraler Wörter beim Vortrag bestimmt.

Sachtexte
Sachtexte lassen sich in unterschiedlichen Bereichen wiederfinden: Texte in Sachbüchern, journalistische Sachtexte (z. B. Zeitungsberichte), Lexikonartikel, Kochrezepte, Bastel- und Spielanleitungen, Schaubilder und Diagramme. Sachtexte informieren über bestimmte Themen. Manche Sachtexte wollen auch zu etwas anleiten und auffordern. Die Sprache im Sachtext ist klar und sachlich. Gefühle oder Gedanken finden sich hier in der Regel nicht. Sachtexte lassen sich mit der 5-Schritt-Lesemethode gut erschließen.

Sage
Sagen sind meist kurze volkstümliche Erzählungen, die ursprünglich mündlich überliefert und erst später gesammelt und aufgeschrieben wurden. Sie erzählen zum einen von Überwirklichem und Wunderbarem, auch Dämonischem, zum anderen

von Persönlichkeiten oder Ereignissen in der Geschichte und beanspruchen durch die Nennung von Orten oder einer bestimmten geschichtlichen Zeit einen höheren Wahrheitsgehalt als das Märchen. Von den Volkssagen sind die Heldensagen zu unterscheiden, in denen Ereignisse aus der Vor- und Frühgeschichte eines Volkes in alter Sprache festgehalten wurden und in denen meist eine Heldengestalt im Mittelpunkt steht.

Schaubild
In einem Schaubild kannst du Informationen zu einem Thema anschaulich darstellen und Zusammenhänge zwischen verschiedenen Begriffen, Inhalten und Aussagen zeigen.

Spannungsbogen
Der Spannungsbogen gibt den Verlauf einer Erzählung an. Es beginnt mit dem Erzählanfang, steigt empor zum Erzählkern und endet im Abstieg beim Erzählende.

Sprachliche Bilder
Viele Dichter „malen" häufig mit der Sprache, sodass Bilder und Vorstellungen in den Köpfen entstehen, die bestimmte Bereiche veranschaulichen, hervorheben oder spannender machen. Zu sprachlichen Bildern gehören manchmal Redewendungen, die durch das Bild, welches sie uns vor Augen führen, eine bestimmte Aussage haben: *Schmetterlinge im Bauch.*

Strophe
Als Strophe werden die einzelnen Absätze eines Gedichts bezeichnet. Mindestens zwei Verse bilden eine Strophe.

Tabelle
Eine Tabelle ist eine geordnete Zusammenstellung von Texten oder Daten. Die darzustellenden Inhalte werden dabei in Zeilen (waagerecht) und in Spalten (senkrecht) gegliedert. Die erste Spalte in der nachfolgenden Tabelle heißt Vorspalte, die erste Zeile Kopfzeile.

Vergleich
Sprachliches Bild. Mit einem Vergleich wird etwas anschaulich dargestellt. Der Vergleich wird immer mit „wie" gebildet: *Der Abendhimmel leuchtet wie ein Blumenstrauß.*

Vers
Eine Zeile in einem Gedicht nennt man Vers.

5-Schritt-Lesemethode
1. Überfliegen
   Überfliege den Text zuerst einmal mit den Augen. Dabei erfährst du, worum es sich ungefähr handelt.
2. Fragen
   Denke über das Thema nach: Was weißt du schon? Was möchtest du noch wissen?
3. Lesen
   Lies den Text gründlich und suche nach Antworten auf deine Fragen. Markiere wichtige Wörter und kläre unbekannte Begriffe. Schlage z. B. in einem Wörterbuch oder einem Lexikon nach. Du kannst auch das Internet nutzen.
4. Zusammenfassen
   Gliedere den Text in einzelne Abschnitte, überprüfe Abschnitt für Abschnitt dein Textverständnis und finde passende Überschriften. Schreibe zu den Zwischenüberschriften weitere Stichwörter heraus. Sie ergeben sich meist aus den markierten oder unterstrichenen Stellen.
5. Wiedergeben
   Decke den Text ab und gibt ihn mit eigenen Worten wieder. Du kannst dir auch Notizen machen. Der Stichwortzettel hilft dir dabei.

Basiswissen
Rechtschreibung & Zeichensetzung / Sprachgebrauch & Sprachreflexion

Ableitung
Art der Wortbildung. Durch Vorsilben (Präfixe) kann die Bedeutung eines Wortes verändert werden (*Spiel → Nachspiel, schreiben → abschreiben ...*). Durch Nachsilben (Suffixe) kann die Wortart eines Wortes verändert werden (*Schrift → schriftlich, wohnen → Wohnung ...*).

Adjektiv
Wortart (flektierbar). Adjektive können die Eigenschaften von Dingen näher bezeichnen (*schön, schnell, witzig ...*). Wörter, die als Attribut zwischen Artikel und Nomen stehen können, sind Adjektive: *das schnelle Auto*. Viele Adjektive können auch an anderen Stellen im Satz stehen: *Das Auto fährt schnell* (Adjektiv als Adverbial). Viele Adjektive lassen sich steigern: *groß, größer, am größten*.

Adverb
Wortart. Adverbien geben an, wann (*gestern, jetzt, immer ...*), wo (*hier, dort, links ...*), wie (*gern, vielleicht, entzwei ...*) und warum (*deswegen ...*) etwas geschieht. Adverbien können im Unterschied zu Adjektiven nie zwischen Artikel und Nomen stehen.

Adverbiale Bestimmungen
Satzglied (auch: Adverbiale). Adverbiale Bestimmungen können aus Adverbien, Adjektiven oder längeren Ausdrücken bestehen. Es gibt Adverbiale der Zeit (temporal: *wann: gestern, am frühen Morgen*), Adverbiale des Ortes (lokal: *wo: hier, auf der Straße*), Adverbiale der Art und Weise (modal: *wie: kaputt, entzwei, in schlechtem Zustand*), Adverbiale des Grundes (kausal: *warum: deshalb, aus diesem Grunde*).

Akkusativ
4. Fall des Nomens, Artikels, Pronomens und Adjektivs, Wenfall: *den Brief, an den Schüler, an ihn, an einen netten Menschen*.

Akkusativ-Objekt
Satzglied. Das Akkusativ-Objekt kann man mit den Fragen „wen oder was" ermitteln: *Die Lehrerin lobt (wen?) den Schüler. Der Spieler trifft (wen oder was?) den Ball.*

Anführungszeichen
Anführungszeichen kennzeichnen den Anfang und das Ende eines direkten Redesatzes: *„Wir fahren morgen früh", sagte er, „nach Dortmund."*

Anredepronomen
Wortart. Pronomen, mit denen man jemanden anredet: *Ich mag dich. Ich grüße Sie.* Bei Menschen, die man mit *Sie* anredet, werden die Pronomen in Briefen großgeschrieben. Bei Menschen, die man mit *du* anredet, kann man die Pronomen groß- oder kleinschreiben.

Antonym
Antonyme (Gegensatzwörter) sind Wörter, die zu anderen Wörtern im Gegensatz stehen: *krank – gesund, Mut – Angst, ankommen – weggehen ...*

Artikel
Wortart. Begleiter des Nomens. Man unterscheidet den bestimmten Artikel *(der, die, das)* und den unbestimmten Artikel *(ein, eine)*. Die Artikel geben an, ob ein Nomen Maskulinum *(der Löffel)*, Femininum *(die Gabel)* oder Neutrum *(das Messer)* ist.

Aufforderungssatz
Satzart, mit der man jemanden zu etwas auffordert oder ihn um etwas bittet *(Geh mir aus dem Weg! Gib mir bitte dein Heft!)* oder mit der man einen nachdrücklichen Wunsch äußert *(Käme er doch einmal pünktlich!)*. Nach Aufforderungssätzen steht im Allgemeinen ein Ausrufezeichen.

Auslaut
In manchen Wörtern hört man ein *p*, ein *t* oder ein *k*, obwohl sie mit *b*, *d*, *g* geschrieben werden: *klebt, Schuld, lügt*. Wenn man diese Wörter verlängert, dann hört man, ob sie mit *b*, *d*, *g* oder mit *p*, *t*, *k* geschrieben werden:
klebt: kle ben, Schuld: Schul den, lügt: lü gen.

Ausrufezeichen
Satzschlusszeichen. Das Ausrufezeichen am Ende des Satzes weist darauf hin, dass mit diesem Satz eine Bitte, eine Aufforderung oder ein Ausruf gemeint ist. *Leih mir doch mal deinen Bleistift! Komm her! Au, das tut weh!*

Aussagesatz
Satzart, mit der man eine Aussage macht: *Ich war gestern im Kino.* Am Ende des Aussagesatzes steht ein Punkt.

Begleitsatz
Satz, der bei einer direkten Rede steht. Er kann vorangestellt sein (*Sie sagte: „Ich habe nicht die geringste Lust dazu."*), er kann nachgestellt sein (*„Ich habe nicht die geringste Lust dazu", sagte sie.*), er kann eingeschoben sein (*„Ich habe", sagte sie, „nicht die geringste Lust dazu."*).

Bestimmter Artikel
Der bestimmte Artikel gibt in einem Text oder in einer Situation an, dass das zu ihm gehörende Nomen bereits bekannt oder vorher schon einmal genannt worden ist: *Vor der Tür steht das Taxi, auf das wir gewartet hatten.*

Bestimmungswort
Der erste Teil eines zusammengesetzten Wortes (Kompositum). Das Wort *Haus* in der Zusammensetzung *Haustür* bestimmt näher, um welche Art von Tür es sich handelt.

Dativ
3. Fall des Nomens, Artikels, Pronomens und Adjektivs, Wemfall: *dem Brief, in dem Briefkasten, in einem kleinen Kästchen.*

Dativ-Objekt
Satzglied. Das Dativ-Objekt kann man mit der Frage *wem* ermitteln: *Die Lehrerin hilft (wem?) dem Schüler.*

Dehnungs-h
Ein *h*, das einen langen betonten Vokal besonders auffällig macht. Das Dehnungs-h steht nur in einigen Wörtern vor den Buchstaben *l, m, n, r* (*fehlen, nehmen, gähnen, fahren*). Es steht aber auch in diesen Fällen niemals nach Silbenanfängen mit *sch* (schälen), *t* (tönen), *qu* (quälen), *gr* (grölen), *sp* (sparen), *kr* (kramen), *p* (pulen).

Deklination
Beugung von Nomen, Adjektiven und Pronomen nach den vier Fällen.
Nominativ: *mein neuer Freund*, Genitiv: *meines neuen Freundes*, Dativ: *meinem neuen Freund*, Akkusativ: *meinen neuen Freund*.

Doppelkonsonant
Konsonant, der beim Schreiben verdoppelt wird, wenn in Wörtern mit zwei Silben der vorausge-

Basiswissen

hende betonte Vokal kurz ist. Bei Worttrennung steht der Trennungsstrich zwischen den beiden Konsonanten (*kom-men, bit-ten ...*).
Auch *tz* und *ck* stehen in einem Wort nach kurzem Vokal. Sie sind eigentlich Doppelkonsonanten wie *nn* oder *tt* und werden nur mit verschiedenen Buchstaben geschrieben, weil wir im Deutschen kein *zz* und *kk* haben. Diese Doppelkonsonanten stehen aber in einigen Fremdwörtern wie *Pizza* oder *Sakko*.

Doppelpunkt
Der Doppelpunkt steht nach einem Satz, der einen zweiten Satz eröffnet: *Ich sehe das so: Er hat recht.* Nach dem vorausgehenden Begleitsatz wird eine direkte Rede eröffnet; deswegen steht danach ein Doppelpunkt: *Sie lachte ihn an und sagte: „Das ist doch Unsinn!"* Folgt auf einen Doppelpunkt ein vollständiger Satz, schreibt man den Anfang groß.

Fall
Nomen sind flektierbar und können in vier Fällen vorkommen: Nominativ (*der Hund*), Akkusativ (*den Hund*), Dativ (*dem Hund*), Genitiv (*des Hundes*).

Femininum
Grammatisches Geschlecht des Nomens, weiblich: *die Katze, die Gabel, die Wut*.

Fragesatz
Satzart, mit der man eine Frage stellt (*Kommst du? Warum kommst du nicht?*). Am Ende eines Fragesatzes steht ein Fragezeichen.

Fragezeichen
Satzschlusszeichen nach seinem Fragesatz.

Fugenelement
Fugenelemente sind Buchstaben (vor allem die Buchstaben *e, n, s*), die zwischen Bestimmungswort und Grundwort eingeschoben sind; sie grenzen die beiden Teile eines zusammengesetzten Nomens voneinander ab: *Hundekuchen* (nicht: *Hundkuchen*), *Entenbraten* (nicht: *Entebraten*), *Geschichtsunterricht* (nicht: *Geschichtunterricht*) ...

Futur I
Zeitform des Verbs, mit der man auf etwas hinweist, das in der Zukunft geschieht oder das unsicher ist. Es wird mit dem Hilfsverb *werden* gebildet: *Morgen werde ich mitspielen. Du wirst wohl Recht haben.*

Genitiv
2. Fall des Nomens, Artikels, Pronomens und Adjektivs, Wesfall: *Das Auto des Vaters/meines Vaters/meines lieben Vaters*. Einige Präpositionen stehen mit dem Genitiv: *wegen des Wetters*.

Geschlossene Silbe
Die betonte Silbe eines Wortes kann auf einen Konsonanten enden, dann nennt man sie geschlossene Silbe – im Gegensatz zu einer offenen Silbe: *En-de, Mor-gen, lus-tig* ... Der Vokal in geschlossenen Silben ist in der Regel kurz.

Grammatisches Geschlecht
Nomen haben ein grammatisches Geschlecht, das durch die Artikel *der, die, das* bestimmt wird: Maskulinum (*der Löffel*), Femininum (*die Gabel*), Neutrum (*das Messer*). Das grammatische Geschlecht hat mit dem natürlichen Geschlecht nichts zu tun. Nur noch an wenigen Wörtern wird das natürliche Geschlecht deutlich (*der Mann, die Frau, der Kater, der Hahn, die Henne, der Ochse, die Kuh, die Sau ...*).

Großschreibung

Großgeschrieben werden Namen, Nomen und das erste Wort in einem Satz: *Der kleine Felix ist ein großer Angeber.* Welche Wörter Nomen sind und großgeschrieben werden, kann man meistens an „Erkennungszeichen" sehen: Artikel (*das Glück*), versteckte Artikel (*zum Glück*), Adjektive (*großes Glück*), Pronomen (*dein Glück*) und an bestimmten Endungen (*Fröhlichkeit, Gesundheit, Verwandtschaft, Zeichnung, Ärgernis, Eigentum*).

Grundwort

Hauptteil einer Wortzusammensetzung, eines Kompositums, der die Grundbedeutung des Wortes bestimmt (im Gegensatz zum Bestimmungswort): *Fußball, Fußballspiel.*

Hauptsatz

Ein Hauptsatz ist ein Satz, der mindestens ein Subjekt und ein Prädikat enthält und allein stehen kann. In einem Hauptsatz steht das Prädikat in der Regel an zweiter Stelle: *Wir kommen. Wir kommen morgen.* Im Gegensatz dazu steht der Nebensatz.

Hilfsverb

Die Wörter *haben, sein, werden* nennt man Hilfsverben, weil sie dabei „helfen", das Perfekt, das Futur oder das Passiv zu bilden: *Sie ist gekommen, sie hat geweint, es wird sich geben, sie wird gelobt.*

Imperativ

Form des Verbs. Der Imperativ ist eine Verbform, mit der man jemanden um etwas bitten oder zu etwas auffordern kann: *Gib mir das bitte zurück! Hilf mir einmal!* Der Imperativ des Verbs wird von vielen Verben durch Anhängen eines *-e* an den Wortstamm gebildet; oft fällt dieses *-e* jedoch weg: *Hol(e) mir das einmal!* Bei einer bestimmten Gruppe von Verben wird der Imperativ mit *-i-* oder *-ie-* gebildet: *gib! – hilf! – lies! – sieh! – sprich! ...*

Infinitiv

Grundform des Verbs mit dem Wortbaustein *-en*: *geb/en, fahr/en, lauf/en ...*
In Wörterbüchern sind alle Verben im Infinitiv (in der Grundform) aufgeführt.

Komma

Satzzeichen zwischen Aufzählungen (*Kai, Lore, Tina spielen, lachen, toben miteinander.*) und zwischen Haupt- und Nebensatz (*Sie waren immer zusammen, als sie Ferien hatten.*). Auch zur Hervorhebung von Wörtern werden Kommas gesetzt (*Sven, nun komm endlich! Nein, nicht schon wieder!*).

Komparativ

Steigerungsform des Adjektivs, auch: Vergleichsstufe, Steigerungsstufe (*näher, weiter, größer*). Der Komparativ wird mit dem Vergleichswort *als* gebildet: *Sie ist größer als ich.*

Kompositum

Zusammensetzung von selbstständigen Wörtern: *Fußball, Fußballspiel, Fußballweltmeister.*

Konjugation

Verben können gebeugt (konjugiert) werden. Eine solche Beugung (Veränderung) der Verben geschieht vor allem durch Anfügen von Wortbausteinen. Die wichtigsten Konjugationsformen sind die der Personalformen: *hol/st, hol/t ...* und der Zeitformen: *hol/te, ge/hol/t.*

Konjunktion

Wortart (unflektierbar). Mit Konjunktionen werden einzelne Wörter oder ganze Sätze mitein-

Basiswissen

ander verbunden. Man unterscheidet nebenordnende Konjunktionen *wie und, oder, denn* ... und unterordnende Konjunktionen wie *als, weil, dass, wenn* ...: *Lotte und Tina können sich gut leiden, weil sie viel gemeinsam haben.*

Konsonant
Konsonanten (Mitlaute) sind Laute, bei denen Lippen, Zunge oder Zäpfchen mitschwingen, wenn wir sie aussprechen. Die Buchstaben für Konsonanten sind *b, c, d, f, g, j, k, l, m, n, p, q, r, s, t, v, w, x, z*. Sie bilden den Gegensatz zu den Vokalen.

Kurzform
Die meisten Wörter unserer Sprache sind zweisilbig *(träumen, läuten, Fläche, Fächer)*. Bildet man von solchen Wörtern eine Kurzform, kann man zum Beispiel erkennen, wie sie geschrieben werden *(träumen → Traum, läuten → laut, Fläche → flach, Fächer → Fach)*.

Langform
Die Langform eines Wortes mit einer Silbe ist die zweisilbige Form *(Kuss – Küsse)*. Bei Wörtern, die mit *b, d, g* enden, kann man an der Langform hören, wie sie geschrieben werden *(schabt → schaben, wild → wilder, schlägt → schlagen)*.

Maskulinum
Grammatisches Geschlecht des Nomens, männlich: *der Nachbar, der Löffel, der Mut.*

Nebensatz
Ein Nebensatz ist, wie der Hauptsatz, ein Satz, der mindestens ein Subjekt und ein Prädikat enthält. Im Gegensatz zum Hauptsatz steht das Prädikat im Nebensatz an letzter Stelle. Nebensätze werden in der Regel durch ein Wort eingeleitet, das Haupt- und Nebensatz miteinander verbindet (Konjunktion oder Pronomen). So erstrecken sich Nebensätze von dem Verbindungswort am Anfang bis hin zum Prädikat am Ende: *Weil sie gestern krank im Bett lag, konnte sie nicht trainieren.* Ein Nebensatz kann vor oder nach dem Hauptsatz stehen; er kann auch zwischen dem Anfang und dem Ende des Hauptsatzes stehen: *Weil sie gestern krank im Bett lag, konnte sie nicht trainieren. – Sie konnte nicht trainieren, weil sie gestern krank im Bett lag. – Sie konnte, weil sie gestern krank im Bett lag, nicht trainieren.*

Neutrum
Grammatisches Geschlecht des Nomens, sächlich: *das Kind, das Messer, das Glück.*

Nomen
Wortart (auch: DIngwort, Haupwort). Mit Nomen bezeichnet man Lebewesen *(Kind, Affe, Baum)*, Dinge *(Hammer, Haus, Buch)*, Gedanken und Gefühle *(Wut, Idee, Ferien)* und Zeitangaben *(Sommer, Ferien, Abend)*. Nomen haben einen Artikel *(Der Hammer, das Haus, die Langeweile)*. Nomen können in den vier Fällen gebraucht werden *(der Hund, des Hundes, dem Hund, den Hund)*.

Nominativ
1. Fall des Nomens, Artikels, Pronomens und Adjektivs. Subjekte stehen stets im Nominativ: *Der Hund bellt.*

Oberbegriff – Unterbegriff
Die Wörter eines Wortfeldes haben eine Art „Überschrift". Ein Wort, das über einem solchen Wortfeld steht, nennt man „Oberbegriff": *gehen: laufen, rennen, spazieren, bummeln ... – Möbel: Stuhl, Tisch, Bett, Sessel ...* Wörter wie *laufen,*

rennen ... oder *Stuhl, Tisch* ..., die unter einem Oberbegriff stehen, nennt man „Unterbegriffe".

Objekte
Satzglied (auch: Ergänzung). Objekte können aus einem oder mehreren Wörtern bestehen: *Sie füttert ihn. Sie füttert den Kater. Sie hilft dem kleinen Kind.* Man unterscheidet das Genitiv-, Dativ-, Akkusativ- und präpositionale Objekt.

Offene Silbe
Die betonte Silbe eines Wortes kann mit einem Vokal enden, dann nennt man sie offen (im Gegensatz zur geschlossenen Silbe, die mit einem Konsonanten endet): *sa-gen, kau-fen, leben* ... Der Vokal in der offenen Silbe ist lang.

Partizip II
Form des Verbs. Es gibt zwei Partizipien: das Partizip I, das mit *-d* gebildet wird: *rasend, laufend* ..., und das Partizip II, das mit *ge-* am Anfang und mit *-en* oder *-t* am Ende gebildet wird: *geglaubt, gelaufen* ... Das Partizip II dient vor allem zur Bildung des Perfekts und Plusquamperfekts: *sie ist/war über den Platz gelaufen, sie hat/hatte ihm geglaubt.*

Perfekt
Zeitform des Verbs, mit der man auf etwas hinweist, das schon vergangen ist. Zusammengesetzte Vergangenheitsform, die mit den Hilfsverben *haben* und *sein* gebildet wird: *Ich habe ihn vorhin gesehen. Ich bin gerade gekommen.* Das Perfekt kommt besonders häufig in der mündlichen Rede vor.

Personalpronomen
Wortart (auch: persönliches Fürwort). Untergruppe der Pronomen. Personalpronomen sind *ich, du, er, sie, es, wir, ihr, sie* und die entsprechenden Formen im Dativ *(mir, dir, ihm, ihr, uns, euch, ihnen)* und Akkusativ *(mich, dich, ihn, ihr, uns, euch, sie).*

Plural
Anzahlform des Nomens (auch: Mehrzahl). Gegensatz zum Singular. Der Plural gibt an, dass es sich um mehr als eins handelt: *die Kinder, die Autos, die Frauen, die Bäume.*

Plusquamperfekt
Zeitform des Verbs. Mit dem Plusquamperfekt weist man darauf hin, dass etwas vor der Vergangenheit geschah, von der man erzählt. Vergangenheit: *Als ich zur Haltestelle kam,* Vorvergangenheit: *war der Bus schon abgefahren.* Das Plusquamperfekt wird mit *war* oder *hatte* und dem Partizip II gebildet: *war abgefahren, hatte geholt.*

Positiv
Grundstufe des Adjektivs – im Vergleich zum Komparativ und Superlativ *(nahe, weit, groß).* Der Positiv wird mit dem Vergleichswort *wie* gebildet: *Sie ist genauso groß wie ich. Sie ist doppelt so groß wie ich.*

Possessivpronomen
Wortart (auch: besitzanzeigendes Fürwort). Untergruppe der Pronomen. Possessivpronomen sind *mein, dein, sein, ihr, unser, euer, ihr.*

Prädikat
Satzglied (auch: Satzaussage). Jeder Satz enthält ein Prädikat. Das Prädikat ist der Mittelpunkt oder Kern eines Satzes. Man unterscheidet Prädikate, die nur aus einer Verbform und die aus mehreren Verbformen bestehen: *Die Kinder spielen. Joschi hat den Ball bekommen. Er spielt ihn Felix zu. Der hat sich erschrocken.*

Basiswissen

Präfix
Sogenannte „Vorsilbe" von Wortstämmen. Präfixe dienen dazu, die Bedeutung des Wortes zu verändern. Aus *zählen* wird *er-zählen, ab-zählen, ver-zählen, aus-zählen* ... Es gibt zwei Arten von Präfixen: 1. unselbstständige, die nicht allein stehen können, wie *be-, er-, ver-, un-: ver-zählen → sie ver-zählt sich*; 2. selbstständige Präfixe, die vom Wort abgetrennt werden können, wie *ab-, aus-: abzählen → sie zählt ab*.

Präpositionen
Wortart. Präpositionen sind Wörter wie *an, auf, in, durch, zu* ... Sie setzen Sachverhalte miteinander in Beziehung. Nach den Präpositionen steht das Nomen im Genitiv *(wegen des Wetters)*, im Dativ *(zu dem Nachbarn)* oder im Akkusativ *(durch den Tunnel)*. Einige von ihnen können zwei verschiedene Fälle nach sich ziehen *(Dativ: wo: auf dem Dach, Akkusativ: wohin: auf das Dach)*.

Präsens
Zeitform des Verbs, mit der man auf etwas hinweist, das in der Gegenwart geschieht (auch: Gegenwartsform): *Sie fährt Rad*. Oft weist man mit dem Präsens auch auf etwas hin, das erst in der Zukunft geschieht: *Morgen habe ich Geburtstag*.

Präteritum
Zeitform des Verbs, mit der man auf etwas hinweist, das schon vergangen ist (auch: einfache Vergangenheitsform im Gegensatz zum Perfekt, der zusammengesetzten Vergangenheitsform): *Sie fuhr Rad*. Das Präteritum wird vor allem in geschriebener Sprache gebraucht.

Pronomen
Wortart (auch: Fürwort). Pronomen stehen entweder vor einem Nomen *(mein Fahrrad)* oder anstelle eines Nomens *(Tina kommt zu Besuch. Sie bleibt bis Sonntag.)*. Die wichtigsten Pronomen sind die Personalpronomen, Possessivpronomen, Relativpronomen, Anredepronomen und Fragepronomen.

Punkt
Satzschlusszeichen. Der Punkt steht am Ende eines Aussagesatzes. Nach dem Punkt wird großgeschrieben.

Redesatz
Der Teil eines Textes, in dem etwas wiedergegeben wird, das jemand gesagt hat. Der Redesatz wird durch Anführungszeichen (auch: Gänsefüßchen) hervorgehoben: *Sie war damit nicht einverstanden und rief: „Das glaube ich nicht!"*

Satzarten
Vier verschiedene Satzarten werden unterschieden: Aussagesätze *(Ich gehe in den Zoo.)*, Fragesätze *(Kommst du mit zu den Pinguinen?)*, Aufforderungssätze *(Bring mir bitte ein Eis mit!)*, Ausrufesätze *(Könnte ich doch ein bisschen länger im Zoo bleiben!)*.

Satzfelder
Der Satz gliedert sich in Vorfeld, linke Satzklammer, Mittelfeld, rechte Satzklammer, Nachfeld. Diese Gliederung ergibt sich aus der Zweitstellung des finiten Verbes.
- Das Vorfeld ist entweder nicht besetzt oder nur mit einem Satzglied.
- In der linken Satzklammer steht nur die finite Verbform.
- Das Mittelfeld kann frei bleiben oder beliebig viele Satzglieder haben.
- Die rechte Satzklammer kann frei bleiben oder mehrere Wörter haben.

Satzglied
Teil eines Satzes, den man umstellen kann. Ein Satzglied kann aus einem oder aus mehreren Wörtern bestehen: | Manche Kinder | essen | am liebsten | Bratwurst mit Ketchup |. → | Am liebsten | essen | manche Kinder | Bratwurst mit Ketchup |. Man unterscheidet vier verschiedene Arten von Satzgliedern: Subjekt, Prädikat, Objekt, Adverbiale Bestimmung

Satzklammer
Das Prädikat hat im deutschen Satz oft zwei Teile. Diese bilden eine Satzklammer.
Die linke Satzklammer wird durch die finite Form des Verbs gebildet. Die rechte Satzklammer ist ein unveränderbares Verbteil (Präfix, Partizip II, Infinitiv) und steht am Ende des Satzes. Zwischen beide Teile können Satzglieder eingefügt werden.

Silbe
Teil eines Wortes. Beim Sprechen kann man Wörter durch kleine Pausen in ihre Silben zerlegen (*Ja nu ar, Ok to ber*). Beim Schreiben trennt man die Silben wie folgt: *Ja-nu-ar, Ok-to-ber*. Eine Silbe besteht aus mindestens einem Vokal, der von einem oder mehreren Konsonanten eingerahmt wird. In jedem Wort gibt es eine betonte Silbe (*Já-nu-ar, Ok-tó-ber*).

Silbentrennendes h
Wenn in einem zweisilbigen Wort zwei Vokale nacheinander stehen, so steht zwischen ihnen oft ein silbentrennendes *h* (*se-h-en, Schu-h-e*). Dieses *h* gehört beim Trennen des Wortes zur zweiten Silbe (*se hen, Schu he*).

Silbentrennung
Am Ende einer Zeile kann man beim Schreiben Silben abtrennen (*Apfel-baum, Ap-felbaum*).

Singular
Anzahlform des Nomens (auch: Einzahl). Gegensatz zum Plural. Der Singular gibt an, dass es sich um etwas Einzelnes handelt: *ein Kind, das Auto, die Frau, ein Baum*.

s-Laute
Die s-Laute können in unserer Sprache stimmhaft (*reisen*) oder stimmlos (*reißen*) ausgesprochen werden. Den stimmhaften s-Laut schreibt man immer als *s* (*rasen, Riesen, sausen*). Den stimmlosen s-Laut kann man auf dreierlei Weise schreiben: 1. nach langem Vokal mit *ß* (*aß*), 2. zwischen zwei kurzen Vokalen mit *ss* (*essen*), 3. am Wortende mit *s*, wenn er von einem stimmhaften s-Laut abstammt (*Mäuse → Maus*). Darüber hinaus gibt es eine Fülle von Wörtern mit *st, sp* usw., die mit *s* geschrieben werden (*Fest, Wespe …*).

Steigerung
Viele Adjektive lassen sich steigern (Komparativ/Superlativ): *groß, größer, am größten*. Bei einigen Adjektiven ist aber eine Steigerung nicht möglich (*viereckig, täglich, tot …*). Bei einem Vergleich mit einem gesteigerten Adjektiv verwendet man das Wort *als* (Sie ist größer als ich.). Ist das Adjektiv aber nicht gesteigert, verwendet man das Wort *wie* (Sie ist genauso groß wie ich. Sie ist doppelt so groß wie ich.).

Subjekt
Satzglied (auch: Satzgegenstand). Fast jeder Satz enthält ein Subjekt. Das Subjekt steht meistens am Anfang eines Satzes. Mit ihm wird gesagt, wer etwas tut, von wem eine Handlung ausgeht: *Der Jäger schießt einen Hasen*. Das Subjekt kann aus einem Nomen, Pronomen oder mehreren Wörtern bestehen, die zu dem Nomen gehören: *Jakob geht*

Basiswissen

in die 6. Klasse. Er geht in die 6. Klasse. Der aufgeweckte Schüler Jakob geht in die 6. Klasse.

Suffix
Sogenannte „Nachsilbe" von Wortstämmen. Suffixe dienen dazu, ein Wort in eine andere Wortart zu überführen: *Spiel (Nomen) → spiel-bar (Adjektiv)*. Die gebräuchlichsten Suffixe von Nomen sind *-ung, -heit, -keit, -tum*, die von Adjektiven *-lich, -ig, -sam, -bar*. Es gibt besondere Suffixe für Nomen (*Freiheit, Zeitung, Dankbarkeit, Finsternis, Eigentum, Wirtschaft*) und Adjektive (*gelblich, eklig, langsam, dankbar, kindisch*). Manche Nachsilben sind keine echten Silben, weil man sie allein nicht abtrennen kann (*Zei-tung, kin-disch*).

Superlativ
Steigerungsform des Adjektivs. Höchststufe: *Sie ist am größten von allen.*

Synonym
Synonyme (Ähnlichkeitswörter) sind Wörter, die eine ähnliche Bedeutung haben wie andere Wörter: *krank, kränklich, schlapp … – Angst, Ängstlichkeit, Furcht, Panik …* Reine Synonyme sind Wörter mit völlig gleicher Bedeutung: *Samstag, Sonnabend – Fleischer, Metzger, Schlachter …*

Umlaut ä und äu
Umlaute nennt man diejenigen Buchstaben (Vokale), die zwei Pünktchen haben: *ä, ö, ü, äu*. Sie heißen Umlaute, weil sie meistens von Wörtern mit *a, o, u, au* umgelautet sind: *Bad – Bäder, Ohr – Öhrchen, Hut – Hüte, Baum – Bäume.*

Umstellprobe
Die Umstellprobe wird auch Verschiebeprobe genannt: Probe zur Ermittlung der Satzglieder. Einzelne Wörter oder Wortgruppen, die man im Satz verschieben kann, ohne dass sich der Sinn verändert, sind Satzglieder. Die Umstellprobe dient auch zur Verbesserung von Texten: *Er | hatte | heute | keinen Appetit. → Heute | hatte | er | keinen Appetit.*

Unbestimmter Artikel
Der unbestimmte Artikel gibt in einem Text oder in einer Situation an, dass das Nomen, zu dem er gehört, vorher noch nicht genannt oder noch unbekannt ist: *Vor dem Haus steht ein Taxi. Auf wen wartet das nur?*

Verb
Wortart (auch Zeitwort, Tätigkeitswort). Mit Verben kann man Tätigkeiten (*laufen, arbeiten*) oder Zustände (*blühen, schlafen*) bezeichnen. Verben können in den verschiedenen Zeitformen gebraucht werden (*lügen, log, hat gelogen*). Viele von ihnen können das Passiv bilden (*er wird belogen*). Verben bilden das Prädikat eines Satzes.

Vokal
Vokale sind Selbstlaute, im Gegensatz zu den Konsonanten (Mitlauten). Sie werden ohne die Unterbrechung von Lippen, Zähnen, Zäpfchen und Zunge zum Klingen gebracht. Die Buchstaben für Vokale sind *a, e, i, o, u*. Die Umlaute *ä, ö, ü* gehören genauso zu den Vokalen wie die Zwielaute (Diphthonge) *ei, au, eu*. Vokale können lang und gedehnt ausgesprochen werden wie in *Hüte, Qualen, Schoten* oder kurz und knapp wie in *Hütte, Quallen, Schotten.*

Vorsilbe
Gemeint sind damit Präfixe, die vor einem Wortstamm stehen: *Ver/kauf, un/geheuer, zer/reißen …* Es gibt Vorsilben (Präfixe), die man vom

Wort abtrennen kann (ab-, um-, durch- ...): ab/fallen → das Laub fällt ab, um/kehren ▸ sie kehrt um ..., und solche, die man nicht abtrennen kann: zer/reißen. Man kann nicht sagen: Er reißt zer. Präfixe sind immer auch echte Silben, die bei der Silbentrennung mit einem Silbenstrich abgetrennt werden können: ab-fallen ...

Wortart
In der deutschen Sprache gibt es sieben Wortarten: 1. Nomen, 2. Artikel und Pronomen, 3. Adjektive, 4. Verben, 5. Adverbien, 6. Konjunktionen, 7. Präpositionen. Sie unterscheiden sich nach grammatischen Merkmalen und nach der Bedeutung. Andere Wörter wie sogenannte „Zahlwörter" können diesen Wortarten zugeordnet werden.

Wortbausteine
Wortbausteine sind Teile von Wörtern, die an den Wortstamm angefügt werden. Es gibt Wortbausteine, die der Bildung von Wörtern dienen, wie Präfixe und Suffixe (an/spiel/bar, über/heb/lich ...), und solche, die der Beugung von Wörtern dienen (ge/komm/en, ge/hol/t ...).

Wortbildung
Ein Wortstamm wie -zahl- kann auf verschiedene Arten erweitert werden: durch Präfixe, die seine Bedeutung erweitern: ab-zahlen, be-zahlen, ein-zahlen ..., sowie durch Suffixe, durch die der Stamm zu einer anderen Wortart wird: Zahl-ung, zahl-bar ... Es können auch zwei selbstständige Wortstämme aneinandergefügt werden, so etwas heißt Kompositum: Lotto-zahl, Zahlen-reihe ...

Wortfamilie
Eine Wortfamilie besteht aus Wörtern, die den gleichen Wortstamm haben:
fahr: Fahrt, Fähre, gefährlich, Fährte, Gefährte ...

Wortfeld
Ein Wortfeld besteht aus Wörtern, die etwas Ähnliches bedeuten: gehen, laufen, rennen, stapfen, rasen, marschieren ...

Wortstamm
Der Wortstamm ist der Kern oder Mittelpunkt eines Wortes: Er-fahr-ung, ge-fähr-lich.

Zeichen der direkten Rede
Die direkte Rede ist derjenige Teil eines Textes, in der ein anderer spricht als der Erzähler selbst: Gestern war ich im Kino. Als der Film zu Ende war, sagte mein Freund: „Der Film war aber ziemlich langweilig!" Ich war aber ganz anderer Meinung. Die direkte Rede wird durch Anführungszeichen aus dem übrigen Text herausgehoben. Wer etwas sagt, steht im Begleitsatz. Was gesagt wird, steht im Redeteil. Er ist ein selbstständiger Satz mit passenden Satzschlusszeichen und wird durch Anführungszeichen gekennzeichnet.

Zeitform
Form des Verbs (auch: Tempus). Unsere Sprache kennt sechs Zeitformen: 1. Präsens (du schläfst), 2. Perfekt (du hast geschlafen), 3. Präteritum (du schliefst), 4. Plusquamperfekt (du hattest geschlafen), 5. Futur I (du wirst schlafen), 6. Futur II (du wirst geschlafen haben).

Zusammensetzung
Zusammensetzungen dienen der Bildung neuer Wörter. Im Gegensatz zu Ableitungen werden bei der Zusammensetzung Wortstämme aneinandergefügt: Spiel-feld, Fuß-ball, hell-blau ...

Quellen
Texte

Seite 22: Christian Morgenstern: Gespräch einer Hausschnecke mit sich selbst. Aus: Hundert Gedichte. Parkland Verlag, Stuttgart 1988

Seite 22: Christa Reinig: Kriegslied des Dakotahäuptlings Regengesicht. Aus: Helmut Maschke: Der Liederzug. Spiel- und Tanzlieder. Laumann Druck und Verlag 1987

Seite 23: Der Fuchs und der Storch. Wolfgang Menzel, nacherzählt nach Äsop

Seite 24: Wilhelm Busch: Fink und Frosch. Aus: Was beliebt ist auch erlaubt. Sämtliche Werke und eine Auswahl der Skizzen und Gemälde in zwei Bänden. Hg. von Rolf Hochhuth.
Joachim Ringelnatz: Heimtlose. Aus: Joachim Ringelnatz: Nie bist du ohne Nebendir. Karl H. Henssel Verlag, Berlin, 1967, S. 59

Seite 28: Martin Waddel, Patrick Benson: Rosamund, die Starke. Aus: Martin Waddel, Patrick Benson: Rosamund, die Starke. © Lappan Verlag GmbH, Oldenburg 1988.

Seite 61: Der Sprung ins Ungewisse. Wolfgang Menzel, nacherzählt nach Bruno Brehm

Seite 67: Wilhelm Busch: Eine Nachtgeschichte (gekürzt). Aus: Wilhelm Busch: Und die Moral von der Geschicht. Hg. von Rolf Hochhuth. C. Bertelsmann Verlag, Gütersloh 1959

Seite 74: Äsop: Der Löwe und die Maus. Aus: Äsop: Fabeln. Hg. von Rainer Nickel. Artemis & Winkler, Düsseldorf 2007

Seite 75: Äsop: Die beiden Frösche. Aus: Einhundert Fabeln. Hamburger Lesehefte. Heft 118. Husum / Nordsee o. J.

Seite 76: Der Fuchs und der Ziegenbock. Nach: Äsop: Fabeln. Hg. von Rainer Nickel. Artemis & Winkler, Düsseldorf 2007

Seite 78: Der Löwe, der Esel und der Fuchs. Nach: Äsop: Fabeln. Hg. von Rainer Nickel. Artemis & Winkler. Düsseldorf 2007

Seite 79: Der Affe als Schiedsrichter. Aus: Einhundert Fabeln. Hamburger Lesehefte. Heft 118. Husum / Nordsee o. J.

Seite 80: Martin Luther: Vom hunde. Aus: Martin Luther: Fabeln. Weißbach, Heidelberg 1924

Seite 82: Bildergeschichte: Der Wolf als Arzt. Nach: Äsop: Fabeln. Hg. von Rainer Nickel. Artemis & Winkler, Düsseldorf 2007

Seite 83: Die Schlange. Aus: Tiermärchen aus aller Welt

Seite 84: Der Wolf und der Kranich. Nach: Äsop: Der Wolf und der Kranich. Aus: Antike Fabeln, hrsg. und übers. von Johannes Irmscher, Aufbau Verlag, Berlin o. J.

Seite 86: Das Käthchenhaus. Nach: https://www.heilbronn.de/info/sehenswuerdigkeiten/kaethchenhaus/

Seite 87: Das Käthchen von Heilbronn. Nach: http://www.baden-wuerttemberg.de/de/unser-land/traditionen/sagen-und-legenden/das-kaethchen-von-heilbronn/

Seite 88: Die Kinder zu Hameln. Aus: Deutsche Sagen. Wissenschaftliche Buchgesellschaft, Darmstadt 1981

Seite 90: Der Binger Mäuseturm. Erzählt von Harald Herzog. Nach: Jacob und Wilhelm Grimm. sämtliche Werke. Hg. von Rudolf Hunziker und Hans Blosch. Bd. 23. Eugen-Rentsch, Erlenbach-Zürich 1943

Seite 92: Dädalus und Ikarus. Erzählt von Harald Herzog nach: Gustav Schwab: Die schönsten Sagen des klassischen Altertums. Gondrom, Bindlach 2004

Seite 99: Die Weiber von Weinsberg. Nach: http://www.baden-wuerttemberg.de/de/unser-land/traditionen/sagen-und-legenden/die-weiber-von-weinsberg/

Seite 100: Wilhelm Busch: Bewaffneter Friede. Aus: Wilhelm Busch: Gesamtwerk. Xenos Verlagsgesellschaft m. b. H., Hamburg 1986

Seite 101: Christine Busta: Haferschluck, der fromme Löwe (leicht verändert). Aus: Christine Busta. Die Sternenmühle. Otto Müller Verlag, Salzburg o. J.

Seite 102: James Krüss: Das Wasser. Aus: J. Krüss. Der wohltemperierte Leierkasten. München: Bertelsmann 1961

Seite 103: Heinrich Heine: Eingehüllt in graue Wolken. Aus: Heinrich Heine. Werke in einem Band. Ausgewählt und eingeleitet von Walther Vontin. Hamburg: Hoffmann Campe 1965

Seite 104: Barbara Rhenius: Kleine Wanderung. Originalbeitrag

Seite 105: Max Dauthendey: Drinnen im Strauß. Aus: Max Dauthendey. Insichversunkene Lieder im Laub. 1. Aufl. Albert Langen, München 1911

Seite 106: Georg Britting: Feuerwoge jeder Hügel. Aus: Georg Britting. Sämtliche Werke. Der irdische Tag. Band 2. Seite 58. Hg. von Ingeborg und Walter Schmitz. List Verlag. München/Leipzig, 1993 – (1996)

Seite 107: Friedrich Hebbel: Herbstbild. Aus: Conrady. Das Buch der Gedichte. Deutsche Lyrik von den Anfängen bis zur Gegenwart. Hrsg. von Karl Otto Conrady, Sabine Buchholz, Hermann Korte. Berlin: Cornelsen Verlag 2006, S. 306

Seite 108: Arno Holz: Schönes, grünes, weiches Gras. Aus: Arno Holz Werke Band I. Phantasus. Hg. von Wilhelm Emrich und Anita Holz. Hermann Luchterhand Verlag, Neuwied am Rhein / Berlin-Spandau 1961

Seite 109: Reinhard Döhl: Apfel. Aus: Arbeitsheft Praxis Deutsch. 4. konkrete poesie und Buchstabenbeispiele. Arbeitsheft für Schüler. Von Anneliese Senger

Seite 109: Eugen Gomringer: schweigen. Aus: eugen gomringer: worte sind schatten. die konstellationen 1951–1968. Hg. von Helmut Heißenbüttel. Rowohlt, Reinbek bei Hamburg 1969

Seite 109: Timm Ulrichs: ordnung – unordnung. Aus: Arbeitsheft Praxis Deutsch. 4. konkrete poesie und Buchstabenspiele. Arbeitsheft für Schüler. Von Anneliese Senger

Seite 109: Eugen Gomringer: Löwenzahsamen. Aus: Der neue Conrady. Das große deutsche Gedichtbuch. Hg. von Karl Otto Conrady. Düsseldorf / Zürich: Artemis und Winkler 2000, S. 862.

Seite 110: Beispiele für konkrete Poesie aus: Arbeitsheft Praxis Deutsch. 4. konkrete poesie und Buchstabenspiele. Arbeitsheft für Schüler. Von Anneliese Senger

Seite 111: Wolf Harranth: Drei Finken. Aus: Überall und neben dir. Hg. von Hans-Joachim Gelberg. © 1986, 1994 Beltz Verlag, Weinheim und Basel. Programm Beltz & Gelberg, Weinheim

Seite 112: Nikolas Lenau: Winternacht. Aus: Nikolaus Lenau: Sämtliche Werke und Briefe. Hg. von Walter Dietze. 2 Bände. Insel-Verlag Leipzig, Frankfurt a. M., 1970

Seite 113: Heinrich Seidel: Am Abend. Aus: Am Abend; S. 129. Aus: H. Seidel. Gedichte. Gesamtausgabe. Stuttgart/Berlin: Cotta 1903
Peter Huchel: Wintersee. Aus: Peter Huchel: Die Sternenreuse. Gedichte 1925-1947. München: Piper 1967

Seite 114: Joseph von Eichendorff: Wunder über Wunder. Aus: Joseph von Eichendorff: Sämtliche Werke. Voigt & Günther, Leipzig 1864, S. 412

Seite 116: Interview mit der Autorin Raquel J. Palacio. Nach: http://rjpalacio.com/faqs.html (eigene Übersetzung)

Seite 117–123: Aus: Raquel J. Palacio: Wunder. Carl Hanser Verlag, München 2013, S. 9–10, 54, 110–111, 114–116, 123–125, 208–210, 225–227, 439

Seite 126: Ursel Scheffler: Üxe, der Fischstäbchentroll. Aus: Ursel Scheffler. Üxe, der Fischstäbchentroll. Rowohlt, Reinbek bei Hamburg 1990, S.

Seite 128: Franz Hohler: Tschipo. Aus: Ders.: Tschipo. Luchterhand, Darmstadt, Neuwied 1978

Seite 132: Benno Pludra: Ein Mädchen fand einen Stein. Aus: Benno Pludra. Ein Mädchen fand einen Stein. Berlin: Kinderbuchverlag 1987

Seite 134: Gina Ruck-Pauquèt: Ein Fisch sein. Aus: Hans Joachim Gelberg (Hrsg.). Die Erde ist mein Haus. 8. Jahrbuch der Kinderliteratur. Weinheim/Basel: Beltz & Gelberg 1988.

Seite 136: Franz Hohler: Ein wilde Nacht. Aus: Franz Hohler: Die Spaghettifrau und andere Geschichten. Ravensburger Buchverlag, Ravensburg 1998, S. 77 ff.

Seite 140: Cordula Tollmien: Nur die, die keine Angst haben. Aus: Eines Tages: Geschichten von überallher. Hg. von Hans-Joachim Gelberg. © 2002 Beltz Verlag, Weinheim, Basel, Berlin. Programm Beltz & Gelberg, Weinheim

Seite 142: Gina Ruck-Pauquèt: Der Löwe, der Mäuschen hieß. Aus: Mut tut gut! Geschichten, Lieder und Gedichte vom Muthaben und Mutmachen. Hg. von Rosemarie Portmann. © Arena Verlag GmbH, Würzburg 1994. © Gina Ruck-Pauquèt

Seite 158: Castingaufruf für Rico, Oskar und Tieferschatten. Nach: http://www.berliner-lokalnachrichten.de/berlin-allgemein/castingaufruf-fuer-rico-oskar-und-tieferschatten/2427/

Seite 212: Aus: Martina Wildner: Das schaurige Haus. © 2011 Beltz Verlag, Weinheim, Basel, Berlin. Programm Beltz & Gelberg, Weinheim, S. 6f.

Seite 234: Gottfried August Bürger: Das Pferd auf dem Kirchturm. Aus: Bürger, Gottfried August, Wunderbare Reisen zu Wasser und zu Lande des Freiherrn von Münchhausen. Insel Verlag, Frankfurt/Main 1976

Seite 241: Aus: Shakespeare – Märchen. Für Kinder erzählt von Franz Fühmann. Kinderbuchverlag, Berlin 1968

Seite 260: Josef Guggenmos: Hauchte, wetterte, sprach, brüllte. Aus: Josef Guggenmos: Wenn Riesen niesen. Ueberreuther, Wien und Heidelberg 1980

Seite 279: Christian Morgenstern: Das Nasobēm. Aus: Morgenstern, Christian, Gesammelte Werke; Herausgegeben von Klaus Schuhmann, Lizenzausgabe dieser Ausgabe 2014 Anaconda Verlag GmbH, Köln; Aufbau Verlag, GmbH & Co. KG, Berlin 1985, 2008, S. 130

Seite 285: Wie der Christbaum zum Weihnachtsfest kam. Barbara Rhenius. Originalbeitrag

Seite 287: Weihnachten in anderen Ländern. Wolfgang Menzel, Originalbeitrag

Seite 290: Sonnenfinsternis: Im Schatten des Mondes. Nach: http://www.geo.de/GEOlino/technik/sonnen-finsternis-im-schatten-des-mondes-80191.html

Seite 292: Joseph Roth: Der Vorzugschüler. Aus: Joseph Roth. Werke Bd. 3. Kiepenheuer & Witsch, Köln 1976

Seite 294: Wilhelm Busch: Humor. Aus: Was beliebt ist auch erlaubt. Sämtliche Werke und eine Auswahl der Skizzen und Gemälde in zwei Bänden. Hrsg. von Rolf Hochhuth. C. Bertelsmann Verlag, Gütersloh o. J.

Quellen
Bilder

Illustrationen
Konrad Eyferth Seite 4–7; 60–99; 212–267; 282; 283; 289; 249–297
Hans-Jürgen Feldhaus Seite 3; 6; 50–59; 161–169; 184–211
Joachim Knappe Seite 3–7; 8–33; 100–113; 126–143; 170–183; 268–281
Andrea Naumann Seite 34–49; 114–125

Bilder und Grafiken
Umschlagfotos: plainpicture, Hamburg (Räuberleiter); mauritius images, Mittenwald (3 Ballons Sonnenuntergang); vario images, Bonn (2 Heißluftballons);
Seite 3: Dr. August Oetker KG, Bielefeld;
Seite 4 oben links und 67: Wilhelm Busch – Deutsches Museum für Karikatur und Zeichenkunst, Hannover;
Seite 5 links, 115 rechts oben und 125: Carl Hanser Verlag, München (Cover zu Raquel J. Palacio: Wunder. Übersetzt aus dem Englischen von André Mumot, München 2013);
Seite 5 rechts unten und 159: 20th Century Fox of Germany, Frankfurt/M.;
Seite 24 oben: Picture-Alliance, Frankfurt/M. (dpa Bilderdienste); **unten:** Wilhelm Busch – Deutsches Museum für Karikatur und Zeichenkunst, Hannover;
Seite 29, 31 und 32: aus Lappan Verlag GmbH, Oldenburg (Martin Waddell/Patrick Benson: Rosamund, die Starke, 1988);
Seite 42: Michael Fabian, Hannover;
Seite 45: mauritius images, Mittenwald;
Seite 59: INTERFOTO, München (Neon 1);
Seite 70: Carl Hanser Verlag, München (Quint Buchholz: Das Schweigen des Löwen);
Seite 72: Artothek, Weilheim;
Seite 73: Wikimedia Deutschland e.V., Berlin;
Seite 74: wikimedia.commons;
Seite 80: akg-images, Berlin;
Seite 88: Schlossmuseum Sondershausen, Sondershausen;
Seite 91: Picture-Alliance, Frankfurt/M. (Friedel Gierth);
Seite 93: Scala Archives, Bagno a Ripoli/Firenze (Courtesy of the Ministero Beni e Att. Culturali);
Seite 97: fotolia.com, New York (emmi);
Seite 98: kalimedia.de, Lübeck;
Seite 105 oben: fotolia.com, New York (LianeM); **unten:** iStockphoto.com, Calgary (Kerstin Waurick);
Seite 115 oben links: Random House UK Limited, London (Cover zu R.J. Palacio: Wonder/Artwork © Plain Picture); **unten links:** Random House UK Limited, London (Cover zu R.J. Palacio: Wonder/Artwork © Tad Carpenter); **unten rechts:** Random House UK Limited, London (Cover zu R.J. Palacio: Wonder/Artwork © Plain Picture);
Seite 116: Carl Hanser Verlag, München (Russell Gordon);
Seite 144 Mitte: iStockphoto.com, Calgary (Kemter); **oben:** Globig, Eckhard Dr., Jülich; **unten Mitte:** fotolia.com, New York (M. Rosenwirth); **unten links:** Westend 61, München (Achim Sass); **unten rechts:** mauritius images, Mittenwald (Stock Images);
Seite 147: Getty Images, München;
Seite 148: argum Fotojournalismus, München (argum/Falk Heller);
Seite 149: mauritius images, Mittenwald (Heinz Zak);
Seite 151: Uwe Schmid-Fotografie, Duisburg;
Seite 156: Christian Redl /www.christianredl.com;
Seite 158: Carlsen Verlag GmbH, München (aus: Andreas Steinhöfel. Rico, Oskar und die Tieferschatten. Illustrationen von Peter Schössow (c) der deutschen Ausgabe: Carlsen Verlag GmbH, Hamburg 2007);
Seite 162 und 165: 20th Century Fox of Germany, Frankfurt/M. (screenshot von Matthias Berghahn aus dem Film: Rico, Oskar und die Tieferschatten 2014);
Seite 212: Verlagsgruppe Beltz, Weinheim, Basel, Weinheim (Cover zu Martina Wildner: Das schaurige Haus);
Seite 245: Julian Press, Hamburg;
Seite 273: Vallot;
Seite 284: Judith Clay, Portland;
Seite 286 links: epd-bild, Frankfurt am Main; **rechts:** KNA – Katholische Nachrichten-Agentur, Bonn (Wolfgang Radtke);
Seite 287 links: akg-images, Berlin; **oben:** Angela Nußbaum; **unten:** mauritius images, Mittenwald;
Seite 288 links und unten: akg-images, Berlin; **oben:** Picture-Alliance, Frankfurt/M. (dpa);
Seite 290 links oben: dreamstime.com, Brentwood (Robnroll);
Seite 291: Astrofoto, Sörth.

OPERATORENLISTE

Anforderungsbereich I	
Operatoren	Definition
austauschen	gemeinsam über ein Thema, einen Inhalt, eine Sachlage sprechen
(be)nennen	Informationen ohne Wertung bezeichnen und aufzählen
beschreiben	genaue, sachliche Darstellung von Orten, Wegen, Gegenständen, Personen, Situationen oder Vorgängen; eine Beschreibung enthält keine Wertungen
bestimmen	etwas eindeutig und treffend feststellen oder angeben (z. B. Ursachen, Gründe oder Ziele)
darstellen/darlegen	bestimmte Probleme, Situationen oder Begebenheiten wiedergeben und dabei Zusammenhänge oder Merkmale wertfrei umschreiben
einsetzen	(vorgegebenes) Material (z. B. Wörter, Texte, Sätze usw.) an passenden Stellen einfügen
entnehmen	Informationen aus Texten, Grafiken usw. heraussuchen
erschließen	einen Text für die weitere Bearbeitung mithilfe von Methoden aufbereiten
formulieren	ein Ergebnis, einen Standpunkt, einen Eindruck usw. knapp und mit eigenen Worten zum Ausdruck bringen
herausfinden	aus Materialien durch Schlussfolgerungen bestimmte Sachverhalte aufspüren und ermitteln, auch wenn die Antwort nicht direkt genannt wird
nutzen	Informationen aus unterschiedlichen Quellen/Texten zielgerichtet verwenden
skizzieren	eine Persönlichkeit, eine Figur, eine Handlung usw. mithilfe vorhandenen Wissens umschreiben
überarbeiten	Textinhalte und/oder Textformen prüfend durchsehen und Verbesserungsvorschläge machen
wiedergeben	Inhalte bzw. einzelne Textgehalte (Kernaussagen/Handlungsschritte) in eigenen Worten strukturiert zusammenfassen
zeigen/aufzeigen	Textinhalte und/oder Textmerkmale herausarbeiten und erkennbar machen
zuordnen	Fakten, Daten, Beobachtungen usw. in vorgegebene Systeme eingruppieren (z. B. auf der Grundlage von Gemeinsamkeiten und Unterschieden)
zusammenfassen	Inhalte, Textzusammenhänge oder Texte verkürzt, strukturiert und fachsprachlich richtig wiedergeben
Anforderungsbereich II	
analysieren/untersuchen	Zerlegen eines Textganzen in Einzelheiten des Inhalts und der Form; strukturierendes, systematisches Erschließen und Darstellen der einzelnen Textaspekte bzw. Textelemente für sich und in ihrer Wechselbeziehung; bei literarischen Texten Grundlage des Interpretierens
anwenden	einen bekannten Sachverhalt oder eine bekannte Methode auf eine neue Problemstellung beziehen und zu deren Lösung und zum Erreichen von Zielen nutzen
auswerten	Informationen aus vorgegebenen Materialien gewinnen und zielgerichtet verarbeiten
begründen	Positionen, Auffassungen, Urteile usw. kausal bestimmen, argumentativ herleiten und stützen
belegen	Aussagen durch ein explizit ausgewiesenes Zitat oder einen Verweis stützen
berücksichtigen	Themen, Inhalte, Strukturen, grammatische Gegebenheiten beachten
charakterisieren	Sachverhalte, Vorgänge, Personen usw. in ihren spezifischen Eigenheiten pointiert darstellen; etwas unter leitenden Gesichtspunkten kennzeichnen, gewichtend Wesentliches hervorheben
einordnen	einzelnes, z. B. Textauszüge, aspekt- und kriterienorientiert in einen Gesamtzusammenhang stellen
erklären	einen Sachverhalt in einen Begründungzusammenhang stellen: etwas kausal schlussfolgernd herleiten
erläutern	einen Sachverhalt veranschaulichen, verdeutlichen; etwas einsichtig machen